ESTRUCTURA ECONÓMICA MUNDIAL

ESTRUCTURA ECONÓMICA MUNDIAL

JAIME REQUEIJO GONZÁLEZ

Catedrático de Estructura Económica
Universidad Nacional de Educación a Distancia (UNED)
Colegio Universitario de Estudios Financieros (CUNEF)

McGraw-Hill

MADRID • BUENOS AIRES • CARACAS • GUATEMALA • LISBOA • MÉXICO
NUEVA YORK • PANAMÁ • SAN JUAN • SANTAFÉ DE BOGOTÁ • SANTIAGO • SÃO PAULO
AUCKLAND • HAMBURGO • LONDRES • MILÁN • MONTREAL • NUEVA DELHI
PARÍS • SAN FRANCISCO • SIDNEY • SINGAPUR • ST. LOUIS • TOKIO • TORONTO

ESTRUCTURA ECONÓMICA MUNDIAL

ISBN: 84-481-1180-X
Depósito legal: M. 28.718-1997

Editor: Mariano J. Norte
Diseño cubierta: Design Master DIMA
Compuesto e impreso en: Fernández Ciudad, S. L.

IMPRESO EN ESPAÑA - PRINTED IN SPAIN

El trabajo de investigación que ha servido de base para la publicación de esta obra ha sido financiado con una ayuda de la Fundación FIES de la Confederación Española de Cajas de Ahorro, a quien el autor quiere expresar su gratitud.

CONTENIDO BREVE

CONTENIDO

PRÓLOGO

La presentación de un libro exige, a nuestro entender, dar respuesta a tres preguntas: por qué se ha elegido ese tema, cuáles son los aspectos del mismo que se examinan y cómo se desarrolla cada uno de esos aspectos.

El tema objeto de este trabajo es la economía mundial, es decir, la suma dc todos los mercados existentes, y la razón por la que se ha seleccionado ese tema es fácil de comprender: porque, de una manera cada vez más inmediata, la pulsación de unos mercados se transmite a los demás y porque, en consecuencia, no es posible entender un fenómeno local sin rastrear los impulsos que pueden producirse en mercados geográficamente muy distantes. En los mercados financieros, los de mayor interpenetración, la dependencia se advierte con toda facilidad: el tipo de interés a corto plazo del dólar o del marco influye, de inmediato, sobre muchos otros tipos de interés y buena prueba de ello es que los operadores de los mercados financieros tratan, siempre, de adivinar cuál será la evolución de los tipos de interés fundamentales para determinar el comportamiento futuro de cualquier tipo de interés. Pero también la vinculación es estrecha en los mercados no financieros: si el crecimiento de la economía norteamericana o de la japonesa es lento, las posibilidades de crecimiento rápido de otras economías se reducirán porque sus exportaciones de bienes y servicios hacia esos mercados se verán recortadas. Los años treinta ya fueron testigo de esa relación de unos mercados con otros, al ponerse de manifiesto que las políticas de aislamiento económico no sólo no resolvían la crisis general sino que enconaban la de cada economía; el crecimiento generalizado de los años cincuenta y sesenta se apoyó en esa vinculación; las crisis energéticas de los años sesenta no hicieron sino resaltar las interdependencias de los mercados, al probar que la elevación de precios del petróleo desequilibraba, por múltiples vías, la economía mundial; los años ochenta y noventa nos recuerdan, día a día, que la técnica y otros factores han enlazado de tal forma las distintas economías que cada una no es sino el espejo de las demás.

Puesto que la perspectiva mundial debe examinarse desde un determinado ángulo, nuestro análisis se centra en los países OCDE. Por dos razones: porque en ese grupo figuran las economías de mayor peso del mundo y, por tanto, las que más influyen sobre el conjunto, y porque los sistemas contables y estadísticos de la organización –y las correspondientes publicaciones– facilitan la labor de análisis. Se ha tenido siempre en cuenta la totalidad de las economías, a partir de la interdependencia mencionada, pero el enfoque de cada problema se efectúa desde la perspectiva de los países OCDE.

No es posible analizar con detalle la economía mundial porque ello requerirá abarcar múltiples aspectos sectoriales, institucionales y organizativos. Es preciso, por tanto, seleccionar el campo de análisis que permita destacar sus características más relevantes. Y, sin ánimo excluyente, nos parece que el hilo conductor del trabajo puede auscultar las fuerzas que van, de manera continua, entrelazando las economías y las que, de forma recurrente, tienden a separarlas. El comercio, los movimientos de integración, la capilaridad de los mercados financieros y la difusión técnica se cuentan entre las primeras; son, pues, las fuerzas centrípetas más visibles. La disparidad de niveles de desarrollo, la volatilidad de los mercados de cambios, los distintos ritmos demográficos de los países desarrollados y en desarrollo y el dominio de los recursos energéticos figuran entre las segundas; son, por tanto, las fuerzas centrífugas de mayor calado. La economía mundial se unifica progresivamente, por la acción de las primeras, pero ese impulso continuado tropieza, en múltiples ocasiones, con el efecto disgregador de las segundas; las primeras generan impulsos dinámicos y posibilidades de crecimiento para el conjunto de la economía mundial, las segundas disparan las crisis.

El trabajo presente es, ante todo, un manual para uso de estudiantes universitarios y, muy especialmente, para los estudiantes de primer curso de ciencias económicas y empresariales de la Universidad Nacional de Educación a Distancia. Al desarrollar cada capítulo se ha tenido en cuenta, por lo tanto, la necesidad de explicar no sólo lo que ocurre sino, sobre todo, por qué ocurre. Lo cual nos ha llevado, necesariamente, a un enfoque interdisciplinario que, a partir de la teoría, permita interpretar la realidad. Se ha procurado, por lo tanto, que el texto sea inteligible para cualquier lector con un mínimo de conocimientos económicos y se han trasladado a los Anexos aquellos aspectos que requieren el uso de gráficos o funciones, por simples que sean. Más aún, el Glosario con el que finaliza el trabajo debe ayudar a resolver cualquier duda. Nuestro propósito ha sido, en suma, permitir un acercamiento sencillo a los aspectos teóricos, organizativos y funcionales de la economía mundial; un propósito que se habrá cumplido si los estudiantes de primer curso del nuevo plan de estudios, en económicas y empresariales, de la UNED encuentran, en el texto, una ayuda continua para comprender los engranajes económicos fundamentales de nuestro mundo.

Son muchas las personas de las que he recibido ayuda y a las que quiero agradecer su colaboración. Los profesores Manuel y Félix Varela Parache, Antonia Calvo Hornero, Pedro Cruz Roche, Eugenio Domingo Soláns, Paloma Sánchez Muñoz, Juan Iranzo Martín y Mónica Pedrosa Rodríguez, han tenido la amabilidad de leer capítulos del libro y de sugerirme una serie de acertadas modificaciones que, sin duda, han mejorado el texto, aunque en él queden errores que son de mi exclusiva responsabilidad. El profesor Valentín Edo Álvarez ha mostrado una paciencia digna de todo elogio ante mis frecuentes consultas y me ha permitido encontrar, en la Biblioteca de la Fundación FIES, toda una serie de datos de difícil localización. Mis compañeros, del Cuerpo de Técnicos Comerciales y Economistas del Estado, Luis Linde de Castro, Miguel Ángel Díaz Mier, Fernando Mier Durante, José Manuel

Rodríguez Ranero y Borja Rengifo Llorens, me han prestado, igualmente, un continuo asesoramiento. A los profesores Enrique Fuentes Quintana y Victorio Valle Sánchez he de agradecerles, muy en especial, sus múltiples apoyos sin los cuales este libro no hubiera, probablemente, podido escribirse.

PARTE I

Las fuerzas centrípetas

1. EL COMERCIO INTERNACIONAL
2. LA INTEGRACIÓN ECONÓMICA
3. LOS MERCADOS INTERNACIONALES DE CAPITAL
4. LA TECNOLOGÍA

1

EL COMERCIO INTERNACIONAL

1.1. LOS HECHOS

Aunque el intercambio internacional de bienes haya existido siempre, no siempre ha evolucionado de la misma forma: la configuración de la economía mundial y las políticas comerciales aplicadas por los principales países han ido determinando los períodos de mayor o menor apertura comercial. El siglo XIX, dominado por la economía británica, fue, en general, un largo período de rápido crecimiento comercial; los años treinta del presente siglo, caracterizados por las convulsiones derivadas de la Gran Guerra y por la fortísima depresión iniciada a finales de la década anterior, son años en los que las corrientes comerciales se reducen; la segunda mitad de nuestro siglo, con presencia dominante de la economía norteamericana, es testigo de un crecimiento considerable del comercio que, en términos amplios, y como puede verse en el Gráfico 1.1, ha ido por delante de la producción total. Puede decir-

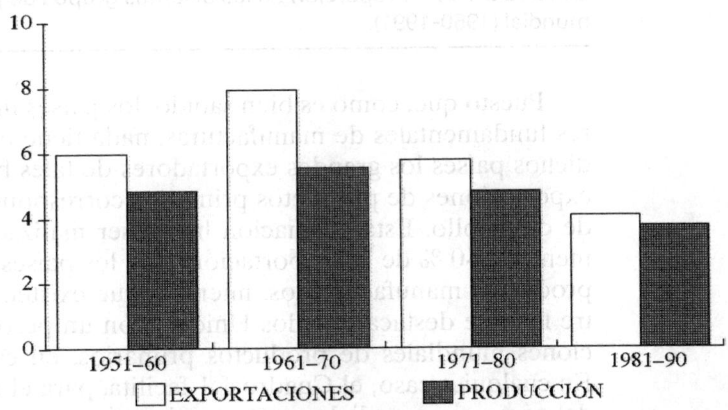

Fuente: FMI: World Economic Outlook. Mayo 1993. Gráfico 23.

GRAFICO 1-1. Exportación y producción mundiales: tasas de crecimiento anuales.

se, sin temor a equivocaciones, que la segunda mitad del siglo xx constituye, con altibajos, un largo período de desarrollo abierto –por lo menos para los países industrializados– en el que el intercambio ha espoleado la producción.

Ahora bien, no todos los bienes han seguido la misma pauta en lo que al comercio internacional se refiere, puesto que, como se advierte en el Gráfico 1-2, los productos primarios, con excepción de los productos de las industrias extractivas (combustibles, en su gran mayoría), han ido perdiendo peso en el total de las exportaciones mundiales, mientras que las manufacturas han ido ganándolo; no todas las manufacturas, como podría verse en un gráfico más desagregado, pero sí las más importantes de entre ellas, es decir, los vehículos y la maquinaria que, en la actualidad, representan casi el 40 % de las exportaciones totales.

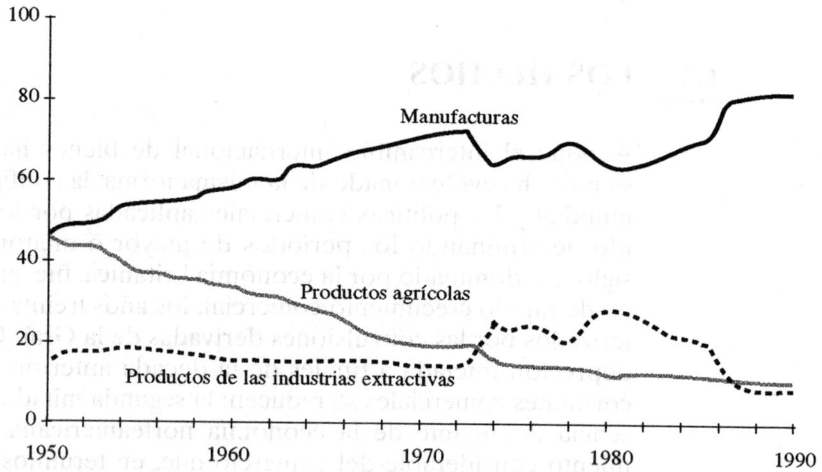

Fuente: GATT. El comercio internacional 91-92. Gráfico 3.1.

GRAFICO 1-2. Proporción de los distintos grupos de productos en el comercio mundial (1950-1991).

Puesto que, como es bien sabido, los países industriales son los productores fundamentales de manufacturas, nada tiene de extraño que sean también dichos países los grandes exportadores de tales bienes y que el grueso de las exportaciones de productos primarios corresponda a países con menor nivel de desarrollo. Esta afirmación ha de ser matizada, puesto que aproximadamente el 40 % de las exportaciones de los países subdesarrollados es hoy de productos manufacturados, mientras que existen países industrializados, entre los que destaca Estados Unidos, con un peso importante en las exportaciones mundiales de productos primarios, en especial productos agrícolas. En cualquier caso, el Cuadro 1.1 facilita, para el momento actual, una matriz del comercio mundial por grupos de países que nos permite recordar dos características del intercambio internacional: que los países industriales son los grandes exportadores mundiales, y que, y éste es un aspecto que merece destacarse especialmente, el grueso del comercio mundial tiene lugar en el propio seno de los países industrializados (países OCDE): la mitad, aproximadamente, de los intercambios totales.

CUADRO 1.1. MATRIZ DE LAS EXPORTACIONES MUNDIALES DE MERCANCIAS EN 1991 (Miles de millones de dólares)

	Destino								
Origen	América del Norte	América latina	Europa occidental	Europa central y oriental y la antigua URSS	Africa	Oriente Medio	Asia	(Japón)	Todo el mundo *
América del Norte	181	66	131	6	10	17	139	61,6	550
América latina	67	24	32	6	2	2	15	9,3	147
Europa occidental	117	32	1.171	51	52	50	119	39,4	1.616
Europa central y oriental y la antigua URSS	2	2	51	20	2	2	11	3,9	91
Africa	13	2	53	3	6	2	6	9,3	99
Oriente Medio	16	5	34	2	3	6	51	29,2	118
Asia	217	20	171	14	16	29	414	89,6	885
(Japón)	(99,6)	(8,7)	(69,3)	(2,9)	(4,9)	(11,5)	(113,6)	—	(314,5)
Todo el mundo	614	149	1.641	102	91	108	753	236,7	3.506

* Incluye destinos no especificados. En el caso de Africa, las exportaciones a destinos no especificados son considerables.
Pro memoria: Sin contar Australia y Nueva Zelanda (incluidas en Asia), el comercio entre miembros de la OCDE supuso, en 1991, 1.869,9 miles de millones de dólares; el 53,3 % del total.
Fuente: GATT. *El comercio internacional 91-92*. Ginebra, 1993. Cuadro II.2, completado con otros datos del propio informe.

Hay dos características adicionales a las que debe hacerse mención para completar la visión sintética de lo que hoy es el comercio internacional: la importancia que ha ido cobrando el comercio intraindustrial y el peso creciente del comercio de servicios o, dicho de otra forma, del comercio invisible.

Una proporción importante del comercio internacional responde a las hipótesis tradicionales sobre el intercambio, es decir, de intercambio de bienes distintos: cereales por acero o productos químicos por maquinaria de precisión. Es lo que denominamos comercio interindustrial. Otra proporción importante, y creciente, del comercio toma, sin embargo, la forma de comercio intraindustrial o comercio de bienes similares: cereales por cereales o automóviles por automóviles.

Aunque las primeras comprobaciones de la existencia e importancia del comercio intraindustrial datan de los años treinta, su análisis recurrente aparece con el desarrollo comercial que tiene lugar en el seno de la Comunidad Económica Europea, porque es en ese espacio integrado donde se observa la gran expansión de ese tipo de comercio, expansión que ha ido trasladándose, asimismo, al conjunto de los países industriales, como reflejan los índices del Cuadro 1.2.

CUADRO 1.2. ÍNDICES DE COMERCIO INTRAINDUSTRIAL EN EL SECTOR DE MANUFACTURAS

		Estados Unidos	Japón	Canadá	Nueva Zelanda y Australia	OCDE y Europa	Total OCDE	México	Otros países de América latina	Corea	Otros EDA y China	Ex URSS y países de Europa central y oriental	Resto del mundo	Fuera de OCDE	Total del mundo
Estados	1980	–	22	57	11	57	48	33	22	16	23	27	15	22	38
Unidos	1991	–	32	62	17	63	53	63	37	31	30	25	25	36	47
Japón	1980	25	–	10	5	35	27	5	5	33	15	7	6	11	19
	1991	36	–	11	12	39	35	9	5	36	29	6	12	24	31
Alemania	1980	44	36	21	5	73	68	6	12	11	23	28	22	22	59
	1991	58	45	37	13	81	76	23	24	19	28	38	26	29	68
Francia	1980	42	25	34	10	79	73	9	10	10	27	36	17	19	62
	1991	57	22	35	14	81	75	31	16	17	30	34	40	33	68
Italia	1980	35	26	18	6	60	56	4	21	9	29	28	15	18	48
	1991	46	27	23	11	63	60	13	28	27	40	33	36	35	55
Reino Unido	1980	57	26	37	12	71	65	5	18	8	24	26	34	31	55
	1991	69	29	49	33	80	75	21	29	23	32	32	53	45	68
Canadá	1980	55	9	–	14	35	50	20	11	7	11	8	14	12	47
	1991	63	7	–	25	40	56	18	25	13	14	14	18	16	52
Austria	1980	36	17	22	5	69	66	4	6	2	16	24	13	17	58
	1991	37	16	23	9	72	68	10	22	11	22	40	27	30	63
Bélgica-	1980	38	10	31	9	66	63	4	15	5	33	18	32	27	59
Luxemburgo	1991	49	23	36	26	73	70	9	20	18	37	30	62	49	68
Dinamarca	1980	36	19	22	7	64	61	5	10	4	13	22	11	13	55
	1991	41	17	31	11	66	62	10	10	11	19	27	18	18	57
Finlandia	1980	24	5	30	2	45	42	1	5	7	12	16	5	13	35
	1991	25	15	26	3	53	48	4	5	14	16	27	16	19	43
Grecia	1980	8	0	6	8	17	14	0	1	0	3	15	12	12	13
	1991	8	0	10	13	23	21	0	11	0	3	18	52	26	21
Islandia	1980	8	0	4	47	6	6	0	0	0	0	1	1	1	6
	1991	5	0	7	3	6	5	0	5	0	1	3	6	2	5
Irlanda	1980	28	7	10	14	57	52	1	39	0	12	13	21	19	50
	1991	57	28	18	12	55	54	8	17	19	28	19	21	23	52
Países Bajos	1980	43	12	24	10	71	68	18	18	4	23	28	24	23	63
	1991	50	18	37	19	78	74	25	32	14	23	34	50	40	69
Noruega	1980	27	7	32	9	45	41	1	16	3	11	18	8	10	34
	1991	26	8	24	15	48	44	4	72	15	22	26	44	39	43
Portugal	1980	17	2	4	2	32	30	2	16	9	24	26	14	16	29
	1991	22	2	9	9	42	40	8	12	5	18	13	23	18	39
España	1980	21	12	21	6	56	49	8	8	3	17	25	7	9	40
	1991	31	9	25	19	64	59	21	27	8	21	30	33	26	55
Suecia	1980	39	27	22	5	70	65	7	7	5	11	32	7	12	57
	1991	53	35	25	8	70	65	7	25	10	21	33	12	19	60
Suiza	1980	46	28	15	6	65	61	3	22	9	24	17	16	18	54
	1991	46	26	19	6	65	61	10	20	16	30	17	32	27	56
Turquía	1980	4	0	0	0	5	5	0	0	0	0	8	10	9	6
	1991	9	4	2	19	18	16	1	10	0	9	19	36	23	18
Australia	1980	12	8	15	39	10	13	4	14	10	24	1	29	25	15
	1991	13	10	17	54	16	16	19	11	11	26	14	30	24	18
Nueva	1980	9	2	11	37	6	14	0	6	3	16	2	26	19	15
Zelanda	1991	15	7	20	55	11	24	2	12	5	17	5	33	19	23

Nota: Indice Grubel-Lloyd I=[(Xi+Mi)–(Xi–Mi)/(Xi+Mi)]×100; donde: Xi=Exportaciones de un producto i; Mi=Importaciones de un producto i. Cuando I=0, no hay comercio intraindustrial; si, para un producto, las exportaciones e importaciones son iguales, I=100.

Fuente: OCDE. *The OECD Jobs Study: Evidence and Explanations*. París, 1994. Cuadro 3.A.1.

Sin pretender llevar a cabo un análisis pormenorizado de las causas de los dos tipos de intercambio, vale la pena señalar aquí que las ventajas comparativas explican una parte sustancial del comercio interindustrial, mientras que la diferenciación de productos y las economías de escala son factores de especial relevancia en la expansión del comercio intraindustrial. Los países comercian en bienes distintos porque su productividad relativa es mayor en los bienes exportados que en los importados; comercian, sin embargo, en bienes similares porque, en primer lugar, los bienes producidos por empresas diferentes no son idénticos, aunque satisfagan la misma necesidad, y, en segundo término, porque el incremento de la escala de producción, al traducirse en reducciones de costes, permite obtener beneficios de la especialización dentro de una misma industria [1].

Las economías más desarrolladas son, en realidad, economías terciarizadas: su sector más importante, y el que aporta la mayor proporción al producto total, es el sector de servicios, que engloba desde el transporte y las comunicaciones a la actividad financiera y la producción intelectual. Algunos de los servicios, como el transporte, los seguros o el turismo han sido siempre, por su misma esencia, objeto de comercio internacional, mientras que otros servicios, como los educativos, los financieros o los ligados a la producción intelectual se movían en un ámbito más localizado. Esa situación ha ido cambiando radicalmente en los últimos 20 años y ha dado paso a un peso creciente de los servicios en las transacciones internacionales: en la actualidad, aproximadamente un 20 % del total de transacciones internacionales corresponde a los servicios [2].

1.2. RAZONES DEL CRECIMIENTO DEL COMERCIO

Cinco son las principales razones que, a nuestro entender, explican la gran expansión comercial de la segunda mitad de nuestro siglo: 1) los beneficios derivados del comercio; 2) la existencia de un compromiso global para reducir, progresivamente, la protección de los mercados nacionales; 3) las necesidades de las empresas multinacionales; 4) el perfeccionamiento de los medios de transporte, y 5) el desarrollo de las comunicaciones.

1.2.1. Los beneficios del comercio

Aunque ningún país cierra nunca completamente sus fronteras económicas, porque ningún país puede, en nuestros días, producir por sí solo todos los bienes y servicios que las demandas sociales reclaman, las transacciones co-

---

[1] Sobre el comercio interindustrial véase, en especial, H. Grubel y P. H. Lloyd: «Intra-Industry Trade». Macmillan. Londres, 1975, y también P. K. Tharakan, Comp.: «Intra-Industry Trade». North-Holland. Amsterdam, 1983. En «Market Structure and Foreign Trade», MIT Press. Cambridge, 1985. Helpman y Krugman llevan a cabo un estudio detallado de la diferenciación productiva y las economías de escala en tanto que causas explicativas del comercio intraindustrial.

[2] GATT: El comercio internacional, 1991-92, Ginebra, 1993. Cuadros 1.4 y 1.5.

merciales no hubieran alcanzado las cifras hoy existentes –unos cuatro billones de dólares de comercio visible– si el comercio no generase una suma de beneficios sobre la producción, el consumo y la competencia.

A través del comercio internacional, los mercados se expanden, aumenta la especialización y mejoran las economías de escala. Todo lo cual significa que la producción, la renta y el empleo de un país se ven impulsados por su actividad exportadora. Existe, por supuesto, la otra cara de la moneda: la importación desencadena los efectos contrarios. Pero, en la medida en que se produce, a escala global, una ampliación de los mercados, la resultante final del comercio es un aumento de la producción, la renta y el empleo globales.

En una economía cerrada, el consumo social debe moverse, necesariamente, dentro de los límites que establece la frontera de posibilidades productivas del país en cuestión. Sólo el comercio internacional puede permitir que las diferentes combinaciones de consumo rebasen esa frontera, lo cual significa, en última instancia, que el consumo se incrementa a consecuencia de las transacciones internacionales.

El comercio, finalmente, acentúa la competencia en los diferentes mercados, lo cual obliga, necesariamente, a las empresas de cada país a reducir costes y precios y, muy especialmente, a modificar con frecuencia las funciones de producción con objeto de incorporar nuevas tecnologías que afecten, positivamente, a costes y calidades. La transmisión de tecnología derivada del comercio, y que incide sobre la capacidad productiva de todos los participantes, es quizá el efecto más importante y más ignorado de las corrientes comerciales.

El comercio, naturalmente, plantea una serie de problemas, de los que nos ocuparemos más adelante, que han dado lugar a la vieja y sempiterna polémica librecambio-protección, pero, sin duda, las corrientes comerciales hubieran aumentado a ritmo mucho más lento, y los partidarios de la protección hubieran ganado casi todas las batallas, si los beneficios del comercio internacional no hubieran sido, siempre, más importantes que los costes que genera (Anexo 1.1).

1.2.2. La existencia de un compromiso global para reducir, progresivamente, la protección de los mercados

Antes de que terminara la Segunda Guerra Mundial, las potencias aliadas, encabezadas por Estados Unidos, quisieron poner en pie una serie de organizaciones que permitieran crear y potenciar un orden económico internacional de carácter liberal. Se trataba, en suma, de evitar los errores del período de entreguerras, de impedir que las políticas proteccionistas volvieran a proliferar y a dificultar la interrelación entre las diferentes economías. Así nacieron (Bretton Woods, 1944) el Fondo Monetario Internacional, encargado de multilateralizar los pagos internacionales, y el Banco Mundial, dedicado a la ayuda al desarrollo. La tercera de las organizaciones debía ocuparse de los problemas del comercio, pero la Organización Internacional de Comercio, según iba a ser denominada, no llegó a ver la luz porque el Congreso de los

Estados Unidos no ratificó el acuerdo. En su lugar se firmó, en 1947, un Acuerdo General sobre Aranceles Aduaneros y Comercio (GATT, en sus siglas inglesas) mediante el que los 23 países que inicialmente lo firmaron se comprometieron a reducir, de forma multilateral, la protección de sus mercados. El GATT no es, pues, pese a su ya dilatada historia, una organización internacional, sino un acuerdo intergubernamental [3].

El GATT, cuya secretaría permanente radica en Ginebra, y del que hoy son miembros 117 países, aplica tres principios básicos para tratar de eliminar, progresivamente, las barreras al comercio: la no discriminación, la reciprocidad y la transparencia. La *no discriminación* se vehicula a través de la cláusula de «nación más favorecida»: cualquier ventaja que un país contratante conceda a otro se extiende, automáticamente, a todas las demás. Las concesiones son, además, permanentes porque quedan consolidadas por el propio Acuerdo.

Hay, naturalmente, excepcioncs a este principio. La primera de ellas, contenida en los anexos de Acuerdo, se refiere a los sistemas de preferencia existentes en el momento de suscribirse el Acuerdo, y buscaba consolidar las situaciones preexistentes, en especial las que se referían a los antiguos imperios coloniales de Gran Bretaña y Francia.

La segunda de las excepciones toma en cuenta las zonas de librecambio y las uniones aduaneras, es decir, los procesos de integración. Si no existiese esa excepción, contenida en el artículo XXIV, sería imposible iniciar cualquier fórmula de integración que, por definición, es discriminatoria con respecto a terceros países: la integración requiere, como condición fundamental, que los países miembros eliminen entre sí las barreras al comercio sin que esa reducción de barreras deba extenderse a los países no miembros. En todo caso, la excepción incluye una serie de condiciones destinadas a no agravar la situación de países terceros, entre las que cabe mencionar que la protección exterior del espacio integrado no puede ser superior a la ya existente en los países miembros al iniciarse el proceso.

La tercera de las excepciones se refiere al Sistema de Preferencias Generalizadas, acordado en 1968, en el seno de la Conferencia de las Naciones Unidas sobre Comercio y Desarrollo (UNCTAD). La Conferencia, nacida en 1964, es un organismo que se ocupa de la relación entre transacciones internacionales y procesos de desarrollo y que, impulsada por los países menos desarrollados, deseaba, en buena medida, contrapesar la acción del GATT, es decir, basar el comercio internacional no sobre la igualdad sino sobre la preferencia, única forma, según el pensamiento dominante en esos países en la década de los sesenta, de corregir los efectos nocivos que el comercio internacional tenía para el mundo subdesarrollado. A partir de esa idea se pactarán, en la reunión de Nueva Delhi, de 1968, una serie de preferencias arancelarias que los países más desarrollados concederán a los menos desarrollados para un conjunto de mercancías, en especial de manufacturas. Para ello hubo que acordar previamente, en el propio GATT, la excepción que autorizaba tales preferencias.

---

[3] Véase, en lo que se refiere a la historia y problemas del GATT, John Jackson: «Restructuring the GATT System». Council on Foreign Relations Press. Nueva York, 1990.

Por aplicación del principio de *reciprocidad*, el país beneficiario de una serie de reducciones arancelarias debe ofrecer, a su vez, concesiones similares. De lo contrario, sería difícil cerrar las rondas de negociación, porque las presiones proteccionistas existentes en todos los países llevarían a los gobiernos a ofrecer contrapartidas muy inferiores a las ventajas recibidas. De ahí que la necesidad de buscar concesiones similares haga que las industrias exportadoras de los países miembros, las directamente beneficiadas con la apertura de los mercados, presionen a sus gobiernos para lograr respuestas equilibradas.

En cuanto al principio de *transparencia*, el GATT excluye las restricciones cuantitativas al comercio y preconiza el uso de derechos arancelarios como fórmula de protección exterior. De lo que se trata, en suma, es de lograr una mayor transparencia en las relaciones comerciales y de permitir que sean los precios, y no otro tipo de medidas administrativas, los que regulen el funcionamiento de los mercados; lo que no excluye, por otro lado, la posibilidad de utilizar, con carácter excepcional, los controles directos para resolver desequilibrios temporales de balanza de pagos o distorsiones graves en determinados mercados causadas por aumentos rápidos de la importación.

El mecanismo a través del cual se llevan a cabo las reducciones arancelarias, y cualesquiera otros compromisos de liberalización de mercados, son las rondas, es decir, las reuniones en las que cada parte aporta la lista de solicitudes bilaterales que desearía negociar con los países correspondientes y que dan lugar a que, una vez se han aprobado las reducciones, consolidaciones o techos, las ventajas se extiendan a todas las partes contratantes. Hasta el momento, y como se desprende del Cuadro 1.3, se han celebrado ocho rondas, siendo quizá la más importante de todas ellas la última, la Ronda Uruguay, porque, como se analizará en otro apartado de este mismo capítulo, la evolución de la economía mundial en los últimos años había hecho surgir un conjunto de problemas que desbordaban la arquitectura tradicional del acuerdo y que han dado lugar a cambios importantes en la propia organización.

Sin que sea posible evaluar, con precisión, el efecto conjunto de las ocho rondas de negociación, puede advertirse que, de forma progresiva, el contenido de las negociaciones se ha ido ampliando para abarcar los múltiples factores que inciden sobre el comercio –la Ronda Uruguay no hace sino recoger una serie de inquietudes que pesaban, desde hacía tiempo, sobre los intercambios– y que, en términos generales, la protección arancelaria ha disminuido sustancialmente. En concreto, los derechos arancelarios de los países industriales que, a principios de los años sesenta, presentaban un nivel medio del 13 %, suponían, a finales de los ochenta, sólo un 4,7 %, y a ello hay que añadir la fuerte reducción que se derivará de la Ronda Uruguay: un 40 % en cinco años [4].

---

[4] Michel Kostecky: Le système commercial et les negotiations multilaterales. En «Conflits et négotiations dans le commerce international. L'Uruguay Round». Economica. Paris, 1989.

CUADRO 1-3. RONDAS DEL GATT

Denominación	Fecha del comienzo de la negociación	Países intervinientes	Contenido	Principales resultados
Ginebra	1947	23	Derechos arancelarios: rebajas concretas.	45.000 concesiones arancelarias
Annecy	1949	33	Derechos arancelarios: rebajas concretas.	Reducciones de derechos.
Torquay	1950	34	Derechos arancelarios: rebajas concretas.	Se alcanzan las 55.000 concesiones arancelarias.
Ginebra	1956	22	—	—
Dillon	1961	45	Derechos arancelarios: rebajas concretas.	Ajuste de derechos arancelarios tras la creación de la CEE y nuevas concesiones arancelarias.
Kennedy	1962	48	Reducción lineal derechos arancelarios. Barreras no arancelarias.	Múltiples acuerdos sobre dumping, subvenciones, mercados públicos, valor en aduana, licencias y obstáculos técnicos. Reducciones de derechos arancelarios: el nivel medio de derechos de los países industriales se reduce hasta el 4,8 %.
Tokio	1973	99	Competencia. Barreras no arancelarias. Derechos arancelarios.	—
Uruguay	1986	123	Obstáculos al comercio, comercio de servicios, inversiones, reorganización del GATT y creación de la Organización Mundial de Comercio.	Países industriales: reducción de derechos arancelarios sobre manufacturas en un 40 % en cinco años. Países en desarrollo: se comprometen a consolidar múltiples derechos arancelarios. Desaparición gradual de las medidas de efecto equivalente. Liberalización del comercio agrícola y del textil. Acuerdos sobre comercio de servicios. Reforzamiento de las reglas de disciplina.

Fuente: Jackson, 1990; Kostecky: Le système commercial et les negotiations multilatérales. París, 1989. FMI: World Economic Outlook. Mayo, 1994.

1.2.3. Las necesidades de las empresas multinacionales

Pese a que las empresas multinacionales no surgen en este siglo –los Fuggers, en el siglo XV, ya crearon empresas de ámbito internacional; Rotschild y Lloyds son nombres de multinacionales con varios siglos de tradición– la eclosión de ese tipo de empresas es característica de la segunda mitad de nuestro siglo, cuando la creciente apertura de los mercados y la rapidez de las comunicaciones permiten una gestión global de empresas con presencia productiva en diferentes países.

Las empresas multinacionales presentan dos características distintas: por una parte, organizan y coordinan múltiples actividades productivas que tienen lugar en diferentes países; por otro lado, hacen únicos los distintos mercados en los que fabrican los bienes intermedios que requiere su producción final [5]. Su importancia actual es tal que, a mediados de los años ochenta, generaban un 25-30 % del producto bruto de todas las economías de mercado, tenían en sus manos las tres quintas partes del comercio internacional de bienes y, a su través, fluían las cuatro quintas partes de los intercambios mundiales de tecnología y capacidad de gestión [6].

Como puede observarse, las multinacionales fragmentan su producción porque su estrategia se basa, generalmente, en seguir el ciclo de producto para hacer uso de las ventajas comparativas de diferentes países [7]. Todo lo cual significa, en última instancia, que las empresas multinacionales necesitan, por definición, de un clima librecambista en el que poder asentar su actividad sin trabas nacionalistas: difícilmente podrían lograr economías de escala y alcance si no se pudieran mover en mercados muy amplios y si las operaciones intrafirma les fueran obstaculizadas por las fronteras económicas de los distintos países. En concreto, y en 1987, 102 de las 300 mayores multinacionales de carácter industrial produjeron más del 40 % de su valor añadido total en las filiales extranjeras [8].

1.2.4. El perfeccionamiento de los medios de transporte

El comercio internacional de mercancías requiere que los bienes sean transportados desde su lugar de origen a un lugar de destino; e igual sucede con el intercambio de servicios, aunque estos últimos presenten singularidades específicas: el transporte no incide en el comercio internacional de servicios financieros y sí lo hace en el turismo, porque los turistas han de desplazarse al país receptor.

---

[5] John Dunning: «Multinational Enterprises and the Global Economy». Addison-Wesley. Wokingham, 1993. Parte 1.

[6] Ibídem.

[7] Véase Raymond Vernon: «International investment and international trade in the product cycle». Quarterly Journal of Economics. Mayo 1966.

[8] John Dunning: *op. cit.* Un análisis más completo del tema figura en OCDE: «Intra-Firm Trade». París, 1993.

En la medida en que los medios de transporte sean lentos y costosos, la distancia física constituirá una barrera para el intercambio de buena parte de los bienes y servicios, una situación que prevaleció en el mundo hasta principios del siglo pasado, dado que, desde el siglo XVI hasta comienzos del XIX, los medios de transporte apenas habían experimentado mejoras significativas. Es a partir de ese momento cuando la máquina de vapor transformaría el panorama mundial, un panorama que ha venido cambiando desde entonces pero que ha experimentado una modificación rapidísima desde el término de la Segunda Guerra Mundial. El mundo se ha empequeñecido, desde ese punto de vista, como resultado de la aparición de los reactores, de los grandes buques de carga y de los contenedores, lo que hace que, en la actualidad, Nueva York y Tokio se encuentren más cerca de lo que estaban Nueva York y Filadelfia en los tiempos de la Revolución Americana [9]. Y ese empequeñecimiento, que supone menor tiempo de transporte y menores costes, ha espoleado notablemente el crecimiento de los intercambios.

1.2.5. El desarrollo de las comunicaciones

Pero el comercio depende no sólo del transporte sino también de los medios de comunicación: si los intercambios internacionales se potenciaron en el siglo XIX no fue solamente por la acción de los mejores medios de transporte; lo fue, en especial, por la aparición del telégrafo y, más tarde, por la del cable oceánico.

Y es en ese campo en el que el desarrollo tecnológico de la segunda mitad del siglo XX ha permitido los mayores adelantos a través de los satélites, el cable de fibra óptica y el fax, innovaciones todas ellas que han visto la luz en los últimos 30 años.

Los satélites posibilitan la comunicación, casi instantánea, entre las partes más distantes del mundo, lo que, a su vez, hace posible la transmisión de ingentes masas de datos. Pero, además, los satélites no sólo han abaratado el coste de la comunicación –el precio anual de una conexión es, hoy, una séptima parte de lo que fuera en los años sesenta– sino que lo han hecho independientemente de la distancia porque, al tener que pasar por una estación situada a 22.300 millas de la Tierra, la señal recorre un camino similar sean cuales sean los puntos finales de enlace.

Los sistemas de comunicación apoyados en cable de fibra óptica, sistemas con enorme capacidad y velocidad de transmisión de datos, son los grandes competidores de los sistemas por satélite y los que permitirán crear, a relativamente corto plazo, una autopista informática que enlazará los tres grandes mercados mundiales –América del Norte, Europa Occidental y Japón– y por la que se podrán transmitir, simultáneamente, 100.000 mensajes.

---

[9] Peter Dicken: «Global Shift. The Internationalization of Economic Activity». Paul Chapman publishing Ltd. Londres, 1992. Cap. 4. Un estudio amplio del transporte, y su influencia en el comercio, es el de Pierre Bauchet: «Le transport international dans l'économie mondiale». Economica. París, 1988.

Aunque de menor alcance que los satélites y los cables de fibra óptica, el fax, que permite una comunicación documental casi instantánea entre los puntos geográficos más diversos, es otra de las innovaciones que más inciden sobre el desarrollo de los intercambios al facilitar, en primer lugar, el conocimiento más directo de los compromisos que toda operación comercial entraña y, en segundo lugar, al acelerar notablemente el perfeccionamiento legal de los mismos. Y prueba de ello es que, en la actualidad, unos dos tercios del tráfico telefónico que fluye a través del Pacífico se efectúa entre equipos de fax [10].

1.3. PROBLEMAS QUE PLANTEA EL COMERCIO INTERNACIONAL

Ya se ha señalado, al hablar de los beneficios generales derivados del intercambio, que existen también una serie de problemas que de él emanan; de entre ellos conviene destacar los siguientes.

1.3.1. El comercio no beneficia por igual a todos los países

Tanto los economistas clásicos como los neoclásicos habían concebido los modelos de comercio haciendo abstracción del grado de desarrollo de los países participantes y habían llegado a la conclusión de que los beneficios del intercambio se difundían con carácter general. Una proposición que, a partir del término de la Segunda Guerra Mundial, va a ser negada por un conjunto de economistas de distintas procedencias y nacionalidades que tienen en común el haber trabajado, en algún período de su vida profesional, para las Naciones Unidas. Es la llamada escuela heterodoxa [11].

En síntesis, el razonamiento de esta escuela puede quedar expresado de la siguiente forma. En primer lugar, el mundo no está constituido por países de igual nivel productivo y tecnológico: existe un mundo desarrollado, el *centro,* y un conjunto de países subdesarrollados, la *periferia,* que intercambian entre sí, en términos generales, productos manufacturados por productos primarios. Los efectos de comercio deben ser, por tanto, ponderados en ese contexto.

En segundo lugar, la elasticidad-renta de la demanda de productos manufacturados es mayor que la de productos primarios. Y lo es porque muchos de esos últimos bienes se comportan como bienes inferiores y porque la evolución técnica va creando sustitutivos de enorme difusión.

---

[10] Todos los datos proceden de la obra y capítulo citados de Peter Dicken.

[11] Donde se encuadran, entre otros, Singer, Prebisch, Nurkse y Myrdal. Las aportaciones fundamentales de esta escuela se encuentran en: H. Singer, «The Distribution of Gains Between Investing and Borrowing Countries» (*American Economic Review.* Mayo 1950); R. Prebisch: «El desarrollo económico de América latina y algunos de sus principales problemas» (*Boletín Económico de América latina.* Febrero, 1962); R. Nurkse: «Contrasting Trends in 19th and 20th Century World Trade» (en R. Nurkse: *Problems of Capital Formation in Underdeveloped Countries and Patterns of Trade and Development.* Oxford, 1967); G. Myrdal: «Teoría económica y regiones subdesarrolladas» (*Fondo de Cultura Económica.* México, 1964).

En tercer lugar, y ahí radica el núcleo central del pensamiento heterodoxo, porque, históricamente, la relación real de intercambio entre productos manufacturados y productos primarios empeora para los productos primarios; es decir, para obtener los mismos bienes manufacturados es preciso intercambiar, gradualmente, cantidades cada vez mayores de productos primarios (Anexo 1.2).

A partir de esas ideas, las conclusiones de este grupo de economistas son fáciles de resumir: el comercio internacional beneficia mucho más a los países desarrollados que a los no desarrollados; los aumentos de renta a escala mundial van a dar lugar a una demanda creciente de bienes manufacturados y decreciente de productos primarios y, además de ello, las cotizaciones de los diferentes productos van a perjudicar a los productores de bienes primarios. El comercio, en plano de igualdad, entre el centro y la periferia va a ser claramente beneficioso para los países centrales pero no lo será tanto para los periféricos que, por la vía de su sector exterior, recibirán no múltiples impulsos dinámicos sino distorsiones de todo tipo. Nada tiene de extraño, por tanto, que, a partir de las ideas aportadas por la escuela heterodoxa, los países subdesarrollados, cuyo número se había visto engrosado a partir de la descolonización posbélica, proclamaran continuamente, desde mediados de los años cincuenta, que las bases sobre las que se asentaba el comercio internacional deberían modificarse por varias razones: porque el GATT resultaba ser, en realidad, un club de ricos en el que se daba solución a los problemas comerciales de ese grupo de países; porque el 80 % aproximado de las exportaciones de los países en desarrollo venían constituidas por productos primarios, sometidos al doble efecto depresor de la baja elasticidad-renta de su demanda y de la caída tendencial de la relación real de intercambio; porque, al ser mínimos o inexistentes, los aranceles aplicados por el mundo desarrollado a los bienes primarios, las sucesivas transformaciones de esos productos encubrían una protección efectiva elevadísima que desestimulaba las exportaciones de esos transformados y dificultaba la industrialización de los países subdesarrollados, y porque las rondas de negociación del GATT, celebradas en los años cincuenta, habían dado como resultado que los aranceles aplicados a las exportaciones de manufacturas típicas del mundo subdesarrollado fuesen, por término medio, superiores a las que gravaban las exportaciones características del mundo desarrollado [12].

Esa presión del mundo subdesarrollado daría lugar a la creación, en 1964, de la Conferencia de las Naciones Unidas sobre Comercio y Desarrollo (UNCTAD), una organización internacional cuyos objetivos fundamentales son fomentar el comercio internacional, teniendo en cuenta el distinto grado de desarrollo de los países intervinientes, y formular principios y políticas sobre problemas afines al desarrollo económico, pero cuyo objetivo real, difusamente explicitado, es basar el intercambio internacional no sobre la igualdad sino sobre la preferencia. Su primer secretario general fue, como resultaba lógico, Raúl Prebisch, miembro destacado de la escuela heterodoxa,

[12] W. M. Scammell: «The International Economy since 1945» (The Macmillan Press Ltd. Hong Kong, 1980), págs. 166 a 169.

y la lectura de su primer informe, presentado a la conferencia inicial (Ginebra, 1964) permite comprobar la importancia atribuida a ese objetivo [13].

La UNCTAD, cuyo órgano fundamental es la Junta de Comercio y Desarrollo, en la que los países se agrupan por nivel de desarrollo, y cuyo órgano permanente es la Secretaría General, con un secretario general nombrado por Naciones Unidas, tuvo una vida muy activa en los años sesenta y setenta, en búsqueda de fórmulas que permitiesen apoyar, del lado de los intercambios internacionales, los procesos de desarrollo del tercer mundo. Una tarea nada fácil, no sólo por la oposición frontal del mundo desarrollado a algunas de las propuestas, equivalentes a administrar todos los flujos de comercio internacional, sino también por la propia diversidad del mundo en desarrollo, algunos de cuyos miembros, practicantes a ultranza de políticas de desarrollo abierto, han dejado ya muy atrás su condición de países en desarrollo y compiten hoy, con enorme dinamismo, en los mercados mundiales de manufacturas y servicios. Hasta ahora, la realización más destacable de la UNCTAD, conseguida en la reunión de Nueva Delhi de 1968, ha sido el Sistema de Preferencias Generalizadas puesto en práctica a partir de 1971. En su virtud, los países desarrollados –y, en este terreno, la Unión Europea actúa como un único país– conceden preferencias arancelarias, por listas de productos, a países en desarrollo. Ahora bien, la eficacia de ese mecanismo se ha visto mermada, en los últimos tiempos, por dos circunstancias: por una parte, los países donantes suelen eliminar la preferencia a aquellos países que resultan excesivamente competitivos en sus mercados nacionales; por otro lado, las rebajas arancelarias de carácter general van, gradualmente, vaciando de contenido el sistema, que quedará muy desvirtuado con la aplicación de los acuerdos de la Ronda Uruguay.

1.3.2. Las ventajas comparativas son cambiantes y generan difíciles procesos de ajuste

El concepto ricardiano de ventaja comparativa, el patrón de comercio que mejor resiste la contrastación empírica [14], es un modelo estático que pretende explicar por qué cada país se especializa en la exportación de aquellos bienes en los que alcanza mayor productividad relativa y por qué es posible obtener beneficios generalizados del intercambio comercial, aunque uno de los participantes logre producir todos los bienes a menor coste que los demás.

Aunque el modelo de Ricardo parte de numerosas hipótesis simplificadoras, a las que ya se ha hecho mención en el Anexo 1.1, su validez se ha mantenido a lo largo del tiempo por una simple razón: porque, aun despojado de esas hipótesis, el núcleo principal del razonamiento sigue siendo significativo al subrayar que la mayor productividad obtenida en la fabricación de

---

[13] «Hacia una política comercial en pro del desarrollo» (Naciones Unidas. Nueva York, 1964).

[14] Véase, por ejemplo, Bela Balassa: «An Empirical Demonstration of Classical Comparative Cost Theory». *Review of Economics and Statistics.* Agosto, 1963.

una serie de bienes decidirá el patrón comercial de cada país. Siempre que se tenga en cuenta el elemento dinámico del modelo: las ventajas comparativas cambian con el tiempo, al variar los recursos disponibles en cada país y, en especial, el capital y la técnica.

Desde el tiempo de Ricardo hasta mediados del siglo XX, el capital y la técnica habían sido relativamente inmóviles. Ni los mercados de capital estaban suficientemente organizados ni su transparencia era la adecuada para permitir el enlace ahorro-inversión a escala mundial; en cuanto a la técnica, mantenida en los reductos de los países más avanzados, era, fundamentalmente, una técnica de productos con diferencias sustanciales de unos a otros países. La revolución informática hizo cambiar, desde mediados de los años sesenta, ese tranquilo panorama. Los mercados de capital empezaron a abarcar el mundo entero, con grandes centros de decisión muy apartados entre sí; la técnica dc proccsos, basada precisamente en modelos computarizados, cobró enorme importancia y concedió ventajas importantes a los países más volcados en su desarrollo –es, en buena medida, el secreto de la expansión industrial de Japón– y la transferencia de tecnología, apoyada en parte en el crecimiento de las multinacionales y, en parte, en la capacidad de difusión de la informática, sobrepasó con facilidad las fronteras nacionales.

Como resultado de todo ello, las ventajas comparativas han experimentado cambios veloces y sustanciales, lo que ha dado como resultado modificaciones importantes en los flujos comerciales, como se desprende de las cifras del Cuadro 1.4, en las que puede advertirse la ventaja que han adquirido, en las cuotas mundiales de exportación de manufacturas, algunos de los países asiáticos.

CUADRO 1.4. CUOTAS MUNDIALES DE EXPORTACION DE ALGUNOS PAISES ASIATICOS (% sobre total)

	1981	1985	1991
Corea	1	1,5	2
Hong-Kong	1	1,5	2,8
Singapur	1	1,1	1,6
Tailandia	0,3	0,3	0,8

Fuente: Datos de GATT. *El comercio internacional, 91-92.*

Pero el cambio de ventajas comparativas afecta al bienestar de las sociedades puesto que el comercio afecta a la producción, la renta y el empleo. No parece posible, ni deseable, bloquear la competencia exterior para defender la supervivencia de los sectores envejecidos o en períodos de transformación, pero no pueden olvidarse las presiones proteccionistas que tienen su raíz en esos cambios acelerados de ventajas comparativas [15].

[15] Sobre el cambio de ventajas comparativas, véase G. Lafay y C. Herzog (comp.): «Commerce international: La fin des avantages acquis». Economica. París, 1989. En especial, el Capítulo I.

1.3.3. La importancia creciente del comercio internacional de servicios hace aparecer nuevos problemas de considerable envergadura

Aunque muchos de los servicios, como el transporte, el seguro y reaseguro y las telecomunicaciones, tienen por esencia una dimensión internacional, el comercio de servicios nunca había creado excesivos problemas y buena prueba de ello es que, hasta la Ronda Uruguay del GATT, no se había planteado la necesidad de incluirlo en las normas del Acuerdo. Esa situación ha cambiado, en los últimos años, como resultado de lo que ya habíamos señalado en el apartado primero de este capítulo –la terciarización de las economías occidentales–, y la presión por abrir los mercados de servicios viene planteando nuevos problemas.

Un ejemplo de los mismos lo tenemos en los servicios profesionales, es decir, aquellos para los que se requiere un título académico: la libertad de prestación internacional de tales servicios choca con los intereses corporativos de los profesionales liberales de muchos países, lo que da lugar a presiones proteccionistas de múltiple alcance.

Otro ejemplo puede encontrarse en los servicios financieros. Siempre ha habido movimientos de capital entre países, en un clima generalizado de defensa de los mercados nacionales; la apertura de tales mercados suscita una serie de problemas de fondo que van desde la posible desnacionalización del ahorro a la protección de inversores y accionistas.

Pero el ejemplo más claro de los conflictos que nacen, en la actualidad, del intercambio de servicios tiene que ver con el audiovisual, es decir, con la libertad de comercio de productos de cine, radio, televisión y similares. Estados Unidos desea que los mercados se liberalicen totalmente –hoy están protegidos por ciertas limitaciones, como las cuotas de pantalla– porque se trata de su segundo renglón de exportaciones y porque su dominio de los canales mundiales de distribución le hacen prever una expansión notable en la venta de esos servicios; por el contrario, la Unión Europea pone todo tipo de trabas al libre intercambio porque teme que su industria pueda ser barrida en sus propios mercados y porque entiende que lo que está en juego no es un nuevo problema comercial, sino la identidad cultural europea, ya muy amenazada por la presencia masiva de productos audiovisuales norteamericanos.

1.3.4. La permanencia de focos protectores importantes en las relaciones internacionales

Pese al clima de librecambio que, en términos generales, ha imperado en la segunda mitad de este siglo, la economía mundial sigue plagada de focos protectores que originan fricciones y distorsiones múltiples en las corrientes comerciales. Refiriéndonos sólo a los países desarrollados –salvo excepciones, el mundo en desarrollo sigue interviniendo su sector exterior– existen, por lo menos, tres núcleos de protección importantes.

El primer núcleo lo constituye la propia economía norteamericana, mermada en su capacidad de competencia por la baja tasa de inversión de los últimos 15 años y por la persistencia de un elevado déficit público que desvía fondos hacia su financiación. Hacia finales de la pasada década, casi un tercio, en valor, de la producción manufacturera básica de las industrias norteamericanas estaba protegido, frente a la competencia internacional, por un conjunto de aranceles, cuotas, restricciones voluntarias a la exportación, reglas de normalización y derechos antidumping [16].

Un segundo núcleo viene representado por el modo de funcionamiento de la economía japonesa. No porque la economía del Japón mantenga barreras exteriores apreciables –extremo que los portavoces oficiales japoneses señalan una y otra vez– sino porque las peculiaridades de su economía la convierten en un sistema escasamente abierto al exterior. Una excepción a esa liberalización formal lo constituye la agricultura, rodeada de medidas protectoras y dominada por la Federación de Cooperativas Agrícolas (Nokyo), lo que da lugar a que, por término medio, los precios del arroz japonés quintupliquen los de otras zonas productoras. Por lo que se refiere a los sectores secundario y terciario, la economía japonesa está dominada y conducida por una serie de grandes grupos –herederos de los antiguos Zaibatsu, con fuertes raíces financieras, y de los Keiretsu, de base fundamentalmente industrial– que abarcan sectores muy amplios de la actividad productiva. Los seis grupos o conglomerados más importantes tienen nombres muy conocidos: Mitsui, Mitsubishi, Sumitomo, Fuyo, Sanma y Dai-ichi Kango Bank. Apenas existe competencia en el interior de cada grupo y, tan pronto como la competencia intergrupos pueda resultar dañina, las autoridades económicas y políticas intervienen para buscar la conciliación o para organizar cárteles de todo tipo. Más aún, y por lo que se refiere a los intercambios internacionales, el comercio exterior japonés está en manos de grandes empresas comerciales, ligadas generalmente a grupos industriales, que dominan, además, la distribución. No es de extrañar, por tanto, que, a pesar de su reducida base física y sus escasos recursos naturales, la economía japonesa presente el menor coeficiente «importación de bienes y servicios/producto total» de todos los países OCDE [17].

El tercer gran núcleo protector es, naturalmente, la política agrícola común de la Unión Europea. Una política que está reformulándose, en estos momentos, para asentarla no en los precios de garantía y la protección total frente al exterior, sino en el acercamiento a los precios internacionales, las subvenciones y la reducción de cultivos, pero que, en su versión tradicional, ha amurallado los mercados agrícolas comunitarios y producido una serie de distorsiones sobradamente conocidas: ha impedido el acceso a los mercados

---

[16] Robert Reich: «The Work of Nations», Vintage Books, Nueva York, 1992, pp. 70 y 71. En cuanto a la relación déficit-deuda-proteccionismo, véase, por ejemplo, «Day of Reckoning» de Ben Friedman (Pan Books, Reading, 1989. Edición primera de 1988). Sobre todo, el capítulo III.

[17] Las peculiaridades de la economía japonesa proceden del libro de Karen van Wolferen: «The Enigma of Japanese Power». Vintage Books. Nueva York, 1990. La relación mencionada entre importaciones de bienes y servicios y producto total puede analizarse, comparativamente, en cualquiera de los informes semestrales de la OCDE.

comunitarios de una parte importante de la oferta agrícola del resto del mundo, ha devorado la casi totalidad del presupuesto comunitario y ha provocado reacciones airadas en muchos países, que han visto reducida su capacidad de exportación a terceros mercados al tropezar allí con las exportaciones subvencionadas de la Unión Europea[18].

Parece lógico, por tanto, que, ante la persistencia y dimensión de los problemas mencionados –la desigual distribución de los beneficios generados por el comercio, las dificultades de ajuste que dimanan del cambio de ventajas comparativas, los nuevos problemas que plantea el comercio de servicios y los grandes núcleos protectores que existen en los países desarrollados– el horizonte comercial se vea continuamente turbado por la posibilidad de que se alcen, de forma generalizada, nuevas barreras protectoras; de que la amenaza proteccionista, que parecía desaparecer gradualmente en el período 1950-73, cobre de nuevo impulso.

1.4. LA AMENAZA PROTECCIONISTA

1.4.1. Las principales razones esgrimidas

La razón de fondo de cualquier reacción proteccionista, en cualquier momento de la historia económica del mundo, es que un sector productivo, o un conjunto de sectores, se sienten amenazados por la competencia exterior y reclaman de sus gobiernos medidas que eviten tal situación, generalmente devastadora para la producción, empleo y renta del sector o sectores; la génesis del problema es, consecuentemente, la misma, y lo único que cambia con el tiempo es su caracterización y las medidas postuladas para solucionarlo.

En un mundo intercomunicado, es decir, entrecruzado por intereses múltiples, y sometido formalmente a las reglas del GATT, no es posible invocar la competencia, como origen de los daños sectoriales, ni solicitar el incremento de aranceles o la interposición de cuotas para defender intereses sectoriales. Hay, por tanto, que ser mucho más sutiles en la búsqueda de los necesarios argumentos y de las fórmulas protectoras. He aquí los más usuales.

Un primer gran argumento, utilizado preferentemente por Norteamérica pero también empleado por muchos países de la Unión Europea, es la falta de juego limpio en las relaciones comerciales *(unfair trade).* Tales relaciones comerciales deben estar presididas por el juego libre de las fuerzas de mercado, por niveles similares de liberalización exterior y por la no intervención de los gobiernos. Si, por tanto, un mercado está más protegido que otro, el país perjudicado por la competencia terminará por denunciar la falta de juego limpio. En los modelos teóricos modernos, basados en la competencia oligopolística entre empresas de países distintos, la necesidad imperiosa de alcanzar economías de escala lleva, una y otra vez, a recurrir al mismo

[18] Con relación a la PAC y sus efectos, nos remitimos al artículo de Alan Winters: «Goals and Own Goals in European Trade Policy» (*The World Economy.* Septiembre, 1992).

argumento: si las empresas de un país se encuentran con que el mercado de otro país les está vedado y con que las empresas del otro país actúan sin trabas en el suyo, las empresas del primer país no alcanzarán la escala de producción adecuada y perderán terreno, aun en su propio mercado, frente a las empresas del segundo.

Un segundo, y frecuente, argumento es el de los bajos salarios: se reclaman medidas protectoras frente a las importaciones procedentes de países con niveles salariales muy inferiores a los del mundo occidental desarrollado, niveles salariales que obedecen, en buena medida, a la inexistencia o levedad de las cargas sociales. Es el argumento también denominado del «dumping social». El razonamiento, elevado a sus últimas consecuencias, ha hecho que, en ocasiones, los sindicatos norteamericanos demandaran medidas protectoras frente a determinadas importaciones procedentes de países asiáticos por entender que resultaba inmoral adquirir productos fabricados por una mano de obra en régimen de semiesclavitud.

Las acusaciones de «dumping» a secas son utilizadas, con frecuencia, para solicitar medidas de protección al amparo del artículo VI del GATT. El «dumping» significa que los productos se están vendiendo, en los mercados exteriores, a precios mucho más bajos que los que prevalecen en los mercados interiores y que, además, esos mercados de exportación están sufriendo distorsiones importantes a consecuencia de los bajos precios practicados.

Finalmente, y dentro de este breve catálogo de argumentos proteccionistas, puede incluirse, con denominación propia, lo que podría calificarse de «problema japonés». Un país como Japón, de gran peso en la economía internacional, de crecimiento rápido y rápido aumento de sus exportaciones, y además un país poco abierto a la competencia exterior, suscita temores múltiples y descalificaciones continuas. La tensión fundamental procede de Norteamérica, habida cuenta de su permanente déficit comercial con Japón, de la fortísima competencia sufrida en su propio mercado en sectores tales como vehículos, acero y electrónica de consumo y de los efectos devastadores de esa competencia; pero es también un argumento comunitario, empleado con frecuencia por Francia y apoyado en silencio por el resto de países miembros, temerosos de que sus industrias queden desmanteladas por la feroz competencia japonesa. El razonamiento básico consiste en señalar, en este caso, que no se acepta la omnipresencia japonesa, por su impacto sobre el bienestar social del país y porque el comercio bilateral no puede experimentar desequilibrios de esa magnitud [19].

Nótese que las cuatro justificaciones reseñadas son argumentos empleados principalmente en el mundo desarrollado por dos razones: porque los grandes mercados abiertos se encuentran en la zona OCDE y porque los países subdesarrollados mantienen, en su mayoría, armazones protectores de su sector exterior que les permiten regular la importación sin tener previamente

[19] En «The revival of protectionism in developed countries» (dentro de la compilación de Dominick Salvatore «Protectionism and World Welfare», Cambridge University Press, 1993), Max Corden pasa revista a los principales argumentos aquí enumerados.

que justificar la adopción de medidas. Nótese, también, que se trata de argumentos políticos y no económicos, en la medida en que denuncian el problema y reclaman la protección sin mencionar, en forma alguna, los costes que esa protección acarreará. Y nótese, finalmente, que, pese a su envoltura aparentemente nueva, se trata de razones que pueden rastrearse a todo lo largo de la historia de las relaciones económicas mundiales: el juego limpio es una variante del argumento de industrias nacientes utilizado por List para preconizar, a mediados del XIX, la protección alemana frente a la competencia inglesa; las medidas defensivas que la propia Inglaterra utilizó, en los siglos XVII y XVIII, para proteger a su industria textil de la de los países de Extremo Oriente, estaban basadas en el argumento de los bajos salarios; la ley francesa de 1897, denominada «Ley del candado», que permitía al Gobierno elevar los derechos arancelarios como paso previo a su debate parlamentario, pretendía evitar los efectos distorsionadores de los bajos precios de importación. Sustitúyase Japón por los países europeos industrializados y se encontrarán las razones que explican, en Norteamérica, la subida de aranceles que se inicia en 1890 con el Arancel McKinley.

Pero, por debajo de esos argumentos, cuyo objetivo inmediato es condicionar la acción política, es posible encontrar las raíces pristinas de los movimientos proteccionistas actuales.

1.4.2. Las raíces del nuevo proteccionismo

Las actuales corrientes proteccionistas reflejan, a nuestro entender, determinadas características observables en la economía internacional desde mediados de los años setenta, y permiten una serie de explicaciones de carácter estructural.

La primera de ellas tiene que ver con los ciclos productivos. Tras la reconstrucción posbélica, y hasta mediados de la década de los setenta, la economía mundial vivió una fase expansiva. No de todos y no para todos, pero una fase que, en términos globales, permitió casi cuadruplicar el producto mundial de 1948 a 1973 [20]. Desde la primera crisis del petróleo hasta el momento actual no se ha conocido una onda expansiva de esa importancia; bien al contrario, ya se han sufrido dos recesiones que han atenazado a la mayor parte de los países: la de 1979-85 y la de principios de los años noventa. Y así como la liberalización comercial es un subproducto natural de la expansión, los reflejos proteccionistas lo son de las fases recesivas. Un foco proteccionista, pues, de gran alcance.

A pesar de la revitalización del pensamiento neoclásico, todas las economías, y especialmente las más grandes, son economías intervenidas en las que el gasto público representa un porcentaje elevado del producto total. Lo eran ya a mediados de los setenta, pero algunas lo son hoy mucho más. Y la consecuencia lógica de ese elevado grado de intervención es que los objetivos polí-

[20] Datos de «Liberalización del comercio, proteccionismo e interdependencia», de Blackhurst, Marian y Tumlir (GATT. Ginebra, 1977).

ticos a corto plazo privan sobre la racionalidad económica. La protección, sea cual sea su forma, produce un beneficio a corto plazo –la salvaguarda de un sector– que resulta políticamente más rentable que la defensa de una racionalidad económica de efectos difusos. He ahí otro foco proteccionista de especial importancia.

Desde la quiebra del orden monetario internacional, ocurrida en los primeros años sesenta, la inestabilidad cambiaria ha caracterizado las relaciones económicas internacionales con alguna excepción de carácter regional: el Sistema Monetario Europeo permitió crear, de 1979 a 1992, una zona de relativa estabilidad cambiaria en el espacio comunitario. Esa inestabilidad cambiaria, que deriva en buena medida de las diferentes posiciones cíclicas de las grandes economías y de la globalización de los mercados financieros, modifica, con rapidez, las ventajas comparativas y origina respuestas protectoras de toda índole. Se trata, pues, del tercero de los grandes focos proteccionistas.

Finalmente, el mundo se regionaliza progresivamente a través de fórmulas integradoras de diversa índole. A la cabeza de esa regionalización se encuentra la Unión Europea, ahora sólo en la fase de mercado único, pero por toda América proliferan esos acuerdos, el último de los cuales es el Tratado de Libre Comercio de América del Norte, entre Canadá, Estados Unidos y Méjico; y los países asiáticos, con Japón como centro y motor, no tardarán en buscar mecanismos similares. Y, pese a lo que pueda creerse, todo acuerdo regional lleva en sí elementos protectores frente a países terceros. Los lleva porque tiene que dar respuesta, de alguna forma, a las peticiones de una serie de sectores que se ven amenazados por la liberalización intrazonal y que tratan de sobrevivir reduciendo, por lo menos, la competencia procedente de terceros países. He ahí el cuarto de los focos protectores, tal vez menos contundente que los otros tres, pero de influencia innegable.

Sobre el telón de fondo de esas realidades es posible entender determinadas explicaciones estructurales del proteccionismo, explicaciones que reflejan, predominantemente, el punto de vista de los países desarrollados. La primera de ellas considera que el proteccionismo es el resultado de un nuevo reparto del poder económico. Según este enfoque, Estados Unidos fue, en ese largo período ya mencionado (1948-73), un poder hegemónico interesado en la apertura de mercados mundiales porque su superior capacidad de competencia le permitía, de un lado, introducirse en los mercados de los demás países y, del otro, resistir en su propio mercado la competencia del resto del mundo. Desde finales de los años sesenta ya no existe ese poder hegemónico que imponía el orden librecambista, sino un poder compartido con otros países o grupos de países –Japón y CEE– que modifica las reglas del juego: parte de las industrias norteamericanas se encuentran en posición débil ante la competencia exterior y reclaman protección; Japón es un país con enormes resortes protectores y escasamente dispuesto a tomar el relevo de Estados Unidos; la CEE es, en buena medida, un grupo de países incapaz de ponerse de acuerdo para asumir ese papel y, además, un grupo de países con notables reflejos protectores. El resultado de esa mutación económica de poder es la erosión del librecambio, incapaz de imponerse claramente en un mundo cambiante y sin un claro líder [21].

El segundo de los enfoques tiene un armazón teórico más sólido: la razón primera del intercambio, en nuestro mundo actual, no son las ventajas comparativas sino la búsqueda de economías de escala. Más aún, la mayoría de los bienes industriales, objeto de comercio, no se producen en mercados libremente competidos, sino en mercados oligopolísticos, porque la escala necesaria de producción constituye una gran barrera de entrada. A consecuencia de esa situación puede ser conveniente establecer, en determinados sectores, ciertos elementos protectores, porque el coste de la protección puede resultar inferior a los beneficios obtenidos, individual y socialmente, al alcanzar determinadas economías de escala las empresas protegidas. En este enfoque se apoya la defensa de una política industrial activa que, por ejemplo, conceda importantes subvenciones a determinadas industrias [22].

El tercero de los enfoques gira de nuevo alrededor de las ventajas comparativas y de sus transformaciones; un aspecto que ya se ha analizado en el Apartado 1.3.2 de este capítulo. Según este punto de vista, las reacciones proteccionistas básicas constituyen intentos, por parte del mundo desarrollado, de retrasar el cambio de ventajas comparativas que afectan a determinados sectores industriales maduros. Cuanto más rápido resulta el proceso, mayor es la reacción proteccionista que se suscita porque mayores son los perjuicios, económicos y sociales, que se causan [23].

1.4.3. Las principales fórmulas del neoproteccionismo

Con respecto a las expresiones del proteccionismo moderno, los mecanismos empleados son múltiples y a veces concurrentes.

Una de las fórmulas consiste en imponer cuotas a determinadas importaciones, pero acordando, previamente el nivel de protección cuantitativo con los exportadores. Esa es la esencia del Acuerdo Multifibras, firmado en 1961 entre países desarrollados y en desarrollo, en virtud del cual los primeros establecían determinadas cuotas para ciertos productos textiles procedentes del mundo en desarrollo; el Acuerdo, todavía vigente aunque ya a punto de extinguirse por los pactos firmados en la Ronda Uruguay, ha sufrido toda una serie de transformaciones y ampliado su alcance con el tiempo. Y ésa es, también, la base de partida de las Restricciones Voluntarias a la Expor-

[21] Véase el trabajo de Robert Baldwin –«Changes in the global trading system: a response to shifts in national economic power», en la compilación de D. Salvatore «Protectionism and world welfare»–, aunque la teoría del país hegemónico ya procede de Kindleberger, Gilpin y Krasner. Un aspecto examinado en mi trabajo «¿Hacia un mundo de altas barreras comerciales?» (*Papeles de Economía Española,* núm. 28, 1986).

[22] Portavoz destacado de esta teoría es Paul Krugman, teoría expuesta con gran sencillez en «Does the New Trade Theory Require a New Trade Policy» (*The World Economy.* Julio, 1992).

[23] Véase, por ejemplo, G. Helleiner: «International Economic Disorder. Essays in North-South Relations». University of Toronto Press. Toronto, 1981.

tación (VER) acordadas entre Estados Unidos y la CEE con Japón y varios países asiáticos en lo tocante a vehículos de turismo y electrónica de consumo. La diferencia entre una y otra fórmulas es que, en la primera, la renta asociada a la imposición de la cuota es disfrutada por el sector productivo del país importador, mientras que, en la segunda, se mantiene en el país exportador: las cuotas elevan los precios del bien en el país importador, lo que hace que su sector productor reciba una mayor renta; no ocurre lo mismo con las VER porque, en este caso, los exportadores aumentan sus precios, con lo que los beneficios adicionales de la restricción se mantienen en el país exportador.

Otra de las fórmulas usuales es la subsidiación; y los subsidios, más o menos encubiertos, pueden concederse a la producción, o a la exportación, o a ambas actividades. La construcción naval es un típico sector industrial en el que se suelen conjugar ambos tipos de apoyos. La política industrial activa es, precisamente, una manera sibilina de denominar al conjunto de apoyos directos e indirectos con los que se busca aumentar o reforzar la competitividad de un sector.

La interposición de barreras no arancelarias, de diferente naturaleza y alcance, constituye otra expresión protectora. Puede tratarse de barreras sutiles, apoyadas en las políticas de compras gubernamentales, que excluyen de la competencia a empresas de otros países; puede tratarse de barreras técnicas en forma de homologaciones, lo que impide, de hecho, que se acceda al mercado deseado por falta de terminados requisitos técnicos; y puede tratarse de barreras administrativas vergonzantes, como por ejemplo desaduanar sólo a través de una determinada oficina aduanera, con lo que se genera un clima de incertidumbre que termina por desalentar la importación.

Los precios mínimos son también recursos utilizados con finalidad protectora. Y no sólo los precios mínimos (umbral) de la política agrícola común tradicional, sino también los que aplican las autoridades norteamericanas para determinadas importaciones industriales (*trigger price mechanism*).

Sí puede afirmarse que las fórmulas de protección no arancelaria que imperan en la actualidad reúnen, como puede fácilmente advertirse, estas tres características: 1) soslayan, de una u otra forma, las normas del GATT para evitar las reclamaciones en el seno del Acuerdo; 2) se aplican a determinados productos, sin carácter general; 3) afectan sólo a determinados países y, por tanto, bilateralizan la protección.

1.4.4. Los efectos de la protección

En el Anexo 1.3 figura la exposición gráfica de los efectos de la protección, tanto arancelaria como cuantitativa, según los modelos tradicionales de equilibrio parcial. Lo que no hay que olvidar es que se trata de modelos estáticos que, al ignorar el tiempo, reducen considerablemente el campo de análisis.

Si dinamizáramos los efectos, sería posible distinguir entre efectos inmediatos –que se concentran sobre el sector protegido– y efectos derivados –que irán, progresivamente, alcanzando al conjunto de la economía.

De forma inmediata, la interposición de barreras exteriores afectará a la producción nacional, que aumentará, y al consumo, que disminuirá. Al aumentar la producción aumentará la renta del sector y el empleo correspondiente. El consumo disminuirá porque, salvo el caso hipotético de competencia perfecta, en el que la gran pluralidad de oferentes impida el aumento del precio del bien protegido, toda protección entraña un aumento de los precios interiores y una paralela disminución del consumo, quedando los dos efectos determinados por la elasticidad-precio de las curvas de oferta y demanda. Es posible, además, que, como resultado de la protección, la inversión en el sector aumente.

Pero, aunque sean los efectos inmediatos los más fácilmente observables, los más profundos son los derivados, por una razón que ya se ha mencionado: porque los primeros se concentran en el sector protegido, mientras que los segundos se desparraman por toda la economía.

Tres son, por lo menos, los efectos derivados que no deben nunca pasarse por alto. El primero tiene que ver con la exportación y puede enunciarse muy fácilmente: toda protección adicional a un sector resulta en la desprotección de uno o varios sectores exportadores; es decir, toda protección es un impuesto que grava la exportación. Si protegemos la producción de acero, favoreciendo con ello el aumento de sus precios interiores, la exportación de todos aquellos bienes que utilicen acero quedará desprotegida exteriormente porque tendrá que competir, en el mercado internacional, con los mismos bienes fabricados a partir de un acero más barato. De ahí que la protección pueda fácilmente convertirse en un resorte autoalimentado, dado que los sectores desprotegidos por el aumento de los precios tenderán, antes o después, a reclamar igual protección para los bienes que producen.

El segundo de los efectos derivados tiene que ver con la reducción de la competencia. Las restricciones a la competencia se traducen siempre por un retraso tecnológico del sector protegido –el coste marginal de la nueva tecnología supera a su rendimiento marginal–, lo que hace que, a medio plazo, su incapacidad para competir le haga reclamar dosis cada vez más amplias de protección. También aquí las características de los mercados determinan la fuerza y la extensión del impacto, al igual que lo determinan el tamaño de la economía y su grado de apertura exterior: cuanto más competidos los mercados interiores y más grande y abierta la economía, menores serán los efectos negativos derivados de la protección a un determinado sector.

Pero el más inquietante de todos, en un mundo intercomunicado, es el tercero de los efectos, el que podríamos denominar de «reacción en cadena»: la protección a un sector, como ya hemos visto, aumenta la renta de los productores nacionales pero disminuye, necesariamente, la de las empresas exportadores de otros países. Con un doble resultado: la expansión global se verá trabada, del lado de la demanda, por las sucesivas contracciones de renta, y se correrá, además, el peligro de que los resortes protectores se disparen de forma generalizada. Las políticas de «empobrecer al vecino», típicas de los años treinta del presente siglo –se trataba de defender la renta y el empleo de un país, amurallándolo frente a la competencia externa– produjeron ese doble resultado y colaboraron, en medida nada desdeñable, a profundizar y alargar la depresión mundial.

La valoración de los efectos de la protección no puede, por tanto, ignorar la existencia de esos dos grupos de efectos, aunque, de hecho, el poder político pase por alto, sistemáticamente, los incluidos en el segundo grupo, al preocuparse, ante todo, por las reacciones inmediatas; pero la historia económica está llena de casos en los que tales olvidos llevaron, con el paso del tiempo, al declive de la economía en su conjunto. El modelo de desarrollo autárquico español (1939-59) mostró claramente los perjuicios que pueden derivarse de la protección a ultranza; la sustitución de importaciones, seguida en los años sesenta y setenta por muchos de los países latinoamericanos y abandonada sólo parcialmente por muchos de ellos, ha introducido frenos y distorsiones nada desdeñables en sus procesos de desarrollo [24].

1.5. LA RONDA URUGUAY

En la Ronda Uruguay (1986-1993) han confluido tres vectores que representan la compleja situación por la que actualmente atraviesa el comercio internacional: las tendencias protectoras generalizadas, la complejidad de los intercambios y la necesidad de mantener un sistema de comercio cuya desaparición podría producir un caos mundial.

Desde 1979, término de la Ronda Tokio, las fórmulas de protección no arancelaria han proliferado por doquier sin que los propios códigos de conducta aprobados en dicha ronda –sobre subsidio y derechos compensadores, valor en Aduana, obstáculos técnicos, licencias de importación y política de compras– hayan servido de muro de contención; más aún, dos grandes corrientes de pensamiento protector han cobrado especial importancia en los últimos años: el comercio regulado y la regionalización del comercio; en el primero de los casos se trataría de administrar determinadas corrientes comerciales; en el segundo se buscaría liberalizar plenamente los intercambios pero sólo dentro de determinados espacios integrados [25]. En ambos casos, el conjunto de normas fundamentales por las que el GATT se rige resultaría inservible.

Reducir los aranceles de las manufacturas es tarea relativamente simple; buscar la liberalización de los intercambios, en una economía mundial muy entrelazada, reviste especial dificultad porque, además de prestar atención al comercio de bienes agrícolas y a las transacciones en servicios, no puede ignorarse que, sobre los flujos comerciales, inciden elementos tales como la inversión o las condiciones monetarias y crediticias. Las negociaciones de la

[24] Véase Enrique Iglesias: «Cambios fundamentales en las estrategias de política económica». *Información Comercial Española,* núm. 732-733. Agosto-septiembre, 1994.

[25] Véase, sobre estos puntos, Jagdish Bhagwati: «The World Trading System at Risk», Harvester, Hertforshire, 1991. También R. Blackhurst y D. Henderson: «Regional integration agreements, world integration and the GATT», en la compilación de K. Anderson y R. Blackhurst «Regional Integration and the Global Trading System». Harvester. Hartforshire, 1993.

Ronda Uruguay han tenido que ocuparse de un conjunto de temas mucho más amplios y vidriosos que los tratados en las rondas anteriores.

Por apetecible que resulte la protección, y por contundentes que parezcan las razones que la avalan, ningún economista serio puede ignorar los peligros que pueden derivarse de romper un sistema, el del GATT, que ha funcionado razonablemente bien y que ha permitido, como hemos visto en el Gráfico 1.1, una expansión notable de los intercambios. Las políticas de protección a ultranza, características de los años treinta, desarticularon la economía mundial y amplificaron la crisis hasta extremos insospechados; una repetición de tales políticas, en un mundo mucho más unificado, podría provocar una depresión generalizada de consecuencias imprevisibles.

De ahí que, con los efectos limitados que cabe esperar de una negociación tan amplia, la Ronda Uruguay haya constituido un esfuerzo para dar respuesta conjunta a los tres vectores mencionados: se ha procurado calmar los reclamos protectores, se ha buscado dar solución a nuevos problemas y, por encima de todo, se ha querido preservar el sistema multilateral de comercio creando para ello una nueva organización.

1.5.1. Respuesta a los reclamos protectores

Ya desde julio de 1993, el Grupo de los Siete (Estados Unidos, Japón, Alemania, Canadá, Gran Bretaña, Francia e Italia), reunido en Tokio, se comprometió a impulsar la negociación arancelaria sobre las siguientes bases [26]:

a) Eliminar barreras arancelarias y no arancelarias para cinco sectores completos –productos farmacéuticos, equipos o maquinaria de construcción, equipos médicos, cerveza y acero– y con restricciones para otros tres: muebles, maquinaria agrícola y licores.

b) Armonizar los aranceles aplicables a los productos químicos a niveles inferiores al 6 %.

c) Recortar crestas arancelarias (cuando existan tipos superiores al 15 %) en un 50 %, con algunas excepciones.

d) Reducir, para el resto de los productos, y en promedio, un 33 % del arancel.

Las ofertas de la Unión Europea, Estados Unidos, Japón y Canadá han cumplido de forma general estos objetivos, habiéndose añadido otros sectores: por ejemplo, el de juguetes, para el que se prevé una eliminación, en 10

[26] Se siguen muy de cerca, para resumir el contenido de la Ronda Uruguay, dos trabajos aparecidos en el boletín semanal de *Información Comercial Española*: «La Ronda Uruguay del GATT. Un primer balance» (*BICE*, núm. 2395. Diciembre, 1993). Los aspectos detallados de los acuerdos alcanzados pueden verse en el número extraordinario del *BICE*, de 1994, dedicado íntegramente a «La Ronda Uruguay del GATT». De todas maneras, el trabajo más completo sobre antecedentes, problemas y consecuencias de la Ronda Uruguay es el de A. M. Ávila, J. A. Castillo y M. A. Díaz Mier: «Regulación del comercio internacional tras la Ronda Uruguay». Tecnos. Madrid, 1994.

años, del arancel, salvo en las partidas en las que China es el principal suministrador.

Norteamérica reducirá su arancel con la Unión Europea en un 50 % y un 37 % frente al resto del mercado. Japón va a convertirse, tras la reducción media producida del 60 %, en el país con más bajos aranceles del mundo. Canadá reducirá su arancel en un 50 % y Australia y Nueva Zelanda en más de un 40 %.

También los nuevos países industrializados siguen políticas similares, aplicando notables reducciones y consolidando buena parte de sus aranceles y, en lo que atañe a los países menos desarrollados, los de América Latina han llevado a cabo, asimismo, un gran esfuerzo de consolidación.

Por lo que se refiere al Acuerdo Multifibras, negociado siempre al margen del GATT en tanto que fórmula de restricción voluntaria de exportaciones, se ha decidido integrarlo, paulatinamente, en las normas del GATT. El período transitorio de 10 años comenzará en 1995 y terminará en el año 2005, produciéndose, a lo largo de esos años, una liberalización progresiva de las importaciones y un aumento también progresivo de los contingentes. Terminados esos 10 años, todo tipo de restricciones incompatibles con las normas del GATT deberán haber desaparecido.

Dentro de este apartado hemos de hacer también referencia a la nueva regulación del dumping, de las subvenciones y de la cláusula de salvaguarda del artículo XIX del GATT, en tanto que medida de protección frente a importaciones que causen un daño grave a la industria. El nuevo Código Antidumping, que revisa el aprobado en la Ronda Tokio, aclara las situaciones en las que puede afirmarse la existencia de dumping, define el perjuicio a la industria doméstica y establece un nuevo método para el cálculo de los márgenes de dumping. En lo que atañe a las subvenciones, uno de los caballos de batalla de los enfrentamientos comerciales, la nueva regulación, mucho más detallada que la existente hasta el momento, fija un máximo de un 5 % del valor del producto, límite por encima del cual se considera que producen un daño grave y define las que se consideran prohibidas y las que pueden recurrirse. En el caso de las medidas de salvaguarda, además de pretender una mayor transparencia de las mismas, las normas actuales permiten, por la vía de los contingentes, aplicarlas sólo a los países que estén causando el perjuicio.

1.5.2. Tratamiento de nuevos problemas

Uno de los temas más complicados de la Ronda, y el que en buena medida ha retrasado su conclusión, es el comercio agrícola, con un enfrentamiento muy directo entre Estados Unidos, gran exportador de tales bienes, y la Unión Europea, con mercados agrícolas fuertemente protegidos pese a las modificaciones que ya se están operando en la política agrícola común. La tensión entre los dos bloques se mantuvo pese a la existencia de un acuerdo previo, el del Blair House, porque tal acuerdo, negociado por la Comisión de las Comunidades, no era aceptado por Francia ni satisfacía plenamente a otros miembros comunitarios, entre los que se encontraba España. El acuerdo al que finalmente se ha llegado prevé, durante un período de seis años, la conversión de todas las fórmulas de protección en medidas arancelarias, pactadas en el seno del GATT, y la reducción programada de las ayudas que causen distorsiones comerciales.

Hasta la Ronda Uruguay, sólo el comercio de mercancías había sido objeto de negociación. En esta ronda lo ha sido también el de servicios. Y prueba de ello es que se ha aprobado un acuerdo general sobre servicios (GATS) que gira alrededor de un doble compromiso: la liberalización progresiva de estas transacciones, mediante sucesivas rondas de negociaciones, y la aplicación del principio de nación más favorecida que, naturalmente, podrá contener excepciones. En el terreno concreto, pocas son las realizaciones logradas, puesto que todo se hace depender de próximas negociaciones, y dado que en el sector altamente conflictivo de los servicios audiovisuales, lo único que se ha pactado es su inclusión en el GATS pero sin que le sea aplicable, por el momento, obligación alguna [27].

Se ha aprobado también un acuerdo sobre propiedad intelectual, que abarca el comercio de mercancías falsificadas, en el que se incluyen las principales normas internacionales que, negociadas a través de la Organización Mundial de la Propiedad Intelectual, regulan la materia. El nuevo acuerdo, que extiende a estos derechos la cláusula de nación más favorecida, presenta tres rasgos principales: 1) establece unas normas básicas para cada categoría de derechos de propiedad intelectual; 2) fija los procedimientos y recursos que, en cada legislación nacional, podrán seguirse para hacer respetar esos derechos, y 3) les hace aplicable el mecanismo general de solución de diferencias del GATT.

Poco ha sido lo acordado en el tratamiento de las inversiones relacionadas con el comercio (TRIMS) a partir de la idea de regular las medidas nacionales que puedan distorsionar los flujos comerciales. La única pactada, hasta el momento, ha sido la obligación de las partes contratantes de no aplicar medida alguna que vulnere los principios de trato nacional y de prohibición de restricciones cuantitativas.

También se ha firmado un nuevo acuerdo sobre adquisiones públicas —concursos abiertos por el sector público para adquirir una serie de bienes— que pretende abrir estos mercados gradualmente a la competencia internacional. Su aplicación es condicional y requiere, por tanto, la reciprocidad.

1.5.3. Nueva organización de las transacciones comerciales

El GATT, recordémoslo, es sólo un acuerdo intergubernamental dotado de menos poder que una organización internacional. Para tratar de impulsar su acción se crea la Organización Mundial del Comercio, en la que se incluirán todas las normas del GATT, con las modificaciones acordadas en la Ronda Uruguay y todos los acuerdos y compromisos concluidos bajo sus auspicios.

[27] Para más detalles, véase el Cap. IV de la obra citada de Ávila, Castillo y Díaz Mier.

La adhesión a la nueva organización implica aceptar, además, todos los pactos negociados en la Ronda Uruguay, sin excepción alguna.

La Organización Mundial de Comercio contará con una Conferencia Ministerial, su órgano rector más importante, que se reunirá al menos bianualmente, y con un Consejo General que, de forma regular, vigilará el funcionamiento del acuerdo y de las decisiones ministeriales. Se tratará, pues, de un organismo internacional similar al FMI o al BIRD.

La Organización Mundial del Comercio, en cuyo seno se celebrarán las futuras negociaciones comerciales multilaterales, se ocupa del Mecanismo de Examen de Políticas Comerciales en virtud del cual se efectuará una evaluación periódica de las políticas comerciales practicadas por los miembros de la organización, y se ocupa, asimismo, de administrar el Sistema Integrado de Solución de Diferencias: de lo que se trata es de agilizar el mecanismo de resolución de conflictos, reforzado ya en 1988, para dotarlo de mayor automatismo. Dentro de su ámbito de competencia se encuentran también el Código Antidumping, que incluirá las nuevas disposiciones a las que ya se ha hecho referencia, y el Acuerdo sobre Subvenciones y Medidas compensatorias, también modificado en la Ronda Uruguay.

Aunque la nueva organización, al igual que sucede con todos los pactos acordados en la Ronda Uruguay, debe esperar el refrendo de los gobiernos nacionales, su aparición, en el conflictivo panorama de las relaciones comerciales, supone un intento de mantener el multilateralismo como principio rector de las relaciones comerciales y de evitar la desnaturalización de los esfuerzos en pro del librecambio.

1.5.4. Valoración de la Ronda Uruguay

Los acuerdos de la Ronda fueron firmados en Marrakech en abril de 1994, y antes de entrar en vigor deberán ser ratificados por los órganos legislativos de los países intervinientes. Efectuar, por tanto, una valoración de los resultados de la Ronda no es tarea sencilla, puesto que no todos los compromisos se cumplirán íntegramente y el pulso de las distintas economías, sobre todo de las más grandes, marcará, en buena medida, la pauta del gran esfuerzo de apertura de mercados que ha supuesto la Ronda. Pero, a pesar de todo, es posible llevar a cabo un balance provisional que resuma el alcance y posibilidades de lo hasta ahora acordado [28].

La Ronda Uruguay ha supuesto, en términos generales, un esfuerzo notable para abrir los mercados en todos los países. Los compromisos firmados supondrán, del lado de los países industrializados, un recorte de los derechos que gravan la importación de manufacturas: la media ponderada de los mismos, que hoy supera el 6 %, deberá situarse por debajo del 4 %. Pero, además, las medidas de efecto equivalente, del tipo de las restricciones voluntarias a la exportación, habrán de desaparecer a lo largo de un período de cuatro años. Por lo que atañe a los países en desarrollo, los compromisos su-

[28] FMI: World Economic Outlook, mayo 1994. Anexo I.

ponen una serie de obligaciones de consolidación de derechos que no podrán ser modificadas sin compensar adecuadamente a los países afectados. Y, por otro lado, el esfuerzo liberalizador incluye sectores que, hasta ahora, habían gozado siempre de armazones protectores varios: el comercio de productos agrícolas se incorporará a las reglas de la Organización Mundial de Comercio y experimentará una liberalización progresiva; lo mismo sucederá con los intercambios de productos textiles y prendas de vestir; la puesta en pie del Acuerdo General sobre el Comercio de Servicios facilitará, con el tiempo, el incremento de ese tipo de tráfico; la regulación de las inversiones relacionadas con el comercio (TRIMS), con objeto de evitar sus efectos protectores, actuará en el mismo sentido liberalizador.

La Ronda Uruguay, la más completa y compleja de todas las celebradas hasta el momento, implica asimismo mayor claridad en las normas que atañen al comercio internacional: las cláusulas de salvaguarda que permiten frenar, temporalmente, las importaciones que afectan gravemente a la producción nacional han quedado sometidas a una legislación más restrictiva; lo mismo ocurre con las reglas aplicables a los casos de dumping; quedan regulados también, de manera más precisa, los subsidios a la producción que signifiquen protecciones encubiertas, y los mecanismos de solución de diferencias han quedado perfeccionados en la medida en que permiten una menor discrecionalidad por parte de los distintos países.

Esos dos logros –apertura de mercados y normas más claras– deben dar lugar a una mejoría del sistema multilateral de intercambios, muy amenazado en los últimos años por el rebrote de las fuerzas proteccionistas. Y esa mejoría, en la medida en que refuerce las expectativas de los empresarios, impulsará el intercambio mundial y el ritmo de crecimiento de la economía mundial.

Cuantificar los efectos es, como ya se ha señalado, un cálculo arriesgado porque no es posible llevar a cabo un ejercicio de estática comparativa, habida cuenta de las múltiples retroalimentaciones que todo proceso de liberación comercial desencadena: los costes de la liberalización llevarán, en ocasiones, a olvidar temporalmente los compromisos y, por tanto, a interponer nuevos obstáculos a las corrientes comerciales por parte de una serie de países. Pero, en todo caso, ya existen algunas estimaciones del efecto que la Ronda Uruguay puede tener sobre la renta y el comercio mundiales.

El Fondo Monetario Internacional parte de la puesta en funcionamiento de los acuerdos en 1995 y calcula el impacto sobre la renta mundial para el año 2005: un impacto que oscila entre 212.000 millones de dólares y 274.000 millones, en dólares de 1992, lo cual viene a representar, en términos aproximados, un 1 % del producto total mundial de 1992. Por lo que se refiere a la evolución del comercio, considera que su crecimiento excederá al del producto total, hipótesis realista puesto que la liberalización comercial expande directamente el intercambio, mientras que la evolución de la renta resulta de la suma algebraica de ganancias y pérdidas [29].

[29] Los detalles e hipótesis de los cálculos mencionados figuran en el anexo mencionado del documento del FMI.

La Secretaría del GATT ha publicado también sus estimaciones del resultado de la Ronda Uruguay en un documento titulado «Los resultados de la Ronda Uruguay de negociaciones comerciales multilaterales» (Ginebra, 1994). Según los cálculos más verosímiles, los que parten de supuestos de competencia imperfecta y economías internas de las empresas, la renta mundial del año 2005 sería, por aplicación de los efectos de la Ronda, 510.000 millones de dólares (en dólares de 1990) superior a lo que se obtendría de no producirse la liberalización prevista.

En los Cuadros 1.5 y 1.6 figuran los incrementos de exportación estimados por sectores y grupos de países, en los que puede advertirse que la exportación de bienes del año 2005 debe suponer un incremento del 23,5 % sobre las cifras sin liberalización –los incrementos mayores se dan en prendas de vestir y textiles– y que las economías en desarrollo y transición (países subdesarrollados, sin China, y antiguas economías del Este europeo) y China son las zonas con mayores aumentos de exportación: precisamente porque, por dotación factorial y configuración productiva, serán las que mejor puedan aprovechar la liberalización de prendas de vestir, textiles, otras manufacturas de consumo y producción agrícola.

Por lo que atañe a ganancias relativas, en términos de cuotas de exportación, Estados Unidos, los países EFTA y China serán los más beneficiados por

CUADRO 1.5. AUMENTO ESTIMADO DE LAS EXPORTACIONES DE MERCANCÍAS AL HACERSE EFECTIVA LA LIBERALIZACIÓN DEL COMERCIO: PRINCIPALES GRUPOS DE PRODUCTOS (variación porcentual del volumen)

	Δ 2005/1992
Todas las mercancías *	23,5
Cereales	4,6
Otros productos agropecuarios	22,1
Productos pesqueros	13,5
Productos forestales	5,6
Minería	3,1
Acero laminado	25,5
Metales no ferrosos primarios	14,2
Productos metálicos elaborados	16,0
Productos químicos y caucho	21,4
Material de transporte	30,1
Textiles	72,5
Prendas de vestir	191,6
Otras manufacturas	12,7

* Excluido el comercio entre países de la Unión Europea e incluido el del petróleo.

Nota: Supone rendimientos a escala cada vez mayores y competencia monopolística en los sectores industriales.

Fuente: GATT. *Los resultados de la Ronda Uruguay de negociaciones comerciales multilaterales.* Ginebra, 1994.

CUADRO 1.6. AUMENTO ESTIMADO DE LAS EXPORTACIONES DE MERCANCÍAS AL HACERSE EFECTIVA LA LIBERALIZACIÓN DEL COMERCIO: PRINCIPALES ECONOMÍAS Y GRUPOS DE PAÍSES *
(variaciones porcentuales del volumen)

	Δ 2005/1992
Todo el mundo	23,5
Canadá	16,6
Estados Unidos	21,7
AELC	6,3
Unión Europea	19,4
Australia y Nueva Zelanda	24,0
Japón	18,3
Economías en desarrollo y en transición	36,7
China	26,5
Taiwán	14,4

* Excluido el comercio entre países de la Unión Europea e incluido el del petróleo.
Nota: Supone rendimientos a escala cada vez mayores y competencia monopolística en los sectores industriales.
Fuente: GATT. *Los resultados de la Ronda Uruguay y de negociaciones comerciales multilaterales.* Ginebra, 1994.

cuanto aumentarán su participación en el comercio mundial con respecto a los porcentajes de 1993.

A nuestro entender, sin embargo, lo importante de la Ronda Uruguay no radica en los efectos posibles, dado que, pese a todo, su cálculo actual es enormemente hipotético porque depende de múltiples variables y comportamientos; es más, de no llevarse a cabo la liberalización, el resultado no será el mantenimiento del orden actual sino, muy probablemente, el incremento acelerado de la protección; de ahí que lo verdaderamente importante de la Ronda sea que 123 países hayan comprendido la necesidad de aclarar, sobre base multilateral, los horizontes del intercambio y de poner, de esa forma, de manifiesto que el desarrollo abierto es el único camino posible para las distintas regiones de un mundo intercomunicado.

1.6. LOS EFECTOS INTEGRADORES DEL COMERCIO

Como hemos visto a lo largo del presente capítulo, la segunda mitad del siglo XX ha sido un período de desarrollo abierto, sin que por ello hayan desaparecido las tendencias proteccionistas ni se pueda afirmar que, en el futuro, no queden frenadas parte de las corrientes comerciales al hacerse socialmente insoportables los costes de una mayor liberalización para determinados sectores y países. Pero, aunque el futuro no esté nunca escrito, nos atrevemos a predecir que, en medio de fricciones y tensiones, los mercados se irán abriendo, aunque lo hagan lentamente, y que, por la vía del comercio, tanto de bienes como de servicios, el proceso de unificación de la economía mundial seguirá adelante por varias razones importantes.

A la primera ya hemos hecho mención en el apartado correspondiente a la Ronda Uruguay: todos los gobiernos, y en especial los de los grandes países industriales, son conscientes de los peligros que encierra la protección generalizada. Podrán tomarse medidas protectoras en determinados momentos con objeto de aliviar la situación de un sector, pero la tendencia general marcha en la dirección contraria –la liberalización de los mercados– porque bloquear la cada vez más agudizada división internacional del trabajo constituiría, para todas las partes intervinientes, un juego de suma negativa en el que finalmente todas saldrían perdiendo. Tal es la razón por la que, pese a las tentaciones protectoras de algunos gobiernos –y no sólo el francés, que es, simplemente, el que suele hablar con cierta claridad– las guerras comerciales generalizadas no se declaran. Lo cual no significa, por otra parte, que los intercambios comerciales se produzcan entre mercados libremente competidos y sin intervenciones públicas; no, el comercio se genera entre mercados escasamente competidos, las más de las veces, y con múltiples intervenciones públicas –sin óptimos paretianos, por tanto– pero las economías siguen intergrándose a su través.

La segunda de las razones tiene que ver con la otra cara del comercio: la inversión, tanto la efectuada por las grandes empresas multinacionales como lo que emana de empresas nacionales a la búsqueda de complementariedad y mercados. Esa inversión directa internacional, que ha adquirido volúmenes elevadísimos –unos 200.000 millones de dólares en la actualidad [30]– no puede aceptar el cierre de mercados por razones evidentes: porque busca economías de escala, porque la exportación de una parte de lo producido es condición indispensable para que se autorice en el país receptor (de ahí que en la Ronda Uruguay no se haya prohibido tal condición en los TRIMS), porque sigue el ciclo del producto en busca de los menores costes y porque, sin mercados abiertos, su gestión se complicaría enormemente. Bloquear de forma persistente los mercados equivaldría a frenar la inversión internacional, una situación que ningún gobierno desea en un mundo caracterizado por la escasez de capital y por el crecimiento del desempleo.

La tercera de las razones enlaza directamente con la anterior: la capilaridad de las economías, y las diferencias de costes laborales, van a acentuar, en el futuro, la fragmentación de los procesos productivos: muchas empresas de los países desarrollados tendrán que fabricar una parte de esos productos en países con bajos salarios porque, de lo contrario, no podrán competir. Las empresas multinacionales ya vienen siguiendo esa estrategia desde hace muchos años pero las empresas nacionales, sin filiales en otros países, tendrán que seguir el mismo camino y muchos de ellas ya lo han iniciado tiempo atrás. Y esa segmentación productiva, que reducirá, por definición, las trabas al comercio, acelerará la integración de todas las economías.

[30] Véase F. Sachwald: «Mondialisation et systèmes nationaux», en su recopilación «Les défis de la mondialisation». Masson. París, 1994.

La cuarta de las razones es geopolítica: la necesidad de apoyar la transformación económica de los países de la antigua órbita soviética, empezando por Rusia, y de aprovechar el dinamismo mostrado por la economía china. El considerable salto atrás de las economías del Este europeo, con Rusia a la cabeza, y las amenazas que de esa situación se desprenden –el fascismo ruso tiene ya su faz y su organización– llevarán al bloque OCDE a buscar un enderezamiento de tales economías, un enderezamiento que no puede conseguirse tan sólo con ayuda, sino que requiere de una ampliación notable de las relaciones comerciales. Apertura que, por otro lado, abrirá también mercados importantes para los propios países industrializados tan pronto como se refuerce la capacidad exportadora de Rusia, de las repúblicas adyacentes y de los países de Centroeuropa. En cuanto a China, cuya aparente inmutabilidad ideológica no puede disimular la implantación progresiva de las reglas del mercado en su economía, necesita de los mercados mundiales abiertos, empezando por el japonés, tanto como los grandes mercados necesitan del suyo.

ANEXO 1.1. BENEFICIOS DEL COMERCIO

Imaginemos un país que dedica todos sus recursos a la producción de dos bienes genéricos: alimentos y manufacturas.

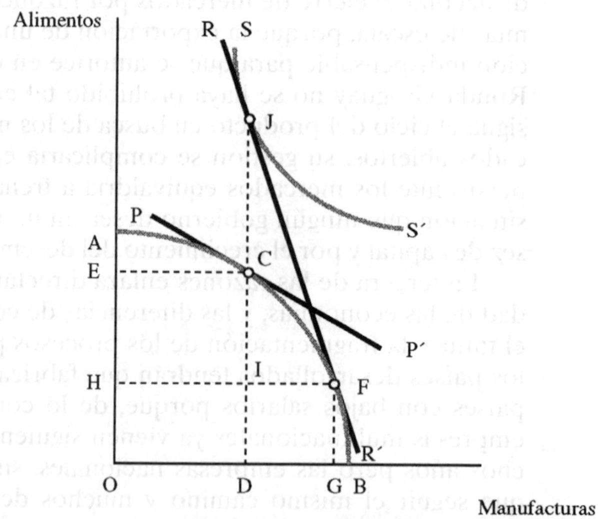

Sea AB la curva de transformación o frontera de posibilidades productivas en autarquía: el lugar geométrico de las combinaciones óptimas de producción. Su concavidad hacia el origen refleja la existencia de costes de oportunidad crecientes.

El punto de equilibrio se dará allí donde la recta de precios interna, PP', sea tangente a la curva de transformación. Para cualquier punto distinto de C, el coste de oportunidad de uno de los bienes sería menor que su precio relativo y llevaría a las empresas a incrementar la cantidad producida. Por tanto, el país producirá OD de manufacturas y OE de alimentos y consumirá esas cantidades.

Sea RR' la recta de precios internacional. Si el país comercia podrá producir OG de manufacturas, intercambiando la cantidad DG por IJ de alimentos y situando sus posibilidades de consumo en el punto J, externo a la curva de transformación; ello le permitirá alcanzar una curva de indiferencia colectiva SS', de orden superior a cualquiera de las existentes en situación de aislamiento. El comercio internacional permite al país traspasar su frontera de posibilidades productivas en autarquía, logrando así un nivel de consumo superior. En el conjunto de la economía mundial, el intercambio permite ampliar los mercados e incrementar el empleo y la renta.

ANEXO 1.2. LA RELACIÓN REAL DE INTERCAMBIO

En su formulación más usual, la relación real de intercambio es:

$$RRI = \frac{\dfrac{eP_1}{eP_0}}{\dfrac{iP_1}{iP_0}}$$

Siendo *eP* los índices de precios de exportación del país e *iP* los de importación.

Véase, con datos de la UNCTAD (Estadísticas de comercio y desarrollo, 1992), la evolución de la RRI de los países desarrollados y subdesarrollados.

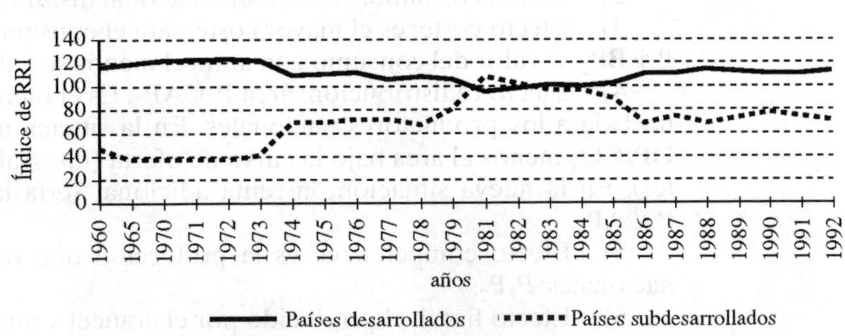

ANEXO 1.3. EFECTOS DEL ARANCEL

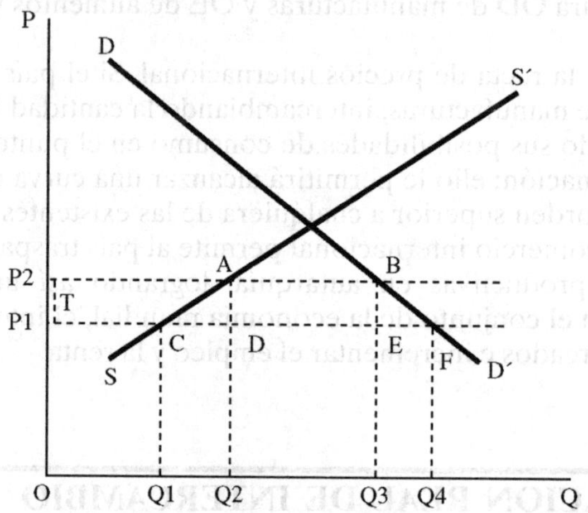

Dado el mercado de un bien cualquiera, sean SS' y DD' las curvas de oferta y demanda nacionales. Si el precio internacional del bien es OP_1, y no existen aranceles, tendremos:

OQ_1 : producción nacional
OQ_4 : consumo del bien
Q_1Q_4: cantidad importada del bien

Tras establecer un arancel T, el precio aumentará hasta OP_2, con lo que se producirán varios efectos

1) Efecto producción: la producción nacional aumentará de OQ_1 a OQ_2.
2) Efecto consumo: el consumo nacional disminuirá de OQ_4 a OQ_3.
3) Efecto coste: es el mayor coste para el consumidor nacional. Es decir, P_1EBP_2: el valor del consumo con arancel menos su valor sin arancel.
4) Efecto redistribución: área P_1CAP_2. Es el incremento de renta que se traslada a los productores nacionales. En la situación anterior, su renta era OP_1CQ_1 menos el área bajo la curva de oferta (integral de los costes marginales). En la nueva situación, la renta adicional sería la indicada por el área P_1CAP_2.
5) Efecto competencia: es la protección que reciben los productores nacionales: P_1P_2.
6) Efecto fiscal: el producido por el arancel y que corresponderá al Gobierno del país, el área ABDE.

Si en lugar de un arancel se establece una cuota que restrinja el consumo hasta situarlo en OQ_3, el precio se elevará también hasta OP_2 para igualar oferta y demanda. La diferencia con respecto al arancel radica en la forma de distribuir las licencias: si se subastan, el Gobierno recibirá asimismo los ingresos fiscales determinados por el área ABDE; si se reparten, bajo cualquier otro criterio, esos ingresos quedarán en manos de los importadores.

2

LA INTEGRACIÓN ECONÓMICA

2.1. LOS HECHOS

La integración económica no es un fenómeno moderno: varios países europeos se construyeron a partir de un proceso integrador que eliminó las barreras que separaban distintos mercados regionales. En concreto, Gran Bretaña se constituyó, como unidad económica, en el siglo XVIII, y Francia lo haría después que la Revolución Francesa suprimiera las barreras internas que impedían el libre movimiento de mercancías y mano de obra. La moderna Alemania nace a través de una Unión Aduanera (Zollverein, 1834) que aglutinó siete estados germánicos. Italia es también el resultado de un esfuerzo de unificación económica llevado a cabo en 1861.

Lo que sí nos diferencia de épocas pasadas, lo que hace de nuestro tiempo la «era de la integración» [1], es la proliferación de ensayos integradores y de propuestas de integración. Resumamos los más importantes.

En América del Norte existe el Acuerdo de Libre Comercio de América del Norte (NAFTA) que, firmado en 1992, pretende constituir una zona de librecambio entre Canadá, Estados Unidos y Méjico. Completa el Tratado de Libre Comercio entre Canadá y Estados Unidos de 1988.

En Centroamérica está en vigor el Sistema de Integración Centroamericana de 1991, que sustituye al Mercado Común Centroamericano firmado en 1960. Su objetivo: crear un mercado común entre los países de la zona.

En América del Sur hay tres procesos de integración que, en cierto modo, se solapan. El más amplio, en cuanto a países miembros, es la Asociación Latinoamericana de Integración (ALADI), creada en 1980 en sustitución de la Asociación Latinoamericana de Libre Comercio (ALALC) de 1960. Su objeto básico son las preferencias económicas entre Argentina, Bolivia, Brasil, Colombia, Chile, Ecuador, México, Paraguay, Perú, Uruguay y Venezuela. Junto a este proyecto, de perfiles y realizaciones vagas, coexiste el Grupo Andino, creado en 1969 y renegociado varias veces, cuya intención es formar un

[1] G. Haberler: «Integration and growth in the world economy in historical perspective». *American Economic Review*, vol. LIV, 1964. Un resumen histórico de los grandes movimientos de integración.

mercado común entre Colombia, Bolivia, Ecuador, Perú y Venezuela. Y además, y desde 1991, funciona el Mercado Común del Sur (MERCOSUR) que pretende formar un mercado común entre Argentina, Brasil, Paraguay y Uruguay. Por encima de todos los acuerdos hay que hacer mención de la Empresa para la Iniciativa de las Américas, de 1990, en virtud de la cual el Gobierno norteamericano ofrece a todos los países de América Latina la firma de acuerdos de libre comercio y cuyo objetivo, a largo plazo, es instaurar un área de comercio libre en todo el hemisferio occidental.

En Asia funciona, desde 1967, la Asociación de Naciones del Sudeste Asiático (ASEAN) formada por Brunei, Filipinas, Indonesia, Malasia, Singapur y Tailandia, con el objetivo de crear una zona de librecambio y de potenciar la cooperación industrial entre sus miembros.

En África existe, desde 1991, un proyecto de integración formado por los miembros de la Organización para la Unidad Africana: la Comunidad Económica Africana, mediante el que se desea crear, primero, una zona de librecambio y, posteriormente, un mercado común. Se trata de un objetivo ambicioso, y poco realista, que se superpone a varios otros ya existentes.

En Oceanía debe hacerse mención de la zona de librecambio formada por Australia y Nueva Zelanda (ANZCERTA) en 1983.

En 1958 se puso en marcha el Mercado Común Europeo, formado por seis países –Alemania, Bélgica, Francia, Italia, Holanda y Luxemburgo–, proyecto al que luego se sumarían, progresivamente, Dinamarca, Irlanda y Reino Unido (1973), Grecia (1981), España y Portugal (1986). En 1992, y con economías que habían alcanzado la fase de mercado común, el proyecto inicial se transformó en la Unión Europea, cuyo objetivo económico es la formación de una unión económica y monetaria, proyecto al que ya se han incorporado Austria, Finlandia y Suecia (1995). A su lado coexiste todavía la Asociación Europea de Libre Comercio (EFTA), creada en 1960 como zona de librecambio y formada en la actualidad por Islandia, Liechtenstein, Noruega y Suiza. Y, por otro lado, ha surgido el Espacio Económico Europeo, firmado en 1992, en virtud del cual los dos grupos de países se comprometen a crear una zona de librecambio conjunta, para productos industriales, con elementos de integración adicional [2].

2.2. LOS FUNDAMENTOS DE LA INTEGRACIÓN ECONÓMICA

2.2.1. ¿Qué es la integración económica?

La integración consiste en eliminar, de manera progresiva, las fronteras económicas entre países; de ahí las diferentes fórmulas integradoras que se enu-

[2] En «Regional Trade Arrangements», FMI, 1992, Augusto de la Torre y Margaret Kelly examinan, con detalle, los acuerdos de integración. El trabajo más complejo y actualizado, en este campo, es el de Antonia Calvo: «Integración Económica y Regionalismo. Principales acuerdos regionales». Editorial Centro de Estudios Ramón Areces. Madrid, 1994. De todas formas, la proliferación de proyectos es tan considerable que cualquier resumen queda rápidamente anticuado.

merarán en 2.2.3. Tinbergen [3] distingue entre integración negativa e integración positiva: las medidas negativas suponen eliminar los obstáculos que separan las economías y son, generalmente, las más fáciles de definir y adoptar (por ejemplo, suprimir los aranceles entre países miembros); las medidas positivas entrañan mecanismos de cooperación (por ejemplo, armonizar políticas macroeconómicas) que se van ampliando conforme la integración avanza y que resultan, normalmente, más complicadas de poner en práctica.

2.2.2. Razones de la integración

Distinguiremos cuatro razones fundamentales, dos económicas y dos políticas.

La integración busca ampliar los mercados, lo que permite una mayor división del trabajo en el seno del espacio integrado y, consecuentemente, una mejor asignación de recursos reales y financieros: será más fácil para las empresas obtener economías de escala y alcance, y ello debe permitir un mayor ritmo de crecimiento de las economías y una mejora del bienestar general.

La integración busca también aumentar la competencia en el conjunto integrado. A través de una mayor competencia, la inversión debe acelerarse y provocar una revitalización de las economías de bloque. También, de esa forma, debe acelerarse el ritmo de crecimiento y potenciarse el bienestar social.

Detrás de toda fórmula integradora suele existir, más o menos explicitada, una razón política: las Comunidades Europeas se crearon para tratar, por una parte, de poner fin a los continuos enfrentamientos entre las potencias de Europa Occidental, en especial Alemania y Francia, y, por otro lado, para reforzar toda la zona frente a la por entonces amenaza soviética. Y todo ello a partir de un razonamiento simple: que la unión de intereses económicos termina por unir los intereses políticos.

Aunque nada se diga al respecto, el Tratado de Libre Comercio de América del Norte (NAFTA) pretende facilitar, en parte, el desarrollo mexicano, con objeto de intentar frenar la continua corriente emigratoria hacia Estados Unidos, y, en parte, dar entrada, en el mercado mexicano, al poderoso sector de servicios de Estados Unidos.

Pero existe, asimismo, un segundo objetivo político claro que emana de todo proceso de integración: aumentar el peso político internacional del espacio integrado que, con el paso del tiempo, terminará por superar al de los países miembros por separado. El efecto es, además, mucho mayor cuanto más avanzado se encuentre el proceso integrador, y se hace sentir más claramente en el terreno económico que en el puramente político, porque los reflejos nacionalistas son mucho más intensos en el segundo caso. La Unión Europea se une, a veces, cuando debate con terceros países temas económicos; difícilmente lo logra cuando lo que se discute son temas políticos.

---

[3] J. Tinbergen: «International Economic Integration». Elsevier. Amsterdam, 1954.

2.2.3. Formas de integración

De menor a mayor, las fórmulas de integración son las siguientes:

Acuerdo Preferencial

Los miembros se conceden entre sí una serie de preferencias –reducción de aranceles o de otras formas de protección–, generalmente en el sector industrial. Tiene el inconveniente de chocar contra las normas del GATT, que no consideran tales acuerdos incluidos en las excepciones al principio de no discriminación. Por eso, el Acuerdo Preferencial firmado en 1970 entre la CEE y España estuvo siempre sujeto a la amenaza de reclamaciones en el seno del GATT.

Zona de Librecambio

Los miembros hacen desaparecer, entre sí, los aranceles y cualquier otro tipo de obstáculos al comercio, pero mantienen, frente a terceros países, sus propios aranceles. Presenta un inconveniente sustancial: que los países terceros intentarán exportar a la zona a través del país con menor protección exterior, lo que tratará de remediarse, por parte de las aduanas de los países miembros, exigiendo certificados de origen para saber si, una vez en el espacio común, los productos deben seguir sujetos a las obligaciones que se aplican a países no miembros.

Unión Aduanera

Los miembros eliminan, entre sí, todos los obstáculos existentes a la libre circulación de bienes y erigen, frente a terceros países, un arancel común al que se añadirá cualquier otra fórmula protectora que será también común. De ahí que una mercancía cualquiera, procedente del resto del mundo, pueda circular libremente tan pronto como atraviese una de las aduanas de la Unión.

Mercado Común

Se trata de una Unión Aduanera completada con la libertad de movimientos de capital y mano de obra. Por tanto, en un Mercado Común circulan libremente los bienes, el capital y las personas. Pueden existir, además, algunas políticas comunes. La Comunidad Europea ya incluía, en esa fase de su proyecto integrador, la Política Agrícola Común, la Política Pesquera Común y políticas comerciales frente a terceros países.

Mercado Único

El Mercado Único supone perfeccionar el Mercado Común, eliminando las fronteras físicas (aduanas), las fronteras técnicas (para las cuales hay que armonizar normas sobre calidades, abrir los mercados públicos, etc.) y las fronteras fiscales (lo que requiere, también, armonizar una serie de impuestos). Aunque algunos de los objetivos previstos todavía no se han alcanzado plenamente, el Mercado Común Europeo se convirtió, al 31/12/92, en un Mercado Único.

Unión Económica

Significa dar un paso más, en los propósitos integradores, y completar el Mercado Único con políticas macroeconómicas coordinadas –con inclusión de reglas obligatorias en materia presupuestaria– y políticas comunes para favorecer los cambios estructurales y el desarrollo regional.

Unión Monetaria

Entraña fijar irrevocablemente los tipos de cambio entre los países miembros o crear una única moneda que sustituya a todas las demás. Puesto que es imposible alcanzar la Unión Monetaria sin contar con un Mercado Único y con políticas macroeconómicas coordinadas, la Unión Monetaria supone la existencia previa de Unión Económica. Por eso el objetivo económico de la Unión Europea es lograr la Unión Económica y Monetaria.

Unión Económica Plena

Implica integrar totalmente las economías de los países miembros, lo que exige una política económica común y determina, en consecuencia, la unión política; completada esa fase, los países miembros habrán formado un único país.

CUADRO 2-1. LA PIRÁMIDE DE LA INTEGRACIÓN

Nota: Cada fase incorpora todas las que se encuentran por debajo.

Conviene hacer tres precisiones sobre las etapas de la integración.

Primera precisión: las etapas no presentan perfiles nítidos. Por razones taxonómicas se efectúa la clasificación que acabamos de enumerar, pero la realidad demuestra que existen fórmulas intermedias con mezcla de características. Por ejemplo, el Grupo Andino, que pretendía alcanzar el estadio de Unión Aduanera, incorporaba también una cierta programación conjunta del desarrollo industrial, mucho más propia de fases de integración más avanzadas.

Segunda precisión: existe un código de la integración en virtud del cual o bien el proceso se interrumpe, porque algunos miembros son incapaces de soportar los costes que entraña, o bien el proceso continúa en busca de una fase superior. Varios de los ensayos de integración de Centro y Sudamérica se han interrumpido o desnaturalizado porque, en países con bajos niveles de desarrollo, los costes de la integración pueden llegar a ser políticamente insoportables; en el caso de la CEE, la finalización de una fase ha llevado al comienzo de otra: por ejemplo, en la medida en que el Mercado Común ha desarrollado una política comercial común frente a terceros, ha habido que establecer reglas de competencia de ámbito comunitario, para evitar distorsiones en la aplicación de la política comercial, y ello ha obligado a diseñar políticas medioambientales, también de alcance comunitario, para tratar de situar a las empresas de los países miembros en un terreno común, sin que el cuidado del medio ambiente entrañe costes diferenciales.

Tercera precisión: a pesar de la dinámica integradora, el paso de un estadio a otro es una decisión política que entraña costes y dificultades y que, consecuentemente, no puede ser adoptada en solitario por los dirigentes políticos, sino que ha de ser entendida y refrendada por una mayoría de los ciudadanos. En el complicado refrendo del Tratado de Maastricht (1992), que daba paso a la Unión Europea, se pudo advertir que las distintas sociedades, empezando por la danesa, recibían con grandes reparos las decisiones incluidas en el Tratado, precisamente porque la previa labor política de sopesar ventajas e inconvenientes o bien no se había llevado a cabo o se había realizado con parquedad.

2.2.4. Inconvenientes de la integración

Todo proceso de integración entraña inconvenientes, costes, que deben ser valorados, en cuanto sea posible, y afrontados. De lo contrario, y a medida que el proceso avance, las resistencias de los sectores afectados se irán intensificando y se correrá el peligro de desvirtuar, de alguna forma, el empeño.

Al eliminar las fronteras económicas y aumentar la competencia, aparecerán continuamente ganadores y perdedores. Los ganadores serán, generalmente, los sectores o empresas más competitivos del espacio integrado, y su superior competitividad se apoyará, unas veces, en los menores costes laborales y, otras, en la diferenciación productiva basada en niveles tecnológicos más elevados. Cierto es que, como se indicará al analizar los efectos de la integración, la misma competencia acrecentada puede modificar, al impulsar la inversión, la situación relativa de sectores o empresas, pero esa transformación requerirá tiempo y, consecuentemente, no evitará la desaparición de las empresas más débiles. Es muy posible, por tanto, que los reclamos protectores se sucedan, conforme la competencia golpee las partes más blandas del tejido productivo.

En un espacio integrado, la transmisión del ciclo es más rápida y acentúa las crestas y valles de la actividad productiva, situación que, en ambos casos, pero sobre todo en el segundo, planteará dificultades adicionales a las políticas económicas de los países miembros.

Conforme avance el proceso integrador, las políticas económicas nacionales tropezarán con más restricciones porque se exigirá una mayor armonización de las mismas en el seno del bloque. Es más, el país más fuerte terminará por imponer sus criterios en determinadas políticas y los demás deberán acomodar las suyas. En el fondo, el país guía de la CEE, Alemania, ha condicionado, en buena medida, las políticas económicas de sus socios comunitarios.

Dado que el crecimiento tiende a polarizarse, por acumulación de economías externas, la integración acentuará, probablemente, los desequilibrios regionales y las disparidades sociales; y lo hará aunque existan mecanismos de compensación porque tales mecanismos, generalmente financieros, pueden paliar las situaciones extremas pero no corregir la tendencia acumulativa del crecimiento.

Finalmente, y en los estadios superiores de la integración, habrá cesiones importantes de soberanía, lo que, muy probablemente, despertará las reacciones nacionalistas y complicará el proceso. A partir de la fase de Mercado Común no es posible acentuar la integración sin armonizar determinadas políticas e imponer otras: se tenderá a armonizar las políticas monetarias y fiscales, y a imponer, por ejemplo, las comerciales o medioambientales.

Al iniciar, por tanto, un proceso de integración es preciso recordar a la sociedad que hay unos costes que deberán soportarse y que, normalmente, aparecerán antes que los beneficios del mercado ampliado, y recordarlo con insistencia para que ningún reducto productivo o social pueda alegar, en este terreno, ignorancia. Al decidirse la incorporación de España a la CEE, la opinión pública española mostraba una rara unanimidad, fruto de la insuficiente percepción de los costes del proceso, unanimidad que se ha ido quebrando conforme el acrecentamiento de la competencia ha creado graves problemas para toda una serie de sectores y empresas españoles.

2.2.5. Efectos de la integración

Estudiaremos los efectos de la integración en la Unión Aduanera y la Unión Monetaria: en el primero de los casos habrán desaparecido ya todos los obstáculos al comercio intrazonal; en el segundo, el proceso integrador se habrá completado con la instauración de una moneda única.

Por lo que atañe a la Unión Aduanera, pueden distinguirse efectos estáticos, o efectos a corto plazo sobre las corrientes comerciales, y efectos dinámicos, que toman en cuenta la incidencia, a medio plazo, de la Unión sobre la estructura de la economía (Anexo 2.1) [4].

Son efectos estáticos los de creación, desviación y expansión del comercio.

Una Unión Aduanera crea comercio cuando la demanda de un bien pasa de un productor menos eficaz a uno más eficaz. La desaparición de las trabas al comercio hará que la producción protegida de un país dé paso a la más eficaz dentro de la zona, lo que aumentará el comercio intrazonal.

Una Unión Aduanera desvía comercio cuando la demanda de un bien deja de satisfacerse en mercados internacionales más eficientes y se traslada a productores intrazonales menos eficientes, a consecuencia de haber eliminado las medidas protectoras entre países miembros. Antes de incorporarse a la Unión Aduanera, un país podía importar determinados bienes a menor coste de otros países con productores más eficientes; dentro de la Unión Aduanera parte de esa demanda se desviará a productores intrazonales por la inexistencia de barreras interiores y la aparición de barreras exteriores comunes.

Una Unión Aduanera expande el comercio porque la mayor renta real, resultante de la reducción del precio de una serie de bienes en el interior de cada país, se traducirá en aumentos de la demanda, una demanda que, en parte, beneficiará al resto de los miembros de la Unión al incrementar las exportaciones.

Como puede observarse, el análisis estático se efectúa en términos de bienestar y considera que la desviación de comercio lo reduce mientras que la creación y expansión lo aumentan. Desde ese punto de vista, la importancia y alcance de los efectos dependerá, por otro lado, de una serie de factores.

Dependerá de que los países, y normalmente se efectúa el análisis a partir del supuesto de dos países, tengan estructuras productivas complementarias o sustitutivas. Si resultan muy complementarias, con especializaciones muy intensas en cada país, las ventajas de la integración serán menores porque, aunque desaparezcan las barreras internas, la competencia será escasa; si, por el contrario, hay sustituibilidad entre sectores, serán los productores más eficientes, en cada caso, los que satisfagan la demanda y, por tanto, las ganancias de bienestar serán mayores.

Dependerá del tamaño de la Unión Aduanera: cuantos más países la formen y mayor dimensión tengan sus economías, mayores serán los efectos positivos porque mayor será la división del trabajo en la zona y menores las posibilidades de desviación del comercio.

Dependerá del nivel preexistente de aranceles. A partir de aranceles altos, encubridores de ineficiencias productivas, la Unión Aduanera producirá ganancias de bienestar considerables al quedar eliminados los aranceles, si bien ese efecto positivo puede quedar compensado por la interposición de altas barreras arancelarias frente a terceros países, pese a la norma del GATT.

[4] Las obras fundamentales son, en este punto, las de Viner (The Customs Union Issue, Stevens and Sons, Londres, 1950), Meade (The Theory of Customs Union, North Holland, Amsterdam, 1955) y Balassa (The Theory of Economic Integration, Homewood, Illinois, 1961). Un buen libro de texto es el de Willem Molle (The Economics of European Integration, Dartmouth, Aldershot, 1990): el capítulo 5 sintetiza, adecuadamente, los conceptos.

Dependerá de los costes de transporte y transacción entre países miembros. Los altos costes de transporte sustituirán a los aranceles y reducirán los aumentos de eficacia y bienestar; los elevados costes de transacción, que pueden derivarse de trámites burocráticos excesivos, pueden reducir la permeabilidad de la zona y producir también efectos negativos.

Y dependerá, asimismo, de la flexibilidad de las economías de los países miembros: cuanto más flexibles sean, más tenderán a especializarse y mayores serán las ganancias de bienestar; las inflexibilidades actuarán en el sentido contrario.

Los efectos anteriores resultan, ya lo hemos dicho, de un análisis estático, en equilibrio parcial y en términos de ganancias de bienestar, y, aunque permiten identificar algunos de los impactos derivados de la Unión Aduanera, plantean un conjunto de dudas. En primer lugar, las ganancias o pérdidas de bienestar deberían ser calculadas a partir de los efectos netos de un número elevadísimo de intercambios, cálculo imposible de realizar. En segundo lugar, las hipótesis simplificadoras en las que el análisis se apoya se apartan, notablemente, de la realidad: los mercados no suelen operar en condiciones de libre competencia y las fricciones, tanto en los mercados de factores como en los de productos, suelen ser múltiples. Finalmente, la supresión de aranceles puede inducir toda una serie de cambios en las funciones de producción y dar lugar, en el espacio integrado, a una especialización distinta de la supuesta en el análisis de equilibrio parcial. Precisamente por los inconvenientes que suscita ese tipo de análisis es por lo que resulta necesario insistir en los efectos dinámicos, los que tendrán, a medio plazo, mayor impacto en los países miembros y que parten de un supuesto lógico: que los agentes económicos de los países que se integran van a reaccionar ante la nueva situación, lo que introducirá cambios importantes en las economías de tales países.

En general se suele hacer referencia a cuatro efectos: sobre la competencia, sobre las economías de escala, sobre la inversión y sobre la innovación.

La Unión Aduanera aumentará el grado de competencia dentro del espacio integrado y obligará a los sectores productivos a mejorar su eficiencia; entre otras razones porque reducirá el poder monopolístico de algunos de esos sectores, lo cual significará mayor producción, menores costes y mejora de calidades.

La Unión Aduanera producirá economías de escala, tanto internas como externas. Internas, porque la ampliación de los mercados permitirá aumentar las series de producción y reducir los costes, un efecto que será tanto mayor cuanto mayores sean las ineficiencias de partida. Externas, porque las ventajas logradas por cada empresa se transmitirán a las demás en forma de menores costes y mejores calidades.

La Unión Aduanera dará lugar a un aumento de la inversión, tanto nacional como internacional. Los empresarios nacionales, espoleados por la mayor competencia, se verán obligados a mejorar el equipo capital, mientras que las empresas extranjeras, de dentro y fuera de la Unión, aumentarán también su inversión: las primeras, para redimensionar sus empresas y aumentar su tamaño; las segundas, para no quedarse fuera del mercado ampliado y sortear, de esa forma, la protección exterior común.

Y la Unión Aduanera estimulará, asimismo, la innovación porque, en muchos campos, es la fuente primera de competitividad; una innovación que no se limitará tan sólo a los productos, sino que abarcará también los procesos.

Naturalmente, tampoco es fácil medir los efectos dinámicos de una Unión Aduanera porque cualquier modificación de las variables sobre las que incide –la inversión, por ejemplo– puede deberse a múltiples causas de complicada singularización. De todas maneras, y para una serie de economistas, los impactos dinámicos son los más fuertes y los que de verdad justifican, en el terreno económico, la decisión de integrar los mercados [5].

Los efectos, estáticos y dinámicos, de una Unión Aduanera se acentúan en los estadios superiores del proceso de integración, al eliminarse no sólo las trabas al comercio sino también las que impiden el libre movimiento de los factores productivos; pero el gran cambio cualitativo del proceso se da en la fase de Unión Monetaria porque la integración se da, precisamente, en las monedas y, por tal razón, conviene enumerar aquí los principales efectos que de la Unión Monetaria se esperan. Efectos cuyo marco de referencia es la futura Unión Monetaria Europea.

Baldwin distingue entre efectos estáticos y efectos dinámicos a medio y largo plazo [6]. Los primeros se refieren a la reducción de los costes de transacción y cobertura, a la integración de los mercados de capital, a la selección de inversiones, a la mejora de la competencia, a la inversión, al bienestar y al comercio.

En las transacciones internacionales aparecen determinados costes asociados al cambio de monedas. Y no solamente porque los agentes económicos deban soportar las comisiones de cambio, sino porque, además, la volatilidad de los tipos de cambio obliga, en múltiples ocasiones, a efectuar operaciones de cobertura con costes adicionales. En una Unión Monetaria, en la que existe una moneda única, tales costes desaparecen y los recursos necesarios para hacerles frente pueden dedicarse a otras actividades. Ese ahorro de recursos lo estima la Comisión de las Comunidades, para la Unión Europea, entre el 0,5 %-1 % del producto total comunitario [7].

Los mercados de capital no están integrados, ni siquiera en el espacio comunitario, entre otras razones porque las incertidumbres asociadas al tipo de cambio hacen que, en la composición de carteras, haya una clara preferencia por los activos financieros nacionales, lo cual produce una cierta correlación entre las tasas de ahorro y de inversión nacionales. La existencia de una moneda única integraría los mercados de capital y eliminaría esa correlación, es decir, haría más eficientes tales mercados.

La volatilidad de los tipos de cambio afecta a la inversión exterior –la frena–, sobre todo cuando tal inversión es, en gran medida, irreversible: tal es el caso de la inversión en plantas y equipo, es decir, en capital fijo. Hay que suponer, por tanto, que la moneda única estimulará la inversión a largo plazo y hará que las empresas se instalen definitivamente en el mercado co-

[5] Véase, por ejemplo, H. Leibenstein: «Allocative efficiency versus x-efficiency». *American Economic Review*, vol. 56, 1966.

[6] «On the microeconomics of the European monetary union», en *The economics of EMU*. European Economy. Special Edition núm. 1, 1991.

[7] Baldwin: art. cit.

munitario, algo que, hasta el momento, no sucede, pese a la libertad de movimientos de capital.

La Unión Monetaria mejorará la asignación de recursos, vía aumento de la competencia, por dos razones. Primera, porque la exportación a un nuevo mercado requiere, en muchos casos, inversiones en publicidad y en servicios posventa que no se llevarán a cabo si el riesgo de cambio es demasiado elevado; segunda, porque en un mercado de exportación, los ajustes costes-precios no se realizan con la debida diligencia, entre otras razones porque la empresa exportadora confía, en muchas ocasiones, en una compensación a través del propio tipo de cambio, lo que hace que se distorsione el precio y se asignen inadecuadamente los recursos.

En ocasiones, la decisión de adquirir una determinada empresa, en un país tercero, está mucho más influida por el tipo de cambio que por el valor presente y esperado de tal empresa; se invierte porque la situación del tipo de cambio hace que la adquisición sea barata, sin prestar demasiada atención a las complicaciones que puede acarrear la gestión en país distinto o en sector diferente al propio de la empresa inversora.

La inflación reduce la capacidad de información del sistema de precios, lo que, a su vez, afecta a la capacidad productiva de la economía. En la medida en que la unión monetaria incremente la estabilidad, el efecto distorsionador de la inflación se aminorará, lo que mejorará el bienestar general.

La volatilidad cambiaria puede frenar las corrientes comerciales, si bien no existen pruebas rotundas que avalen esa proposición; puede, además, suceder que la contracción del comercio resulte de una reducción en el ritmo de actividad económica.

Los efectos dinámicos a medio y largo plazo se concentran, lógicamente, en la inversión y el crecimiento y parten de un razonamiento simple: que la moneda única no solamente genera un aumento discreto de la productividad del capital y del trabajo, sino que ese aumento significará también un mayor crecimiento a medio y largo plazo. A medio plazo, porque la mejora de la productividad favorece, asimismo, el clima inversor, lo que, a su vez, aumenta la producción y la renta por encima del impulso inicial; a largo plazo, porque la mayor densidad de capital de la economía elevará de nuevo la productividad de tales factores y de la innovación y producirá un impulso continuado en el ritmo de crecimiento.

Todos esos efectos de la Unión Monetaria se completan, además, con una serie de ventajas que pueden quedar resumidas de la siguiente forma. En primer lugar, la moneda única elimina, en el espacio integrado, la especulación cambiaria; una especulación que, tras varias tormentas monetarias de enorme alcance, obligó, en el verano de 1993, a desnaturalizar el Sistema Monetario Europeo, ampliando las bandas de fluctuación permitidas hasta el 15 % de las paridades centrales. En segundo lugar, la existencia de una moneda única confiere mayor peso al bloque, tanto en el sistema monetario internacional como en los mercados financieros mundiales. Finalmente, y quizá como ventaja principal, la moneda única otorga un impulso fundamental a la unidad de los mercados: no parece posible que, sin ese requisito, puedan alcanzarse los niveles deseados de integración.

Por otro lado, la moneda única supone, para los distintos gobiernos, una pérdida de señoriaje, es decir, de rentas derivadas de la creación de dinero. Un ejemplo lo constituye el coeficiente de caja, o proporción, sobre depósitos, que los intermediarios financieros están obligados a mantener, en forma líquida, en el banco central. Ese coeficiente, no remunerado por lo general, significa, para los gobiernos, una financiación sin coste del banco central que se traducirá, finalmente, en un mayor ingreso para el Tesoro. Aunque, en la práctica, las diferentes vías de señoriaje han ido disminuyendo en importancia, en el caso de los países comunitarios, al reducirse la tasa de inflación, la existencia de una política monetaria única y un único banco central eliminará, para los gobiernos de los países miembros, esa fuente de ingresos.

Uno de los costes fundamentales de la unificación monetaria es, sin duda, la pérdida de la política cambiaria, en tanto que instrumento de ajuste externo. Imaginemos, por ejemplo, que, en uno de los países comunitarios, los salarios han crecido muy deprisa y provocado una merma de competitividad que, en determinados sectores, ha dado lugar a cierres de empresas y aumento del paro. Dadas las imperfecciones del mercado de trabajo en cualquier país de la Comunidad y la inflexibilidad a la baja del nivel de salarios, la corrección del problema a través de reducciones salariales resulta más que improbable y la válvula de ajuste termina por ser la modificación de precios relativos, vía devaluación de la moneda. Esa vía, sin embargo, se ciega con la moneda única –incluso frente a terceros países, puesto que la política cambiaria es también única–, con lo cual la posible solución se remite a la política fiscal, dado que los desplazamientos de mano de obra sólo operarán, en un área monetaria subóptima, de forma lenta y parcial. Pero la política fiscal, es decir, las transferencias que permitan suavizar el ajuste –compensando, por ejemplo, la disminución de rentas– va a estar limitada, en el ámbito nacional, por la necesidad de vigilar estrechamente los déficit fiscales y, en el comunitario, por la dimensión reducida de su presupuesto, absorbido, en muy buena parte, por la política agrícola común. Esas perturbaciones asimétricas, que sin duda aparecerán en una unión monetaria, pueden constituir problemas de difícil solución en una zona en donde, al levantarse el velo cambiario, se acrecentarán los reclamos sindicales en pro de la equiparación salarial al nivel más elevado.

Aunque sea más difícil precisar el haz de impactos que puede generar, la pérdida de soberanía monetaria es, sin duda, un coste importante derivado de la unión monetaria. Y no sólo en el terreno económico, al eliminar los impulsos autónomos que cada gobierno hace descansar en la política monetaria y al obligar a escoger un único grado de restricción-expansión en esa política; también lo es en el terreno político porque la moneda es el emblema nacional por excelencia, y la utilización de una única moneda, emitida por el banco central común, producirá fricciones sociales de diverso alcance y reacciones nacionalistas adversas en casi todos los países.

En términos generales, los problemas de equilibrio global derivados de una unión monetaria, y que resultan de la pérdida de soberanía monetaria, pueden verse, gráficamente expresados, en el Anexo 2.2.

2.3. LA INTEGRACIÓN EUROPEA

El ensayo integrador más amplio es, sin duda, el europeo occidental, iniciado en 1958 y, en la actualidad, en el accidentado camino hacia la Unión Económica y Monetaria. Conviene, por tanto, para calibrar lo que la integración significa, analizar, con cierto detenimiento, el proceso. Un proceso que se ha ido realizando por etapas, tanto en su dimensión horizontal (número de miembros) como en la vertical (grado de integración de las economías) y que ha estado, y está, sujeto a grandes vaivenes debido a tres causas fundamentales. Primera: no todos los gobiernos conciben la integración del mismo modo, especialmente las fases últimas del ensayo integrador, razón por la cual el Tratado de Maastricht sigue rodeado de grandes incertidumbres. Segunda: los ciclos económicos debilitan o impulsan la voluntad integradora: las recesiones la suelen debilitar porque los Gobiernos quedan prendidos en los problemas internos y tropiezan con mayores resistencias para seguir adelante; las expansiones la impulsan, por lo general, porque reducen los problemas internos y permiten afrontar mejor los costes del proceso. Tercero: el entorno político condiciona también el proceso integrador porque algunos acontecimientos resaltan las diferencias entre sus miembros y la falta de cohesión de sus políticas: el derrumbamiento del comunismo europeo ha planteado nuevos problemas al ensayo integrador, amén de haber debilitado la economía del país ancla del sistema, Alemania, cuyos esfuerzos fundamentales se han dedicado, desde entonces, a resolver los problemas derivados de la reunificación de las dos Alemanias.

2.3.1. La primera etapa: el Mercado Común Europeo

En el trasfondo del proceso integrador, ya lo hemos señalado, hay un deseo de evitar nuevos enfrentamientos entre países europeos, especialmente entre Alemania y Francia, para lo cual se entiende que la comunidad de intereses económicos resulta fundamental. Son las razones que llevan a crear, en 1951, la Comunidad Europea del Carbón y del Acero (CECA), de la que son miembros Alemania, Bélgica, Francia, Holanda, Italia y Luxemburgo, y que busca crear un único mercado para carbón y acero; es decir, persigue la integración sectorial.

Tras una serie de negociaciones, llevadas a cabo a partir de 1955, los mismos seis países firman, en Roma y en 1957, dos nuevos Tratados que dan vida a la Comunidad Económica Europea (CEE) y a la Comunidad Atómica Europea (EURATOM). Puesto que EURATOM, al igual que CECA, es un tratado de integración sectorial, es la Comunidad Económica Europea la que constituye el núcleo básico del esfuerzo de integración y a la que vamos a referirnos fundamentalmente.

En su artículo 2, el Tratado de Roma establece los objetivos de la CEE: «La Comunidad tendrá por misión promover, mediante el establecimiento de un mercado común y la progresiva aproximación de las políticas económicas de los Estados miembros, un desarrollo armonioso de las actividades económicas en el conjunto de la Comunidad, una expansión continua y equilibrada, una estabilidad creciente, una elevación acelerada del nivel de vida y relaciones más estrechas entre los Estados que la integran» [8].

Para alcanzar tales objetivos se enumeran once medidas, contenidas en el artículo 3 del Tratado:

1) Suprimir, entre Estados miembros, los derechos arancelarios y las restricciones cuantitativas al comercio mutuo y cualesquiera otras medidas de efecto equivalente.

2) Establecer un arancel aduanero común y una política comercial común frente a terceros países.

3) Suprimir, entre Estados miembros, los obstáculos a la libre circulación de personas, servicios y capitales.

4) Establecer una política común en el sector agrícola.

5) Establecer una política común en el sector de transportes.

6) Crear un sistema de garantías contra el falseamiento de la libre competencia en el Mercado Común.

7) Aplicar procedimientos que permitan coordinar las políticas económica de los Estados miembros y superar los desequilibrios de sus balanzas de pagos.

8) Aproximar las legislaciones nacionales en la medida necesaria para el funcionamiento del Mercado Común.

9) Crear un Fondo Social Europeo para mejorar las posibilidades de empleo de los trabajadores y contribuir a elevar su nivel de vida.

10) Constituir un Banco Europeo de Inversiones, destinado a facilitar la expansión económica de la Comunidad mediante la creación de nuevos recursos.

11) Asociar a los países y territorios de Ultramar a fin de incrementar los intercambios y promover en común el desarrollo económico y social.

Como se desprende del contenido de los artículos, las ideas centrales del Tratado de Roma son: *a*) crear, entre los seis países firmantes, un Mercado Común, es decir, una unión aduanera acompañada de cuatro libertades: de circulación de bienes, servicios, personas y capitales; *b*) establecer una serie de políticas comunes: agrícola, de competencia y de transportes; *c*) coordinar las políticas económicas y las legislaciones de los países miembros con miras de acentuar el proceso de integración.

Para acometer esas tareas, el Tratado creaba unos órganos comunitarios, cuyo esquema completo figura en el Cuadro 2.2, de entre los que cabe destacar los siguientes [9].

---

[8] Todas las referencias al Tratado constitutivo de la Comunidad Económica Europea están tomadas de la publicación oficial de las Comunidades Europeas de 1987.

[9] Véase Jean Boulois: «El sistema institucional» (*ICE*, núm. 626, octubre 1985). También el capítulo introductorio de «Access to Europe», de Nicholas Moussis (Edit-Eur. Bruselas, 1992).

Consejo de Ministros

Integrado por un representante de cada país miembro con categoría de ministro. Su composición dependerá, en cada caso, de los temas que vayan a tratarse, y su misión consiste en fijar la política de la Comunidad. La presidencia es rotatoria y la duración de cada mandato es de seis meses. Las votaciones requieren de diferentes mayorías, según los asuntos sometidos a votación. Como órgano político fundamental, el Consejo es el gran impulsor de la trayectoria comunitaria y consituye un verdadero poder legislativo del que emanan tres tipos de normas: 1) reglamentos, aplicables directamente en todos los Estados miembros; 2) directivas, que obligan a los Estados miembros pero que deben ser incorporadas a sus legislaciones nacionales; 3) decisiones, obligatorias para sus destinatarios, que pueden ser personas físicas o jurídicas.

Comisión

Tiene carácter supranacional y sus miembros, designados por los gobiernos —con un máximo de dos por gobierno— no dependen, en teoría, del gobierno que los ha nombrado. Es el verdadero motor de la integración y sus competencias son muy amplias: propone proyectos legislativos, elabora el proyecto de Presupuesto, gestiona los créditos de intervención comunitaria (FEOGA, FEDER...), vigila el cumplimiento de las normas comunitarias por parte de los Estados miembros y negocia, en representación de la Comunidad, toda una serie de acuerdos que, posteriormente, serán sometidos a la aprobación del Consejo.

Parlamento Europeo

Aunque inicialmente estaba compuesto por miembros designados por los Estados de entre sus parlamentarios nacionales, desde 1979 sus componentes se eligen por sufragio universal directo. No existen grupos nacionales, sino agrupaciones políticas que se unen, a escala comunitaria, por similitud ideológica.

Sus poderes, aunque acrecentados en los últimos años, siguen siendo limitados: debe aprobar el Presupuesto, presentado por la Comisión, y controla tanto a la Comisión como al Consejo. Por mayoría de dos tercios puede obligar a dimitir a la Comisión.

Tribunal de Justicia

Está compuesto por jueces, designado por los Estados miembros por períodos de seis años, si bien no representan intereses nacionales. Sienta las bases del derecho comunitario, para lo cual debe asegurar el cumplimiento de los tratados, dirimir los litigios entre Estados miembros y decidir sobre una serie de recursos que, ante él, pueden interponer la Comisión, los gobiernos y los particulares cuando entiendan que se han lesionado sus derechos o incumplido las normas comunitarias.

Consejo Europeo

Nacido de una tradición, que se remonta a 1961, el Consejo Europeo, formado por jefes de Estado o Gobierno más el presidente de la Comisión, se institucionalizó en 1974, ya que el Tratado no lo prevé. Se reúne por lo menos dos veces al año y, dada su composición, se ha convertido en el foro en el que se debaten los grandes temas comunitarios y del que emanan las decisiones básicas sobre el futuro de la construcción comunitaria.

CUADRO 2.2. INSTITUCIONES COMUNITARIAS

Institución	Funciones		
	Tratado de Roma (1957)	Acta Única (1986)	Unión Europea (1992)
Consejo Europeo: Formado por jefes de Estado y Gobierno y el presidente de la Comisión Europea. Establece las orientaciones generales de la acción comunitaria y se reúne dos veces al año. La presidencia es rotatoria.	No existía inicialmente: apareció en 1974.	Refrenda la existencia del Consejo Europeo.	Lo institucionaliza.
Consejo de Ministros: Compuesto por representantes de los gobiernos de los estados miembros, según el tema que deba tratarse. Sus reuniones las prepara el Comité de Representantes Permanentes (COREPER), formado por los embajadores de los países miembros y por una Secretaría General.	Dispone del poder legislativo: reglamentos, directivas y decisiones. Algunos acuerdos se adoptan por mayoría cualificada (según el poder de voto de cada país) y otros por unanimidad.	Aumenta el número de actos normativos que pueden aprobarse por mayoría cualificada.	Aumenta el número de actos normativos que pueden aprobarse por mayoría cualificada.

CUADRO 2.2. INSTITUCIONES COMUNITARIAS *(Continuación)*

Institución	Funciones		
	Tratado de Roma (1957)	Acta Única (1986)	Unión Europea (1992)
Comisión de las Comunidades: Compuesta por comisarios responsables de áreas específicas, propuestos por los estados miembros e independientes, en su actuación, de esos estados. Su mandato dura 4 años y son reelegibles.	Dispone del poder ejecutivo: elabora el presupuesto y tiene la iniciativa en los proyectos legislativos. Gestiona los fondos comunitarios y representa a la Comunidad. Puede, en algunos casos, firmar tratados.	Sin variación.	Sin variación.
Parlamento Europeo: Hasta 1978 los componentes eran designados por los estados miembros; desde entonces se eligen por sufragio universal.	Órgano de control con escasas funciones, entre otras las de aprobar el Presupuesto presentado por la Comisión.	Se refuerzan los poderes: puede reformar propuestas de la Comisión en una serie de campos.	Se refuerzan sus poderes en el terreno presupuestario y de control de la Comisión. Puede plantear una moción de censura que, de prosperar, supone el cese de la Comisión.
Tribunal de Justicia: Jueces propuestos por los estados miembros, que deben actuar con independencia de aquéllos. Sus sentencias constituyen jurisprudencia.	Vela por el respeto a la legislación comunitaria.	Sin variación.	Sin variación.
Tribunal de Cuentas: Órgano técnico permanente que examina ingresos y gastos de la CEE y controla la realización del presupuesto.	No existía inicialmente: se creó en 1975.	Sin variación.	Sin variación.
Comité Económico y Social: Compuesto por representantes de empresarios, de sindicatos y de profesiones liberales. Son designados a título personal y no están vinculados a ningún mandato imperativo.	Órgano consultivo en materias económicas y sociales.	Sin variación.	Sin variación.

CUADRO 2.2. INSTITUCIONES COMUNITARIAS *(Continuación)*

Institución	Funciones		
	Tratado de Roma (1957)	Acta Única (1986)	Unión Europea (1992)
Comité de las Regiones: Formado por representantes de los entes regionales y locales de la Comunidad. Ejerce funciones consultivas en temas regionales o locales.	No existe.	No existe.	Crea el Comité.

A partir de los objetivos señalados, y a través de las instituciones políticas enumeradas, la Comunidad Económica Europea inició su andadura en 1958, con diversa suerte en los propósitos iniciales, propósitos cuya realización fue dificultándose con la incorporación de nuevos miembros: Reino Unido, Irlanda y Dinamarca en 1973; Grecia en 1981; España y Portugal en 1986.

Por lo que al Mercado Común se refiere, la parte más simple fue la unión aduanera, que se materializó el 1 de julio de 1968, 18 meses antes de lo estipulado. El clima expansivo de los años sesenta permitió cubrir esa fase sin grandes dificultades. Las cuatro libertades que debían completar la unión aduanera para convertirla, en 12 años, en un Mercado Común, corrieron, sin embargo, suertes diversas pero no llegaron nunca a su realización plena: los mercados nacionales de bienes siguieron protegidos por un cúmulo de normas administrativas, técnicas y sanitarias a las que había que añadir el caparazón protector de las compras públicas, sistemáticamente adjudicadas a empresas nacionales; los movimientos de mano de obra, pese a la liberalización teórica aprobada en 1968, se vieron trabados por las diferencias de tratamiento en los regímenes de Seguridad Social y por la dificultad para convalidar diplomas y títulos; peor suerte corrieron los mercados de servicios, encorsetados en legislaciones nacionales de carácter fuertemente protector y prestados, en múltiples ocasiones, en régimen de monopolio; aunque parte de las inversiones quedaron liberalizadas en 1962, los movimientos de capital siguieron sometidos a limitaciones diversas y nunca, hasta la puesta en práctica del Mercado Único (1993), se alcanzó la total libertad en ese terreno.

De las políticas comunes, la de más amplio alcance ha sido la Política Agrícola Común, iniciada en 1962, a partir de los precios de garantía y bajo los principios de mercado único –la política se aplica a todo el mercado comunitario–, preferencia comunitaria –se defiende la producción comunitaria frente a la de países terceros– y solidaridad financiera –todos los miembros financian, a través del Presupuesto, los costes de la misma. A grandes trazos, y en su versión tradicional, la política agrícola consistía en fijar, por producto y campaña, unos precios ideales, que deberían alcanzarse en los mercados comunitarios, y en encarecer las importaciones para que tales precios pudieran mantenerse; para el caso de que, por cualquier circunstancia, los precios cayeran, existía un precio de garantía al que la institución comunitaria responsable de la ejecución de la política (FEOGA) adquiriría toda la producción. La política, que ha conocido diversos vaivenes y absorbido, en general, más de dos terceras partes del presupuesto comunitario, ha generado una serie bien conocida de distorsiones: excedentes cuantiosos que hay que exportar con subvención, precios altos de los bienes agrícolas en los mercados comunitarios, rigidez en la estructura productiva, atrincheramiento del mercado comunitario –especialmente resentido por terceros países– y competencia, a precios anormalmente bajos, en los mercados del resto del mundo. Un conjunto de problemas que ha llevado a cambiar el signo de la política y, a iniciar, a partir de 1993, una nueva variante, apoyada en la disminución gradual de los precios de garantía y en toda una serie de subvenciones destinadas a reducir extensiones de cultivo o a cambiar cultivos [10].

El resto de las políticas sectoriales comunes –pesquera, destinada a proteger los caladeros comunitarios; de transporte, destinada a lograr un mercado común de transportes terrestres, e industrial, mucho más difusa y encaminada a impulsar la industria comunitaria –tienen mucho menor alcance y su implantación ha sido limitada.

En lo tocante a las políticas horizontales, hay que destacar dos: la comercial y la de competencia. La primera supone un conjunto de normas que deben ser aplicadas por todos los miembros en su relación con terceros países –regímenes de comercio o preferencias generalizadas–, mientras que la segunda, necesaria en un espacio integrado, incorpora las reglas que defienden los mecanismos de mercado [11].

La tercera de las ideas centrales del Tratado de Roma –la coordinación de políticas económicas y legislaciones nacionales para acentuar el proceso de integración– ha sido el aspecto menos logrado del inicial esfuerzo integrador, al ser dispares los objetivos nacionales, si bien, a partir de la puesta en pie del Sistema Monetario Europeo, en 1979, la defensa del propio sistema obligó a las políticas económicas de los miembros a alinearse, en cierta medida, con la política practicada por Alemania, el país de moneda más fuerte, una política basada en el crecimiento lento y las bajas tasas de inflación.

Puede decirse, pues, que los objetivos primeros del Tratado de Roma fueron parcialmente alcanzados, sin que, a mediados de los años ochenta, los mercados se hubieran integrado adecuadamente, sobre todo a partir de la crisis iniciada por los vendavales energéticos de la década anterior [12].

---

[10] Véase «Desarrollo y futuro de la Política Agraria Común. Propuesta de la Comisión». Comunicación de la Comisión al Consejo y al Parlamento Europeo. Bruselas, julio de 1991. Publicado en el suplemento núm. 60/61 de *Papeles de Economía Española,* 1994.

[11] Véase R. Tamames: «La Unión Europea», Alianza Universidad. Madrid, 1994. Caps. 6, 8 y 9. También la obra citada de Nicholas Moussis y la publicación conjunta de *Papeles de Economía Española* e *Información Comercial Española*: La nueva CEE, 1985, núm. 25 de *Papeles de Economía Española y 626 a 628 de Información Comercial Española.*

[12] Véase, sobre este punto, J. Donges: «El no tan común Mercado Común». *Papeles de Economía Española,* núm. 25, 1985.

2.3.2. La segunda etapa: la búsqueda de la estabilidad monetaria

Un Mercado Común requiere una cierta estabilidad en los tipos de cambio de las monedas puesto que, de no ser así, tanto las transacciones corrientes como las de capital pueden experimentar cambios súbitos que afectarán, a corto plazo, a las balanzas de pagos y, a medio, a las variables reales de todas las economías participantes: producción, renta y empleo.

Aunque el Tratado de Roma hacía referencia a un conjunto de difusas obligaciones monetarias, la primera fase de la integración no planteó problemas graves en ese terreno porque el sistema de Bretton Woods, de paridades semifijas, procuraba una estabilidad razonable. Los problemas se iniciaron con la quiebra del mecanismo, a partir de 1971, y el paso al sistema de tipos flotantes.

Conscientes de los peligros que la nueva situación encerraba, los por entonces seis miembros de la CEE decidieron, en 1972 (Basilea), mantener, entre sus monedas, un margen de fluctuación de ± 2,25 %, comprometiéndose los bancos centrales a intervenir en los mercados de cambios para defender esos márgenes. Para reforzar tal cooperación se creó, en 1973, el Fondo Europeo de Cooperación Monetaria (FECOM).

Esa primera experiencia de integración monetaria, denominada «la serpiente en el túnel» porque los límites de oscilación –las paredes del túnel– se medían a partir de una paridad fija de cada moneda con respecto al dólar –el eje central–, ofreció escasos resultados y planteó numerosos problemas: de 1972 a 1978 se produjeron siete abandonos del mecanismo; la libra inglesa, la irlandesa y la lira dejaron de participar en él, y hubo nueve reajustes monetarios. La razón fundamental de todo ello: la divergencia de las economías, sobre todo las de Alemania y Francia, y los fuertes desequilibrios de balanza comercial de algunos miembros.

Ante la falta de operatividad de la serpiente, el Consejo Europeo decidió, en 1978 (Bremen), articular un nuevo sistema monetario europeo que redujera la volatilidad de los cambios y preparase el camino para la unión monetaria. Francia y Alemania fueron los principales valedores de la idea, mientras que el Reino Unido decidió no participar en el nuevo sistema. Un sistema que está descrito, con detalle, en el Capítulo 6 de esta obra pero que, en suma, consiste en fijar unos tipos centrales de cambio y en admitir oscilaciones del ± 2,25 % a las monedas participantes en el mecanismo de cambios, con la excepción inicial de la lira, cuya banda de oscilación fue ± 6 %. El mecanismo se apoya en una serie de obligaciones de los bancos centrales y en un conjunto de reglas muchos más imperativas, encaminadas a utilizar la capacidad de intervención de todos los países miembros para garantizar la estabilidad cambiaria.

El Sistema Monetario Europeo funcionó relativamente bien hasta mediados de 1992, pese a las doce realineaciones efectuadas hasta entonces: la convergencia de las tasas de inflación de sus miembros y los perfeccionamientos del mecanismo de cambios permitieron una cierta estabilidad de las monedas. En septiembre de 1992, cuando ya once países miembros se habían incorporado al mecanismo de cambios, el Sistema, acosado por la plena libertad de movimientos de capital –que magnificó los movimientos especulativos–, por la divergencia nominal de algunas economías –España e Italia especialmente– y por la inestabilidad experimentada por Alemania tras la reunificación, dejó de funcionar. En agosto de 1993, y tras un año de continuas turbulencias cambiarias, los doce decidieron ensanchar los márgenes de fluctuación hasta el ± 15 %, lo que, de hecho, instauraba un régimen de flotación administrada.

2.3.3. La tercera etapa: el mercado único

A partir de 1977, el impulso integrador se había perdido, en parte por la falta de perspectivas y, en muy buena parte, por la larga recesión y el crecimiento del desempleo que muestra el Gráfico 2.1; y buena prueba de la pérdida de ese impulso integrador era la proliferación, en todos los países, de las medidas de protección no arancelaria: la CEE estaba, de hecho, compartimentándose.

GRÁFICO 2.1. TASAS DE CRECIMIENTO Y DESEMPLEO EN LA CEE (1975-1985)

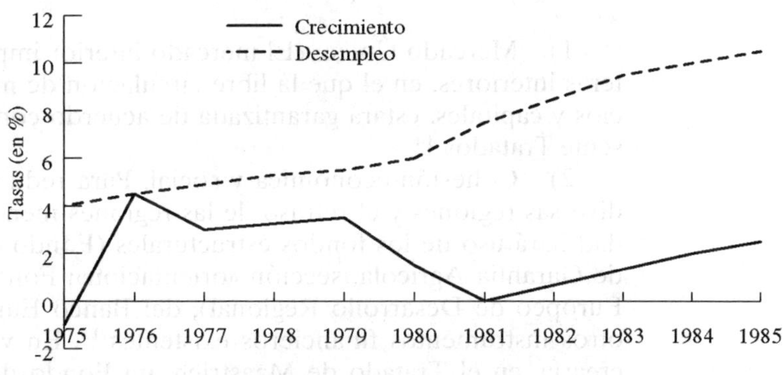

Fuente: Datos contenidos en European Economy, 58, 1994.
Nota: Los datos se refieren a la Europa de los Doce y no incluyen los cinco landers de la extinta RDA.

Tras una serie de reuniones, celebradas de 1982 a 1985, el Consejo Europeo solicitó a la Comisión que redactase un informe (Libro Blanco) que contuviera las medidas necesarias para transformar los doce mercados de la Comunidad en un inmenso mercado único de 320 millones de consumidores [13]. La fecha límite para alcanzar ese mercado único quedaba fijada en el 31-12-92 y las tres grandes líneas de acción deberían ser la supresión de fronteras físicas, técnicas y fiscales.

Suprimir las fronteras físicas consistiría en suprimir las aduanas y los controles correspondientes, con fecha límite a finales de 1992.

[13] Libro Blanco, *Revista del Instituto de Estudios Económicos,* n.º 4, 1986, pág. 4.

Suprimir las fronteras técnicas significaría armonizar las legislaciones, abrir los mercados públicos, lograr la libre circulación de trabajadores y profesionales liberales y la libre circulación de capitales, instaurar un mercado común de servicios, estimular la cooperación entre empresas comunitarias, reforzar la competencia y aplicar una política única en materia de ayudas estatales. En suma, integrar profundamente los mercados, con fecha límite a finales de 1997.

Suprimir las fronteras fiscales implicaría armonizar el Impuesto sobre el Valor Añadido y los impuestos especiales, con fecha límite a finales de 1997.

El Libro Blanco incluía una lista de más de 300 medidas que deberían ser aplicadas para alcanzar los objetivos precedentes.

El Consejo de Milán, celebrado en junio de 1985, aprobó las propuestas contenidas en el Libro Blanco, propuestas que se plasmaron en el Acta Única, firmada en 1986 por los doce miembros de la CEE –España y Portugal habían ingresado ese mismo año– y que, tras los refrendos necesarios, entraría en vigor en julio de 1987.

De entre las muchas disposiciones contenidas en el Acta Única, que supuso una modificación del Tratado de Roma, cabe destacar las cinco siguientes, encaminadas a impulsar el esfuerzo de integración.

1) Mercado Único: «El mercado interior implicará un espacio sin fronteras interiores, en el que la libre circulación de mercancías, personas, servicios y capitales, estará garantizada de acuerdo con las disposiciones del presente Tratado» [14].

2) Cohesión económica y social. Para reducir las diferencias entre las diversas regiones y el retraso de las regiones menos favorecidas, la Comunidad hará uso de los fondos estructurales (Fondo Europeo de Orientación y de Garantía Agrícola, sección «orientación»; Fondo Social Europeo; Fondo Europeo de Desarrollo Regional), del Banco Europeo de Inversiones y de otros instrumentos financieros existentes [15]. En virtud de este propósito se crearía, en el Tratado de Maastrich, un Fondo de Cohesión para financiar proyectos de medio ambiente e infraestructuras de transporte intraeuropeas.

3) Unión económica y monetaria. La intención de crearla se anuncia en el texto del Acta Única relativo a la convergencia de políticas económicas y monetarias para el ulterior desarrollo de la Comunidad [16].

4) Decisiones del Consejo de Ministros. Se amplía el ámbito de las que pueden adoptarse por mayoría cualificado (57 votos de un total de 76: modificación o suspensión de aranceles de la Tarifa Exterior Común, supresión de restricciones a la libre prestación de servicios...) [17].

---

[14] Nota 13 del Acta Única, convertido en artículo 8.A del nuevo Tratado de la CEE. Se sigue utilizando la recopilación oficial de 1987 de los «Tratados constitutivos de las Comunidades Europeas».

[15] Título V del AU, añadido al artículo 130 del Tratado de la CEE.

[16] Art. 20, convertido en el 102A del Tratado de la CEE.

[17] Capítulo II del AU, incluido en diferentes artículos del Tratado de la CEE.

5) Ampliación de los poderes del Parlamento Europeo. El matiz más relevante consiste en señalar que si el Parlamento, por mayoría absoluta, hubiese rechazado una propuesta del Consejo, éste sólo podrá adoptarla ya por unanimidad [18].

En resumen, lo que se persigue en el Acta Única, es crear un espacio interior único, etapa intermedia hacia la Unión Económica y Monetaria, procurando evitar las excesivas disparidades regionales y modificando el funcionamiento de los órganos políticos para agilizar, de un lado, el proceso y para dotarlo de mayor legitimidad democrática; de ahí que casi dos tercios de las decisiones relativas a la creación del mercado único puedan ser adoptadas por mayoría cualificada del Consejo de Ministros y que se refuercen los poderes del Parlamento Europeo.

La propia Comisión encargó un estudio que calibrase los efectos del mercado único, estudio que, dirigido por Paolo Cecchini, se publicó en 1988. Aunque el trabajo comienza valorando los costes producidos por la fragmentación de los mercados, quizá el aspecto más destacable del mismo sea el cálculo de beneficios potenciales, en términos de bienestar, y de efectos macroeconómicos, a plazo medio, derivados de la unificación de los mercados. Con respecto al primer grupo, el informe considera que, al suprimirse las barreras al comercio y la producción y aumentar las economías de escala y la competencia, puede lograrse una mejora de bienestar algo superior al 5 % del Producto Interior Bruto total; con relación al segundo grupo, los efectos serían los siguientes: reactivación de la actividad económica, con ritmo promedio del 4,5 % del PIB total; disminución de precios al consumidor con promedio del 6,1 %; mejora de las cuentas públicas en un 2,2 % del PIB total; mejora del saldo corriente de la balanza de pagos agregada en una media del 1 % del PIB total; creación de 1,8 millones de puestos de trabajo. Este segundo conjunto de efectos se intensificaría si los doce adoptasen políticas económicas tendentes a corregir sus desequilibrios globales y a potenciar la integración de los mercados [19].

Sin desconocer el interés que ofrece el trabajo –especialmente la parte primera, dedicada a singularizar los costes que generan las barreras que separan los diferentes mercados–, el informe Cecchini adolece de dos defectos importantes: 1) parte, en su análisis prospectivo, de un conjunto de hipótesis restrictivas, asociadas a los modelos Interlink utilizados, hipótesis que no suelen cumplirse en la realidad económica; 2) contiene una notable dosis de voluntarismo político que le hace olvidar tanto el efecto del ciclo, limitador de entusiasmos integradores en su fase de baja, como los costes que la unificación entraña para los perdedores: empresas que desaparecen o necesitan de una profunda reorganización, empleos perdidos, etc. El informe es, por tanto, mucho más un buen catálogo de los inconvenientes que dimanan de unos mercados acosados por múltiples imperfecciones e ineficacias que

[18] Art. 7, trasladado al 149 del Tratado de la CEE.

[19] Paolo Cecchini. *Europa 1992: una apuesta de futuro.* Alianza Editorial. Madrid, 1988, páginas 135, 136 y 155-159. En realidad el título original es *El coste de la No Europa.*

una estimación aceptablemente correcta de lo que debe esperarse del mercado único.

2.3.4. La cuarta etapa: los prolegómenos de la Unión Económica y Monetaria

De acuerdo con lo previsto en el Acta Única, el proceso de integración no debía detenerse en la fase de Mercado Único, sino que debía proseguir y alcanzar la Unión Económica y Monetaria. Por mandato expreso de la Cumbre de Hannover de Jefes de Estado y Gobierno (junio de 1988) se formó un comité especial, presidido por Jacques Delors, presidente de la Comisión Europea, e integrado por los gobernadores de los bancos centrales de los países miembros y otros varios expertos, para que propusiese las fórmulas y etapas de la Unión Económica y Monetaria. El trabajo, denominado comúnmente «Informe Delors», vio la luz el 17 de abril de 1989 [20].

El informe analiza la situación en que se encuentra el proyecto comunitario, determina las características y condiciones de una unión económica y monetaria y propone tres etapas para su realización.

El Acta Única ha significado, según el informe, avances notables en el proceso de integración; entre otros, la plena liberalización de los movimientos de capital que ocho países miembros debían instaurar el 1 de julio de 1990 (los restantes tendrían de plazo hasta el 31 de diciembre de 1992). Pero no ha conseguido la deseable convergencia de las políticas económicas; todavía existen diferencias acusadas en los movimientos de precios y salarios, en las situaciones presupuestarias y en los saldos exteriores. Con plena libertad de movimientos de capital e integración de los mercados financieros, esas diferencias generarán tensiones sobre los tipos de cambio y trasladarán todo el peso del ajuste –del mantenimiento de la parrilla de cambios del Sistema Monerario Europeo– a la política monetaria. Una situación inestable que debe dar paso, si se quiere construir el mercado interior, a la coordinación estrecha de las políticas económicas nacionales, requisito indispensable para alcanzar la Unión Económica y Monetaria, fase que resulta ser la consecuencia natural de un mercado sin fronteras: los tipos de cambio fijos eleminarían el recurso a la política cambiaria como instrumento de ajuste, evitarían las perturbaciones monetarias y completarían el esfuerzo integrador.

La unión monetaria supone la convertibilidad total e irreversible de las monedas, la plena liberalización de los movimientos de capital, la integración de los mercados financieros y la fijación irrevocable de los tipos de cambio, fijación que debe dar paso, lo antes posible, a la moneda única. La unión económica se caracteriza, siempre según el informe Delors, por la existencia de un mercado único, de una política de competencia y otros instrumentos que refuercen los mecanismos de mercado, de políticas comunes de carácter es-

[20] Se resume aquí la versión española, publicada en el *Boletín de Información Comercial Española* del 1 al 7 de mayo de 1989.

tructural y regional y por la coordinación de las políticas macroeconómicas, con rectricciones presupuestarias de obligado cumplimiento. Unión Monetaria y Unión Económica son las dos caras de la misma moneda y han de implantarse paralelamente, aunque las principales características de la Unión Económica dependerán, en buena medida, de las disposiciones y restricciones monetarias acordadas. En todo caso, la puesta en pie de una Unión Económica y Monetaria exigirá que el Mercado Único se complete con medidas importantes en tres áreas interrelacionadas: política de competencia y fortalecimiento de los mecanismos de mercado; políticas comunes para apoyar los sectores y regiones en los que haya que reforzar o complementar la acción del mercado; coordinación macroeconómica, con normas obligatorias en materia presupuestaria, tanto para reducir divergencias entre los países miembros como para diseñar un marco dc política económica global para toda la Comunidad.

Con respecto a las etapas previstas, y considerando que cada etapa, cuyos plazos no se fijan, debe suponer un cambio sustancial con respecto a la anterior, el contenido propuesto es, de forma esquemática, el siguiente:

En la primera etapa:

- Se alcanzaría la fase de mercado único, se reforzarían los fondos estructurales y se impulsaría la coordinación de las políticas económicas.
- Aparecería el espacio financiero único, con libertad plena de movimientos de capital e integración de los servicios financieros.
- Todas las monedas comunitarias se incorporarían al mecanismo de cambios del Sistema Monetario Europeo, con aplicación de las mismas reglas para todas.
- Desaparecerían todos los obstáculos para la utilización privada del ECU.
- El Comité de Gobernadores de los Bancos Centrales asumiría un papel mucho más relevante en el diseño de las políticas económicas de la Comunidad, en especial las políticas monetaria y cambiaria.

La segunda etapa, que no se iniciaría antes de que se hubiese firmado un nuevo tratado, incluiría los elementos siguientes:

- Se reforzaría el marco institucional de la Comunidad, de forma que se profundizase en la unión económica y en la coordinación de políticas económicas.
- La Comunidad desempeñaría un papel más activo en los foros donde se discute la coordinación internacional de políticas.
- Se crearía el Sistema Europeo de Bancos Centrales, cuya tarea esencial consistiría en sentar las bases para que la política monetaria dejase de ser independiente, aunque coordinada por el Comité de Gobernadores de Bancos Centrales, para llegar a ser común y formulada por el propio Sistema Europeo de Bancos Centrales.

La tercera y última etapa incluiría:

– Tipos de cambio irrevocablemente fijos, al comienzo de la etapa, y aparición posterior de una moneda única.
– Reforzamiento de las capacidades vinculantes de los órganos comunitarios, en el terreno de las políticas económicas, y en especial en la política presupuestaria.
– El Sistema Europeo de Bancos Centrales asumiría todas las competencias en la formulación de una única política monetaria –situación que se produciría tan pronto como se hubiesen fijado irrevocablemente los cambios–, y en la toma de decisiones de intervención en los mercados de cambios respecto de terceras monedas.
– Las reservas oficiales se pondrían en común y serían administradas por el Sistema Europeo de Bancos Centrales.

Toda esa transformación, señala el informe, requiere una nueva base jurídica porque ni las legislaciones nacionales en vigor permiten transferir competencias a órganos comunitarios ni el Tratado de Roma, modificado por el Acta Única, permite tampoco las cesiones necesarias para construir la unión económica y monetaria; las nuevas bases pueden figurar, eso sí, en uno o varios tratados.

Pese a su calculada vaguedad, que le lleva, entre otras cosas, a no fijar plazos en las etapas, el Informe Delors se caracteriza por: 1) considerar que la unión económica y monetaria es consecuencia natural de un mercado único; 2) preconizar el paso a una moneda única lo antes posible.

¿Cuál es el sentido de esta doble afirmación? Por lo que atañe a la afirmación primera, la unión económica y monetaria deriva, casi necesariamente, del mercado único por la propia labilidad de esa forma de integración. En un mercado único no existen trabas a los movimientos de bienes, servicios y factores productivos, pero sí existen políticas económicas diferenciadas por mucho que se preconice la coordinación entre las mismas. Esas diferencias pueden producir alteraciones sustanciales en los flujos corrientes y de capital y, en consecuencia, generar fuertes tensiones sobre los tipos de cambio y poner a prueba el Sistema Monetario Europeo, por mucho que se haga uso de las políticas monetarias (diferenciales de interés) para mantener las monedas dentro de la parrilla acordada. Más aún, si las perturbaciones cambiarias son suficientemente intensas –como ocurriría de septiembre de 1992 a agosto de 1993–, no solamente puede quebrarse el Sistema Monetario Europeo –como, de hecho, ha sucedido–, sino que las tentaciones de dar marcha atrás en el proceso integrador pueden cobrar fuerza inusitada.

Por lo que se refiere al paso rápido a una moneda única, la razón de la propuesta estriba en que los tipos de cambio irrevocablemente fijos y la moneda única sólo desempeñarán iguales funciones, en la unión monetaria, si las monedas son perfectamente sustituibles entre sí, algo que, como señalan Gros y Thygesen, no se cumplirá: en tanto que unidad de cuenta, los precios, en cada país, se denominarán en la moneda del país, sin que las monedas resulten sustituibles; en tanto que depósito de valor, la sustituibilidad perfecta requerirá una igualación total de los tipos de interés, situación que nunca se dará en la práctica y que puede llevar, en caso extremo, a un cambio de paridades; en tanto que medio de cambio, la sustituibilidad perfecta no podrá darse porque persistirán las comisiones de cambio que los intermediarios financieros tendrán que cobrar para hacer frente a los gastos que la multiplicidad de monedas produce. Por todas esas razones, las ventajas plenas de una unión monetaria sólo podrán obtenerse a través de la moneda única y no de los cambios irrevocablemente fijos [21].

Tras el compromiso político de los doce de alcanzar la fase de unión económica y monetaria, compromiso que a partir del Informe Delors se plasmará en el Tratado de Maastricht, latía no sólo un deseo repetidamente manifestado a lo largo del proyecto integrador y una creencia en las ventajas últimas de esa forma de integración –en términos de ganancias de bienestar y de eficacia–; latía también el deseo de algunos miembros, y de Francia en particular, de superar la asimetría implícita del Sistema Monetario Europeo. Desde 1987, el Sistema había funcionado con notable eficacia gracias a que las políticas económicas de los países miembros se habían alineado con la practicada por Alemania, una política que otorga prioridad a la estabilidad monetaria. Para Francia y otros países comunitarios, con organización productiva y salarial distinta a la alemana, la política resultaba satisfactoria en su vertiente antiinflacionista pero no en la del crecimiento y empleo. El paso a una Unión Económica y Monetaria, con políticas económicas concertadas, podría suponer, por tanto, una mayor participación en las decisiones globales y una corrección de esa asimetría [22].

2.3.5. La quinta etapa: Maastricht

Tres años después del Informe Delors, los doce países miembros de las Comunidades europeas aprobaron, en Maastricht (diciembre de 1991), el Tratado de la Unión Europea, un gran acuerdo que se firmó en febrero de 1992 y que debía ser refrendado por todos los países a lo largo de ese mismo año. Se cumplía así el requisito de reformar las normas comunitarias para avanzar en el proceso integrador.

El Tratado de la Unión Europea pretende lograr una mayor integración política entre los países miembros –de ahí que el adjetivo «económica» haya desaparecido del título– y también la unión económica y monetaria [23].

Para lograr la unión política se prevé una serie de modificaciones institucionales destinadas a conferir mayores poderes a los órganos comunitarios: el Consejo Europeo (de jefes de Estado y/o Gobierno) aparece, por

[21] D. Gros y N. Thygesen: *European Monetary Integration. From the European Monetary System to European Monetary Union.* Longman. Essex, 1992, Cap. 7.

[22] Sobre este aspecto, véase Ch. Bordes y E. Girardin: «The achievements of the ERM and the preconditions for monetary union: A French perspective», en *Economic Convergence and Monetary Union in Europe.* Ray Barrell ed. Sage. Londres, 1992.

[23] Todas las referencias a la Unión se basan en el «Tratado de la Unión Europea», Secretaría de Estado para las Comunidades Europeas. Madrid, 1992.

vez primera como máximo órgano político de la unión; los poderes del Parlamento se refuerzan, así como sus mecanismos y medios de acción; aumenta el número de supuestos en los que el Consejo de Ministros puede decidir por mayoría cualificada, al tiempo que se subraya que los representantes obligan a sus estados miembros; el papel de la Comisión se amplía, si bien queda sometida a un mayor control político y financiero del Parlamento. Y dentro de las primeras manifestaciones de esa unión política surge la ciudadanía de la Unión, es decir, el conjunto de derechos políticos, económicos y sociales de los ciudadanos que la Unión garantiza; entre ellos, el derecho a votar y a ser elegido en las elecciones municipales de cualquier país miembro o la protección diplomática y consular que las embajadas y consulados de todos los estados miembros deben dispensar, en terceros países, a los nacionales comunitarios. Otros aspectos importantes de esa futura unión política lo constituyen la política exterior y de seguridad común, encaminada a que, en el futuro, la Unión tenga una voz única en los asuntos internacionales o la cooperación en materias de justicia e interior.

Con respecto a la Unión Económica y Monetaria, el motor fundamental de la integración, el Tratado de Maastricht distingue tres etapas con contenidos diferenciados[24].

Durante la primera fase, que se considera iniciada en 1990, los Estados miembros aprobarán programas plurianuales de convergencia, destinados a lograr el esfuerzo de convergencia necesario para construir la Unión Económica y Monetaria. Esos programas, que prestarán especial atención a la estabilidad de precios y a la solidez de las finanzas públicas, serán evaluados por el Consejo previo informe de la Comisión.

Durante la segunda fase, iniciada en 1994, los estados miembros adoptarán las disposiciones necesarias para garantizar la independencia de sus bancos centrales y se creará el Instituto Monetario Europeo. La independencia de los bancos centrales –para diseñar y aplicar la política monetaria– se considera requisito indispensable para mantener la estabilidad de precios. El Instituto Monetario Europeo, administrado por un Consejo formado por un presidente y los gobernadores de los bancos centrales, sustituirá al Comité de Gobernadores de los bancos centrales y desempeñará un conjunto de funciones destinadas a intensificar la cooperación monetaria: reforzar la cooperación entre bancos centrales y la coordinación de las políticas monetarias, supervisar el funcionamiento del Sistema Monetario Europeo, celebrar consultas sobre asuntos de la competencia de los bancos centrales nacionales y que afecten a la estabilidad de entidades y mercados financieros, asumir las funciones del Fondo Europeo de Cooperación Monetaria, que se disolverá, facilitar la utilización del ECU. En suma, el cometido básico del Instituto Monetario Europeo es preparar, en el ámbito monetario, la tercera y definitiva fase de la Unión Económica y Monetaria[25].

---

[24] Tratado Constitutivo de la Comunidad Europea. Título VI. Cap. 4.
[25] Ibidem.

Para pasar a la tercera fase y fijar irrevocablemente los tipos de cambio, será preciso cumplir cinco condiciones [26]:

1) Durante el año anterior al examen, la inflación, medida por el índice de precios al consumo, no ha debido superar en más de un 1,5 % la de los tres estados miembros más estables (aunque el Tratado no lo precisa se entiende que será la tasa promedio).

2) En el momento del examen, el déficit de las Administraciones Públicas, previsto o real (endeudamiento neto, según la definición del Sistema Europeo de Cuentas Económicas Integradas) no debe superar el 3 % del Producto Interior Bruto.

3) En el momento del examen, la deuda pública no debe superar el 60 % del Producto Interior Bruto.

4) Durante los dos años anteriores al examen, la moneda ha debido mantenerse dentro de los márgenes normales de fluctuación del Sistema Monetario Europeo (banda estrecha = ± 2,25 %) sin haber experimentado tensiones ni haber devaluado su tipo central por iniciativa propia.

5) Durante el año anterior al examen, los tipos medios de interés a largo plazo, referidos a bonos del Estado o valores comparables, no han debido exceder en más de un 2 % a los de los tres países más estables.

El examen mencionado lo llevará a cabo el Consejo de Ministros, a partir de los informes de la Comisión y del Instituto Monetario Europeo, para determinar si cada estado miembro cumple las condiciones necesarias para la adopción de una moneda única y si una mayoría de estados miembros las cumple. Sus conclusiones las elevará al Consejo Europeo, en su formación de jefes de Estado y Gobierno, y éste, por mayoría cualificada y con el dictamen del Parlamento Europeo, actuará de la forma siguiente:

- Como máximo, al 31 de diciembre de 1996, decidirá: 1) si una mayoría de Estados miembros cumple las condiciones necesarias para establecer una moneda única; 2) si resulta apropiado iniciar la tercera fase; 3) en caso afirmativo, fijará la fecha de inicio de esa tercera fase.
- Si al finalizar 1997 no se hubiese fijado la fecha para el comienzo de la tercera fase, ésta se iniciará el 1 de enero de 1999. A más tardar el 1 de julio de 1998, el Consejo, siguiendo el procedimiento establecido, confirmará qué estados miembros cumplen las condiciones necesarias para la adopción de una moneda única.

Los Estados miembros que no cumplan las condiciones se denominarán «estados miembros acogidos a una excepción»; no les serán aplicables, durante el tiempo en que se mantengan en tal condición, las obligaciones fundamentales de la Unión Monetaria y, como mínimo cada dos años o a petición propia, se evaluará su situación siguiendo el procedimiento descrito para determinar si pueden incorporarse a la Unión Monetaria. Ningún estado miem-

[26] Cap. 4 y protocolos 5 y 6.

bro puede ser obligado a incorporarse a la Unión, pero tampoco ninguno podrá impedir que los demás lo hagan.

Tan pronto como se fije la fecha de comienzo de la tercera fase, o bien inmediatamente después del 1 de julio de 1998, el Consejo Europeo nombrará el Comité Ejecutivo del Banco Central Europeo y quedarán constituidos tanto el Banco Central Europeo, que asumirá las funciones que considere necesarias del Instituto Monetario Europeo (que se liquidará) como el Sistema Europeo de Bancos Centrales, compuesto por el Banco Central Europeo y los bancos centrales de los Estados miembros y cuyo objetivo principal será mantener la estabilidad de precios. Tanto el Banco Central Europeo como el Sistema Europeo de Bancos Centrales gozarán de plena independencia en su actuación, es decir, no aceptarán instrucciones de las instituciones u organismos comunitarios ni de gobierno alguno de estado miembro o de ningún otro organismo. El primero, BCE, debe garantizar que se cumplan las funciones encomendadas al segundo, el SEBC, es decir: 1) definir y ejecutar la política monetaria de la Comunidad; 2) intervenir en los mercados de divisas para mantener el tipo de cambio de la moneda comunitaria con respecto a monedas de países terceros; 3) poseer y gestionar las reservas oficiales de divisas de los estados miembros; 4) promover el buen funcionamiento de los sistemas de pagos [27].

Desde la entrada en vigor de la tercera fase, el Consejo, por unanimidad de Estados miembros no acogidos a excepción, y previa consulta al BCE, fijará los tipos de conversión a los que quedarán irrevocablemente unidas las monedas y el tipo fijo al que el ECU sustituirá a dichas monedas y se convertirá en una moneda en sentido propio. También adoptarán las medidas necesarias para que el ECU se convierta rápidamente en la moneda única de dichos estados miembros. Cuando posteriormente se vaya a suprimir una excepción –es decir, cuando un estado miembro acogido a excepción vaya a incorporarse a la Unión Monetaria–, se seguirá el mismo procedimiento para fijar el tipo de conversión de dicha moneda y para introducir el ECU como moneda única en el Estado miembro [28].

Por lo que respecta a la fijación del tipo de cambio ECU-monedas no comunitarias, a la variación de ese tipo de cambio o a las negociaciones monetarias o cambiarias con terceros países, la competencia corresponde al Consejo de Ministros, que debe llevar a cabo, previamente, un complicado procedimiento de consulta con el BCE, la Comisión y el Parlamento Europeo [29].

Obsérvese que, de acuerdo con el Tratado, la Unión Económica y Monetaria requiere, para su cristalización, un grado elevado de convergencia nominal de las economías y que, una vez fraguada la Unión, la política monetaria será única, con objetivo básico de estabilidad de precios, al tiempo que la política fiscal seguirá siendo prerrogativa de los Estados miembros.

La necesidad de convergencia nominal de las economías tiene un sólido fundamento teórico: las diferenciales de inflación han de ser mínimos para

[27] Protocolo 3.
[28] Título VI, Cap. 4, Art. 109.L.
[29] Título VI, Cap. 2, Art. 109.

que los tipos de cambio puedan fijarse con carácter irrevocable, en una primera fase, y para que, más tarde, pueda introducirse una moneda única. En consecuencia, es preciso vigilar no sólo la evolución de los precios, sino, además, las variables macroeconómicas que más directamente inciden sobre el nivel de inflación. De ahí que la segunda fase del proceso se convierta, en realidad, en un período de aprendizaje para asumir colectivamente la obligación de estabilidad de precios que la integración reclama –y en la que se advierte claramente la influencia alemana– y que el SEBC tendrá como propósito fundamental desde el comienzo de la tercera fase.

Esa convergencia nominal plantea, sin embargo, un problema nada desdeñable: el de la convergencia real o convergencia de niveles de vida. Las rentas de los miembros de la Unión son muy dispares, incluso aunque se midan por el patrón de poder de compra corriente: en 1993, la renta *per cápita* de Luxemburgo, en paridad de poder de compra, era casi tres veces superior a la de Grecia [30]. Pero, además, la disparidad aumenta si se tienen en cuenta las diferencias regionales [31]. Más aún, las tasas de desempleo varían también, sustancialmente, de unos a otros países, desde el 2 % de Luxemburgo al 11 % de Francia o el 23 % de España [32]. Y el esfuerzo de convergencia nominal, de signo deflacionista para los países más pobres de la Comunidad –España, Irlanda, Portugal y Grecia, en orden descendente–, tenderá a agravar las diferencias y a debilitar en esos países, y sobre todo en sus regiones más desfavorecidas, la voluntad política de alcanzar la Unión Económica y Monetaria. Esa es la razón por la que, en el Tratado de Maastricht, se insiste repetidas veces en la necesidad de fortalecer la cohesión económica y social entre los países miembros y por la que se confía en que la utilización de los fondos estructurales y del nuevo Fondo de Cohesión, aprobado en el mismo Tratado, logre el objetivo. El Fondo de Cohesión, con cargo a recursos comunitarios, está destinado a cofinanciar proyectos de infraestructura de transporte (redes transeuropeas) y programas de medio ambiente en los países con PNB *per cápita* inferior al 90 % de la media comunitaria y que apliquen un programa de convergencia económica [33]. Los países que cumplen las condiciones son España, Irlanda, Portugal y Grecia, y los fondos aprobados suponen 15.000 millones de ECUS para el período 1993/99 [34].

No existirá en la Unión sino una única política monetaria, la que defina y ejecute el SEBC, de forma independiente y teniendo por objetivo primordial la estabilidad de precios. La influencia alemana, ya lo hemos señalado, se aprecia en este terreno, ya que Alemania, pese a las dificultades que le plantea la reunificación, sigue siendo el país con mayor vocación de estabilidad y con más clara voluntad política de ponerla en práctica. Hay que suponer que,

[30] Vid. Cuadro V. 1.3 del anexo al Informe del Banco de España, 1993. Banco de España. Madrid, 1994.

[31] Sobre el tema de las divergencias reales se recomienda la lectura del trabajo de Iain Begg y David Mayes: «Cohesion as a precondition for monetary union in Europe», en *Economic Convergence and Monetary Union in Europe.*

[32] *Diario oficial de las Comunidades Europeas,* 14-5-1993.

[33] Protocolo 15.

[34] Europe, 14-15 febrero 1994.

pese a que la política estará presente en las decisiones del SEBC, por mucho que se predique la independencia de sus miembros, la estabilidad será un objetivo perseguido con rigor, puesto que, sin ella, la Unión Económica y Monetaria se deshilacharía. Existe, sin embargo, un punto oscuro en ese campo: la fijación del tipo de cambio ECU-terceras monedas es, como ya sabemos, competencia del Consejo de Ministros, y el tipo de cambio fijado en cualquier momento puede resultar incompatible con la estabilidad de precios buscada [35].

Aunque el Tratado establece ciertas normas presupuestarias [36] –los gobiernos no deben incurrir en déficit excesivos, para lo cual se prohíbe, ya desde el comienzo de la segunda fase, la financiación del sector público por parte de los bancos centrales–, la política fiscal sigue siendo competencia de los países miembros. Una competencia que, sin duda, planteará, una vez creada la Unión, problemas de amplio alcance. A uno de ellos ya nos hemos referido al enumerar los costes de la unión monetaria: la aparición de perturbaciones asimétricas, imposibles de solucionar a través de la política cambiaria, llevará a los gobiernos afectados a buscar el ajuste por la vía presupuestaria, lo que, sin duda, entrará en contradicción con la sanidad presupuestaria buscada. Pero aparecerán otros problemas graves en la medida en que los poderes públicos, sobre todo los de los países más proclives a incumplir las restricciones presupuestarias, se vean encorsetados por una política monetaria firme y recurran a la política fiscal para corregir desajustes en el aparato productivo o asistencial. Porque la coordinación de las políticas globales no comunes es un presupuesto básico para crear la Unión Económica y Monetaria y para garantizar su viabilidad, pero es también la condición más difícil de cumplir en un proyecto integrador formado por países con economías notablemente administradas y en las que el gasto público representa del 40 al 60 % del producto total.

2.4. EL COMPÁS DE ESPERA

Pese a que el Tratado de Maastricht haya sido refrendado por todos los gobiernos, y pese a que la segunda etapa de la Unión haya comenzado ya, formalmente el 1 de enero de 1994, el conjunto del proyecto está sometido implícitamente a un compás de espera. Por varias razones de peso.

En primer lugar, porque los referéndums danés y francés de 1992, y las dificultades para el refrendo inglés, han puesto de manifiesto que gobiernos y sociedades no contemplan de la misma forma el proyecto; que el tejido social de muchos países es mucho menos receptivo de lo que podía suponerse a un cambio económico y político de enorme alcance, pilotado desde unas instancias comunitarias que suscitan múltiples recelos. Los daneses respondieron negativamente en el primer referéndum (junio 1992) y hubo que flexibili-

---

[35] Vid. A. Rojo: «La Unión Monetaria en los Acuerdos de Maastricht», en *España y la Unión Europea,* Real Academia de Ciencias Morales y Políticas, Plaza y Janes, 1992.

[36] Título VI, Cap. 1.

zar enormemente sus condiciones de incorporación para que, en el segundo referéndum de marzo de 1993, votaran afirmativamente. El referéndum francés, el país aparentemente más pro Unión de entre los grandes países, dio un resultado muy ajustado. A pesar de las condiciones especiales de Gran Bretaña, el gobierno de Major ha tenido que sufrir un notable desgaste para refrendar el Acuerdo. De no lograrse una mayor aceptación política es difícil que la tercera etapa pueda iniciarse ni siquiera en 1999.

En segundo lugar, porque el arco de bóveda de la Unión Monetaria, el Sistema Monetario Europeo, quedó resquebrajado en agosto de 1993 cuando, después de un año de fuertes tensiones cambiarias, hubo que ampliar las bandas de fluctuación al 15 %, lo que, de hecho, lo convierte en un sistema de cambios flotantes. Sin ignorar que la quiebra del SME fue producto de múltiples causas, hay tres que deben ser destacadas: la plena liberalización de movimientos de capital, las divergencias entre las distintas economías y la inestabilidad de la economía alemana. La primera, porque acentuó las presiones especulativas que, en un mecanismo de cambios semifijos defendidos por intervenciones de los bancos centrales, pueden alcanzar niveles extraordinarios, ya que el riesgo en el que incurren los especuladores es reducido; la segunda, porque ataca directamente a la base de un sistema estable de cambios al aumentar los diferenciales de inflación y de tipos de interés; la tercera, porque llevó a Alemania a incurrir en un importante déficit público que produjo un aumento de sus tipos de interés y movimientos acelerados de unas a otras monedas del sistema.

Si la Unión Monetaria requiere, como ya hemos visto, la participación de todas las monedas en el mecanismo de cambios del SME y la inexistencia de tensiones dentro de la banda estrecha, el SME tendrá que ser profundamente revisado antes de que se pueda seguir adelante en el proceso. Y buena prueba de ello es que la ampliación de las bandas, que debía finalizar el 31-12-94, ha sido prorrogada hasta el 31-12-95.

En tercer lugar, porque la Comunidad ha padecido, de 1991 a 1993, una profunda recesión aunada a un incremento rápido de la tasa de desempleo: en 1993 el crecimiento global fue inferior al 1 % y la tasa de desempleo superó el 11 %. En esas condiciones, la voluntad política, de afrontar los costes de la Unión Económica y Monetaria, con su carga añadida de deflación, se retrae porque los gobiernos, de cualquier signo, han de atender preferentemente a otros objetivos más urgentes. La recuperación iniciada en 1994 ayudará, sin duda, a fomentar el interés por la integración.

El compás de espera no significa, a nuestro entender, que no se cumpla el propósito de alcanzar la Unión Económica y Monetaria, pese a las muchas voces que, en todos los países de la CEE, proclaman que el ideal de Maastricht está muerto. No alcanzar la fase de Unión Económica y Monetaria plantearía, por lo menos, tres graves problemas que terminarían cuarteando los logros hasta ahora conseguidos. Por una parte, no se obtendrían las ventajas de una Unión Monetaria en términos de definitiva unificación de los mercados, eliminación de costes de transacción y asignación más adecuada de recursos reales y financieros. Por otro lado, el mercado único, con libre circulación de factores y productos, padece una inestabilidad congénita: sin la unión monetaria, las divergencias de política económica terminarán por traducirse, siempre, en tensiones cambiarias que generarán impulsos protectores en los países más afectados y que pueden llegar a poner en cuestión la viabilidad del mercado único. Es decir, no seguir adelante en el proceso puede significar, con el tiempo, iniciar la marcha atrás. Finalmente, la posibilidad de un bloque unido, económica y políticamente, desaparecería y, en consecuencia, desaparecería también el propósito que subyace en todo el ensayo integrador: conseguir que una parte importante de Europa pueda competir, en condiciones adecuadas, con los otros dos grandes ejes económicos del mundo: Norteamérica y Japón.

2.5. EL HORIZONTE DE LA INTEGRACIÓN

El impulso integrador, en sus diferentes formulaciones, va a mantenerse en los años venideros, según todos los indicios, aunque las principales realizaciones se llevarán a cabo alrededor de los grandes núcleos existentes.

La Unión Europea se ha ampliado ya al incorporarse Austria, Finlandia y Suecia el 1-1-95. A lo que seguirá, tarde o temprano, la firma de nuevos acuerdos con los países de Centroeuropa, una vez que éstos hayan efectuado el tránsito completo desde la centralización a la economía de mercado. Más alejada, por el momento, queda la negociación con los países de la antigua URSS por la confusión económica y política que los domina, pero la posibilidad no puede descartarse, dado que la atracción del bloque comunitario, sobre todo si éste alcanza la Unión Monetaria, seguirá siendo muy intensa en el futuro[37]

Pese a que el Tratado de Libre Comercio de América del Norte (NAFTA) es una fórmula de asociación mucho más laxa, y pese a que todavía esté por desarrollar, la expansión del comercio que producirá entre los tres países firmantes, tanto en bienes como en servicios, generará sin duda una onda dinámica que atraerá a otros países situados probablemente en América del Sur.

El rápido crecimiento de las economías asiáticas –con Japón a la cabeza–, entre las que destacan Corea, Hong-Kong, Singapur y Taiwán, va a producir, en los próximos años, ensayos de integración más profundos que el ASEAN (Acuerdo preferencial de 1977) y el AFTA (zona de libre comercio decidida en 1992). Sobre todo si, como es previsible, encuentran dificultades para seguir penetrando en los mercados comunitarios y si la Unión Europea va ampliando sus preferencias a los países de Centro Europa y de la cuenca del Mediterráneo[38]. Las fórmulas integradoras pueden, además, extenderse a

[37] Sobre la ampliación posible de la Unión Europea, léase Alan Winters: «Expanding EC membership and association accords: recent experience and future prospects», en *Regional integration and the global trading system*, coordinado por Kym Anderson y Richard Blackhurst. Harvester. Hertfordshire, 1993.

[38] Véase Soogil Young: «East Asia as a regional force for Globalism», en la recopilación citada de Anderson y Blackhurst.

China, receptora de un flujo creciente de inversión procedente de estos países y decidida a mantener una política de desarrollo abierto que potencie su actual dinamismo.

La economía mundial, notablemente enlazada por los flujos comerciales, se irá, de esa forma, concentrando en grandes mercados, unidos por fórmulas integradoras de diferente alcance que producirán, de un lado, nuevos impulsos dinámicos y, del otro, una mayor polarización entre zonas desarrolladas y subdesarrolladas.

ANEXO 2.1. EFECTOS ESTÁTICOS DE LA UNIÓN ADUANERA

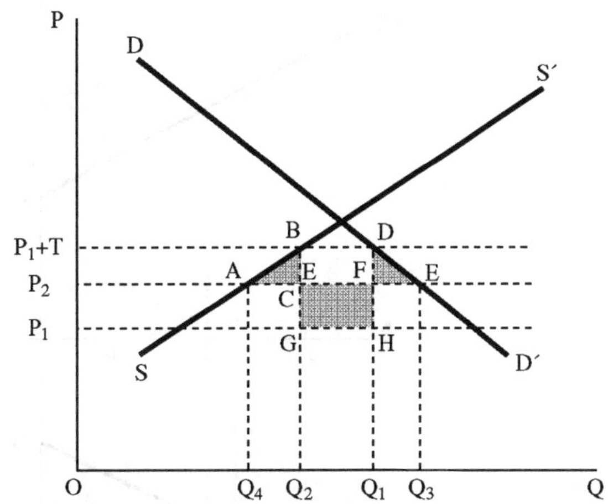

Imaginemos el mercado del bien X en un país A, precio-aceptante: su tamaño no le permite influir en los precios mundiales. E imaginemos, asimismo, que sólo hay otros dos países, en el mundo, el B y el C.

El productor más eficiente del bien X es el país C, con precio OP_1; le sigue el país B, con precio OP_2.

Antes de formarse la Unión Aduanera, existe un arancel T que frena la importación. La demanda (OQ_1) se satisface con producción interna (OQ_2) e importaciones del país C (Q_1Q_2). El país B queda excluido por el arancel.

Al producirse la Unión Aduanera, el arancel persiste frente al país C, pero desaparece para el B. Por tanto, la nueva demanda OQ_3 se satisfará con la producción nacional OQ_4 y la importación de B, Q_4Q_3. Una parte de la demanda se satisface ahora con importaciones de B y no con producción nacional; por tanto, los triángulos ABC y DEF medirán la creación de comercio (paso de un productor menos eficiente a otro más eficiente). Pero otra parte de la demanda, Q_1Q_2, se habrá desviado desde el productor más eficiente, C, a otro menos eficiente, B (los aranceles no se toman en cuenta); de ahí que el rectángulo CGHF represente la desviación de comercio.

La reducción de precios, de $P_1 + T$ a P_2, elevará la renta real y aumentará el consumo. En términos generales beneficiará también a los países B y C porque aumentará sus exportaciones de otros bienes. Es el efecto expansión.

ANEXO 2.2. EFECTOS DE LA INTEGRACIÓN MONETARIA

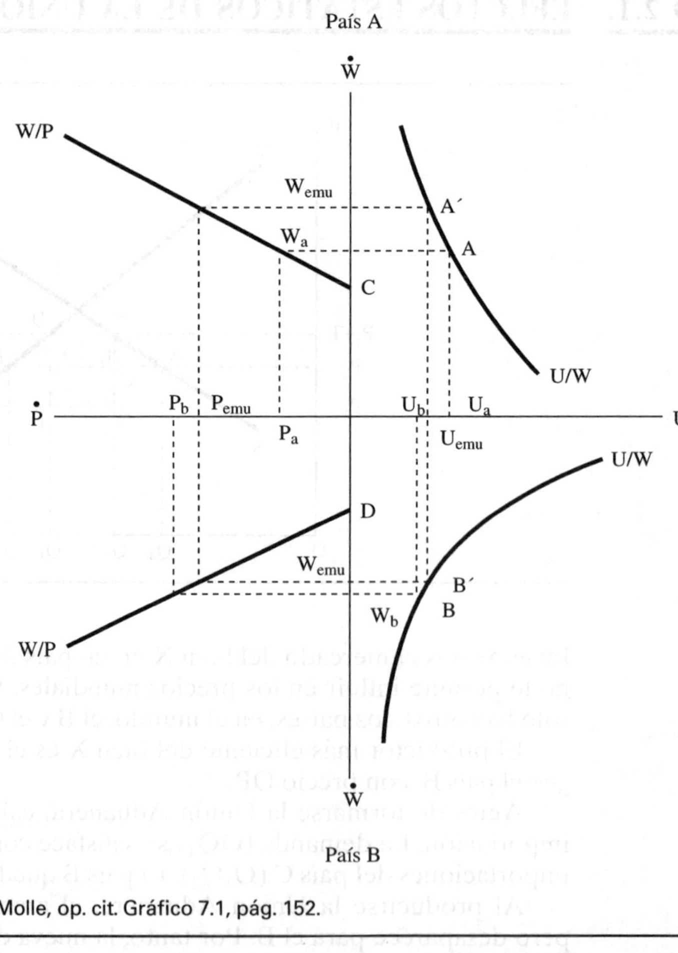

Fuente: W. Molle, op. cit. Gráfico 7.1, pág. 152.

Supongamos que la integración monetaria se produce entre los países A y B. A queda representado en la parte superior del gráfico y B en la inferior.

En la dirección positiva del eje de abcisas figuran los niveles de desempleo y en la negativa los niveles de precios. Los salarios, por su parte, se mueven en el eje de ordenadas: en la dirección positiva en el caso del país A y en la negativa en el del país B.

Las rectas W/P relacionan los incrementos de precio y salarios y las curvas U/W son curvas de Phillips o combinaciones posibles de niveles de salario y de desempleo.

Antes de producirse la integración, el nivel de precios del país A era P_a, su nivel de salarios W_a y U_a la tasa de desempleo. En B, con inflación mayor, el nivel de precio era P_b, W_b el de salarios y U_b el de desempleo. Se entiende que los dos países habían alcanzado una situación socialmente aceptada: menos inflación y más paro en A, más inflación y menos paro en B.

Tras la integración monetaria ya no puede existir sino un único nivel de inflación, situado, probablemente, entre los dos anteriores: P_{emu}. Esa nueva tasa de inflación determina, a su vez, niveles distintos de salarios –más altos en A, más reducidos en B– y también modificaciones en las tasas de desempleo: más reducidas ahora en A y mayores en B: U_{emu} será la tasa común de paro. Desde el punto de vista de la aceptación social, es posible que, a corto plazo, ambos países hayan alcanzado situaciones subóptimas.

3

LOS MERCADOS INTERNACIONALES DE CAPITAL

3.1. CONCEPTOS FUNDAMENTALES

Existen múltiples razones por las que los agentes económicos –desde los individuos a las empresas multinacionales– necesitan de los mercados financieros:

- Porque, en sus operaciones internacionales, requieren moneda distinta de la de su país de residencia.
- Porque necesitan recursos financieros para consumir o invertir.
- Porque desean aportaciones de capital a una determinada empresa.
- Porque les interesa cubrir determinados riesgos.

Naturalmente, las razones anteriores no son las únicas a las que dan respuesta los mercados financieros, pero nos van a permitir enmarcar el contenido de este capítulo y singularizar lo que entendemos por mercados internacionales de capital [1].

Puesto que no existe un dinero internacional por excelencia, como lo fuera el oro en su tiempo, cada moneda tiene curso legal sólo en su propio país: en España, los pagos se hacen en pesetas, en Alemania en marcos y en Estados Unidos en dólares. Tan pronto como hay que efectuar pagos en país distinto, es preciso cambiar la moneda a través de los mercados de divisas. Se trata, por tanto, de mercados de *medios de pago* en los que, al contado o a distintos plazos, se intercambian unas monedas por otras.

[1] Una de las explicaciones más claras figura en el Cap. 1 de G. Dufey y I. Giddy: *The International Money Market,* Prentice-Hall, New Jersey, segunda edición de 1994. Véase también el Cap. 1 de *Mercados financieros internacionales* de Ontiveros, Bergés, Manzano y Valero, Espasa Calpe, Madrid, edición revisada y ampliada de 1993.

Cuando los agentes económicos necesitan obtener recursos financieros han de acudir a los *mercados de crédito,* mercados que pueden ser nacionales, extranjeros o internacionales. En la medida en que se esté recurriendo al mercado del propio país y en la misma moneda, se está haciendo uso de los mercados nacionales: una empresa española necesita capital circulante y acude a un banco situado en España para solicitar un crédito en pesetas. Si de lo que se trata es de obtener el crédito en otra moneda se podrá, en principio, hacer uso del sistema financiero del país que emita esa moneda: la empresa española que requiere marcos puede dirigirse a una institución financiera, situada en Alemania, y recabar un préstamo en esa moneda. Las reglas de la transacción serán, en este caso, las imperantes en Alemania y el coste del dinero será el propio de las operaciones realizadas en ese país. Se está, por tanto, actuando, desde el punto de vista del prestatario, en un mercado extranjero.

Pero puede también suceder que la empresa española desee obtener un crédito, en dólares, a través de un banco inglés, entre otras razones porque, probablemente, el interés que deba pagar sea menor que el que pueda cargarle un banco situado en Norteamérica.

Esa empresa estará, en este último caso, recurriendo a los mercados internacionales que se caracterizan, en algunos casos, por superar la jurisdicción de un determinado estado. Los que superan esas jurisdicciones son los euromercados, denominados así por las circunstancias especiales de su nacimiento, pero que, al no estar situados sólo en Europa ni negociar exclusivamente monedas europeas, son en realidad mercados *externos,* puesto que no forman parte de los mercados nacionales [2].

A los euromercados, que son mercados primarios o de emisión –porque a través de ellos se crean los activos financieros– hay que añadir las bolsas de los principales países del mundo y los mercados derivados, para obtener una visión suficientemente amplia de los mercados internacionales. En las bolsas se negocian activos ya existentes y son, en consecuencia, mercados secundarios; en los mercados derivados –fundamentalmente de *swaps,* futuros y opciones– se opera con instrumentos ligados a los propios de los mercados primario y secundario.

Cuando mencionamos, por tanto, los mercados internacionales de capital que son los que, en la actualidad, distribuyen gran parte del ahorro internacional –el generado en los distintos países– y constituyen un genuino sistema financiero internacional, nos estamos refiriendo a los euromercados, a las principales bolsas del mundo y a los mercados derivados. El Esquema 3.1 resume las características de esos mercados:

[2] Dufey y Giddy: *op. cit.,* pág. 7.

ESQUEMA 3.1 MERCADOS INTERNACIONALES DE CAPITAL

Mercado	Situación	Funciones
Euromercados	Fuera de la jurisdicción nacional.	Enlazar, a escala mundial, ahorro y gasto.
Bolsas	Dentro de la jurisdicción nacional.	Negociar activos ya existentes para obtener nuevo capital.
Derivados	Dentro o fuera de la jurisdicción nacional.	Cubrir riesgos a partir de activos ya existentes.

3.2. LOS EUROMERCADOS

3.2.1. Características y funciones

Los euromercados presentan seis singularidades que los diferencian, notablemente, de los demás mercados de capital:

1) La intermediación se efectúa en moneda distinta de la del país de origen del intermediario; es decir, un dólar, en Estados Unidos, es un dólar, mientras que en Frankfurt o en Tokio es un eurodólar; de la misma forma, una peseta prestada por un banco situado en Francia es una europeseta.

2) Se trata de mercados al por mayor, en los que no tienen cabida las pequeñas operaciones. Por lo general, las sumas negociadas son, por lo menos, de un millón de dólares.

3) Por la razón anterior, los agentes que intervienen son todos operadores importantes: bancos privados, bancos centrales, grandes empresas –especialmente las multinacionales–, inversores institucionales y grandes fortunas mundiales.

4) Son mercados monetarios, en los que privan las operaciones a corto plazo que, en todo caso, no superarán nunca el año. Ya veremos, posteriormente, cómo los pasivos a corto pueden transformarse en activos a medio y largo plazo.

5) Se caracterizan por su universalidad. A pesar del prefijo «euro» los principales centros se encuentran en zonas geográficamente muy distantes: en Europa, el centro fundamental es Londres, pero son también importantes Zurich, París y Amsterdam; en el área del Caribe y América Central se encuentran, como plazas principales, las de las islas Cayman, Bahamas y Antillas Holandesas; en Oriente Medio el mercado principal es Bahrain; Singapur, Hong-Kong y Tokio tienen especial importancia en Asia; en Estados Unidos es el mercado de Nueva York el fundamental [3].

[3] Cap. 7 de *Mercados financieros internacionales,* de Ontiveros *et al.*

6) Revisten enorme importancia las transacciones interbancarias: más de dos tercios de las operaciones totales lo son.

Los euromercados ajustan, transfieren y distribuyen liquidez. Ajustan porque permiten colocar los excedentes de un intermediario y obtener financiación para operaciones ya vencidas; transfieren porque, en determinados momentos, permiten que los prestamistas se deshagan de parte de su activo: un participante en un crédito sindicado vende a otro una parte de su crédito porque desea reducir riesgos; distribuyen porque equilibran ofertas y demandas, denominadas en la misma moneda o en moneda distinta, en mercados geográficamente distantes.

3.2.2. Nacimiento y expansión de los euromercados

Sin ignorar que, tanto en el siglo XIX como en el XX, existió ya cierta actividad financiera en moneda distinta de la del país en el que se realizaba la operación, sólo es posible hablar de los euromercados a partir de la Segunda Guerra Mundial. Unos mercados que presentan, en su origen, una curiosa raíz política.

En 1949, el Gobierno chino, nacido de la revolución de Mao Ze Dong, comienza a situar sus saldos en dólares en un banco soviético radicado en París: la Banque Commerciale pour l'Europe du Nord, cuya dirección telegráfica, que terminará por dar nombre a los mercados, es «Eurobank». Y lo hace así porque, en plena guerra fría, teme la confiscación de esos saldos, por parte del Gobierno norteamericano, si los mantiene en bancos de ese país. Por igual motivo, la Banque Commerciale pour l'Europe du Nord y el Narodny Bank, otro banco soviético radicado en Londres, deciden disimular sus tenencias en dólares depositándolas en bancos europeo-occidentales, de forma que estas últimas instituciones actúen de campana de seguridad; más aún, con el tiempo, los dos Gobiernos, el chino y el soviético, solicitan de esos bancos préstamos en dólares para financiar toda una serie de importaciones de la zona dólar. Así comienzan a funcionar esos mercados, mercados que se amplían, por razones políticas igualmente, cuando, con ocasión de la crisis de Suez de 1956, el mundo comunista llega a la conclusión de que también pueden quedar congelados sus saldos en libras si siguen depositados en bancos ingleses.

Pero, naturalmente, los euromercados no hubiesen alcanzado la dimensión que hoy presentan si no hubiesen existido poderosas razones jurídico-económicas para ello.

En los años cincuenta, y especialmente en Europa occidental, se decreta la convertibilidad externa de las principales monedas, se suavizan las normas sobre la actividad bancaria en divisas y desaparecen las restricciones para las operaciones en divisas de no residentes. Las puertas normativas del euromercado se abren.

En los años sesenta, las dificultades de la balanza de pagos norteamericana van a dar paso a una serie de disposiciones que potenciarán esos mercados externos. Con objeto de frenar las salidas de capital, el Gobierno norteamericano aprueba un conjunto de normas encaminadas a conseguir ese objetivo: el Interest Equalization Tax (1963) establecía un recargo impositivo para la deuda emitida, en dólares, en el mercado norteamericano; la Voluntary Foreign Credit Restraint (1965) y las recomendaciones de la Office of Foreign Direct Investment (1965) reducían los créditos externos. Pero, curiosamente, esas limitaciones no se extendían a las sucursales extranjeras de la propia banca norteamericana, que también podían evitar la Regulation Q (exigida a partir de 1966) en virtud de la cual se establecía un techo a los tipos de interés de los depósitos a plazo. De ahí el rápido crecimiento de las sucursales extranjeras de bancos norteamericanos, cuyo número pasa de 181 en 1964 a 536 en 1970 [4]. Durante esa década, la rápida expansión de la economía y el comercio mundiales facilitó asimismo el crecimiento de los euromercados, potenciados además por la participación creciente de los bancos centrales de los principales países.

Dos elementos impulsores de primer orden van a actuar sobre los euromercados en los años setenta. El primero de ellos es la expansión de las operaciones realizadas por los *off-shore.* Reciben esa denominación los pequeños territorios en los que se realizan, con extremada facilidad, transacciones bancarias, gracias a la existencia de normas fiscales, cambiarias y bancarias favorables y cuya importancia nada tiene que ver con las necesidades financieras del mercado interior. Se trata, además, de operaciones *entrepôt,* con divisas que proceden del exterior y créditos concedidos a país distinto. Nassau, Cayman, Singapur y Hong-Kong son ejemplos claros de *off-shore.*

El segundo impulso se deriva de las dos crisis energéticas y de la enorme transferencia de renta a que dan lugar: los países exportadores de petróleo se encuentran con grandes excedentes en divisas que depositan, en muy buena parte, en los euromercados, excedentes que son reciclados hacia los países importadores, tanto desarrollados como subdesarrollados. Se calcula que, en el período 1974-80, tales mercados canalizaron, hacia los países consumidores de petróleo, 431.000 millones de dólares [5].

Los anteriores impulsos se completan, además, con la quiebra del sistema monetario internacional de Bretton Woods, que llevará, a partir de 1973, a la flotación de las monedas y la necesidad de contar con un amplio mercado libre para, entre otras posibilidades, diversificar las reservas.

El crecimiento de los euromercados se ha apoyado, además, en sus tres características más relevantes: la ausencia de restricciones, su condición de mercados al por mayor y su notable capacidad innovadora.

Por tratarse de mercados que no están sujetos a ninguna jurisdicción nacional, los intermediarios no están obligados a cumplir un coeficiente de caja,

---

[4] Para las explicaciones concernientes a la expansión de los euromercados, véase Barry Johnston: *The Economics of the Euromarket. History, Theory and Policy,* MacMillan, Londres, 1983. En especial, los Caps. 2 y 6.

[5] *Ibidem.*

los intereses –activos y pasivos– son libres y no hay seguro de depósitos. Más aún, los costes fiscales de las operaciones son muy distintos a los de cualquier mercado nacional: no hay, por ejemplo, ninguna retención a cuenta de los intereses pagados.

Esa libertad de acción, de notable capacidad impulsora, no deja, sin embargo, de plantear algunos problemas sobre las posibilidades de expansión crediticia incontrolada y sobre la inestabilidad que puede derivarse de la inexistencia de regulaciones.

Sin coeficiente de caja, el multiplicador del crédito bancario depende de las fugas; es decir, de la parte del crédito que el prestatario retiene, en forma líquida, en cada operación y que no da lugar a un nuevo depósito en otro banco.

Durante años se pensó que el crecimiento de los euromercados se debía a la magnitud del multiplicador pero, finalmente, se ha llegado a una conclusión radicalmente distinta: el multiplicador no es mucho mayor de la unidad, puesto que las fugas son muy elevadas; la mayor parte de los grandes prestatarios convierten la totalidad del préstamo en moneda nacional para financiar los proyectos correspondientes. De ahí que la extensión de los mercados se deba, fundamentalmente, a la llegada de nuevos depósitos.

En los mercados nacionales, la solvencia de una entidad depende, por una parte, de sus recursos propios y, en segundo término, de la existencia de un banco central que le prestará apoyo en caso necesario. Además de ello, el seguro de depósitos garantiza parte de los mismos. Tal situación no se da en los euromercados, situados, por definición, por fuera de una jurisdicción nacional y, en consecuencia, cualquier crisis bancaria que los afectase podría alcanzar dimensiones insospechadas y poner en peligro el sistema financiero mundial.

La incógnita permanece abierta porque resulta muy difícil encontrar solución al problema. Si los euromercados se basan en la libertad de actuación, ¿cómo recortar esa libertad sin que se resientan o desaparezcan? Si los eurobancos deben someterse a ciertas reglas prudenciales ¿cómo se logrará que todos ellos apliquen las mismas? Requisito necesario puesto que, de no producirse esa equiparación, todas las ventajas favorecerían a los que pudieran actuar más libremente.

En tanto que mercados al por mayor, en los que sólo tienen cabida las grandes operaciones, los costes de transformación son bajos. A partir de esos reducidos costes, y gracias a la ausencia de restricciones, las condiciones que los eurobancos pueden ofrecer resultan más atractivas que las de los mercados nacionales: tanto los intereses de los depósitos como los de los préstamos benefician a ahorradores e inversores.

Los euromercados han puesto de manifiesto una notable capacidad innovadora porque son muchos los riesgos a los que tienen que hacer frente. Por lo que a los prestatarios se refiere no es posible, dada la dispersión geográfica de las operaciones, calibrar el riesgo ni seguirlo de la misma forma que en un mercado nacional.

Cierto es que los destinatarios de los préstamos suelen ser grandes empresas o gobiernos, pero ni siquiera en esos casos puede asegurarse que el crédito no se perjudique en algún momento. Por otra parte, y al tratarse de operaciones que enlazan diferentes mercados y monedas, los riesgos de cambio son importantes por la distinta composición, en divisas, de los activos y pasivos de los intermediarios. Finalmente, en las operaciones no casadas *(mismatched)* subyace un notable riesgo de tipo de interés: si un banco recibe un depósito mensual, por el que ofrece un 10 por 100 anual (0,83 por 100 mensual) y lo utiliza para efectuar un préstamo a tres meses, al 13 por 100 anual (1,06 por 100 mensual) siempre correrá el riesgo de ver encarecerse el depósito mensual sin que, hasta la cancelación del préstamo, pueda modificar su rendimiento. La búsqueda de soluciones a esos riesgos ha potenciado la innovación financiera e impulsado los mercados derivados, a los que se hará referencia en la parte última de este capítulo.

La integración de los euromercados en los grandes mercados financieros nacionales, debida a la liberalización experimentada por estos últimos, ha hecho mucho más difícil conocer el tamaño de los primeros. De todas formas, y según el Banco Internacional de Pagos de Basilea, los euromercados presentan, en la actualidad, las siguientes cifras:

CUADRO 3.1. TAMAÑO DE LOS EUROMERCADOS

Instrumento	Miles de millones de dólares (saldos vivos a final de 1994)
Depósitos interbancarios	4.428
Préstamos sindicados [1]	252
Eurobonos [2]	2.211
Euronotas	461,6
(Europapel comercial)	(81,3)

Fuente: BIS. International Banking and Financial Market Developments. Mayo 1995. Cuadros páginas: 14, 34, 35 y 40.

[1] Créditos concedidos en el año.
[2] Bonos internacionales, concepto algo más amplio que el de eurobonos.

3.2.3. Principales segmentos de los euromercados

Aunque las fronteras de los euromercados no están claramente definidas, debido a su propia capacidad innovadora, entendemos que la referencia al mercado interbancario, a los créditos sindicados, al mercado de eurobonos y al de euronotas y europapel comercial permite dibujar una imagen adecuada del funcionamiento del principal mercado de capitales del mundo.

El mercado interbancario

Como ya se ha dicho anteriormente, el mercado de operaciones interbancarias es el más importante de todos los que componen el euromercado dado que, por lo menos, dos tercios de las transacciones totales son depósitos interbancarios. Por definición, depósitos en moneda distinta a la del país en que radica el intermediario.

Esos depósitos tendrán, además, su contrapartida en saldos situados en el territorio de la moneda nacional: cuando un banco español efectúa un depósito, en dólares, en un banco inglés está haciendo uso de un depósito en banco norteamericano [6].

Las transacciones interbancarias toman generalmente la forma de depósitos a plazo o de certificados de depósito. Los primeros pueden hacerse a plazos muy cortos, de hasta un día, mientras que los segundos son instrumentos negociables que reflejan la existencia de un depósito efectuado en determinadas condiciones de interés y plazo. La diferencia entre depósitos y certificados de depósito es que, para los segundos, existe un mercado secundario que les otorga liquidez inmediata, razón por la cual su remuneración es también menor que la de los depósitos.

El mercado interbancario es, en realidad, la base de los euromercados porque, a su través, se efectúan la mayor parte de las financiaciones y porque, además, permite la gestión de activo y pasivo de las entidades que en ellos operan.

Un eurobanco mantiene la mayor parte de su activo en forma de depósitos interbancarios y adquiere la mayor parte de su pasivo de esos mercados; de ahí la importancia capital de los mismos.

Al igual que en cualquier otro mercado financiero moderno, las telecomunicaciones se encargan de relacionar, con extremada rapidez, las ofertas y demandas para cada divisa y plazo. Y puesto que Londres sigue siendo el más importante de los euromercados, sus tipos constituyen referencias fundamentales para las distintas operaciones.

En concreto, el tipo medio al que se ofrecen los depósitos en ese mercado –el London Interbank Offered Rate o LIBOR– constituye, como se verá más tarde, la base de cálculo primera para determinar el coste de los créditos. El cuadro que sigue ofrece los tipos LIBOR para una serie de divisas y plazos, en tasas anuales:

---

[6] Ontiveros *et al.: op cit.,* Cap. 7.

CUADRO 3.2

	LIBOR 25/abril/1995				
Divisas	1 mes	2 meses	3 meses	6 meses	12 meses
Dólar australiano	7,8125	8,0000	8,0938	8,5313	9,0000
Franco francés	8,0938	8,0156	7,9375	7,5625	7,1875
Dólar canadiense	7,8750	7,8750	7,8750	7,8750	7,8125
Lira italiana	10,5781	10,7813	10,8750	11,1875	11,6875
Peseta	8,8750	9,1250	9,3125	9,7969	10,4375
Florín holandés	4,5156	4,5625	4,6250	4,7500	5,0000
Dólar de EE. UU.	6,0625	6,1250	6,1875	6,3125	6,5000
Libra esterlina	6,5000	6,7500	6,9375	7,1875	7,6875
Marco alemán	4,5664	4,6250	4,6250	4,6875	4,9375
Franco suizo	3,4688	3,5000	3,5156	3,6094	3,7500
Yen japonés	1,4375	1,4375	1,4375	1,4375	1,5000
Ecu	6,3125	6,3125	6,3750	6,5000	6,7500
Escudo portugués	10,1406	10,5469	10,7500	11,0781	11,5156
Corona danesa	7,0000	7,0000	7,0000	7,0500	7,1000
Corona sueca	8,6500	8,8000	9,0000	9,2500	9,9000
Corona noruega	5,8800	5,7000	5,6800	5,7600	5,9900
Marco finlandés	5,7500	5,9000	6,0000	6,3500	6,8500
Franco belga	5,1600	5,3100	5,3800	5,6300	6,0000
Libra irlandesa	6,6200	6,7500	6,9400	7,1800	7,6300
Chelín austriaco	4,5500	4,6500	4,7500	4,9000	5,1500

Fuente: Reuter, al 25-4-1994.

Los tipos de interés existentes en los euromercados y los que rigen en los mercados nacionales se relacionan, dado que estos últimos constituyen, en cada momento, los límites entre los que pueden moverse los primeros: si los euromercados ofreciesen dinero a un coste superior al de los mercados nacionales, ningún prestatario recurriría a ellos; si los depósitos, en los euromercados, estuviesen retribuidos por debajo de los nacionales ocurriría lo mismo, puesto que las garantías que ofrece el mercado externo son menores que las del interno. Recordemos, por ejemplo, que en los euromercados no existe seguro de depósitos. Naturalmente, el arbitraje tiende a aproximar los tipos, tanto más cuanto menos regulado esté el correspondiente mercado nacional.

Por lo que se refiere a los tipos de interés entre las distintas divisas, es la paridad cubierta de tipos de interés la que va determinando la relación: los tipos de interés tienen que igualar los rendimientos en las distintas monedas a través de las cotizaciones a plazo. Un ejemplo permitirá comprender la afirmación anterior:

Partamos de los tipos de interés a tres meses del cuadro anterior, es decir: dólar: 6,1875; marco: 4,6250. Supongamos que la cotización al contado dólar/marco sea 1 dólar = 1,44 marcos y a un plazo, de tres meses, 1 dólar = 1,42 marcos. El dólar, por tanto, está a descuento puesto que se va depreciando con relación al marco.

Bajo esos supuestos, 1.000 dólares transformados en marcos primero, para efectuar el depósito en esa moneda, y cambiados de nuevo a dólares, a través de la cotización a plazo, son más rentables que si se depositan directamente: en el primero de los casos la cantidad final obtenida sería de 1.025,80 dólares y en el segundo tan sólo de 1.015,46 dólares. En consecuencia, el arbitraje tomaría la dirección dólar/marco y provocaría un descenso de tipos en marcos –más oferta de depósitos en esa moneda– y una modificación de los cambios al contado y plazo que terminaría por equiparar las rentabilidades.

Un depósito cualquiera en los euromercados interbancarios será objeto, normalmente, de nuevos depósitos, en buena medida porque la categoría de las entidades participantes difiere: los bancos de mayor renombre internacional son los que, normalmente, recibirán las primeras entregas porque el depositante buscará la garantía de la marca; los bancos de segunda fila tendrán que nutrirse, para sus operaciones, de depósitos ya existentes y con un coste superior. Supongamos, por ejemplo, que el responsable de las operaciones eurobancarias, en Nassau, de un gran banco neoyorquino recibe una oferta, de una multinacional americana, para depositar, a tres meses, cinco millones de dólares. Ese directivo ni siquiera estará en un despacho de Nassau, sino que se encontrará en la central de su banco en Nueva York; en realidad, la oficina de Bahamas no constituye sino un nombre en un registro. Una vez puestos de acuerdo sobre el interés del depósito y formalizada la operación, el directivo mencionado tratará de rentabilizar inmediatamente la suma recibida y, probablemente, llamará al director de su oficina en Londres para que, por un interés ligeramente superior al que se abona al depositante, reciba el depósito. La oficina londinense buscará entonces un nuevo destinatario de los fondos, pero puede ocurrir que, de inmediato, no pueda encontrar un prestatario adecuado entre compañías de solvencia acreditada o entre gobiernos fiables. Lo que hará entonces será buscar otro banco para efectuar un nuevo depósito. Ahora bien, en los euromercados interbancarios, al igual que en los nacionales, todos los bancos cuentan con una clasificación de los demás bancos y tienen que ajustarse a unos límites en sus operaciones interbancarias, clasificaciones y límites que varían con el tiempo. De acuerdo con esas normas, la oficina inglesa del banco americano tratará de rentabilizar el depósito mencionado y es posible que prefiera un banco de menor renombre pero dispuesto a pagar más por el depósito. De esa manera, el mercado interbancario hace las veces, como señalan Dufey y Giddy [7] de una cámara mundial de compensación que permite, de un lado, acumular información sobre los participantes y, del otro, relacionar ofertas y demandas de fondos prestables separadas por enormes distancias; y esa tarea la efectúa, además, a bajos costes gracias a la ausencia de regulaciones y a la extremada competencia que se desencadena.

De todas formas, la importancia del mercado interbancario no puede quedar explicada solamente por la necesidad de rentabilizar velozmente los saldos hasta encontrar un destinatario final. Una parte nada desdeñable de las

[7] *Op. cit.*, págs. 209-211.

operaciones se debe, también, al interés de los intermediarios financieros por mantener una presencia activa en los mercados, es decir, por aparecer en ambos lados de las operaciones; a lo que hay que añadir el empeño de algunos bancos por aumentar su balance mediante operaciones interbancarias. De ahí que el diferencial de algunas operaciones no cubra, en ocasiones, los costes operativos. En cualquier caso, esa participación continuada de los intermediarios en los mercados interbancarios sirve también de vía recíproca de información: de esa manera, los participantes, además de tomar el pulso al mercado, pueden conocer la forma de comportarse de muchos de ellos y su grado de fiabilidad.

Los préstamos sindicados

Sindicar un préstamo consiste en dividirlo entre varios prestamistas. Es, por tanto, el producto que mejor se ajusta a sumas elevadas y largos períodos de amortización; de ahí que sea la fórmula habitual utilizada, en los euromercados, para financiar a prestatarios públicos o grandes empresas.

La sindicación presenta dos importantes ventajas: primera, diversifica los riesgos de los intermediarios; segunda, enlaza el mercado monetario con el de capitales a través del procedimiento *roll-over.* Un préstamo a 10 años se divide, en realidad, en múltiples préstamos a corto plazo e interés variable que, salvo circunstancias excepcionales, se renovarán automáticamente. Por ejemplo, se puede articular la operación sobre la base de un tipo de referencia a seis meses, lo que significa que cada seis meses los prestamistas pueden refinanciarse en el mercado interbancario y que, con el vencimiento de cada plazo, el coste del préstamo se modificará de acuerdo con la fórmula pactada. Si se trata del LIBOR + margen *(spread),* el prestatario deberá abonar, en cada período, el tipo interbancario del mercado de Londres más una cantidad adicional que cubra los beneficios de los bancos prestamistas y la prima de riesgo correspondiente. Ese diferencial puede, además, variar a lo largo de la vida del préstamo si así se ha pactado en el contrato.

En los préstamos sindicados existe un director (gerente) o varios directores. Se trata del banco o bancos que determinan las condiciones de la operación y sindican el préstamo. Antes de que se configure el sindicato, los préstamos pueden estar asegurados o tratados con el máximo interés *(best efforts).* En el primero de los casos, el director o directores de la operación se comprometen a facilitar, en todo caso, los fondos; en el segundo, tan sólo a buscarlos con plena diligencia. Cierto es que, tratándose de prestatarios de primera fila, la segunda modalidad ni siquiera se ofrece porque el cliente cambiaría de director. La operación se formalizará más fácilmente cuanto mayor sea el compromiso de financiación del director o directores porque mayor será también la confianza de los demás bancos participantes en el buen fin del préstamo.

El prestatario deberá también hacer frente a una serie de comisiones que se repartirán entre los integrantes del sindicato. Por lo general, el director o codirectores recibirán comisiones mayores por su trabajo de organización y análisis de riesgos.

Un elemento adicional de los préstamos sindicados es la cláusula multidivisa, en virtud de la cual el prestatario tiene derecho a elegir la divisa para cada uno de los períodos, lo que le permitirá, en cada momento, elegir el riesgo de cambio que le parezca menor.

En el Cuadro 3.3 se resumen las condiciones principales de una oferta de sindicación:

CUADRO 3.3 CONDICIONES TEÓRICAS DE UNA OFERTA DE SINDICACIÓN

Prestatario:	Autopistas Nuevas, S. A.
Cantidad:	200 m. de $
Plazo:	Seis años, a contar desde el 15 de julio de 1995.
Interés:	LIBOR a seis meses, según Telerate 3750 y a las once a.m., hora de Londres, de los dos días hábiles anteriores a cada período.
Margen:	0,40% anual, en los tres primeros años. 0,45% anual, en los tres últimos.
Banco agente:	Banco Continental Español, S. A.
Banco director:	Banco Continental Español, S. A.
Participación:	Director: 50 m. $ Otros bancos: 10-15 m. $
Documentación:	La usual de los euromercados.
Jurisdicción:	Leyes inglesas y, sin carácter exclusivo, tribunal inglés.
Amortización anticipada:	Se permite, con previa comunicación al agente 10 días antes del final de cada período.
Renovación en distinta moneda:	En cada período, el prestatario podrá solicitar la renovación en las siguientes monedas opcionales: marco alemán, franco suizo, ecu.
Comisión de apertura:	0,20 sobre importe total.
Comisión de aseguramiento:	0,75 sobre importe total.

Cuando la operación está cerrada, y por razones de prestigio, los bancos sindicados, generalmente con la anuencia previa del prestatario, suelen publicar, en medios informativos de gran circulación, un anuncio en el que se da cuenta del volumen del préstamo, de la entidad prestataria y de los bancos que se han sindicado, especificando, además, el papel que a cada uno de ellos le ha correspondido. Ese anuncio, que en la jerga especializada recibe el nombre de lápida (*tombstone*), sirve, entre otros fines, para asentar la presencia de los bancos en el mercado de préstamos sindicados y para atraer nuevos clientes. A continuación se transcribe un ejemplo real de lápida.

ICO

Instituto de Crédito Oficial
LA AGENCIA FINANCIERA DEL ESTADO

LINEA DE CREDITO DE DISPONIBILIDAD PERMANENTE

USD 1.200.000.000 c/v PESETAS

Aseguradores

Banco de Negocios Argentaria
Deutsche Bank, S.A.E.
NatWest Markets

Jefes de Filas

- Santander Investment
- The Fuji Bank Limited, Sucursal en España
- Commerzbank Aktiengesellschaft, Sucursal en España
- Credit Local de France
- The Industrial Bank of Japan, Limited Sucursal en España.
- The Sakura Bank, Limited Sucursal en España.
- The Sumitomo Bank, L.T.D. Sucursal en España.
- Banque Nationale de Paris
- Banco Popular Español, S.A.
- Bayerische Landesbank Girozentrale
- Den Danske Bank
- NatWest Markets
- The Sanwa Bank, Limited Sucursal en España.

Directores

- The Bank of Tokio, L.T.D. Sucursal en España
- The Dai-Ichi Kangyo Bank L.T.D.
- Bayerische Vereinsbank Aktiengeseuschaft
- Landesbank Schleswig-Holstein International, S.A.

Co-Directores

- Bilbao Bizkaia Kutxa
- Deutsche Bank, S.A.E.
- Caja de Extremadura
- Banque et Caisse d´Epargne de l´Etat, Luxembourg
- Nomura Bank International, P.L.C.
- Banco di Napoli, S.p.A. Sucursal en España.
- Caja de Madrid
- Generale Bank, Banco Belga, Sucursal en España
- Caja de Ahorros y Pensiones de Barcelona
- Banca Nazionale del Lavoro. S.p.A., Sucursal en España
- The Tokai Bank, Limited, Sucursal en España
- Banque Internationale A´Luxembourg, S.A.
- Rabobank Nederland, London Branch
- Royal Bank of Canada, Sucursal en España
- Bancaja
- Caja Postal, S.A.
- Banco de Negocios Argentaria

Participantes

- Banco Bilbao Vizcaya, S.A.
- Arab Bank PLC, Sucursal en España
- Banque Generale du Luxembourg, S.A.
- S.G.Z. - Bank International, S.A. Luxembourg
- Caja de Ahorros de la Inmaculada (C.A.I.)
- AND Finance Limited
- Caja Rural de Asturias
- Banco del Comercio, S.A.
- Banco Herrero, S.A.
- Caja Rural de Ciudad Real Sociedad Cooperativa de Crédito
- Caja Rural de Soria
- Credit Lyonnais España
- Banque Bruxelles Lambert, S.A.
- Republic Nationale Bank of New York (International) Limited.
- Morgan Guaranty Trust Company of New York, Sucursal en España
- W.G.Z. Bank, Luxembourg, S.A.
- Caixa Geral de Depósitos, S.A. Paris Branch
- Caja de Ahorros y Monte de Piedad del Circulo Católico de Obreros de Burgos

Organizadores

Banco de Negocios
ARGENTARIA

Deutsche Bank S.A.E.

NATWEST MARKETS

Los préstamos sindicados cuentan con un mercado secundario que tiene su raíz fundamental en la crisis de la deuda soberana iniciada a partir de 1982. Los incumplimientos ocurridos desde ese año han dado lugar a operaciones múltiples sobre esa deuda, encaminadas unas a cambiar la composición de cartera de los prestamistas y otras a deshacerse del activo aceptando un descuento considerable. Habida cuenta de las diferentes regulaciones nacionales en materias tales como la contabilización de operaciones en mora o la provisión de riesgos vencidos, los bancos prestamistas procuran, a través del mercado secundario, modificar la composición de su cartera de préstamos sindicados en dificultades para que su impacto sobre la cuenta de resultados sea el mínimo posible. Por ejemplo, cambiando activos sobre Venezuela por otros sobre Polonia, si las provisiones necesarias para el segundo caso son menores que las correspondientes a Venezuela. En ocasiones los prestamistas prefieren vender el crédito, o parte de él, soportando un descuento considerable –a veces se llega al 70-80 por 100 del nominal– porque, una vez cubierto el descuento con la correspondiente provisión, prefieren eliminarlo de su balance. Por lo general, el comprador de ese crédito habrá logrado transformarlo, por su valor nominal o monto similar, en inversiones en el país prestatario lo que, con el tiempo, puede convertir la compra en una operación muy rentable.

El mercado de eurobonos

Los bonos son instrumentos representativos de deuda a medio y largo plazo y, consecuentemente, con vencimiento superior a un año. Reciben el nombre de eurobonos aquellos títulos que se colocan, simultáneamente, en al menos dos mercados distintos, que se denominan en moneda que puede ser diferente a la de cualquiera de esos dos mercados y que se distribuyen, generalmente, a través de un sindicato de instituciones financieras de varios países [8]. Como puede observarse, se trata de nuevo de mercados externos y, por tanto, mucho menos regulados que cualquiera de los nacionales.

Precisamente esa menor regulación permite explicar dos características que los hacen atractivos para los inversores: se trata, en su mayoría, de títulos al portador y, por lo general, están libres de impuestos. Permiten conservar, por tanto, el anonimato.

Al igual que sucede con el resto de los bonos, los eurobonos presentan diferentes modalidades: a tipo fijo, a tipo variable, bonos convertibles, bonos con warrants y bonos de cupón cero. En los bonos a tipo fijo existe una rentabilidad predeterminada que, normalmente, se percibe por años. Cuando el tipo es variable (*Floating Rate Notes*) la rentabilidad se basa en un tipo de referencia, que puede perfectamente ser el LIBOR a un plazo determinado, más un diferencial; en el fondo, los bonos de interés variable reproducen la técnica del préstamo sindicado y ligan el mercado monetario con el de capitales.

---

[8] Ontiveros *et al.*: *op. cit.,* Cap. 9. Un trabajo completo sobre eurobonos es el de R. Benzie: «The development of the International Bond Market», BIS Economic Papers, núm. 32, enero 1992.

Los bonos son convertibles cuando el inversor cuenta con la posibilidad de cambiarlos por otros títulos, generalmente acciones de la entidad emisora. Cuando se trata de bonos con warrants, el tenedor del título puede optar por adquirir acciones del emisor o por vender, por separado, los *warrants.* En el caso de los bonos de cupón cero no existe interés explícito, puesto que la rentabilidad viene dada por la diferencia existente entre el valor de amortización y el de emisión. Es posible emitir bonos de modalidad distinta –ya se ha señalado, repetidamente, la gran capacidad innovadora de los euromercados–, pero, en la actualidad, ésas son las figuras principales.

Existe una amplia gama de emisores de eurobonos. Los organismos internacionales suelen utilizar esa vía de financiación y, muy en especial, el Banco Mundial, puesto que prefiere diversificar sus fuentes de financiación y las monedas en las que se endeuda. Las empresas multinacionales, como General Motors o Mitsubishi, son también clientes habituales de ese mercado. Las grandes empresas, del tipo de la Hyundai coreana, recurren crecientemente al mercado de eurobonos y, en los últimos años, como señala el Banco Internacional de Pagos de Basilea, se observa una notable presencia del sector público de los países occidentales en busca de la globalización de su deuda. En este caso el atractivo mayor de los mercados consiste en su amplitud y liquidez, de un lado, y en la variedad de técnicas que se pueden emplear [9]. Las empresas privadas del mundo en desarrollo no abundan ya entre los emisores y deben pagar primas de riesgo superiores.

También es amplia la variedad de inversores y distintas las razones por las que invierten. Por lo general, los inversores privados buscan el anonimato; copian, por tanto, al dentista belga, apelativo genérico con el que se denomina al tenedor de eurobonos por razones fiscales. Los inversores institucionales, como por ejemplo los fondos de pensiones, se guían por la rentabilidad y liquidez de los títulos. Las multinacionales utilizan los eurobonos para optimizar la gestión de sus recursos financieros. Otros participantes destacados, como por ejemplo los bancos centrales, persiguen la mejor colocación de sus reservas internacionales dada la garantía que suelen mostrar los emisores. Los bonos suelen estar calificados por una agencia de renombre internacional y, como ya se ha señalado, la colocación se realiza a través de un sindicato de instituciones financieras. Ese sindicato estará encabezado por uno o varios *managers,* encargados de precisar los términos y organizar toda la colocación, y compuesto, además, por toda una serie de entidades aseguradoras que garantizarán el éxito de la emisión.

A veces las fronteras entre euromercados y mercados nacionales de bonos se difuminan porque el producto recurre a los dos mercados. Tal es el caso de los bonos globales, lanzados por el Banco Mundial en 1989. Esos bonos combinan las características de los mercados nacionales (deben inscribirse en un registro) con las de los euromercados (tipos de comisiones aplicadas). Denominados en dólares, su distribución es mundial y pueden ser liquidados a través de los sistemas de compensación nacionales o de los específicos del euromercado: Euroclear y Cedel. Ofrecen la ventaja, para el emi-

[9] Informe anual, junio 1993, Cap. V.

sor, de poder alcanzar múltiples mercados y de su menor coste –los inversores aceptan rentabilidades menores a cambio de mayor liquidez– pero sólo pueden emitirlos instituciones muy conocidas [10].

Los eurobonos no habrían alcanzado las cifras ya conocidas de no contar con un gran mercado secundario que les confiere gran liquidez. Las transacciones pueden superar, en la actualidad, los dos billones de dólares [11] y su mercado goza de enorme transparencia: los precios de las diferentes emisiones aparecen diariamente en toda una serie de publicaciones especializadas y, sobre todo, en el *Financial Times* y en el *Wall Street Journal.* La compensación y liquidación se efectúa, en un elevadísimo porcentaje, a través de Euroclear y Cedel. La primera de las instituciones fue fundada en 1968, en Bruselas, por el Morgan Guaranty Trust, que luego vendió la mayor parte del capital a bancos privados, si bien continúa administrándola. La segunda radica en Luxemburgo y fue creada, en 1970, por un grupo de bancos internacionales temerosos del monopolio que podría ostentar Morgan Guaranty Trust en ese terreno.

Salvo casos muy excepcionales, las operaciones en el mercado secundario no implican movimientos físicos de los títulos, que permanecen depositados en toda una serie de instituciones financieras que pueden encontrarse muy distantes geográficamente; la transmisión de propiedad se lleva a cabo por medio de anotaciones en cuenta y mediante procedimientos informatizados.

Euronotas y europapel comercial

El segmento a corto plazo de los euromercados estuvo, hasta hace pocos años, dominado por las euronotas, también denominadas NIF *(Note Issuance Facilities).* En realidad se trata de programas de financiación a medio y largo plazo instrumentados a través de sucesivas emisiones de pagarés a corto; programas titulizados, en suma, puesto que los inversores occidentales prefieren los títulos-valores negociables.

Los programas de NIF no se aseguran, de forma que los bancos colocadores solamente se comprometen a esforzarse por colocar el papel. Cuando la colocación está asegurada, el programa recibe el nombre de RUF *(Revolving Underwriting Facility).* Lo que significa que, o bien el papel se coloca o bien se abren líneas de crédito para el emisor, a fin de que pueda disponer de los fondos.

Los RUF presentan una serie de ventajas para los prestatarios: flexibilidad, de un lado, puesto que pueden tomar prestado, amortizar, volver a tomar prestado, etc.; menores costes, por otro lado, puesto que, al tratarse de pagarés a corto negociables, los inversores aceptan tipos de interés más bajos; diversificación de fuentes de recursos, finalmente, dado que los inversores pueden no coincidir con los tomadores de las euronotas.

Las notas pueden incorporar un tipo de interés variable, referenciado sobre, por ejemplo, el LIBOR, o emitirse al descuento. Implican, para el presta-

---

10 *Ibidem.*

11 El stock de eurobonos se acercaba, a finales de diciembre de 1993, a los dos billones de dólares. BIS: Informe anual, junio, 1994, pág. 108.

mista, el pago de una serie de comisiones, entre las que destacan las de organización (*front-end*) y las de aseguramiento (*underwriting*).

Los procedimientos de colocación son múltiples. Las notas pueden colocarse a través de diversas entidades, que se distribuirán las comisiones, utilizando una sola entidad o mediante subasta. En esta última modalidad, los agentes concurren a la subasta para cada tramo de papel.

Por lo que a los prestatarios se refiere, se trata normalmente de prestatarios de primera fila: por lo general, gobiernos y entidades públicas de países OCDE o bien grandes empresas, norteamericanas y europeas, de reconocido prestigio.

Las emisiones a corto que, en la actualidad, más se prodigan son las de europapel comercial y las de euronotas a medio plazo.

El europapel comercial es, simplemente, un pagaré al portador que emiten los prestatarios más diversos [12]. Suelen emitirse a plazos de 45/60 días y a tipo fijo, explícito o al descuento. Los emisores habituales son las entidades públicas y bancos centrales de países OCDE, las grandes empresas y los bancos comerciales. Del lado de los inversores figuran, también, las entidades públicas y los bancos centrales, los inversores institucionales, los bancos comerciales y, en el caso de emisiones con nominal bajo, los ahorradores particulares.

Los agentes colocadores se agrupan en la Eurocommercial Paper Association y los sistemas de pagos y compensación se llevan a cabo a través de Euroclear y Cedel, ya mencionados, y de las cámaras de compensación que tienen, en Londres, el First Chicago y el Chase Manhattan.

El subsegmento más dinámico lo constituyen, en la actualidad, las euronotas a medio plazo que, al igual que el europapel comercial, se distribuyen a través de agentes colocadores y que, por lo general, no son rescatables antes de su vencimiento.

3.3. LAS BOLSAS DE VALORES: SUS FUNCIONES

Ya sabemos que los activos financieros se crean a través de los mercados primarios o de emisión: cuando una empresa necesita capital puede obtenerlo ampliando su capital social o apelando al mercado de obligaciones. En ambos casos hará uso de los mercados primarios, integrados, en muy buena medida, por los intermediarios financieros: serán los bancos o las cajas de ahorro los que llevarán a efecto el grueso de la colocación porque su red de oficinas la facilitará. Ahora bien, si de lo que se trata es de realizar un activo financiero ya existente (acciones u obligaciones), serán los mercados secundarios los encargados de facilitar la liquidez, mercados cuyo eje fundamental son las bolsas de valores.

Aunque en las bolsas se negocian múltiples activos financieros, nuestro resumen se limitará, en este caso, al capital riesgo, es decir, a las acciones.

[12] Ontiveros *et al.*: *op. cit.*, Cap. 10. Sobre los mercados de papel comercial véase también J. S. Alworth y C. E. U. Borio: «Commercial Paper Markets»: A. Survey. BIS Economic Papers, núm. 37, abril 1993.

Las acciones son partes alícuotas del capital social de una empresa y su retribución –dividendo– dependerá del resultado global de la misma: cuanto mejores sean esos resultados, mayor será, por lo general, el dividendo repartido; cuanto peores sean, menor será el dividendo que, en ocasiones, no existirá.

Las bolsas valoran las acciones porque canalizan las ofertas y demandas pero no valoran todas las acciones existentes; tan sólo las que cotizan en bolsa, es decir, las que son objeto de transacción en mercados organizados. Muchas empresas de base accionarial no cotizan en bolsa porque los accionistas prefieren repartir derechos y responsabilidades entre ellos, sin dar paso a inversores desconocidos; se trata, por regla general, de pequeñas y medianas empresas. En otras muchas, el capital puede ser vendido o comprado en bolsa y, por tanto, las bolsas valoran las acciones, las cotizan. Así ocurre con la mayoría de las grandes empresas, aunque también concurren a las bolsas pequeñas y medianas empresas. La no cotización de las acciones permite proteger a la empresa de las decisiones de los accionistas no implicados en su gestión y de las fluctuaciones, a veces violentas, de los mercados de valores, pero limita sus posibilidades de financiación al tiempo que resta liquidez a las acciones: cualquier ampliación de capital deberá ser distribuida entre los propietarios de los títulos, porque no existirá el respaldo del mercado secundario organizado; la venta de acciones requerirá, en cada caso, encontrar el comprador. Con acciones cotizadas en bolsa, la empresa se somete, mucho más directamente, al juicio de los mercados y a sus comportamientos erráticos, pero cuenta con un canal de financiación de extremada importancia y liquidez.

El desarrollo institucional determina, en parte, la presencia de las empresas en las bolsas de valores: las norteamericanas suelen cotizar en bolsa porque utilizan menos el crédito bancario y porque los bancos comerciales no pueden, por ley, participar en su capital (ley Glass-Stegall); las europeas no participan tanto en las bolsas porque utilizan más el crédito bancario, porque están más ligadas, accionarialmente, a los bancos y porque abunda más la empresa de capital público que prefiere en muchos casos sustraerse al juicio de las bolsas [13].

En general, las bolsas de valores desempeñan tres funciones básicas: otorgar liquidez, valorar e informar.

Las acciones cotizadas pueden ser vendidas en las bolsas en las que cotizan, lo que les confiere liquidez. Por tanto, el capital invertido en una empresa no queda solidificado sino que puede ser realizado en cualquier momento, a voluntad de su propietario. Esa función de liquidez, propia del mercado secundario, refuerza la capacidad de colocación de los mercados primarios porque los adquirentes de las nuevas acciones saben que siempre pueden desprenderse de ellas; una certeza que cobra especial importancia en nuestro tiempo dado que la mayoría de los títulos se adquieren, en ambos mercados, no para participar en una empresa, sino para obtener plusvalías de su venta posterior. Por otro lado, la función se desempeñará tanto mejor cuanto más amplias y profundas sean las bolsas: la amplitud de una

[13] Bruno Solnik: *International Investments,* Addison-Wesley, 1993, Cap. 4.

bolsa corre pareja con la variedad de activos financieros que en ella se negocian; la profundidad, con el número de títulos que son objeto de transacción. Si en una bolsa se negocian muchos activos y las cantidades negociadas de los mismos son elevadas, la posibilidad de hacer líquido cualquiera de ellos será también muy elevada por el gran número de órdenes que a ella concurren.

Las bolsas valoran las acciones y son, por consiguiente, termómetros de la vida empresarial. El comportamiento de una empresa tendrá su reflejo en la valoración de sus acciones: si los rendimientos son altos, el precio de la acción subirá y, si no lo son, su precio se reducirá. Las burbujas especulativas, es decir, las alzas generalizadas y rápidas de todas o casi todas las acciones de una o varias bolsas, pueden emborronar, temporalmente, esa relación entre comportamiento y precio pero, desaparecida la burbuja y la correspondiente resaca, el vínculo mencionado prevalecerá. Por supuesto, la cotización bursátil determinará también el valor patrimonial de una empresa y sus posibilidades de ampliar capital: la capitalización bursátil, resultado de multiplicar la cotización por el número de acciones, es una guía fundamental del valor de una empresa, aunque no sea la única; con cotizaciones al alza, la posibilidad de ampliar capital, a través de los mercados primarios, es mucho más elevada que con precios a la baja.

Las bolsas, en las que confluyen un sinnúmero de expectativas, descuentan los acontecimientos, económicos y políticos, de las diferentes economías y, en ese sentido, transmiten información. En muy buena medida, la inversión mobiliaria nace de la confianza, y la evolución de las bolsas anticipa su evolución: cuando la confianza en las posibilidades económicas de un país se refuerza, las cotizaciones bursátiles se mueven al alza; cuando disminuye o se pierde, las cotizaciones se mueven a la baja. Muchos de los fenómenos bursátiles tienen que ver con ese tipo de percepciones, que no siempre son correctas pero que siempre afectan a las tendencias de las bolsas.

Prever la cotización de una acción o el sentido de las fluctuaciones bursátiles es, sin embargo, tarea extremadamente complicada porque, como ya se ha dicho, sobre las bolsas confluyen múltiples expectativas que actúan sobre un determinado título, sobre un conjunto de valores o sobre la totalidad de los activos; expectativas, además, que se entrecruzan y que pueden dar lugar a reacciones de intensidad y alcance inesperados.

3.4. FACTORES QUE INCIDEN SOBRE LA COTIZACIÓN BURSÁTIL

3.4.1. El valor de una acción

Hay tres formas de valorar una acción: el valor teórico, el valor actualizado de los dividendos esperados y de las plusvalías posibles y el PER.

El valor teórico de la acción, en un momento determinado, se deduce del balance de la empresa: es igual al patrimonio neto dividido por el número de acciones. Es decir, se deduce del activo el activo ficticio, se añaden las plusvalías latentes, se resta el pasivo exigible (valor del patrimonio neto) y se reparte entre el número de acciones. No es fácil, sin embargo, que la cotización bursátil refleje, aproximadamente, el valor teórico porque el mercado otorga, con el tiempo, diferentes valores al patrimonio neto y porque la mayor o menor liquidez de los títulos incidirá sobre la cotización.

El propietario de una acción no espera, por lo general, participar en las decisiones de la empresa dado que, para que ello ocurra, es necesario disponer de una proporción elevada del capital social; espera, eso sí, recibir unos dividendos y, en su día, vender el título por un precio superior al de adquisición. En consecuencia, valorará la acción, en un momento determinado, por el flujo actualizado de dividendos y por la plusvalía esperada. Valorará, por tanto, en función de una serie de apreciaciones subjetivas que diferirán de unos a otros agentes.

El PER de una acción o relación entre precio y beneficio (*Price Earnings Ratio*) se calcula, por lo general, dividiendo su cotización en un momento dado por el beneficio, después de impuestos, obtenido por ese título en los 12 últimos meses. Es una medida de los rendimientos ya obtenidos que, por lo general, se compara con la de los esperados y que determina la tendencia bursátil del activo: si el PER esperado es bajo, en términos comparativos, la acción se apreciará; si es alto, la cotización se mantendrá o disminuirá.

Pero obsérvese que, en la valoración de un título –y haciendo, por tanto, abstracción de la rentabilidad de otros activos– ya intervienen toda una serie de expectativas que pueden o no materializarse y que, además, no son calculadas de igual forma por los posibles oferentes y demandantes del mismo. Ese conjunto de expectativas distintas hará, por tanto, fluctuar la cotización. Sin embargo, los mercados bursátiles no son mercados de un título sino de muchísimos títulos y, en consecuencia, las expectativas abarcarán, con gran frecuencia, la tendencia esperada de un conjunto de acciones. Entramos, así, en el campo de la selección de carteras.

3.4.2. La selección de carteras: principales teorías

Los inversores en capital riesgo no suelen concentrar su inversión en un título o en pocos títulos porque deben buscar la mejor combinación posible entre rentabilidad y riesgo: entre los beneficios esperados y la posibilidad de incurrir en pérdidas. Los beneficios esperados deberán ser igual a los de los activos libres de riesgo –por ejemplo, determinados títulos de deuda pública– más una prima que compense el riesgo en que se incurre; el riesgo de un activo puede medirse, a su vez, por la varianza o desviación típica de su rendimiento: por la dispersión respecto de su rendimiento medio. Pero, además del riesgo que presenta un determinado activo, existe un riesgo de mercado puesto que hay problemas generales que afectan a todos los mercados de valores: un choque externo, derivado de una variación considerable del precio del petróleo, o un acontecimiento político de amplias repercusiones, una guerra civil en la Federación de Estados Independientes, incidirán sobre la tendencia de los mercados.

Basadas en los trabajos de Markowitz, las teorías de selección de carteras parten de una proposición simple: la diversificación de activos permite eliminar el riesgo propio de cada activo –los riesgos se pueden compensar entre sí–, pero no el riesgo de mercado o riesgo sistemático. Los inversores deben, por tanto, eliminar el riesgo no sistemático o diversificable.

Se denomina beta (β) a la sensibilidad o variabilidad de un valor o conjunto de valores a la variación del mercado correspondiente. Si la cotización de una acción varía un 2 por 100 por cada 1 por 100 de variación del rendimiento del mercado en su conjunto, de su índice, la beta de la acción será 2, e igual sucede con una cartera. En consecuencia, el riesgo es mayor en valores o carteras de beta alta que de beta baja.

Para los defensores del Modelo de Valoración de Activos (*Capital Asset Pricing Model*), la idea central es la siguiente: en mercados de competencia perfecta, la prima de riesgo de una acción o de una cartera guarda relación directa con su beta. De ahí que la beta permita valorar las acciones a partir del rendimiento esperado.

El Modelo de Arbitraje (*Arbitrage Pricing Theory*) sigue una línea distinta de razonamiento. Considera que la cotización de una acción puede depender de una serie de factores que pueden, a su vez, influir de manera distinta sobre diferentes títulos: las acciones de una empresa agroalimentaria pueden depreciarse a consecuencia de una elevación del precio del petróleo y, consiguientemente, de la energía; pero lo normal es que las acciones de una gran empresa petrolífera se aprecien ante esa contingencia. Si los factores que inciden sobre la cotización de las acciones se indentifican correctamente, y si la cartera es suficientemente amplia, deberá ser posible contar con una cartera diversificada que no presente variabilidad alguna respecto de las variaciones de los factores, lo cual permite, de nuevo, valorar las acciones puesto que sólo habrá que compensar el riesgo del mercado [14].

3.4.3. Los determinantes globales

Como acabamos de señalar, al hablar del riesgo del mercado, las bolsas de valores recogen los efectos de una serie de acontecimientos que producen impactos globales o que parecen condicionar las tendencias. Entre los primeros cabe hacer referencia a la inflación, los tipos de interés y el contagio; entre los segundos, de índole muy variada, se encuentran el «Efecto Tamaño» y el «Efecto Enero».

---

[14] Sobre el CAPM, los trabajos iniciales son: W. Sharpe: «Capital Asset Prices: A Theory of Market Equilibrium under Conditions of Risk» (*Journal of Finance,* septiembre 1964); J. Lintner: «The Valuation of Risk Assets and the selection of Risky Investments in Stock Portfolios and Capital Budgets» (*Review of Economics and Statistics,* febrero 1965). Sobre la APT, el trabajo pionero es el de S. Ross: «The Arbitrage Theory of Capital Asset Pricing» (*Journal of Economic Theory,* diciembre 1976). La síntesis de los dos puede seguirse en el manual de R. Brealey y S. Myers: *Principles of Corporate Finance,* McGraw Hill, 1991. Caps. 8 y 9. También en el Cap. 34 de «Decisiones óptimas de inversión y financiación de la empresa», de Andrés Suárez Suárez, Pirámide, Madrid, 1993.

Con inflación creciente, las bolsas del país correspondiente se mueven, por lo general, a la baja: el ritmo de inflación no sólo refleja una pérdida de competitividad general de la economía, que será tanto más importante cuanto más abierta sea, sino que anuncia un cambio de la política monetaria, y el aumento de los tipos de interés es, precisamente, la variable que produce un mayor impacto sobre los precios de las acciones.

La variación de los tipos de interés afecta a la cotización de las acciones con carácter general y por una doble vía. En primer lugar, al elevarse los tipos de interés, se eleva también la rentabilidad de los activos sin riesgo –de la deuda pública o privada– y la apetencia por el capital riesgo decae; o, lo que es igual, resultará más difícil que los rendimientos esperados compensen la prima de riesgo. En segundo lugar, porque la elevación de los tipos de interés enfriará la economía y reducirá los beneficios de las empresas: el consumo y la inversión se resentirán, los stocks aumentarán, los márgenes de beneficio se estrecharán y las cuentas de resultados caerán. Todo lo cual se traducirá en menores dividendos. La secuencia aquí descrita, y que refleja el impacto de una elevación de los tipos de interés en el sector real de una economía, puede no ser aplicable al sector de intermediarios financieros: su capacidad para ampliar márgenes en un entorno de tipos de interés creciente, debido a la mayor sensibilidad al alza de sus intereses activos, puede frenar la tendencia aunque, a la larga, sus beneficios se comprimirán, igualmente, por la menor inversión y mayor morosidad. La reducción de los tipos de interés desencadenará el proceso contrario. Y hay que recordar que las bolsas reflejan anticipaciones –los acontecimientos que han de venir– y que, por tanto, el movimiento de los índices bursátiles se adelantará al cambio del ciclo.

En un mundo financiero globalizado –con libertad de movimientos de capital y realización casi instantánea de transacciones– la capacidad de contagio de las tendencias bursátiles es elevada. Y buena prueba de ello es que el colapso de octubre de 1987, iniciado en la Bolsa de Nueva York, tuvo un alcance mundial como lo tienen, también, la mayor parte de los picos y valles. Por una serie de razones: por la diversificación internacional de carteras, por la mayor integración horaria de las bolsas, porque los mercados bursátiles suelen presentar eficiencia débil, y por la importancia del mercado de derivados.

Ya sabemos que la inversión en bolsa es, fundamentalmente, institucional. No son los pequeños ahorradores los que configuran la oferta y la demanda. Son los gestores de fondos de inversión, de fondos de pensiones, de compañías de seguros y de una pluralidad de instituciones de inversión colectiva los que inciden, directamente, sobre la evolución del mercado. Y esos inversores institucionales diversifican sus carteras no sólo a escala nacional, sino a escala internacional: en 1991, y según cálculos del Grupo de los Diez, la inversión transfronteriza de los residentes en Estados Unidos, Europa y Japón suponía 2,5 billones de dólares, la mitad de los cuales correspondía a capital riesgo [15]. Tal diversificación, a la que han colaborado no sólo la libertad de movimientos de capital sino también la reducción de costes de informa-

[15] International Capital Movements and Foreign Exchange Markets, abril 1993, pág. 4.

ción y transacción, permite una mejor combinación rentabilidad-riesgo, pero introduce, en las carteras, un elemento más de riesgo: el riesgo de cambio. Puesto que los gestores de la inversión institucional necesitan adelantarse a los acontecimientos para proteger sus carteras –lo que les lleva a examinar con detalle no sólo el comportamiento de las bolsas, sino también el diseño de las políticas macroeconómicas–, el resultado final es un cierto «instinto de rebaño» que se transmite de una bolsa a otra y que magnifica, a escala global, las tendencias alcistas y bajistas.

La contratación continua, por medio de ordenador, procedimiento de negociación habitual en las principales bolsas del mundo, solapa los horarios de negociación de muchas de ellas y facilita la contaminación de las tendencias. Tokio, la que primero inicia la actividad, cierra antes de que las europeas hayan comenzado a trabajar, pero estas últimas tienen horarios parecidos y permanecen abiertas cuando Nueva York, el mercado más influyente y el que suele marcar las pautas, ha iniciado las transacciones. Tendencias que, además, se ven amplificadas por los propios mecanismos informáticos, y especialmente por la negociación programada (*program trading*): compras o ventas que se llevan a cabo automáticamente cuando los parámetros incluidos en el programa alcanzan determinados valores. Los dos mecanismos –contratación continua y negociación programada– explican, en parte, el derrumbamiento de la Bolsa de Nueva York, ocurrido el 19 de octubre de 1987 y transmitido a las principales bolsas del mundo: a las 14,45 horas locales su capitalización bursátil había caído un 23 por 100 y el pánico financiero se había extendido por todo el mundo [16].

En términos generales, se dice que un mercado de valores es eficiente cuando todos los inversores cuentan con toda la información necesaria para adoptar decisiones y, por tanto, cuando las cotizaciones de los títulos reflejan ya esa información. La eficiencia puede, sin embargo, alcanzar tres niveles: débil, semifuerte y fuerte. En el primer caso, los precios de los títulos reflejan tan sólo la información histórica, lo cual significa que los precios futuros se moverán con la aparición de nuevos datos, imprevisibles por definición, y que las fluctuaciones de los precios seguirán el modelo de paseo aleatorio (*random walk*). Serán impredecibles. La eficiencia semifuerte supone que toda la información sobre las empresas ya está disponible públicamente y queda reflejada en las cotizaciones correspondientes. Cualquier nuevo análisis de datos no hará, por tanto, variar los precios. La eficiencia fuerte implicaría que toda la información existente, incluso la privilegiada, de la que disponen los gestores de las empresas, también se incorporaría a las cotizaciones y que, consiguientemente, éstas traducirían el verdadero valor de la empresa. Serían, por tanto, cotizaciones más estables [17].

---

[16] Sobre el derrumbamiento y sus causas véase la parte II de *Financial Innovations and Market Volatility*, de Merton Miller, Blackwell, Cambridge, 1993. Una presentación anecdótica figura en el Cap. 4 de *Les stratégies de la nouvelle Bourse*, de André Kovacs, Les Éditions d'Organisation, París, 1990.

[17] Véase, sobre este punto: *Eficiencia débil del mercado bursátil español y comparaciones internacionales*, de Eduardo Martínez Abascal, Bolsa de Madrid, Madrid, 1993.

En casi todas las bolsas predomina la eficiencia débil –las fluctuaciones no son previsibles– y ello hace que, en momentos de duda, la caída de una bolsa termine por arrastrar a muchas otras dado que, al no estar convencidos de que las cotizaciones reflejen el valor real de las empresas, los inversores prefieren refugiarse en la renta fija o aumentar su liquidez.

Los derivados, como se advertirá en el Apartado 3.4, son contratos bilaterales cuyo valor dependerá del valor de un activo determinado (subyacente), de un interés también predeterminado o de un índice. Tales contratos se emplean para cubrir distintos tipos de riesgos, si bien permiten, asimismo, operaciones de carácter especulativo. Los coberturistas y especuladores enlazan los diferentes mercados financieros y, en principio, redistribuyen riesgos a escala mundial. Ahora bien, la fluctuación de un mercado se transmite a otros por intermedio de las operaciones de derivados, principalmente a través del arbitraje: cuando los gestores de carteras prevén un mercado bajista, pueden asegurar esas carteras vendiendo futuros sobre índices; los futuros se abaratarán, respecto de su valor teórico, lo que desencadenará un arbitraje de índices puesto que muchos inversores adquirirán esos futuros y se desprenderán de las acciones que componen el índice. La pulsación bajista de un mercado se habrá, de esa forma, transmitido a otros.

Los efectos «tamaño» y «Enero» son regularidades empíricas que parecen cumplirse en múltiples bolsas. El primero de ellos postula que las empresas pequeñas son más rentables que las grandes, lo cual incide, naturalmente, sobre sus cotizaciones. El segundo, de carácter estacional, parece poner de manifiesto que la cotización de ese mes es mayor que la de cualquier otro. Se refiere, naturalmente, al aumento de la cotización que se da en esas fechas, aumento que ha tratado de justificarse, en los mercados norteamericanos, por motivos fiscales: los inversores venden a finales de año muchas de sus acciones para incurrir en pérdidas que permitan reducir impuestos y, en Enero, recompran las acciones, con lo cual hacen aumentar sus precios. Los dos efectos, además, se enlazan porque son las empresas pequeñas las que reflejan más el efecto Enero [18].

Es fácil comprender, tras enumerar algunos de los factores básicos que afectan a los precios de las acciones –la lista no es, ni mucho menos, omnicomprensiva puesto que la evolución de los tipos de cambio o la situación de las finanzas públicas han de ser también tomadas en consideración– que la previsión bursátil, individual o global, resulta escasamente fiable. La profecía de Irving Fisher –«las cotizaciones de bolsa han alcanzado lo que parece un nivel alto y permanente»–, lanzada semanas antes del crack de 1929, no es el único error de previsión que avala la proposición anterior [19]. Pese a la muy superior capacidad de información de que hoy disfrutan los analistas de bolsa, la predicción correcta sigue siendo tan difícil como lo era entonces.

---

[18] Trabajo citado de Martínez Abascal.

[19] Citado por J. Galbraith en *The Great Crash 1929,* Penguin, Middlesex, edición de 1975, pág. 95.

3.5. LA EVOLUCIÓN DE LAS BOLSAS

Con raíces en los centros de contratación medievales, las bolsas de valores comienzan a desarrollarse en el siglo XVII, principalmente en Holanda e Inglaterra. Su objetivo, por entonces: facilitar el intercambio de participaciones de capital en aventuras ultramarinas de elevado riesgo. La necesidad de evitar fraudes y de garantizar el buen fin de las operaciones hizo que, gradualmente, las bolsas se convirtieran en mercados dotados de regulaciones estrictas y en los que la contratación estaba sometida a requisitos formales ineludibles. Recordemos que, por ejemplo, la compraventa de acciones no se realiza directamente, sino que pasa siempre a través de intermediarios especializados.

En la actualidad, y tras los cambios acaecidos desde principios de los años ochenta, los principales rasgos distintivos son los siguientes: internacionalización gradual, importancia de las operaciones extrabursátiles, predominio del mercado continuo y tendencia a la integración supranacional.

En el Cuadro 3.4 puede observarse que el número de empresas extranjeras que cotizan en algunas bolsas del mundo ha aumentado de 1987 a 1994 (en las norteamericanas especialmente) y que la proporción empresas extranjeras/empresas nacionales es mucho mayor en los países de la Unión Europea (salvo España) que en Estados Unidos o Japón.

CUADRO 3.4. N.º DE ACCIONES NACIONALES Y EXTRANJERAS COTIZADAS EN ALGUNAS BOLSAS DEL MUNDO

	1987			1994		
Bolsas	Nacionales	Extranjeras	% Extr./Nac.	Nacionales	Extranjeras	% Extr./Nac.
Nueva York	1.580	67	4,2	1.912	216	11,2
American Stock Exchange	815	51	6,2	750	74	9,81
Tokio	1.532	88	5,7	1.689	93	5,5
Toronto	1.147	61	5,3	1.185	66	5,5
Bruselas	192	145	75,5	162	133	82,0
Londres	2.061	597	28,9	1.747	462	26,4
París	481	202	41,99	724	198	27,3
Madrid	328	—	—	374	4	1,0
Luxemburgo	347	171	49,2	55	217	394,0
Zurich	153	210	137,0	216	242	112,0

Fuente: Informes anuales de la Federación Internacional de Bolsas de Valores (FIBV).

En un mundo crecientemente intercomunicado, cada vez es mayor el número de empresas que solicitan ser admitidas a cotización en bolsas extranjeras. Por una serie de razones suficientemente conocidas: al cotizar en bolsas distintas a las nacionales, el nombre y el prestigio de la empresa tienden a aumentar; las acciones de la compañía gozan de mayor liquidez puesto que pueden negociarse en varios mercados; se abren, para la empresa, oportunidades nuevas de captar capital, entre otras razones porque los mercados primarios se verán respaldados por la mayor amplitud de los secundarios; la base accionarial se amplía y diversifica [20]. No todas las empresas pueden permitirse cotizar en las grandes bolsas internacionales porque la internacionalización implica costes –comisiones y gastos que derivan de las exigencias de las propias bolsas y las necesidades de más amplia información– y riesgos –mayor volatilidad de las cotizaciones, entre otros–, lo que da lugar a que la tendencia se manifieste, sobre todo en las grandes empresas.

Nada tiene de extraño que sean las bolsas de los países de la Unión Europea las que presenten el mayor índice de internacionalización: la integración de las economías que forman la Unión y la existencia de un euromercado de acciones refuerzan la tendencia: cuanto más unificados están los mercados, mayor es la diversificación del capital de las empresas y mayor la necesidad de cotizar en varias bolsas; en muchos casos, las emisiones se distribuyen a través de sindicatos bancarios internacionales y el mercado secundario queda formado por varias bolsas europeas [21].

Cotizar en bolsa requiere, para las empresas, cumplir una serie de requisitos y formalidades que no están al alcance de muchas de ellas, especialmente de las medianas y pequeñas, precisamente las más numerosas de las que forman el tejido productivo de cualquier país. Esa barrera es la que ha impulsado la aparición, en los principales países, de segundos mercados: mercados secundarios con menores exigencias que permiten, a buen número de empresas, negociar sus acciones, contar con una fuente adicional de financiación y, en algunos casos, preparar su entrada en bolsa.

En Norteamérica, el segundo mercado está formado por la American Stock Exchange (AMEX), creada en Nueva York en 1840, y por una serie de mercados regionales. Pero el concepto de segundo mercado, entendido como mercado en el que se negocian títulos no cotizados en bolsa, corresponde, en realidad, al Over the Counter Market (OTC) que se extiende por todo el país, sin ubicación física, y en el que participan miles de operadores que se integran de la National Association of Securities Dealers (NASD), controlada también por la Securities and Exchange Commission, el organismo nacional que vigila e inspecciona todas las bolsas. Para dar transparencia al mercado y seguridad a los inversores, se creó, en 1971, un sistema automatizado de información y contratación, el NASDAQ (*National Association of Securities Dealers Automated Quotation*), que facilita la realización de operaciones.

Papel similar al OTC americano cumple el Unlisted Securities Market (USM) de Londres, creado en 1980. Se trata de un mercado con reglas mu-

[20] Ontiveros *et al.*: *Mercados internacionales,* Cap. 11.

[21] Sobre el mercado de euroacciones, véase: *El mercado de euroacciones. Una aproximación global,* de Silvia Iranzo Gutiérrez, Información Comercial Española, agosto-septiembre 1989.

cho más flexibles que las de la Bolsa de Londres, de la que también forma parte, y pensado para acoger a empresas de menor dimensión y menores posibilidades de información. El Second Marché francés, iniciado por las siete bolsas del país en 1983, tiene también idénticas pretensiones: permitir que en él se negocie el capital de empresas de tamaño mediano o pequeño y con notables posibilidades expansivas. E igual sucede con los segundos mercados españoles, el primero de los cuales fue lanzado, en 1982, por la Bolsa de Barcelona y que recibieron reconocimiento oficial a partir de 1986.

Esos segundos mercados, ligados de diversas formas a las bolsas pero sin formar parte integrante de ellas, han venido mostrando un dinamismo creciente en los últimos años porque responden a necesidades empresariales latentes en un mundo de rápida evolución [22].

Tradicionalmente, la contratación bursátil se realizaba de viva voz y por el procedimiento de corros: los miembros del mercado anunciaban, en voz alta, sus ofertas y demandas en corros –para cada grupo de acciones existía un corro– de duración limitada. A lo largo del tiempo asignado, las operaciones se iban casando. Los matices de ese tipo de contratación podían variar de unos a otros países, pero la base de partida era la misma: existía un recinto especial para contratar –el parquet de la Bolsa–; cada valor –eléctricas, bancarias, etc.– se negociaba durante un tiempo determinado; las operaciones se cerraban por la concurrencia de órdenes expresadas en voz alta; de no producirse esa concurrencia, las reglas de la bolsa determinaban el método aplicable para intentar alcanzar el equilibrio.

De manera progresiva, la forma de contratar de las principales bolsas del mundo ha ido apoyándose en la negociación automatizada en mercado continuo. Un proceso impulsado por cuatro fuerzas básicas. En primer lugar, por las posibilidades ofrecidas por la informática: la creación de ese tipo de mercado sólo es posible si las múltiples órdenes pueden canalizarse y tratarse mediante ordenador. En segundo lugar, por la liberalización de los movimientos de capital. En tercer lugar, por la movilidad transfronteriza de la inversión institucional, la predominante en las bolsas. En cuarto lugar, por la competencia entre las bolsas: para expandirse necesitaban reducir costes y ampliar sus tiempos de contratación, y para conseguir ese doble objetivo era necesario contratar por ordenador y mantener abierto el mercado durante, por lo menos, varias horas al día.

La Bolsa de Nueva York actúa en mercado continuo a través de los sistemas DOT (*Designated Order Turnaround*) y Super DOT y, como ya sabemos, la contratación del gran mercado OTC se canaliza a través del NASDAQ. Desde la transformación operada en la Bolsa de Londres, en 1986, los sistemas computerizados de cotización y negociación –el SEAQ (*Stock Exchange Automated Quotation System*)– son los predominantes en el primero de los

---

[22] Datos más completos sobre los segundos mercados figuran en *El segundo mercado*, de Ramón Martínez Cerezo. Incluido en el «Curso de Bolsa» del Instituto Español de Analistas Financieros, obra dirigida por J. Sánchez Fernández de Valderrama, Ariel, Barcelona, 1992.

mercados europeos. A partir de un programa confeccionado por la Bolsa de Toronto, el CATS (*Computer Assisted Trading System*), la Bolsa de París inició, en 1989, el mercado continuo. Y el mismo camino, y con el mismo programa, han recorrido las bolsas españolas que, también en 1989 pusieron en marcha el Sistema de Interconexión Bursátil, un procedimiento de negociación automatizado que, además, constituye un mercado único para todos los valores que en él se incluyan. Un mercado en el que, actualmente, tiene lugar más del 95 por 100 del volumen de contratación.

Los dos sistemas coexistirán durante los próximos años, aunque la competencia irá ampliando cada vez más los mercados continuos, mercados que, en el área de la Unión Europea, tenderán a unificarse en un único mercado pese a las diferencias que, en la actualidad, persisten en los procedimientos de negociación y liquidación [23].

La integración supranacional de las bolsas, cuya expresión última será, en la Unión Europea, la unificación de mercados a la que se acaba de hacer referencia, va produciéndose gradualmente en los países miembros de la Unión y de la mano de la inversión institucional, cada vez más propensa a diversificar internacionalmente las carteras de valores. Hasta el momento, la negociación en cada una de las bolsas debe efectuarse a través de los intermediarios aceptados en esa bolsa; intermediarios que son, por lo general, sociedades de la misma nacionalidad. O, con carácter excepcional, subsidiarias autorizadas de un intermediario extranjero. Para resolver esa situación, que genera múltiples costes, la directiva sobre servicios de inversión, que debe entrar en vigor a finales de 1995, permitirá que las sociedades de bolsa de los países de la Unión puedan operar en cualquier bolsa de país miembro [24]. Se trata, en el ámbito de la negociación bursátil, de aplicar las reglas conducentes a la libre prestación de servicios financieros.

Esa integración supranacional, que debe remover un sinfín de obstáculos nacionales, dadas las diferencias de procedimientos de unos a otros países, y que tropezará con resistencias de parte de los operadores nacionales, se irá, probablemente, extendiendo hacia otras zonas distintas a la Unión Europea, dado que la globalización de los mercados financieros no puede quedar trabada por la protección de los mercados secundarios de capital.

3.6. LOS ÍNDICES DE BOLSA

Los índices de bolsa permiten conocer la evolución general de un mercado determinado, como puede advertirse en el Cuadro 3.5 que sigue.

[23] Un extenso trabajo sobre los sistemas de negociación bursátil en Europa, y su futuro, es el de Pagano y Roell: «Trading systems in European stock exhanges: current performance and policy options», *Economic Policy,* 10 de abril de 1990.

[24] Directiva 93/22/CEE de 10 de mayo de 1993. La directiva y un amplio conjunto de trabajos profesionales referido a sus efectos y consecuencias aparecen en el número 49 de *Perspectivas del Sistema Financiero,* titulado «Mercado de Valores y Mercado Financiero Único», Fundación FIES, 1995.

CUADRO 3.5. ÍNDICES DE BOLSAS

	Dow Jones Nueva York	FT-100 Londres	Nikkei Tokio	CAC-40 París	IGBM Madrid
1987	1.938,83	1.712,70	21.217,00	1.000,00	227,18
1988	2.168,57	1.793,10	30.159,00	1.573,90	274,43
1989	2.753,20	2.422,70	38.915,87	2.001,28	296,60
1990	2.633,66	2.149,40	23.848,70	1.517,93	223,25
1991	3.168,83	2.439,10	22.983,70	1.765,66	246,24
1992	3.301,11	2.846,50	16.924,95	1.857,78	214,25
1993	3.754,09	3.418,40	17.417,24	2.273,14	322,77
1994	3.834,44	3.065,50	19.723,06	1.881,15	285,01
Enero 95	3.832,08	2.991,60	18.649,82	1.797,90	281,45
Febrero 95	3.988,57	3.009,30	17.053,43	1.776,85	278,88

Nota: El índice corresponde al último día del año o del mes.
Fuente: Bolsa de Madrid, núm. 31, marzo 1995.

Para construir un índice se requiere, previamente, seleccionar los valores de la muestra, ponderar esos valores –para evitar que la fluctuación de un título de escasa importancia produzca el mismo efecto que la de otro de gran frecuencia y volumen de contratación– y decidir qué tipo de índice se emplea.

Los índices incluidos en el Cuadro 3.4 presentan las siguientes características:

- Dow Jones (Nueva York): Con base 100 en 1887, el índice incluye los 30 valores industriales más importantes, no aplica ponderaciones y es una media aritmética simple.
- Nikkei (Tokio): Con base 176,21 en 1949, incluye 225 valores de la Bolsa de Tokio, es una media aritmética no ponderada.
- Financial Times Industrial Ordinary Index (Londres): Con base 1.000 en 1983, incluye los 100 valores de mayor capitalización de la Bolsa de Londres. Es un índice de Laspeyres.
- CAC-40 (París): Con base 1.000 en 1987, incluye 40 valores. Es un índice de Laspeyres.
- IGBM (Madrid): Con base 100 en 1985, incluye 107 valores de la Bolsa de Madrid, ponderados por su capitalización, y es un índice Laspeyres: media aritmética ponderada por el año base.

Los índices reseñados son todos largos –miden la variación de los precios desde un año base y se computan a lo largo de una serie de años– y continuos, dado que se calculan a lo largo de las sesiones. Se basan en una muestra de valores que se entiende resulta ser suficientemente representativa del total negociado aunque, sobre este aspecto, existen discrepancias significativas: para muchos analistas, el Dow Jones incluye una muestra demasiado corta de valores y, por tanto, su evolución no refleja adecuadamente las fluctuaciones de la bolsa, y tanto más si se tiene en cuenta que se trata de un índice no ponderado. E igual sucede con la ponderación, por objetivo que sea el criterio con que se determine: también hay analistas que entienden que el índice de la Bolsa de Madrid atribuye un peso excesivo a los valores bancarios, que suponen aproximadamente un tercio de la ponderación total, con lo que la evolución de la bolsa queda excesivamente influida por la de los bancos.

Las alzas o bajas diarias se miden por puntos del índice, de forma que su valoración dependerá del año base del que se parta: una caída de 30 puntos del Dow Jones representa una fluctuación leve, inferior al 1 por 100 de las cotizaciones medias incluidas; la misma caída en el índice de la Bolsa de Madrid supondría una fluctuación muy alarmante dado que implicaría una pérdida aproximada del 10 por 100 del valor de las acciones representadas.

A partir del movimiento de los índices se han elaborado varias teorías de análisis de los mercados bursátiles. Una de las más conocidas es la de Dow, según la cual existen tendencias alcistas cuando cada subida del índice supera los máximos y mínimos anteriores y bajistas cuando sucede lo contrario. Pero no todos los movimientos de los índices han de ser valorados de igual manera: hay cambios diarios que se deben a decisiones de los operadores y que no permiten anticipar tendencias; hay fluctuaciones de más largo alcance, de 20 a 60 días, que reflejan los vaivenes especulativos; y hay movimientos fundamentales, con duración de varios años, causados por el ajuste de las cotizaciones a los valores reales de las empresas. Este último movimiento es el que determina la tendencia básica del mercado: alcista (*bull*) o bajista (*bear*), de acuerdo con la dirección del índice. Las fases finales de esos movimientos fundamentales, o primarios, se caracterizan por oleadas especulativas carentes de base firme, en el caso de mercados alcistas, y por pánicos bursátiles, seguidos por ventas indiscriminadas, en el caso de los bajistas.

Aunque el análisis técnico, o chartismo, trata de prever la fluctuación de una o varias acciones a través de una serie de gráficos que desvelen comportamientos repetidos, algunas variantes del mismo relacionan los precios de las acciones con el movimiento general de los índices. Así ocurre con la variante denominada «de arriba abajo» (*top-down market timing*), para la que las tendencias actúan como las mareas con las embarcaciones: cuando la marea sube, también lo hacen las embarcaciones; cuando baja, todas bajan. Por tanto, la selección de los títulos debe hacerse tomando como primera referencia las tendencias del mercado [25].

Los índices generales sirven, asimismo, para determinar el acierto o error de los inversores, en especial de las carteras de inversión: una cartera estará bien gestionada si sus rendimientos, anuales o plurianuales, superan a los del índice del mercado correspondiente. Para lo cual hay que utilizar índices bursátiles de rendimientos –que incluyan precios y dividendos– o bien calcular la variación porcentual del índice y compararlo con la de la cartera sin incluir dividendos. Este segundo procedimiento es el más usual.

---

[25] Véase Michael Gayed: *Intermarket Analysis and Investing. Integrating Economic, Fundamental, and Technical Trends,* New York Institute of Finance, Nueva York, 1990, Cap. 3.

3.7. LOS MERCADOS DE DERIVADOS

Como ya se ha señalado, los derivados son instrumentos que van ligados a títulos ya existentes y sus mercados han adquirido, en los años ochenta y noventa, una espectacular dimensión.

Aunque la innovación financiera produce, de forma casi continua, nuevos derivados, nuestro análisis va a limitarse a los fundamentales: «swaps», futuros y opciones. Y, para comprender desde el principio su naturaleza y las funciones que cumplen, conviene ofrecer ejemplos de las operaciones fundamentales.

3.7.1. *Swaps* o permutas financieras

Los «swaps» o permutas financieras son acuerdos privados en virtud de los cuales las partes se comprometen a intercambiar flujos financieros futuros, de conformidad con una fórmula preestablecida [26].

Son los derivados más recientes, puesto que comienzan a ser utilizados a principios de los años ochenta, pero son también los que han mostrado mayor dinamismo: como puede verse en el Cuadro 3.6, las permutas de intereses cuadruplicaron su valor de 1989 a 1993.

Recuadro 3.1: *Swap* de intereses

Las empresas A y B, con diferentes calificaciones crediticias, pueden obtener, en los euromercados, préstamos en las siguientes condiciones:

	A tipo fijo	*A tipo variable*
A	12 %	LIBOR + 1 %
B	10 %	LIBOR + 0,5 %

La empresa B, como puede verse, es capaz de obtener mejores condiciones en ambos mercados, pero su ventaja comparativa es mayor en el de tipo fijo (dos puntos de diferencia) que en el de tipo variable (0,5 puntos). Imaginemos, además, que la empresa A desea endeudarse a interés fijo y la B a tipo variable y que las dos requieren 50 millones de dólares a un plazo de cinco años.

Haciendo uso de su ventaja comparativa, y a través de un intermediario (por ejemplo, un banco de negocios) cada una de ellas se endeudará en el mercado donde su ventaja sea mayor. A lo hará a interés va-

[26] John Hull: *Options, futures and other derivative securities,* Prentice Hall, New Jersey, 1990, pág. 17.

Recuadro 3.1: *Swap* de intereses *(continuación)*

riable (LIBOR + 1 por 100) y B a interés fijo (al 10 por 100). El «swap» les va a permitir cambiar el tipo de préstamo y mejorar las condiciones. De la forma siguiente: A estará dispuesta a pagar un 11 por 100 por un préstamo a interés fijo que le hubiera supuesto, directamente, un 12 por 100; se ahorra, por tanto, un punto. Con esa diferencia de un punto —los que A paga de más sobre el crédito a tipo fijo que B ha obtenido al 10 por 100— B puede recibir el LIBOR con un diferencial del 0,1 por 100 en lugar del 0,5 por 100. El intermediario, a su vez, podrá obtener 0,6 por 100 de beneficio sobre el monto de la operación.

El intermediario se ocupará de los pagos recíprocos y, para el caso de que una de las empresas suspenda pagos, tendrá que responder ante la otra del mantenimiento de la transacción. Hay que tener en cuenta que normalmente las empresas ni siquiera se conocen.

El ejemplo anterior, de características muy simplificadas, es el que recibe, en la jerga financiera americana, el nombre de «plain vanilla» («sólo de vainilla», en atención a su simplicidad). Los diferenciales utilizados son excesivamente elevados y no se darían nunca en la realidad, pero permiten comprender mejor la técnica de la permuta. Un *«plain-vanilla»* corresponde, siempre, a una permuta de intereses, en dólares, con un nocional no inferior a 50 millones de dólares y duración de cinco a diez años.

No siempre los «swaps» se utilizan para abaratar el coste de los recursos. En múltiples casos, el objetivo fundamental consiste en eliminar el riesgo de tipo de interés. Por ejemplo, un intermediario financiero con una gran proporción de activos a tipo variable se expone a incurrir en pérdidas sustanciales si su pasivo está contraído, en buena medida, a tipo fijo. En este caso, y a través de uno o varios «swaps», procurará modificar la composición de su activo (convirtiéndolo en crédito a tipo fijo, que le asegure la rentabilidad) o de su pasivo (apoyándolo en tipos variables que, también, le aseguren la rentabilidad).

Recuadro 3.2: *Swap* de divisas

La empresa A, de nacionalidad canadiense, desea instalarse en España y tiene pensado invertir 500 millones de pesetas en cuatro años. Podría solicitar el crédito en pesetas pero prefiere endeudarse en dólares canadienses porque los obtiene en mejores condiciones: LIBOR + 0,25 por 100.

La empresa B, de nacionalidad española, desea, a su vez, situar una de sus fábricas en Canadá, donde ya cuenta con un mercado de cierta importancia, pero le resulta más barato endeudarse en pesetas y a tipo fijo del 8 por 100.

Recuadro 3.2: *Swap* de divisas *(continuación)*

Puesto que cada una de las dos empresas está, en realidad, interesada en endeudarse en la otra moneda –dado que, por instalarse en el otro país, van a poder devolver el principal en la moneda local y, consecuentemente, sin riesgo de cambio– y puesto que las condiciones del crédito les resultan adecuadas, el «swap», generalmente realizado a través de un intermediario, que es el que las pondrá en contacto, les resultará beneficioso. El intermediario cobrará una comisión por su intervención y cada una de las empresas se hará cargo, durante la vida del préstamo, de la financiación en la moneda que necesitan: A dispondrá de las pesetas y se hará cargo de los intereses en esa moneda; B obtendrá los dólares y hará frente a sus intereses. Finalizada la operación, las dos empresas intercambiarán, también, los principales de sus deudas.

No hay mercados organizados para este tipo de instrumentos; se trata de un mercado plenamente internacional que funciona de manera muy descentralizada y que, por ahora, no está sujeto a reglamentación alguna. El International Swap Dealers Association (ISDA), el único organismo internacional que se ocupa de tales contratos, no tiene ninguna atribución legal aunque ejerza una considerable influencia.

Los «swaps», que pueden instrumentarse con todo tipo de refinamientos y complejidades, tienen, como función básica, la transferencia de riesgos y como ventaja primera la flexibilidad: la empresa A del Recuadro 3.1 podría, tal vez, abaratar su financiación a través de papel comercial a corto plazo, pero el procedimiento resultaría más complicado y costoso que acordar la permuta con la empresa B; una operación que puede realizarse, del principio al final, en pocas horas.

3.7.2. Futuros financieros

Los mercados de futuros cuentan con una larga historia: de forma rudimentaria aparecen ya en el Egipto de los faraones; en Grecia y Roma; en Londres, Amberes y Amsterdam a principios del siglo XV; los shogunes japoneses del siglo XVIII perfeccionan los conceptos de entrega y normalización de mercancías; en el siglo XIX se desarrollan notablemente en Norteamérica y, después de la Segunda Guerra Mundial, cobran gran impulso en las Bolsas de Chicago.

Pero se trata, en todos los casos, de futuros físicos, es decir, sobre mercancías. Si una empresa alemana de electricidad supone que el petróleo va a subir a los seis meses podrá resguardarse de tal contingencia comprando petróleo a seis meses, a precio prefijado. Correrá, eso sí, con el riesgo de que el precio del petróleo descienda, en lugar de aumentar, lo que le ocasionará un sustancial quebranto en su cuenta de explotación. Los futuros a los que aquí hacemos referencia son los futuros financieros, es decir, contratos que se apoyan en activos financieros ya existentes. Pero hay que efectuar una precisión inicial: un futuro financiero sobre divisas, por ejemplo, no equivale a una compraventa a plazo de divisas. Cualquier agente económico puede comprar o vender divisas a plazo a través de cualquier banco; el futuro sobre divisas es, por el contrario, un contrato normalizado que ha de negociarse en una bolsa, por ejemplo la London International Financial Futures Exchange (LIFFE) o el International Monetary Market de la Bolsa de Chicago.

Recuadro 3.3: Futuros de divisas

El representante de Volkswagen en la zona de Illinois sabe que, dentro de seis meses, necesitará cinco millones de marcos para hacer frente a un nuevo envío de automóviles y teme que, en ese lapso, el marco se aprecie con respecto al dólar.

Para cubrir tal eventualidad compra, en el International Monetary Market, una división de la Bolsa de Chicago, 40 contratos a seis meses de marcos. Son contratos normalizados de 125.000 marcos cada uno. Si el marco se aprecia venderá los contratos y, con el beneficio obtenido, compensará el mayor precio, en dólares, de los coches; si, por el contrario, el marco se deprecia experimentará una pérdida que quedará compensada con el menor precio de los automóviles.

Recuadro 3.4: Futuros de tipos de interés

Un banco norteamericano necesita 100 millones de dólares y desea emitir certificados de depósito a seis meses. No se dan, en el mercado, las condiciones idóneas para emitir a seis meses; podría colocar, con tipos de interés favorables, certificados a tres meses, pero el director general del banco teme que, de tres a seis meses, se pueda producir una subida de intereses.

Para soslayar el problema, lo que el banco hace es emitir los 100 millones a tres meses y, simultáneamente, vender, a tres meses, 100 millones de dólares de certificados de depósito a tres meses. Si los tipos de interés suben (la cotización de los certificados baja) la ganancia de la operación de futuros le permitirá cubrir la pérdida que le ocasionará la subida de tipos; si los tipos bajan (la cotización de los certificados sube) la pérdida sufrida en la operación de futuros se compensará con la posibilidad de financiarse a tipos menores de interés.

Recuadro 3.5: Futuros de índices de Bolsa

Un comerciante de Nueva York quiere comprar participaciones, por valor de 35.000 dólares, en un fondo de inversión. Piensa realizar las participaciones a los seis meses pero teme que, por tratarse de un fondo de renta variable, la bolsa experimente una caída, durante el período, que le suponga pérdidas en su inversión.

Para cubrir esa contingencia venderá, en la Bolsa de Nueva York, futuros a seis meses de índices de Bolsa por valor de 35.000 dólares. Si la bolsa sube, la operación sobre índices le producirá una pérdida pero el valor de sus participaciones habrá aumentado y, finalmente, habrá obtenido la rentabilidad esperada; si la bolsa baja, logrará una ganancia en el futuro que le compensará de la pérdida de valor de sus participaciones.

Como puede advertirse, también la función principal de los futuros financieros es la transferencia de riesgos: los ejemplos enumerados permitirán, a los agentes correspondientes, asegurar el coste o la rentabilidad de sus operaciones.

Los mercados de futuros financieros son mercados organizados –bolsas– en las que no se puede actuar directamente. Hay que hacerlo a través de un agente (*broker*) que deberá estar habilitado para intervenir en el mercado. Los futuros permiten, además, un fuerte apalancamiento porque no hay que desembolsar el importe completo de la operación sino una proporción del mismo, el margen, normalmente del 2 al 5 por 100 del valor total del contrato en el caso de renta fija; en el caso de renta variable la proporción es más elevada. Si la operación produce pérdidas, con el paso del tiempo, el agente solicitará que el margen se mantenga, lo que dará lugar a nuevos desembolsos. El apalancamiento puede ser fuente de elevados quebrantos, porque, además de las operaciones de cobertura mostradas en los recuadros, los futuros financieros son también instrumentos de especulación; contratos, por tanto, que pueden negociarse en volúmenes muy superiores a los fondos disponibles y que, de no responder a las expectativas, pueden generar pérdidas sustanciales.

3.7.3. Opciones

Contrato que da derecho –sin imponer la obligación– a comprar o vender un activo financiero, a un precio determinado y en fecha fijada.

Si se adquiere una opción de compra (*call*) sobre una acción para dentro de tres meses, el adquirente tendrá el derecho a comprarla en la fecha determinada y al precio convenido, denominado *precio de ejercicio*; si se adquiere una opción de venta (*put*), en los mismos términos, el comprador de la opción tiene el derecho a venderla, en el plazo convenido y al precio del ejercicio. Las opciones tienen a su vez un precio o *prima*: el adquirente de una opción de compra pagará una prima por esa opción; el de una opción de venta abonará una prima por el derecho a venderla.

Los derechos y obligaciones de las partes serán, pues, los siguientes:

Comprador: adquiere el derecho a comprar en el plazo establecido y al precio determinado.	Compra (*call*)	Vendedor: está obligado a entregar, en los términos convenidos, el activo objeto de la opción.
Comprador: adquiere el derecho a vender el activo en las condiciones especificadas.	Venta (*put*)	Vendedor: está obligado a comprar el activo en las condiciones establecidas.

Las opciones pueden negociarse tanto en mercados organizados como directamente. Los mercados primeros, las bolsas, son los más importantes: American Stock Exchange (AMEX) de Nueva York; Chicago Board Options Exchange (CBOE) de Chicago; Tokyo Stock Exchange, en Tokio; Paris Stock Options Exchange, en París; Frankfurt Stock Exchange de Frankfurt o el LIFFE inglés son algunos de los más importantes del mundo. Se trata de mercados muy normalizados en los que las opciones se llevan a cabo en paquetes determinados y en fechas fijas. Pero las opciones pueden negociarse directamente, en mercados no organizados (*over the counter*), lo que significa que las operaciones se ajustan a las necesidades de las partes intervinientes.

Los recuadros que siguen permiten comprender el significado y funcionamiento de las opciones.

Recuadro 3.6: Opción de compra sobre una acción

Un inversor desea adquirir una opción de compra sobre acciones de Telefónica. A un plazo de dos meses el precio de ejercicio es de 1.900 pesetas por acción, con prima de 48 pesetas. Los contratos, en el mercado MEFF de Madrid, son de 100 acciones. La operación supone, además, el pago de unas comisiones al intermediario y al mercado, lo que viene a significar unas 200 pesetas por contrato. Adquirida la opción, el comprador podrá actuar de distintas maneras, según la evolución del mercado. Podrá, si la cotización de las acciones está subiendo, ejercitar la opción a su vencimiento: si el precio ha subido suficientemente, por encima de lo que le supone el precio de ejercicio más la prima y gastos correspondientes, logrará un beneficio que podrá materializar vendiendo, al contado, el paquete de acciones. Podrá, también con la cotización al alza, vender, simplemente, la opción puesto que el precio de la misma, la prima, se habrá elevado; una vez superada la prima inicial más los gastos correspondientes, la venta de la opción le producirá un beneficio. Y podrá, si las cotizaciones descienden, esperar al vencimiento y no ejercitar la opción o vender la opción asumiendo una pérdida; en el primer caso habrá perdido la totalidad de la prima más los gastos correspondientes.

Recuadro 3.7: Opción de venta para proteger el valor de una acción

El director financiero de una empresa desea comprar acciones de Repsol, pero teme que, a corto plazo, se puedan producir descensos en su cotización. Para eliminar tal contingencia adquiere una opción de venta, a dos meses, sobre el paquete de 100 acciones que ha comprado. Cada acción vale 4.470 pesetas y el *put*, con precio de ejercicio de 4.470, tiene una prima de 100 pesetas. Lo cual significa que ha pagado, por cada acción, 4.570 pesetas.

Si, transcurrido ese plazo, la cotización está por encima de las 4.570 pesetas por acción, el directivo de la empresa no ejercitará la opción de venta y habrá obtenido un beneficio con la operación. Si, por el contrario, la cotización ha descendido por debajo del precio de ejercicio, ocasionando una pérdida en su cartera de valores, ejercitará la opción de venta; en tal caso la pérdida sufrida se limitará al monto de la prima de la opción.

Recuadro 3.8: Opción de compra sobre divisas

Un importador español debe realizar, dentro de dos meses, un pago en yenes japoneses. La volatilidad del mercado le inquieta y, para protegerse, decide utilizar una opción de compra, a dos meses, de yenes. Para el caso de que el yen se deprecie, con relación a la peseta, el importador no ejercitará la opción y adquirirá las divisas, por las que habrá desembolsado, también, la prima de la opción. Para el caso de que el yen se aprecie, el importador ejercitará la opción y su pérdida se limitará al importe de la prima.

Como puede advertirse, por los ejemplos utilizados, las opciones también presentan, como función fundamental, la transferencia de riesgos, pero es igualmente posible especular, a la búsqueda de beneficios, efectuando previsiones acertadas sobre los movimientos del mercado. También, como en los instrumentos anteriores, las opciones pueden efectuarse sobre múltiples contingencias y revestirse de enorme complejidad. Incluso se pueden utilizar simultáneamente para limitar el riesgo: es el caso de los diferenciales o *spreads*, operaciones que consisten en comprar y vender, al tiempo, un mismo tipo de opción. Si, en las opciones sobre acciones, se adquiere una opción de compra (*call*), con un precio de ejercicio de 1.100 pesetas y una de venta (*put*) con un precio de ejercicio de 1.000, el beneficio de la operación se obtendrá tan pronto como el precio de la acción supere las 1.100 pesetas, pero se incurrirá en pérdida si la cotización oscila entre 1.000 y 1.100 pesetas, teniendo siempre en cuenta el precio de la opción. Habremos llevado a cabo, en este caso, un *strangle* o cuna.

Recuadro 3.9: Opción de venta sobre IBEX-35

Ante la posible caída de las cotizaciones bursátiles, un inversor que posee una cartera de acciones de la Bolsa de Madrid (con valor de mercado de 325.000 pesetas) desea cubrirse con una opción sobre el IBEX-35. El 20 de mayo de 1995, el inversor compra una opción de venta sobre el IBEX-35, con precio de ejercicio de 3.250, por un valor de 6.500 pesetas. Si a su vencimiento, el 15 de diciembre de 1995, el nivel del índice IBEX-35 ha caído a 3.055, se experimentarán pérdidas en el valor de la cartera (19.500 pesetas), pero dado que dicha cartera está totalmente cubierta por una opción de venta, el inversor obtendrá los ingresos de dicha posición equivalentes a 100 veces la diferencia entre dicho nivel y el precio de ejercicio, compensando las pérdidas experimentadas por el valor de su cartera.

Pérdidas en la cartera		−19.500 pesetas
Cobertura de la opción [(3.250 − 3.055) × 100]	=	19.500 pesetas
Variación neta de la cartera		– pesetas

En el caso de que, en diciembre de 1995, el valor del índice IBEX al cierre se situara por encima de 3.250, el valor de la cartera se apreciaría, por lo que el inversor no ejercitaría su opción y perdería, simplemente, el coste de la misma.

De todas formas, las opciones que mayor incremento han experimentado en los últimos años son las opciones sobre índices de bolsa. La diferencia fundamental, con respecto a las otras opciones, estriba en la liquidación al contado porque, con ello, se soslaya la dificultad que plantea la entrega del activo subyacente: en el momento del ejercicio; una opción sobre índices sólo permite cobrar, al contado, la diferencia entre el valor del índice y el precio del ejercicio. La liquidación al contado se aplica, también, a los futuros sobre índices.

Es fácil advertir que los derivados presentan ciertas ventajas y entrañan determinados riesgos [27].

Mediante el uso de derivados es posible reducir el coste de financiación, aumentar el rendimiento de una cartera, cubrir distintos riesgos o diversificar el origen de los fondos. Como ya hemos visto, una empresa puede, a través de un swap de intereses, disminuir el coste de su pasivo. También los swap permiten, sobre todo a los inversores institucionales, obtener rendimientos más elevados de sus carteras; por lo general se utilizan, para ello, las permutas de divisas. Los riesgos futuros, asociados a la volatilidad de los tipos de cambio o de interés, se soslayan con futuros y opciones, y lo mismo ocurre con los

[27] Sobre las ventajas, inconvenientes y riesgos de los mercados de derivados véase el informe del Grupo de los Treinta: *Derivatives: Practices and Principles,* Washington, 1993. Es un trabajo redactado por un conjunto de profesionales y expertos académicos en el que se trata de dar respuesta a muchas de las inquietudes suscitadas, tanto en gobiernos como en bancos centrales como en los mercados financieros, por el crecimiento explosivo de los derivados. En lo referente a opciones, véase también *Opciones financieras* de Prosper Lamothe Fernández, McGraw-Hill, Madrid, 1993.

swaps cuando se emplean para casar las operaciones de activo y pasivo. Si los recursos de una empresa están concentrados en una moneda, cabe siempre la posibilidad de diversificarlos por medio de *swaps.*

A las ventajas se contraponen los riesgos, clasificados, por lo general, en riesgos de mercado, crediticios, operativos y legales. El riesgo de mercado se produce por la variación del precio del activo subyacente: en una opción de compra de divisas, si los tipos de cambio se mueven en sentido contrario al esperado, el propietario de la opción experimentará una pérdida: la prima de la opción. El riesgo crediticio dimana del posible incumplimiento de la otra parte: en cualquier swap de intereses puede ocurrir que la otra parte incumpla sus obligaciones, lo que, por lo menos, obligará a sustituir el contrato y a aceptar costes adicionales. El fallo de los mecanismos de control, los errores humanos y la adopción de decisiones crróneas son las causas principales de los riesgos operativos y tanto más cuanto que los instrumentos derivados son contratos cxtremadamente complejos en los que no tienen cabida las improvisaciones: si un intermediario, especializado en swaps, no cubre adecuadamente las transacciones con otras de sentido inverso, puede incurrir en riesgos operativos importantes, conducentes a pérdidas patrimoniales. Cuando un contrato no puede ser ejecutado, porque la otra parte no estaba facultada para hacer frente a los correspondientes compromisos, aparece el riesgo legal: en 1991, la Cámara de los Lores británica dictaminó que los distritos londinenses de Hammersmith y Fulham no tenían capacidad legal para intervenir en los swaps de intereses que habían firmado en los años ochenta y que les habían producido pérdidas sustanciales; como resultado de esa incapacidad legal, toda una serie de intermediarios especializados en ese tipo de derivados sufrieron voluminosos quebrantos [28].

3.7.4. La expansión de los mercados de derivados

Desde finales de los años ochenta los mercados de derivados, como se advierte en el cuadro siguiente, han experimentado una rapidísima expansión.

Además de la rápida expansión, a la que ya se ha hecho referencia, es de notar que son los swaps y, en general, los instrumentos negociados en mercados no organizados los que han experimentado un incremento mayor. Una evolución lógica porque la mucha mayor flexibilidad de esos mercados, no sujetos a regulaciones, les permite una evolución técnica más rápida al tiempo que ofrecen operaciones a la medida del cliente. De todas maneras existe, entre los dos mercados, una interacción elevada puesto que los dos se complementan y compiten. Al complementarse, uno tira del otro y facilita su expansión: muchos de los riesgos incluidos en las operaciones de swaps se cubren con derivados negociados en bolsas. Al competir, cada uno de los dos mercados trata de perfeccionar su funcionamiento con lo que, de nuevo, el impulso es mutuo.

[28] *Ibidem,* pág. 51 del volumen introductorio.

CUADRO 3.6. MERCADOS DE DERIVADOS (en miles de millones de dólares)

Productos	Saldos vivos del principal nocional					
	1989	1990	1991	1992	1993	1994
Negociados en bolsas	1.766,6	2.290,2	3.518,8	4.632,5	7.760,8	8.837,8
Futuros de tipos de interés	1.200,8	1.454,5	2.156,7	2.913,0	4.942,6	5.757,4
Opciones de tipos de interés [1]	387,9	599,5	1.072,6	1.385,4	2.362,4	2.622,8
Futuros de divisas	15,9	16,9	17,9	24,9	32,2	33,0
Opciones sobre divisas [1]	50,2	56,5	62,8	70,9	75,4	54,5
Futuros de índices de bolsa	41,3	69,1	76,0	79,7	109,9	127,7
Opciones sobre índices de bolsa [1]	70,6	93,7	132,8	158,6	238,3	242,4
Negociados en mercados no organizados [2]	—	3.450,3	4.449,4	5.345,7	8.474,6	—
Swaps de intereses	1.502,6	2.311,5	3.065,1	3.850,8	6.177,3	—
Swaps de divisas [3]	449,1	577,5	807,2	860,4	899,6	—
Otros derivados ligados a swaps [4]	—	561,3	577,2	634,5	1.397,6	—

[1] Calls y puts.
[2] Datos de la ISDA.
[3] Excluida la doble contabilización.
[4] Caps, collars, floors y swaptions.

Fuente: BIS, Informe Anual 1995, pág. 184.

3.7.5. Razones de la expansión de los mercados derivados

Desde mediados de los años setenta, los mercados de capital se han desenvuelto en un marco general caracterizado por la volatilidad de tipos de cambio y de interés y por la globalización de los mercados financieros. La primera volatilidad, la de los tipos de cambio, deriva de la ruptura del sistema de Bretton Woods: puede afirmarse que, en los años ochenta, y para las tres monedas principales (dólar, marco y yen) variaciones del 1 por 100 diarias, del 5 por 100 mensuales y del 20 por 100 anuales en los tipos de cambio han sido muy usuales [29]. La volatilidad de tipos de interés se produce por las distintas posiciones cíclicas de las grandes economías y por las diferencias de grado de inflación. Finalmente, la globalización de los mercados financieros es la consecuencia de la liberalización de los mercados nacionales y de la libertad de movimientos de capital: la intensa regulación que había caracterizado a los principales sistemas financieros nacionales en los años cincuenta y sesenta da

[29] Ronald McKinnon: «Monetary and Exchange Rate Policies for International Financial Stability: a Proposal», *CEE Economic Papers,* noviembre 1986, núm. 53.

paso a la liberalización progresiva, cuyo objetivo es mejorar la rentabilidad técnico-operativa de los mismos; en un mundo crecientemente unificado, a través del comercio, las barreras a los movimientos de capital debían abatirse para facilitar la inversión, en sus diferentes modalidades, y para enlazar, a escala mundial, los flujos de ahorro e inversión. En los años sesenta los mercados financieros eran, predominantemente, nacionales; en los ochenta y noventa, y dentro del área OCDE, son, predominantemente, internacionales. A lo que hay que añadir que, desde comienzos de la presente década, toda una serie de mercados financieros emergentes, como los de Argentina y Colombia, han quedado plenamente abiertos a la inversión internacional.

Con ese trasfondo, la evolución de los flujos de inversión, de los intermediarios y de la ingeniería financiera ha potenciado, hasta los niveles extraordinariamente elevados de hoy en día, el crecimiento de los mercados derivados [30].

La composición de las carteras de inversión es, en la actualidad, distinta a como lo fuera hace sólo dos décadas, en buena parte porque los gobiernos persiguen la internacionalización de su deuda y, en buena parte también, por la eclosión de la inversión institucional a la que ya se ha hecho referencia.

En el Cuadro 3.7 puede advertirse cómo la parte de deuda en poder de inversores extranjeros, para una serie de países seleccionados, ha venido creciendo en todos los casos menos en uno: el de Japón.

Es decir, el aumento de la deuda interna de los países OCDE, una característica sobresaliente de las dos últimas décadas, ha llevado a los gobiernos a buscar el ahorro externo y, consecuentemente, a internacionalizar parte de la misma. Una situación que tiene su contrapartida en el desarrollo de la inversión institucional, necesitada también de internacionalizar sus carteras para optimizar las combinaciones de riesgo-rentabilidad: se calcula que, en los

CUADRO 3.7. PENETRACIÓN EXTRANJERA EN LOS MERCADOS DE DEUDA INTERNA (% del total)

País	1983	1985	1988	1989
Francia	4	2	6	15
Alemania	9	17	31	34
Italia	3	4	4	6
Japón	6	6	4	4
Holanda	33	28	35	37
España	0	0	2	5
Reino Unido	9	11	15	15
Estados Unidos	13	14	17	19

Fuente: International Capital Movements and Foreign Exchange Markets, pág. 99. Se refiere a la proporción de deuda interna y eurobonos, emitidos por la Administración Central, en manos de no residentes. En el caso de Alemania se trata de la Administración Central y Local. No se incluyen eurobonos en el caso español. La proporción crece, además, rápidamente.

[30] Las ideas y los datos proceden del Anexo III del ya citado «International Capital Movements and Foreign Exchange Markets», titulado *New Instruments and Operations in Financial and Foreign Exchange Markets: An Overview.*

momentos actuales, los 300 mayores fondos de pensiones del mundo invierten aproximadamente, el 7 por 100 de sus dos billones de dólares de patrimonio en activos extranjeros, proporción, además, que alcanzará el 12 por 100 a mediados de los noventa [31]. La situación descrita impulsa, necesariamente, los mercados derivados porque obliga a cubrir riesgos por múltiples vías y porque homogeneiza los mercados desde el punto de vista de la rentabilidad: los *swaps*, por ejemplo, sirven para enlazar las curvas de rendimientos de las divisas. Los directores financieros de la grandes empresas, y especialmente de las multinacionales, ya no se ocupan tan sólo de allegar los recursos necesarios para sus empresas; tratan de gestionarlos de la mejor manera posible y, en múltiples ocasiones, se adentran en operaciones financieras que nada tienen que ver con la actividad principal de sus compañías. Nada tiene de extraño, por tanto, que participen en los mercados de derivados en busca de beneficios adicionales.

La competencia enconada a la que hoy se enfrentan, a escala mundial, los intermediarios financieros tradicionales, fruto de la liberalización interna y de la libertad de movimientos de capital, ha erosionado su margen financiero al debilitar la rentabilidad de su actividad típica de intermediación. De ahí que muchos de esos intermediarios hayan entrado en los mercados derivados, a veces como intermediarios, especialmente en los mercados no organizados (OTC), a veces como contratantes, sobre todo en las bolsas. Los bancos, y en general los intermediarios financieros, utilizan los *swaps* para completar la oferta de cobertura de riesgo de cambio y de tipo de interés que, tradicionalmente, han presentado sus clientes; en buena medida hacen uso de los derivados negociados en bolsa para cubrir los riesgos que suponen las posiciones netas en permutas financieras. Por ejemplo, y a finales de 1992, los bancos miembros del Banco de Pagos Internacionales de Basilea eran los tenedores del 49 por 100 de las opciones de venta (*put*) sobre tipos de interés a corto plazo [32]. Esa intervención masiva de los intermediarios financieros ha potenciado, sustancialmente, los mercados de derivados.

El crecimiento de tales mercados no hubiera sido posible sin el desarrollo de una compleja ingeniería financiera apoyada en la informática moderna. Aunque aquí se hayan presentado ejemplos de contratos derivados, el ejemplo no contiene sino los elementos básicos del contrato, un contrato que puede incluir, ya se ha dicho, refinamientos múltiples para garantizar al tenedor que sus tipos de interés no excederán de un nivel (*cap*) o no descenderán por debajo de un límite (*floor*) o para enlazar contratos entre sí: por ejemplo, las opciones que dan derecho a formalizar o desechar una permuta financiera en el futuro (*swaption*). El cálculo financiero necesario para lanzar los contratos, combinación de riesgos múltiples, no hubiera sido posible sin la aparición del Apple II y del PC IBM; pero, además, la pulsación de los mercados, que constituye el basamento de los cálculos, requiere de modernos sistemas elec-

[31] International Capital Movements and Foreign Exchange Markets, pág. 70.

[32] Sobre este punto, véase el Cap. III de *International Capital Markets,* Part. II, Sistemic Issues in International Finance, de Morris Goldstein y David Folkerts-Landau, International Monetary Fund, 1993.

trónicos de comunicación, tales como el Reuters, el Telerate, el Quotron o el más complejo y moderno Bloomberg. Es la ingeniería financiera la que permite establecer, entre contratos originales y derivados, la gestión de carteras integradas que, al tiempo que permiten maximizar la rentabilidad, permiten también minimizar los riesgos y adecuarse con rapidez a las variaciones de los mercados.

3.7.6. La amenaza del riesgo sistémico

Se entiende por riesgo sistémico la posibilidad de que el desmoronamiento de una empresa, de un segmento del mercado o de cualquiera de los circuitos financieros ligados a los instrumentos derivados, se extienda, de forma general, a otras empresas, segmentos de mercado o circuitos financieros. Los riesgos sistémicos pueden, en casos extremos, causar crisis sistémicas que impidan que los sistemas financieros nacionales, o el internacional en su conjunto, puedan cumplir con alguna de sus tres funciones básicas: facilitar créditos, canalizar los pagos y valorar los activos financieros [33].

Los derivados pueden plantear los dos tipos de problemas por razones de fácil comprensión. En primer lugar, por el volumen y complejidad que han alcanzado los distintos instrumentos, volumen y complejidad que pone en duda la capacidad de los participantes para administrar los riesgos que entrañan. En segundo lugar, por la concentración de transacciones: a finales de 1991, los ocho mayores bancos americanos participaban en el 86 por 100 del saldo vivo de derivados de tipo de interés y en el 88 por 100 de derivados sobre divisas negociados, en mercados no organizados, por los 50 mayores bancos del país [34]. La quiebra de uno de esos bancos significaría pérdidas importantes para otros muchos bancos y afectaría gravemente a la liquidez del mercado. En tercer lugar, los mecanismos prudenciales a los que deben someterse los intermediarios financieros son mucho más débiles en el caso de los derivados porque se trata de operaciones fuera de balance cuyo impacto sobre la solvencia de la entidad no puede cuantificarse fácilmente; pero es que, además, muchos participantes en los mercados no son intermediarios financieros y no están sometidos a la vigilancia última de los bancos centrales. En cuarto lugar, porque la innovación tecnológica en materia de derivados es tan rápida que los riesgos legales se hacen imprevisibles y acentúan el riesgo sistémico. Finalmente, porque, al tratarse de instrumentos enlazados globalmente –un derivado puede componerse de una opción y un swap en divisas distintas– la capacidad de transmisión, entre mercados, de cualquier perturbación es mucho más intensa que en cualquier otro instrumento.

Desde mediados de los ochenta, el Banco de Pagos de Basilea ha venido señalando los posibles peligros que encierran los mercados de derivados y

---

[33] Se siguen las definiciones contenidas en el *Working Paper of the Sistemic Issues Subcommitteee*, págs. 127 a 140 del Apéndice 1 del trabajo citado del Grupo de los Treinta.

[34] *Ibidem*, pág. 131.

preconizando la necesidad de dotarlos de mayor transparencia y de buscar la forma de desactivar el riesgo sistémico [35]. Hasta el momento, el trabajo más amplio sobre instrumentos derivados y el conjunto de problemas que suscitan es el del Grupo de los Treinta, publicado en julio de 1993 [36]. En ese informe, al que ya se ha hecho referencia, se mantiene que el rápido crecimiento de los mercados derivados no ha magnificado los problemas de los sistemas financieros ni ha agravado el riesgo sistémico presente en los mismos. Al contrario, los instrumentos derivados han mejorado el funcionamiento de los mercados por tres vías: 1) han potenciado la capacidad de distribución de riesgos y, consecuentemente, mejorado los mecanismos de asignación de recursos financieros; 2) han reducido los costes de transacción que plantean las coberturas de riesgos y, con ello, aumentado la liquidez y capacidad de valoración de los mercados financieros; 3) han dotado a esos mercados de instrumentos que aportan soluciones nuevas a toda una serie de problemas contractuales e informativos [37].

Quizá porque parte de un punto de vista distinto –el propio de un banco de bancos– el Banco Internacional de Pagos no se muestra tan optimista respecto de los riesgos de los mercados derivados y ha transmitido a la comunidad financiera internacional, toda una serie de recomendaciones relativas a la gestión de esos riesgos [38]. Insiste, sobre todo, en la gestión prudente de los mismos y en las condiciones necesarias para conseguirlo. Entiende, ante todo, que los intermediarios financieros deben fijar límites a sus posiciones en derivados, límites que deben ser adecuados al nivel de sus recursos propios y a su capacidad organizativa, y límites, además, que deben referirse a cada uno de los riesgos dimanantes de los derivados. Considera, por otro lado, que los mecanismos de información de cada entidad deben permitir que, para el caso de riesgos no cubiertos, el consejo de administración tenga conocimiento, día a día, de la situación en que se encuentran tales riesgos. Preconiza, además, que los procedimientos de gestión de riesgos se valoren y revisen con frecuencia, dada la rápida evolución de los instrumentos y, por tanto, de los riesgos que entrañan. Propone, finalmente, que los controles y auditorías internas se mejoren e intensifiquen para que se puedan singularizar, a tiempo, las posiciones dudosas y las exposiciones extremas. El banco, como puede advertirse, no confía abiertamente en la capacidad autorreguladora de los mercados y busca convencer a la comunidad financiera internacional, y sobre todo a sus órganos superiores, de la necesidad de aplicar, con rigor acrecentado, los principios bancarios de análisis y gestión de riesgos.

[35] Véase, por ejemplo, *Recent innovations in International Banking,* preparado por un grupo de trabajo designado por los bancos centrales del Grupo de los Diez, BIS, abril 1986.

[36] Derivatives: Practices and Principles, Washington, 1993.

[37] *Ibidem,* vol. primero, págs. 63 y 64.

[38] Contenidas en *Risk Management Guidelines For Derivatives,* Basle Committee on Banking Supervision, julio 1994.

3.8. EL PAPEL INTEGRADOR DE LOS MERCADOS DE CAPITAL

Tal y como acabamos de ver, la capilaridad de los mercados de capital es innegable y, especialmente, la de los mercados internacionales: los euromercados, las bolsas de valores y los mercados de derivados. El capital no conoce hoy límites geográficos y, más aún, allí donde los límites todavía existen –porque los establece el control de cambios– el capital los soslaya. Una situación que conduce a varias conclusiones.

En primer lugar, la financiación de las empresas cuenta, en la actualidad, con múltiples canales: de no encontrarse financiación interna, casi siempre es posible recurrir a la externa. No queremos decir con ello que la financiación sea más barata –presionado por los déficit fiscales de la gran mayoría de los países industriales, el ahorro se encarece paulatinamente–, sino que resulta más accesible.

Desde el punto de vista de esos mercados, el mundo se ha unificado. De forma progresiva, el ahorro se dirige hacia los proyectos más rentables, sea cual sea su ubicación geográfica, lo que quiere decir que la pulsación de cada mercado se transmite a todos los demás, y especialmente la pulsación de los grandes mercados. Dicho de otra forma, la estructura de tipos de interés ya no es nacional sino que es mundial: los tipos de interés practicados en España no pueden ignorar los aplicados en Alemania o en Estados Unidos, so pena de soportar movimientos de capital no deseados.

Finalmente, la unificación de los mercados de capital arrastra, progresivamente, a la de otros mercados y obliga, de forma continua, a abrir fronteras económicas. Si el capital se mueve libremente, ¿cómo podrá impedirse, en el futuro, que aumente la movilidad internacional de productos, servicios y mano de obra? De no ser así, la expansión mundial quedaría frenada porque la movilidad del capital depende de rentabilidades relativas y éstas, a su vez, de la expansión de las empresas del sector real, expansión que se apoya, crecientemente, en la desaparición de las restricciones al comercio y a la circulación de los trabajadores.

ANEXO 3.1. EL VALOR DE LAS ACCIONES: VALOR TEÓRICO, VALOR ACTUALIZADO DE LOS RENDIMIENTOS Y PER

A) El valor teórico de una acción o valor según balance es igual a

$$\frac{\text{Neto patrimonial (capital + reservas)}}{\text{Número de acciones}}$$

B) Valor actualizado de los rendimientos y plusvalías.

El tenedor de una acción espera obtener, de forma recurrente, unos dividendos y, además, una plusvalía.

Sean:

P_0 = valor de la acción en el momento presente.
$D_1, D_2...D_n$ = dividendos esperados en años sucesivos.
P_n = valor de la acción en el año *n*.
r = tipo de descuento, ajustado por el riesgo de la acción.

El valor actual de la acción (P_a) será:

$$P_a = \sum_{i=1}^{n} \frac{D_{i...n}}{(1+r)^n} + \frac{P_n - P_0}{(1+r)^n}$$

C) *Price Earnings Ratio* (PER).

El PER de una acción mide el número de veces que el beneficio neto por acción está contenido en el precio de la acción. Si, para un determinado título, el PER es 8, lo que se quiere señalar es que el beneficio de la acción durante los cuatro trimestres anteriores al momento del cálculo (beneficio después de impuestos) es la octava parte del precio de la acción.

El PER permite, por comparación, saber si la cotización es elevada o no; es decir, si el valor de capitalización bursátil de la empresa es alto o bajo.

ANEXO 3.2. ÍNDICES DE BOLSA

Los números índices se utilizan para reflejar la evolución de una variable, a partir de un momento determinado, que denominamos situación base. Imaginemos que, a 31 de diciembre de 1994 la cotización de una determinada acción –medida por un número índice– se sitúa en 140, con base 100 al 31 de diciembre de 1992. El significado es claro: el precio de la acción ha aumentado un 40 por 100 de 31 de diciembre de 1992 a 31 de diciembre de 1994. Ahora bien, los índices bursátiles tratan de medir la evolución de las cotizaciones de una bolsa, lo cual plantea dos problemas: qué títulos deben incluirse en el índice y si deben o no aplicarse ponderaciones.

La muestra de títulos debe ser suficientemente representativa del mercado ya que, de lo contrario, el índice reflejará mal lo que en el mercado ocurre; si la muestra, por ejemplo, incluye los valores con capitalización menor o con baja frecuencia de contratación, su evolución no se corresponderá con la de la bolsa en su conjunto. La ponderación, por otro lado, permite calibrar la tendencia de un mercado de valores en función de la importancia de los títulos: la caída de la cotización de un título correspondiente a una gran empresa y de gran frecuencia de contratación no debe ser tratado de la misma forma que la de un valor de una pequeña empresa de contratación infrecuente.

Para ponderar se suele utilizar la capitalización bursátil, los volúmenes de contratación o criterios mixtos de capitalización y contratación.

Los índices complejos, que muestran la evolución de un conjunto de valores a los que se ha aplicado una ponderación, suelen ser del tipo Laspeyres, Paasche o Fisher.

Sean:

P_{i0} y P_{it} las cotizaciones, en los momentos *o* (base) y *t*, de los *i* valores incluidos en la muestra, y

Q_{i0} y Q_{it} las ponderaciones en los dos momentos.

Las fórmulas serían:

Laspeyres: $I_L = \dfrac{\sum_1^n P_{it} \cdot Q_{i0}}{\sum_1^n P_{i0} \cdot Q_{i0}}$ aplica las ponderaciones del año base.

Paasche: $I_p = \dfrac{\sum_1^n P_{it} \cdot Q_{it}}{\sum_1^n P_{i0} \cdot Q_{it}}$ aplica las ponderaciones del año en curso.

Fischer: $I_F = \sqrt{I_L \cdot I_p}$ media geométrica de Laspeyres y Paasche.

ANEXO 3.3. ANÁLISIS FUNDAMENTAL Y CHARTISMO

Se trata de técnicas de análisis de bolsa.

Los adeptos al análisis fundamental sostienen que la evolución de las cotizaciones responde a la solidez de la empresa, los beneficios obtenidos, sus perspectivas de mercados, lo acertado de su gestión, etc... En suma, que los precios de las acciones tenderán a subir, en el caso de empresas sólidas y bien gestionadas, y a bajar en los casos de empresas débiles, mal gestionadas o con escasas perspectivas de mercado.

El chartismo considera que los mercados repiten las situaciones y que se pueden aprovechar las tendencias anunciadas por los gráficos para comprar o vender. Los chartistas utilizan su propia nomenclatura: cabeza, hombros, líneas de resistencia y soporte... Los gráficos siguientes son típicos del análisis chartista y los seguidores de esa técnica de análisis tratarán de comprar hacia el final de la fase bajista y de vender cerca de la cúspide alcista.

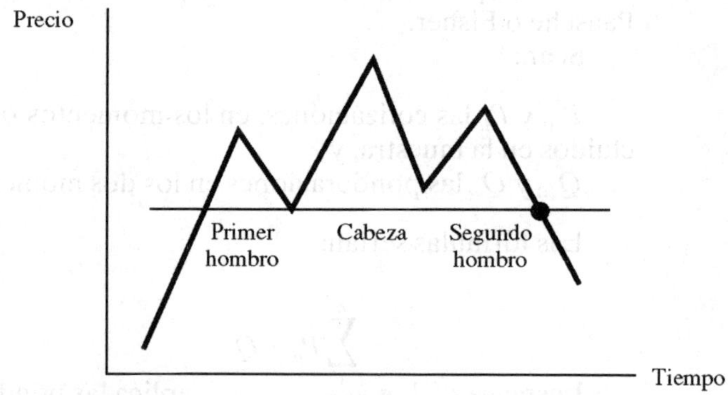

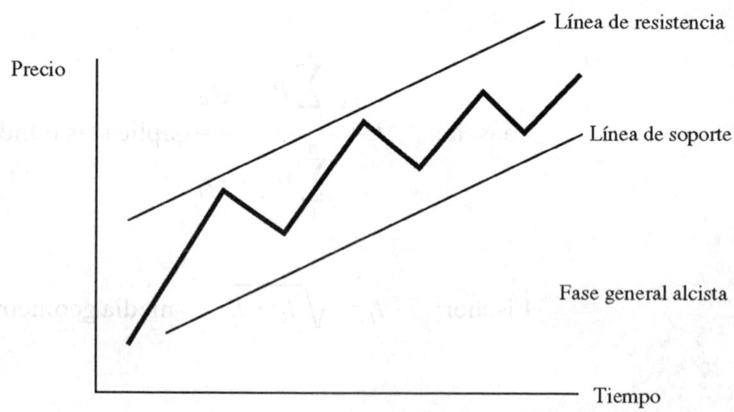

Fuente: Los gráficos han sido transcritos del libro de J. E. Cachón Blanco: «Las Bolsas de Valores en España». Gesmadrid/Eurogestión. S.V.B. Madrid, 1990.

4

LA TECNOLOGÍA

4.1. LA IMPORTANCIA DE LA TÉCNICA

Una y otra vez, los economistas han repetido la importancia que la técnica tiene en el progreso económico. Para Mill, la característica primera del progreso social residía en el continuo y aparentemente ilimitado dominio del hombre sobre la naturaleza, un dominio que le llevaría a aumentar, de forma constante, la productividad del factor trabajo [1]. El desarrollo que, para Schumpeter, consistía en romper el equilibrio preexistente, de forma que nunca pudiera volverse a la situación anterior, venía inducido por una serie de combinaciones productivas, entre las cuales podían contarse las generadas por los descubrimientos científicos, unos descubrimientos a los que, en principio, no otorgaba excesivo peso específico pero que, más tarde, consideraría inherentes al desarrollo capitalista; porque el proceso de destrucción creadora, que constituye la argamasa del capitalismo, resulta de una conjunción de la empresa y de los hábitos de innovación que ésta desencadena [2]. Solow, que en un conocido trabajo de 1957 introduce el cambio técnico en la función agregada de producción y considera que ese cambio supone cualquier modificación de la función, concluye que esa variable predomina sobre las demás a la hora de explicar el aumento de productividad ocurrido en Norteamérica de 1909 a 1949; a su entender, la productividad se dobló en ese período y el 87,5 por 100 de ese incremento debía ser atribuido al cambio

[1] Cap. 1 del libro IV de los *Principles of Political Economy.* Se ha utilizado la edición de Donald Winch (libros IV y V), Pelican Classics, Middlesex, 1970.

[2] Véase su *The Theory of Economic Development,* Harvard University Press, Cambridge, 1934, en lo tocante a la visión del desarrollo, y el Cap. IX de *Capitalism, Socialism and Democracy,* Harper, Nueva York, 1962, por lo que se refiere al papel que desempeña el progreso técnico. La primera obra data de 1911, con edición en inglés de 1934, y la segunda de 1942.

tecnológico [3]. En el mismo año, Kaldor efectúa una distinción entre el incremento de productividad que se debe a la acumulación de capital y el que procede de la innovación técnica, si bien las dos variables se relacionan: si no se introducen nuevas técnicas en la función de producción, el ritmo de acumulación de capital de la economía es débil pero la capacidad de absorción y utilización de técnicas nuevas está, asimismo, condicionada por las posibilidades de acumulación de capital [4]. Unos años más tarde, Kaldor y Mirrlees pondrían de manifiesto que el progreso técnico se incorpora a los sistemas económicos, a través del nuevo equipo capital, y que la función de progreso técnico relaciona la variación del capital fijo por trabajador con el ritmo de incremento de la productividad del factor trabajo en los nuevos equipos instalados; un progreso técnico que consideran el motor principal del crecimiento [5].

Pero ¿dónde radica la clave del crecimiento económico: en la investigación científica o en los inventos, inventos que no necesariamente son el producto de esa investigación? Schmookler, que parte de la idea de que un invento es un producto o proceso no conocido por los especialistas en el momento de su aparición, analiza, en su libro, 934 inventos importantes surgidos en todos los países, referidos a cuatro sectores productivos (agricultura, refino de petróleo, fabricación de papel y ferrocarriles) y ocurridos entre los años 1800 y 1957 [6]. Los inventos pueden ser importantes, desde el punto de vista económico, si dan lugar a un incremento sustancial de la productividad y pueden serlo, desde el punto de vista técnico, si conducen a desarrollar uno o varios inventos que sean, a su vez, económicamente importantes. Pero la causalidad investigación científica-inventos no parece relevante para Schmookler, que entiende que, de acuerdo con su análisis empírico, el estímulo fundamental, para que la invención se produzca, presenta un marcado carácter económico: resulta de un problema u oportunidad valorado por el inventor en términos económicos, es decir, en beneficios esperados. Las conclusiones de Schmookler resultarían desalentadoras para el problema que nos ocupa –si la investigación científica estimula débilmente la aparición de inventos, es decir, de nuevas formas de producción, el conocimiento no es la base del desarrollo– si él mismo no hubiera reconocido que, en muchos sectores industriales, tales como el electrónico, el nuclear, el químico y el farmacéutico, esa causalidad es muy firme y si su trabajo no presentara algunas lagunas de importancia. Por ejemplo, que el progreso distinto de la investigación científica permite que, en algunos casos, los inventos se produzcan con más facilidad –y, por tanto, a menor coste –y, en otros, con gran dificultad– y, consecuentemente, a coste mucho más elevado [7].

---

[3] «Technical change and the aggregate production function», *Review of Economics and Statistics,* vol. 39, 1957.

[4] «A Model of Economic Growth», *Economic Journal,* 67, 1957.

[5] «A new model of economic growth», *Review of Economic Studies,* vol. 29, 1961-1962.

[6] J. Schmookler: *Invention and Economic Growth,* Harvard University Press, Cambridge, 1966.

[7] Apreciación efectuada por N. Rosenberg en «Science, Invention and Economic Growth», *Economic Journal,* 84, 1974.

Nuestro objetivo no es la invención –sea de producto o proceso–, sino la tecnología, el producto primero de los esfuerzos de investigación y desarrollo. Una tecnología que, desde el punto de vista económico, presenta tres características: no tiene consumo rival, no es excluyente y está sujeta a fugas. No tiene consumo rival porque cuando un agente económico emplea una determinada tecnología para producir un bien o servicio no impide que otros agentes hagan lo mismo y, en ocasiones, al mismo tiempo. No es excluyente, por lo general, porque los propietarios de la tecnología no pueden, salvo en determinadas ocasiones, conseguir que otros agentes dejen de utilizar esa técnica, aunque no se les haya autorizado a hacerlo; lo cual distingue a la tecnología del equipo capital. Esa condición no excluyente produce fugas técnicas, término que significa dos cosas a un tiempo: 1) las empresas pueden adquirir información generada por otras empresas sin haberla comprado previamente; 2) los propietarios de esa información no cuentan con medios legales eficaces para impedirlo. Esas fugas tienen lugar por distintas vías: unas veces la mera inspección de un producto o la contemplación de un proceso permiten reproducir la tecnología; otras veces son los propios científicos los que revelan el resultado de unos trabajos, a través de publicaciones especializadas, porque no hay normas que lo impidan; el cambio de puesto de trabajo de científicos y de personal especializado es otra forma de trasladar conocimientos de unas empresas a otras [8].

Definiremos, por tanto, la tecnología como «un cuerpo dado de información y conocimientos que puede ser aplicable, sistemáticamente, a la producción de bienes y servicios» [9]; unas veces porque facilitará la creación de nuevos productos, otras porque transformará los procesos productivos. La tecnología es, por tanto, el núcleo central de la innovación, un proceso a su vez de carácter interactivo: los modelos actuales de innovación resaltan el papel fundamental del diseño industrial, las retroalimentaciones existentes entre las etapas directamente relacionadas con el mercado y las ligadas a la tecnología y las múltiples interacciones entre ciencia, tecnología y actividades innovadoras tanto dentro de las empresas como mediante acuerdos de cooperación entre empresas [10] (Anexo 4).

La relación entre tecnología y crecimiento está basada en una simple proposición: la tecnología, incorporada o no al equipo capital, debe aumentar la productividad de los factores de producción e impulsar, por tanto, el proceso de crecimiento. Pero tal proposición no queda claramente avalada por la verificación empírica ni en un caso –no incorporada– ni en el otro –incorporada [11].

Durante los años cincuenta y sesenta se pudo observar que, en la mayoría de países OCDE, la producción total aumentaba más rápidamente que los in-

[8] Sobre todos estos puntos, véase el Cap. 1 de *Innovation and Growth in the Global Economy,* de G. Grossman y E. Helpman, The MIT Press, Cambridge, 1992.

[9] María Paloma Sánchez Muñoz: *La empresa española y la exportación de tecnología,* ICEX, Madrid, 1988, pág. 13.

[10] OCDE: *Technology and the Economy. The Key Relationships,* París, 1992, pág. 16.

[11] Las ideas que aquí se resumen sobre tecnología y crecimiento proceden del Cap. 8 del informe mencionado de la OCDE.

crementos factoriales. Bajo la hipótesis convencional de rendimientos constantes a escala, el porcentaje no explicado de aumento de la producción –también denominado el factor residual de Solow– parecía resultar del progreso técnico no incorporado al equipo capital; de ahí que recibiese el nombre de productividad total de los factores (*Total Factor Productivity*). Desde finales de los años sesenta, sin embargo, la productividad total de los factores ha experimentado una notable caída también en los países OCDE, sin que el análisis empírico acierte a encontrar una explicación adecuada, dado que el progreso técnico no parece haberse detenido en esos países.

La tecnología incorporada al equipo capital debe aumentar la productividad de ese nuevo equipo y permitir un crecimiento de la producción, pero la utilización masiva de ordenadores complejos y de robots no parece haber generado tal efecto en los países OCDE, incluso en los más adelantados desde el punto de vista tecnológico.

Todo lo cual no quiere decir que la relación tecnología-crecimiento no exista; tan sólo pone de manifiesto que la causalidad no es inmediata y que toda una serie de elementos puede reducirla o potenciarla. La aplicación tecnológica necesita de condiciones organizativas que pueden no darse en momentos determinados y retrasar los efectos sobre el proceso de crecimiento: por ejemplo, la baja inversión en infraestructura de muchos países OCDE desde finales de los años sesenta o el descuido en la generación de capital humano pueden explicar la caída de la productividad total de los factores; la terciarización de las economías –el crecimiento del sector servicios– puede explicar por qué la tecnología incorporada no ha tenido un impacto apreciable en la producción de una serie de subsectores: los servicios difícilmente reflejan los aumentos de productividad y, en todo caso, las posibilidades de medición son mucho menores que en los sectores primario y secundario. De ahí que las mejoras organizativas, encaminadas a abrir los mercados y estimular la competencia –con el subsiguiente correlato de necesidad innovadora– deban potenciar la relación entre tecnología y crecimiento.

4.2. EL TECNOGLOBALISMO

A impulsos de la unificación de las economías –por intermedio del comercio, de los movimientos de integración y de la capilaridad de los mercados de capital– puede observarse que la creación, transmisión y difusión de las tecnologías es cada vez más internacional [12]. Ese fenómeno, también denominado «tecnoglobalismo», puede tener tres significados.

El primero de ellos supone que una proporción creciente de innovaciones tecnológicas se explota en mercados internacionales. Por diversas vías: a través del comercio de productos de alta tecnología o mediante la explotación de patentes en mercados internacionales. Las exportaciones de produc-

[12] Tal y como precisan D. Archibugi y J. Michie en *La internacionalización de la tecnología: mito y realidad,* ICE, febrero 1994. Se hace uso, en este punto, de las consideraciones fundamentales del trabajo.

tos de alta tecnología pasaron de suponer un 12,2 por 100 del total de las exportaciones de manufacturas en 1970 a representar el 20,5 por 100 en 1989 [13]; una consecuencia lógica de la importancia que la tecnología tiene para el aumento de las exportaciones. Pero, además, los años ochenta reflejan un aumento rapidísimo de las patentes explotadas en mercados internacionales; lo que equivale a una internacionalización de la tecnología tanto desde el punto de vista del país que la vende como desde el ángulo del país que la usa.

El segundo de los significados implica que la colaboración tecnológica internacional aumenta, es decir, que cada vez es mayor el número de países que comparten los conocimientos técnicos. Unas veces por la colaboración de científicos de distintas nacionalidades –se aprecia un aumento del número de trabajos científicos que están escritos mediante colaboración de especialistas de países diferentes– y otras veces por la vía de las propias empresas. Aunque, en principio, podría suponerse que las empresas son reacias a compartir sus conocimientos con las posibles competidoras, la realidad demuestra que la colaboración es amplia, entre otras razones porque lo que podríamos denominar ventajas comparativas en el terreno científico estimula esa colaboración: Estados Unidos mantiene una clara superioridad tecnológica en el campo de la biotecnología, Alemania predomina en determinados aspectos del sector químico y Gran Bretaña ofrece enormes posibilidades en la investigación farmacéutica.

El significado tercero se refiere a la generación internacional de tecnología, un significado que queda estrechamente vinculado a las empresas multinacionales. No es raro que gobiernos o universidades participen en proyectos tecnológicos internacionales, pero la creación de tecnología, a escala internacional, es privativa de esas empresas, y lo es porque su presencia en muy diferentes países termina por descentralizar sus actividades de investigación y desarrollo; especialmente en el caso de las empresas europeas.

4.3. EL PRIMER SIGNIFICADO: LA EXPLOTACIÓN INTERNACIONAL DE INNOVACIONES TECNOLÓGICAS

Ya se ha señalado el considerable crecimiento de la exportación de manufacturas de alta tecnología, pero, aunque ello suponga una forma de globalización, incluida en este primer significado, no es menos cierto que, en un mundo abierto, toda innovación tecnológica tiende a impulsar el comercio internacional: la tecnología incorporada aumenta la competitividad y es, en muchas ocasiones, el factor explicativo del incremento de las exportaciones. De ahí que la paradoja de Kaldor –la pérdida de cuotas de mercado internacional por parte de Estados Unidos y Reino Unido (1961-1973), pese a la reducción experimentada en sus precios de exportación y la ganancia obtenida por Japón y Alemania, países en los que costes y precios se movieron en el

[13] Art. cit., pág. 28.

sentido contrario, teniendo en cuenta, en todos los casos, la evolución de los tipos de cambio– fuera resuelta por Fagerberg haciendo intervenir la tecnología: la competitividad tecnológica es la que explica las diferencias y la que, en el caso japonés, constituyó la clave del aumento de las exportaciones [14].

Mucho más ligada a este primer significado es la protección internacional de patentes por parte de las empresas, una medida que persigue dos objetivos: comercializar, en mercados distintos al suyo, la propia innovación tecnológica –incorporada o no– y evitar que la tecnología se explote, sin su aquiescencia, en países terceros.

El Cuadro 4.1 pone de manifiesto la tasa de dependencia o proporción que existe entre patentes extranjeras y nacionales (no residentes/residentes) en una muestra amplia de países OCDE.

CUADRO 4.1. TASA DE DEPENDENCIA
(Registro de patentes de no residentes/residentes)

País	% año 1992	País	% año 1992
Australia	2,58	Nueva Zelanda	3,41
Austria	19,20	Noruega	13,65
Bélgica	55,92	Portugal	183,58
Canadá	14,22	España	22,27
Dinamarca	31,17	Suecia	12,93
Finlandia	6,15	Suiza	13,12
Francia	5,20	Turquía	5,62
Alemania	1,86	Reino Unido	3,73
Grecia	97,19	Estados Unidos	1,01
Islandia	4,32	**Total OCDE**	**1,68**
Irlanda	18,43		
Italia	7,16		
Japón	0,14	América del Norte	1,16
México	12,62	CE	4,00
Países Bajos	25,56	Países nórdicos	13,25

Fuente: Main Science and Technology Indicators, OCDE, París, 1994, 2.

Cabe advertir, de inmediato, que, salvo el caso de Estados Unidos y Japón, la proporción de patentes extranjeras es superior a la de nacionales. En Estados Unidos la proporción es similar, lo que pone de manifiesto que, pese a su enorme capacidad tecnológica, la internacionalización alcanza un grado sustancial. Aunque las notables diferencias que presenta Japón no puedan ser totalmente explicadas por la protección tecnológica que el país mantiene –las barreras culturales y lingüísticas han de ser tomadas, también, en consideración– extraña la reducida penetración tecnológica del resto de los países. Por lo que a los demás países se refiere, es evidente la importancia que reviste la

[14] Los dos puntos de vista están resumidos en el Cap. 11 del informe mencionado de la OCDE.

penetración extranjera de tecnología, penetración que tiende a ser mayor, en términos generales, cuanto menor es el desarrollo tecnológico del país.

Esa internacionalización de tecnología, medida a través de las patentes, acentuó fuertemente su ritmo en los años ochenta, como puede verse en el Cuadro 4.2.

CUADRO 4.2. CRECIMIENTO DE PATENTES NACIONALES Y EXTRANJERAS EN PAÍSES OCDE

	Tasas medias anuales de crecimiento (%)			
	Patentes nacionales		Patentes extranjeras	
País	1970-1980	1981-1990	1970-1980	1981-1990
Estados Unidos	-2,0	4,2	5,0	5,3
Japón	5,1	6,3	-0,8	4,9
Alemania	-0,7	0,3	0,8	6,4
Francia	-2,4	1,6	0,2	7,0
Reino Unido	-2,4	-0,8	0,8	6,2
Italia	n.d.	n.d.	n.d.	n.d.
Países Bajos	-2,1	2,8	1,5	9,0
Bélgica	-3,0	-0,1	-0,1	10,7
Dinamarca	1,7	1,9	-0,3	12,2
España	-4,5	3,1	0,2	20,2
Irlanda	6,8	5,3	4,9	4,7
Portugal	-6,4	1,3	-0,5	7,5
Grecia	-0,8	-12,3	2,4	28,8
Suiza	-3,1	-1,2	2,2	9,4
Suecia	-0,5	-2,3	2,5	9,4
Austria	0,3	-1,5	3,4	10,8
Noruega	-2,7	2,6	-0,1	9,0
Finlandia	4,7	4,2	0,7	12,3
Australia	5,2	0,1	-2,0	5,8
Canadá	-1,1	3,0	-2,1	4,6
Promedio ponderado de la OCDE	1,3	4,1	0,9	7,2
Promedio ponderado de la OCDE (excluido Japón)	-1,6	1,8	1,1	7,4

Fuente: D. Archibugi y J. Michie: *La internacionalización de la tecnología: mito y realidad,* ICE, febrero 1994.

En términos medios, el crecimiento de los años ochenta fue ocho veces superior al de la década anterior y, de forma singular, puede advertirse que el ritmo se mantuvo constante sólo en Estados Unidos e Irlanda, y que creció notablemente en todos los demás países, incluido Japón.

4.4. EL SEGUNDO SIGNIFICADO: LA COLABORACIÓN TECNOLÓGICA INTERNACIONAL

Nada tiene de extraño, como ya hemos indicado, la colaboración entre científicos de distintos países, una colaboración que tiende a acrecentarse porque la especialización así lo requiere –en virtud del carácter interdisciplinario de muchos campos de investigación– y porque las actuales capacidades informáticas lo facilitan. Pero hay más: la dinámica de las comunidades científicas juega un papel destacado en la ampliación de los vínculos internacionales. Por una parte, los científicos tienden a mantener relaciones profesionales y personales con sus colegas, de la misma especialidad, de otros países, de forma que, en buena medida, la ciencia progresa porque las ideas se difunden, y completan, a través de vínculos personales; es más, esa relación suele ser tanto más intensa cuanto más prestigiosos sean los científicos. Por otro lado, los descubrimientos científicos se valoran, por lo menos inicialmente, en función de la categoría de la institución en la que se han producido, del reconocimiento de que goza y, además, de la amplitud y calidad de los contactos internacionales que la institución mantiene. Finalmente, buena parte de los conocimientos no son codificables –se trata de conocimientos prácticos que permiten utilizar, con mayor eficacia, una tecnología dada– y las comunidades científicas tienden a compartirlos en una especie de ayuda mutua de carácter recíproco [15].

Pero también aumenta la colaboración entre empresas en el terreno de la investigación y generación de tecnología. Y no sólo por las ventajas comparativas que puedan darse en cada país, sino, además, por otra serie de razones. Sin asomarse al clima tecnológico de otros países, especialmente de los punteros, la investigación puede quedar estancada y, en consecuencia, también la tecnología resultante, motivo que explica por qué muchas empresas europeas procuran establecer contratos de colaboración con empresas norteamericanas. En un mundo de rápido avance tecnológico, la colaboración permite distribuir riesgos y acelerar el esfuerzo innovador. En un mundo, asimismo, de costes crecientes, los acuerdos entre empresas permiten poner en común capacidades limitadas de investigación y desarrollo y obtener, por esa vía, sinergias apreciables. Además, los acuerdos de colaboración tecnológica facilitan la creación de vínculos estables que permitirán, a su vez, la mejor explotación de la tecnología resultante.

El Cuadro 4.3 recoge la dimensión internacional de los acuerdos de cooperación tecnológica existentes, en 1989, en biotecnología, tecnología de la información y nuevos materiales.

Adviértase que, pese a la existencia de proyectos comunes dentro de la Unión Europea, todavía las empresas europeas colaboran más ampliamente con las norteamericanas que entre ellas mismas: sólo un 18 por 100 del total de los acuerdos se producen entre empresas europeas, mientras que la colaboración con las norteamericanas supone el 21 por 100. La relación de las

---

[15] Informe OCDE, Cap. 3.

CUADRO 4.3. DISTRIBUCIÓN INTERNACIONAL DE LOS ACUERDOS DE COOPERACIÓN TECNOLÓGICA EN LOS ÁMBITOS DE LA BIOTECNOLOGÍA, TECNOLOGÍAS DE LA INFORMACIÓN Y NUEVOS MATERIALES (número y porcentajes)

	Biotecnología	Tecnologías de la información	Nuevos materiales	Total
Europa occidental	233 18,4%	509 18,7%	118 17,2%	860 18,62%
Europa occid. - EE. UU.	245 20,2%	599 22,0%	133 19,3%	977 21,15%
Europa occid. - Japón	38 3,1%	177 6,5%	49 7,1%	264 5,72%
EE. UU.	428 35,3%	707 26,0%	139 20,2%	1.274 27,58%
EE. UU. - Japón	155 12,8%	406 14,9%	94 13,7%	655 14,18%
Japón	58 4,8%	95 3,5%	88 12,8%	241 5,22%
Otros	66 5,4%	225 8,3%	67 9,7%	358 7,75%
Total	**1.213** 100%	**2.718** 100%	**688** 100%	**4.619** 100%

Fuente: D. Archibugi y J. Michie: *La internacionalización de la tecnología: mito y realidad,* ICE, febrero 1994.

empresas europeas con las japonesas es relativamente poco importante, al contrario de lo que sucede con los vínculos entre empresas norteamericanas y japonesas.

4.5. EL TERCER SIGNIFICADO: LA GENERACIÓN INTERNACIONAL DE TECNOLOGÍA

Estrechamente ligada a la evolución de las empresas multinacionales, la generación internacional de tecnología –ésta no se produce en la sede sino en subsidiarias situadas en otros países– se debe a varias causas. La primera es el avance de la telemática, en virtud del cual la investigación básica y el desarrollo de la tecnología puedan ser supervisados desde cualquier centro. Una situación que permite descentralizar el esfuerzo tecnológico, lo que, de un lado, refuerza la colaboración entre filiales y, del otro, permite, en muchos casos, reducir costes y aprovechar las posibilidades de los distintos entornos científicos y empresariales. De ahí que, aunque la investigación básica tienda a mantenerse en la sede, la investigación aplicada –de la que nace la tecnología– se disperse con mucha más frecuencia. La segunda es la necesidad de tener puestos de observación en centros de investigación y tecnología de alcance mundial, lo cual explica que toda una serie de multinacionales de los sectores químico y farmacéutico cuenten con centros de investigación propios en la ciudad de la ciencia de Tskuba, en Japón [16]; la tercera razón emana del proceso de fusiones y adquisiciones transfronterizas que, iniciado en los años sesenta, tuvo su ápice en los años ochenta. No se olvide que, en muchos casos, esos procesos se habían desencadenado para tener fácil acceso a capacidades tecnológicas dominadas por otras empresas; y no se olvide tampoco que, a causa de esas circunstancias, el oligopolio mundial es la característica dominante de los mercados de alta tecnología. La descentralización de la actividad investigadora y tecnológica de las multinacionales tiene, además, una última razón: que las economías, todas, se terciarizan gradualmente, que los servicios son mucho menos comercializables, internacionalmente, que los productos y que conviene, por tanto, que la tecnología se adapte, desde el principio, a las características de los mercados en los que el servicio se va a vender.

CUADRO 4.4. PROPORCIÓN DE PATENTES AMERICANAS DE LAS GRANDES EMPRESAS MUNDIALES ATRIBUIBLES A INVESTIGACIONES REALIZADAS EN EL EXTRANJERO (por sector de actuación de la casa matriz y en porcentaje)

Sector del grupo	1969-1972	1973-1977	1978-1982	1983-1986	1987-1990
Agroalimentario	16,85	20,72	23,43	24,73	23,70
Químico	12,37	13,46	13,47	13,78	14,38
Farmacéutico	16,88	19,14	17,25	16,38	18,24
Metales	10,92	9,20	10,88	9,79	11,54
Mecánico	10,33	10,07	11,23	14,28	14,77
Equipo eléctrico	10,26	9,84	8,71	9,68	9,80
Material de oficina	5,09	8,52	10,11	12,00	11,23
Vehículos	4,88	5,34	5,72	7,13	7,03
Aeronáutico	1,95	2,03	2,29	2,93	2,47
Otros equipos de transporte	9,70	3,36	7,64	5,24	6,54
Textiles	6,45	8,49	7,10	4,31	3,10
Productos de caucho y plástico	7,02	7,44	6,70	6,02	8,47
Materiales de construcción	11,51	12,21	14,16	15,45	16,61
Derivados del carbón y del petróleo	16,53	15,18	13,60	15,12	18,41
Instrumentos de precisión	6,22	4,00	2,93	2,69	1,86
Otros productos manufacturados	5,07	7,68	10,05	12,31	14,03
Total	**10,35**	**10,91**	**10,62**	**11,10**	**11,22**

Fuente: F. Sachwald, *Les déficit de la mondialisation. Innovation et concurrence,* Masson, París, 1994, pág. 114.

[16] Caso citado por John Dunning: *The globalization of business,* Routledge, Londres, 1993, págs. 65 y 66.

Un método utilizado para mostrar la generación internacional de tecnología es el de Patel y Pavitt, consistente en examinar la procedencia de las patentes registradas en un país –Estados Unidos– por grandes empresas [17]. Si parte de esas patentes se han registrado desde fuera del país de origen de la gran empresa, la prueba resulta reveladora. El Cuadro 4.4, que sigue la metodología mencionada, muestra lo ocurrido en 16 sectores industriales.

Los datos muestran que la tendencia no es general (Cuadro 4.4). La internacionalización se produce, claramente, en los sectores agroalimentarios, de materiales de construcción, mecánicos, equipos de oficina y otros productos manufacturados, pero en otros sectores, tales como la aeronáutica o los instrumentos de precisión, todavía se advierte una fuerte concentración.

4.6. EL FACTOR LIMITATIVO DE LA DIFUSIÓN INTERNACIONAL DE TECNOLOGÍA: EL SISTEMA NACIONAL DE INNOVACIÓN

Podría pensarse, al examinar las tres vías por las cuales la tecnología se difunde internacionalmente, que la ventaja tecnológica ha dejado de ser un elemento diferenciador fundamental de la evolución económica de los distintos países: que, dado que la tecnología circula con facilidad por los tres cauces mencionados, siempre es posible acceder a cualquier nivel tecnológico; lo cual significaría, en suma, que las divergencias tecnológicas no operarían como restricciones de las posibilidades expansivas de las economías.

Es cierto que la información codificada –en forma de planos, instrucciones de manejo, teorías y modelos de previsión– se transmite con facilidad, pero no ocurre lo mismo con la información no codificada, es decir, el tipo de conocimientos que permiten utilizar adecuadamente la información codificada y hacer frente a la enorme complejidad que acompaña a la tecnología moderna. Y la prueba primera de esa dificultad radica en las diferencias tecnológicas que se advierten entre países desarrollados: entre Estados Unidos, Japón y Europa occidental existen notables diferencias sectoriales de capacidad tecnológica, pese a que las vías de transmisión llevan mucho tiempo abiertas.

Una explicación, ampliamente aceptada, hace referencia al sistema nacional de innovación, es decir, a «las instituciones nacionales, sus fórmulas incentivadoras y sus capacidades, por cuanto determinan el ritmo y dirección de la absorción tecnológica (o el volumen y composición de las actividades innovadoras) de un país» [18].

[17] P. Patel y K. Pavitt: «Large firms in the production of world's technology: an important case of nonglobalisation», *International Journal of Business Studies,* primer trimestre, 1990.

[18] P. Patel y K. Pavitt: «National Innovation Systems: Why They Are Important, And How They Might Be Measured And Compared», *Economic Innovation and New Technologies,* 1994, vol. 3.

Cuatro tipos de instituciones enmarcan ese sistema en cualquier país: las empresas, y muy en especial las que invierten directamente en innovación; las universidades o instituciones similares, en la medida en que desarrollan la investigación básica y la propia capacidad de los investigadores; las instituciones públicas y privadas dedicadas a la educación general y a la formación profesional, y los gobiernos, en la medida en que financian, promueven y regulan el cambio técnico.

Por lo que atañe a los incentivos, los elementos que deben ser considerados son de índole muy variada: los gobiernos apoyan, con mayor o menor intensidad, la investigación de base; las empresas facilitan, también de manera muy distinta, la formación de los trabajadores, y existen claras diferencias, de unos a otros países, en la valoración que las empresas realizan de los posibles beneficios monopolísticos derivados de la innovación o de la imitación.

Existen, de unos a otros países, brechas tecnológicas, es decir, diferencia de capacidad tecnológica, que se deben a la existencia de distintos niveles de investigación y desarrollo (I+D) observables sectorialmente. Esas brechas tecnológicas darían lugar, por lo que a las empresas se refiere, a diferencias notables en los bienes y servicios que facilitan, a la eficacia con que actúan y a su posible evolución futura [19].

En suma, no basta con que la tecnología esté disponible; es necesario utilizarla adecuadamente, y la capacidad de utilización varía de unos a otros países porque varía la organización social en la que se apoya la «producción, difusión y empleo de conocimientos nuevos y económicamente útiles» [20].

Esas diferencias organizativas explican, en parte, por qué la evolución tecnológica es distinta en Estados Unidos, Japón y Europa occidental, tal y como se advierte en el cambio de ventajas tecnológicas reveladas.

La ventaja tecnológica revelada, definida por Patel y Pavitt como la proporción que corresponde a un país en las patentes registradas en EE. UU. en un determinado terreno tecnológico, dividida por la proporción que ese país representa en las patentes registradas, en todos los campos, en EE. UU., pone de manifiesto el peso relativo del país en esa especialidad. Es, como puede observarse, un indicador similar al que se utiliza en el análisis del comercio internacional: los valores inferiores a la unidad reflejan debilidad en ese campo tecnológico, los superiores reflejan fortaleza; un valor decreciente muestra pérdida de importancia y uno creciente aumento de importancia.

Como puede observarse en el Cuadro 4.5, Estados Unidos ha visto declinar su importancia en los sectores de vehículos de motor y electrónica de consumo, pero ha ganado peso en el sector de tecnología de defensa, materiales y telecomunicaciones. Japón se ha movido en la dirección contraria: ha mejorado su posición en el conjunto del sector electrónico y en vehículos a

---

19 *Ibidem.*

20 B. A. Lundvall (National Systems of Innovation), citado por P. David y D. Foray: *Accessing and expanding the science and technology knowledge-base,* OCDE, París, 1994, pág. 9.

CUADRO 4.5. VENTAJAS TECNOLÓGICAS REVELADAS POR SECTORES: 1963-1968 A 1985-1990

	Estados Unidos		Japón		Europa occidental	
	1963-68	1985-90	1963-68	1985-90	1963-68	1985-90
Productos químicos muy elaborados	0,89	0,97	2,95	0,72	1,34	1,33
Productos químicos industriales	0,93	0,98	1,62	0,92	1,29	1,19
Materiales	1,04	0,95	1,02	1,42	0,86	0,83
Maquinaria no eléctrica	1,01	0,99	0,77	0,85	0,99	1,13
Vehículos de motor	0,89	0,55	0,83	2,21	1,48	1,02
Maquinaria eléctrica	1,00	1,01	1,17	1,08	1,00	0,92
Equipos electrónicos	1,02	0,97	1,47	1,65	0,92	0,61
Telecomunicaciones	1,03	1,04	1,06	0,97	0,91	0,94
Electrónica de consumo	0,94	0,65	1,99	2,50	1,26	0,59
Tecnología de materiales	1,08	1,28	0,44	0,37	0,61	0,83
Tecnología de defensa	0,99	1,15	0,36	0,09	1,14	1,40

Fuente: P. Patel y K. Pavitt, *National Innovation Systems...*, pág. 84.

motor, lo ha empeorado en el sector químico y sigue teniendo poca importancia en el campo de los materiales y tecnologías asociadas a la defensa. Europa occidental sigue una pauta similar a la del país dominante, Alemania: posición fuerte en la industria química, peso creciente en defensa, caída en el sector de vehículos automóviles y debilidad en electrónica.

Por supuesto, las diferencias organizativas, o particularidades de los sistemas nacionales de innovación, no son los únicos condicionantes de la difusión tecnológica. También lo son la estabilidad macroeconómica, la tasa de ahorro de la economía y el grado de apertura de la misma: la estabilidad macroeconómica porque facilita la asignación de recursos y mejora las expectativas empresariales, amén de evitar la excesiva volatilidad del tipo de cambio; la tasa de ahorro porque incidirá sobre el coste del capital, un precio fundamental en toda variación tecnológica; el grado de apertura de la economía porque, de un lado, la necesidad de innovación es más patente en economías abiertas y porque, del otro, la inversión directa extranjera –una de las formas de difusión internacional de la tecnología– se facilita cuando la entrada y salida del capital correspondiente no plantea problemas.

4.7. EL ALCANCE DE LA DIFUSIÓN INTERNACIONAL DE TECNOLOGÍA

Por todas las razones anteriormente apuntadas, la transmisión de tecnología no ha sido uniforme, no ha alcanzado por igual a todas las zonas del mundo: ha sido profunda en los países OCDE, ha alcanzado niveles considerables en los nuevos países industrializados y no ha llegado a una parte del mundo en desarrollo.

En el bloque OCDE, la transmisión ha sido profunda porque los tres caminos del tecnoglobalismo han influido, de manera muy clara, en esos países. Y buena prueba de ello es que la inversión directa internacional de la OCDE, que ha alcanzado durante los años ochenta crecimientos muy rápidos –de 1983 a 1989 creció a una media anual del 31,4 por 100, triplicando con ello el ritmo de crecimiento del comercio– se ha concentrado en los propios países OCDE. Especialmente en los que forman la tríada: Estados Unidos, Japón y la Comunidad: en el período 1980-1988, el stock de inversión directa extranjera entre los miembros de esa tríada pasó de 142.000 millones a 410.000 millones de dólares, lo que viene a suponer un 39 por 100 del stock de inversión directa mundial [21]. Esa inversión incluye no sólo la instalación de subsidiarias en otros países y la toma de participaciones minoritarias en una serie de industrias nacionales; incluye, también, toda una serie de fusiones y adquisiciones transfronterizas, precisamente una de las características más destacadas de los años ochenta. Por la acción de la inversión directa, la capacidad tecnológica de esos países tiende a homogeneizarse: en parte por la globalización tecnológica y, en parte, porque los sistemas nacionales de innovación se hacen menos dispares, al aumentar la comunicación y competencia entre los mismos.

Los nuevos países industriales que, en este caso, comprenden los cuatro del sudeste asiático (Corea, Taiwán, Singapur y Hong-Kong), dos economías cuasi-continentales (India y Brasil) y algunos otros países asiáticos (Malasia, Tailandia, Filipinas e Indonesia) han experimentado un avance considerable en el terreno tecnológico. Y lo han logrado de múltiples formas [22].

Lo han logrado por medio de inversión directa extranjera: en los años ochenta buena parte de los flujos de inversión directa a países en desarrollo se concentraron en esos países. En parte por sus posibilidades de crecimiento, en parte porque ya contaban con una base industrial firme que generaba múltiples economías externas, en parte porque el capital humano –en especial el de los países del sudeste asiático– facilitaba el proceso de inversión y explotación de lo producido. Lo han logrado también por la importación de tecnología incorporada al equipo capital. El caso más conocido es el de la maquinaria textil, que ha dado lugar a que todos estos países no sólo se hayan convertido en importantes exportadores de productos textiles sino que, además, parte de ellos venda, generalmente a países en desarrollo, maquinaria textil adaptada a sus necesidades. Y lo han logrado, finalmente, importando tecnología no incorporada y participando en todas las fases del proyecto correspondiente para asimilar los conocimientos y aumentar así su base tecnológica. Tanto en Corea como en Brasil, por hacer uso de dos ejemplos, la importación de tecnología para la fabricación de detergentes químicos no biodegradables (Corea) o de productos siderúrgicos (Brasil) dio lugar a que,

[21] Informe OCDE, págs. 213 y 214.

[22] Lo que sigue resume el Cap. 12 del Informe OCDE.

terminado el proyecto original, las empresas autóctonas fueran capaces de instalar nuevas plantas, sin ayuda técnica exterior.

El proceso de asimilación tecnológica ha sido gradual y continuo. Gradual porque todos estos países han dominado primero la tecnología más simple, la necesaria para fabricar y exportar bienes de consumo no duradero, pero han ido, posteriormente, buscando y asimilando tecnologías más complejas que les permitieran aumentar el valor añadido de su exportación. Continuo porque, a la par que recibían la tecnología extranjera, han potenciado sus esfuerzos de investigación y desarrollo para ser capaces de readaptar esa tecnología. Un caso paradigmático es el del Instituto Coreano de Tecnología Electrónica, una institución pública creada, inicialmente, para enseñar el uso eficiente de procesos productivos apoyados en circuitos integrados y que hoy, convertido en el Instituto de Investigación en Electrónica y Telecomunicaciones, desarrolla su propia investigación básica en ese campo.

Hay que añadir que la vocación exportadora de esos países, sobre todo de los asiáticos, les ha obligado a vigilar continuamente las calidades de los bienes producidos, lo que ha generado retroalimentaciones positivas en la absorción y mejora de la tecnología.

El panorama es diferente en el resto de los países en desarrollo. La difusión es lenta en muchos de los países de América latina e inexistente en los países africanos. Lo cual contribuye, con especial fuerza, al estancamiento y pauperización de sus economías: el desarrollo tecnológico, además de requerir una organización social que lo apoye, es, en parte, autosostenido y, en consecuencia, la disparidad de potencial tecnológico se refleja, muy directamente, en las distancias económicas existentes entre países.

4.8. LA CAPACIDAD INTEGRADORA DE LA TECNOLOGÍA

Pese a todo ello, pese a la desigual distribución de la tecnología, avanzamos hacia un mundo tecnológicamente abierto. Y una primera prueba de ese avance es que la disparidad tecnológica que separaba a Estados Unidos de Japón y Europa occidental, en los años cincuenta y sesenta, se ha reducido enormemente; más aún, la tecnología de procesos, en la que Japón se ha especializado, le permite ser el primer exportador de bienes desarrollados en otros países: las cámaras de vídeo, las grabadoras y el fax son productos inicialmente norteamericanos, como holandés es el lector de disco compacto, pero el dominio del mercado mundial de todos ellos corresponde a los japoneses [23].

Esa apertura –que significa que, salvo excepciones, la tecnología básica, sea de producto o proceso, puede adquirirse sin excesivas dificultades– tiene múltiples orígenes. El primero de ellos es la presencia y actuación de las empresas multinacionales que, además, son las generadoras de tecnología por

[23] Citado por Lester Thurow: *Head to Head. The Coming Economic Battle Among Japan, Europe and America,* Morrow and Company, Nueva York, 1992, pág. 47.

excelencia. Las multinacionales difunden su tecnología por los más diferentes mercados; descentralizan la investigación, para hacer uso de las ventajas propias de cada país; y firman acuerdos de cooperación para distribuir el riesgo inherente a la producción de nueva tecnología. Puesto que las multinacionales se expanden, a la búsqueda de nuevos mercados, el proceso de apertura corre parejo con esa expansión y tanto más cuanto que el uso de la tecnología da lugar, casi siempre, a filtraciones que ampliarán su difusión: muchas de las piezas empleadas en la fabricación de un nuevo producto se subcontratan; esas piezas deben responder a las especificaciones impuestas por la multinacional; el proceso se extiende, por tanto, por esa vía.

La inversión directa es otra razón de la apertura, una inversión que, en la mayoría de las ocasiones, implica a una o varias empresas del país receptor y las introduce en el campo tecnológico del inversor.

Por medio del comercio internacional de bienes, la tecnología incorporada se difunde. Es posible que la empresa exportadora proteja, por los medios a su alcance, la propiedad de esa tecnología, pero, con frecuencia, la difusión se produce porque la técnica básica se copia y se adapta.

Y la apertura deriva, también, de la procedencia multinacional de los científicos que se educan en las grandes universidades y centros de investigación occidentales. Parte de esos científicos se quedarán en el país en el que han adquirido los conocimientos, pero otra parte volverá a su país de origen y permitirá la difusión por una doble vía: por el dominio de una determinada técnica y por la capacidad de entender y adaptar otras técnicas distintas.

La apertura de los mercados tecnológicos tropieza con una restricción ya analizada: la tecnología requiere de una compleja organización social –el sistema nacional de innovación– que varía de unos países a otros y que, en muchos de ellos, los menos desarrollados, no existe. Sin esa organización, la difusión tecnológica no se produce, pero la comunicación creciente de los mercados irá desarrollando, en círculos concéntricos, la organización necesaria. El propio interés de los países tecnológicamente más avanzados facilitará la consecución de ese objetivo: en parte para poder vender no sólo la tecnología incorporada sino también la no incorporada y, en parte, para abrir nuevos mercados desde los que operar a escala mundial.

Los próximos años serán testigos, muy probablemente, de nuevos avances en la apertura de los mercados tecnológicos, avances que redundarán en una mayor integración de los mercados y de las economías.

ANEXO 4.1. MODELO INTERACTIVO DEL PROCESO DE INNOVACIÓN

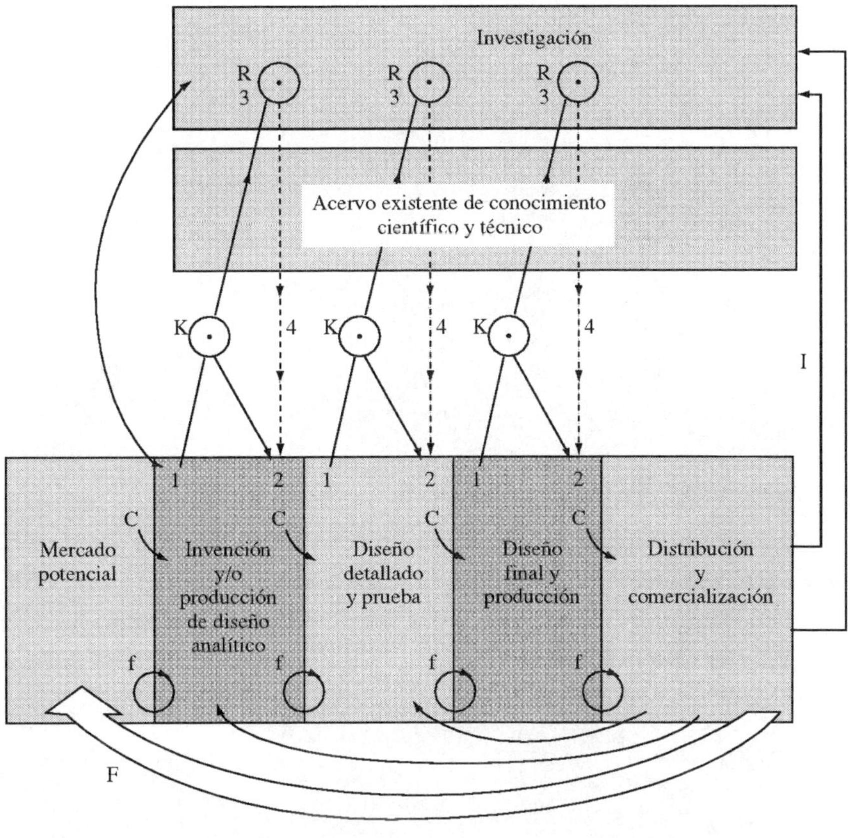

C = Cadena de innovación
f = Retroalimentaciones
F = Retroalimentaciones fundamentales

K-R: Vínculos entre tecnología e investigación
D: Vínculos entre investigación y actividad de invención y diseño
I: Contribución científica del sector de manufacturas
S: Apoyo financiero a la investigación de empresas ligadas a la producción

Fuente: OECD. «Technology and the Economy. The Key Relationships», 1992, pág. 25.

PARTE II

Las fuerzas centrífugas

5

LOS NIVELES DE DESARROLLO

5.1. LOS HECHOS

Como es bien sabido, la economía mundial está formada por países con distintos niveles de desarrollo económico, pero, antes de examinar las razones y consecuencias de esas disparidades, conviene efectuar una triple precisión.

Por lo general, el indicador empleado para medir el nivel de desarrollo es el Producto Interior Bruto *per cápita*, un indicador que presenta varios inconvenientes: los tipos de cambio utilizados para reflejar todos los datos en una misma moneda, el dólar norteamericano, pueden desdibujar la comparabilidad de las cifras, pese a que los organismos internacionales los corrigen mediante factores de conversión que buscan medir adecuadamente el nivel de precios relativos; los registros estadísticos de muchos países en desarrollo son rudimentarios y valoran inadecuadamente el producto total; los niveles de vida dependen de los precios internos, muy diferentes de unos a otros países: un norteamericano o un europeo occidental morirían de inanición con la renta de un indio o de un etíope; el producto *per cápita* mide el valor de los bienes y servicios finales de que dispone el ciudadano medio, pero no explicita si esos bienes y servicios contribuyen o no al bienestar de la sociedad: cuentan lo mismo los alimentos y los servicios educativos que las armas; el producto *per cápita* no nos dice nada acerca de la distribución de la renta. Es, por tanto, sólo una medida aproximada del nivel de desarrollo de los países, una medida que tiene que ser completada con otros varios indicadores –relativos, por ejemplo, a salud, nutrición y educación–, pero que permite acercarnos a un concepto, el de nivel de desarrollo, enormemente esquivo. Se trata, de todas formas, de un indicador que ha demostrado su operatividad: los países con producto alto, los desarrollados, muestran, en términos generales, condiciones de vida muy superiores a los de producto bajo, los países en desarrollo.

Los organismos internacionales que se ocupan de analizar los problemas de desarrollo, en especial el Banco Mundial y el Fondo Monetario Internacional, se muestran parcos a la hora de ofrecer datos sobre China y los antiguos países del Este europeo. La razón estriba en la dificultad de presentar cifras fiables y, por ello, procuran evitar las comparaciones aunque sepamos que China es un país de baja renta que experimenta desde hace años crecimientos muy rápidos y que los antiguos países comunistas europeos son un grupo de renta media en los que, salvo excepciones, el producto *per cápita* cae desde 1990.

La condición desarrollado-subdesarrollado cambia con el paso del tiempo porque los distintos grupos y países presentan trayectorias diferentes: en los años sesenta España todavía era un país en desarrollo y hoy figura entre los desarrollados; Hong-Kong, Singapur o Corea del Sur son también países desarrollados, aunque no estén todavía clasificados como tales; algunos de los países latinoamericanos se hubieran encuadrado ya en el grupo desarrollado si hubieran mantenido ritmos de crecimiento aceptables durante la década de los ochenta. El subdesarrollo no es, pues, una condición inevitable, sino un estadio que puede superarse.

El Gráfico 5.1 muestra, de forma simple, lo ocurrido con distintos grupos de países desde 1950 hasta el momento presente, utilizando como indicador el PIB real *per cápita.*

GRÁFICO 5.1. EVOLUCIÓN DEL PIB REAL *PER CÁPITA.* DÓLARES DE 1985 Y ESCALA LOGARÍTMICA

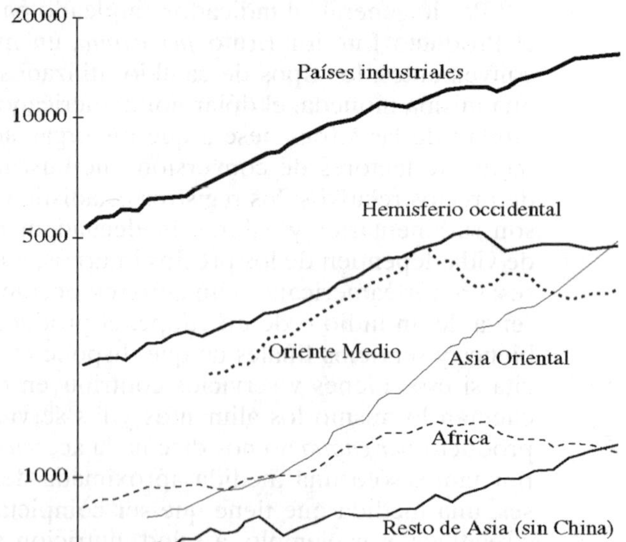

Fuente: FMI. *World Economic Outlook*, octubre 1994, y Gráfico 2.5.
Clasificación empleada por el FMI:
Países industriales: Canadá, EE. UU., Europa Occidental, Japón, Australia y Nueva Zelanda.
Hemisferio occidental: América latina (sin Méjico ni Cuba).
Oriente Medio: Egipto, Irán, Iraq, Israel, Jordania y Siria.
Asia oriental: Hong-Kong, Indonesia, Corea, Malasia, Singapur, Tailandia y Taiwán.
África: Norte de África, África negra, Sudáfrica, Madagascar, Mauricio y Seichelles.
Asia: Fiji, Filipinas, India, Myanmar, Papua Nueva Guinea y Pakistán.

Las agrupaciones, como puede observarse, no incluyen todos los países y, además, dejan fuera a todos los integrantes del Este europeo y a China. La razón, lo repetimos, es la reducida comparabilidad de los datos: muy poco fiables en el Este europeo –denominado ahora «economías en transición»– y escasos en China. Pero el gráfico, pese a no englobar a todas las economías, cuya situación actual puede advertirse en el anexo al presente capítulo, permite extraer varias conclusiones significativas:

Conclusión primera: el PIB real *per cápita* ha crecido en todos los grupos de países de 1950 a 1992, lo que quiere decir que, en ese período, se ha producido una elevación generalizada de los niveles de vida.

Conclusión segunda: la distancia con respecto a los países industriales se ha agrandado en el caso del Hemisferio occidental, Oriente Medio y África. Esa situación se ha producido, sobre todo, en la década de los ochenta y aqueja, asimismo, a África, zona en la que el producto real disminuye desde principios de los años ochenta.

Conclusión tercera: el mayor dinamismo corresponde a los países de Asia oriental, que han superado, en producto real *per cápita*, a los latinoamericanos y que, de mantener la tendencia, habrán sobrepasado, en un plazo no superior a dos décadas, a los países industriales. El resto de Asia, sin China, muestra también un notable dinamismo y, a partir de los niveles más bajos a principios del período, ha sobrepasado a África.

Conclusión cuarta: Oriente Medio, que en buena parte recibió el impulso de la primera crisis del petróleo, es también área en declive aunque parece haberse recuperado desde mediados de la década anterior.

Los cambios que el gráfico muestra, y que resultarían mucho más acentuados si el nivel de agregación fuera menor, ponen de manifiesto que, como ya se ha señalado, el subdesarrollo puede superarse, pero advierten igualmente que el proceso de desarrollo puede estancarse o invertirse: una parte de Asia parece acercarse velozmente al mundo desarrollado; Latinoamérica, que podía haberse acercado sustancialmente a los países industriales, se ha separado de ellos por el estancamiento sufrido en los años ochenta; África es una zona en declive que se aparta cada vez más del mundo desarrollado. Parece, pues, procedente intentar responder a dos preguntas: 1) ¿Cuál es la clave del crecimiento continuado? 2) ¿Cuáles son las razones del declive económico?

5.2. POR QUÉ CRECEN LOS PAÍSES

Al aceptar que el producto *per cápita* es un razonable indicador admitimos implícitamente, que su continuado crecimiento es la llave del desarrollo. Aplicamos, por tanto, un concepto de desarrollo occidental –los niveles de vida dependen de la cantidad de bienes y servicios de que dispone un ciudadano medio– que puede perfectamente cuestionarse, pero que es el que goza de aceptación generalizada. A partir de la idea central, la pregunta se descompone en dos nuevas incógnitas: 1) ¿Cómo lograr que el PIB crezca de forma apreciable durante largos períodos de tiempo? 2) ¿De qué manera puede conseguirse que el crecimiento de la población no haga naufragar el logro de un mayor producto total? España puede perfectamente servirnos de ejemplo: en el período 1960-74 la tasa interanual de crecimiento del PIB fue, en términos reales, del 7,15 %; la de la población, de 1,06 %; en consecuencia, el PIB *per cápita* aumentó, en términos constantes, un 6,03 % anual, desde 331.455 pesetas en 1960 a 751.959 en 1974. El tránsito del subdesarrollo al desarrollo se había consumado [1].

El crecimiento del producto total depende del aumento de la productividad del factor trabajo y ésta, a su vez, del aumento de la inversión: en la medida en que se aumente el stock de capital de la economía, la productividad del trabajo se elevará y el crecimiento de la oferta total de bienes y servicios se producirá. En la versión neoclásica, la clave del crecimiento radica en la tasa de ahorro, exógena al modelo: a tasas de ahorro más altas corresponden países más ricos. Siguiendo la línea neoclásica, trabajos más modernos entienden que la acumulación de capital físico y humano permite dotar al modelo de mayor capacidad predictiva.

Considerando que el problema del crecimiento exige un análisis más depurado, toda una serie de investigaciones actuales tratan de explicar el incremento de la productividad por la acción de factores endógenos: el aprendizaje en el trabajo (*learning by doing*), el capital humano, el esfuerzo de investigación y desarrollo y la dotación de infraestructura pública. El aprendizaje en el trabajo supone que los conocimientos técnicos mejoran a consecuencia de la experiencia adquirida por los trabajadores y, por tanto, la productividad de los propios trabajadores también. La acumulación de conocimientos del factor trabajo, la generación de capital humano, puede no sólo aumentar su productividad, sino también la de los demás factores de producción; una acumulación de conocimientos que constituye una actividad social por cuanto se transmite de una generación a otra. Para los proponentes del esfuerzo en investigación y desarrollo, en tanto que motor de crecimiento, la evolución técnica depende de ese esfuerzo y determina la capacidad de crecimiento de la economía; de ahí que las diferencias en ese tipo de inversión se traduzcan en diferencias de ritmo de crecimiento. La inversión en infraestructura pública, bien sea física (transportes, por ejemplo) o inmaterial (educación o derechos de propiedad, entre otros) elevará la productividad del capital privado y con ella la capacidad de crecimiento del conjunto de la economía [2].

El crecimiento, en tanto que fenómeno complejo, puede también hacerse depender de una suma de causas, como propone Scott: el aumento de la ma-

[1] Datos facilitados por el Instituto Nacional de Estadística.

[2] El trabajo pionero de R. Solow («A contribution to the Theory of Economic Growth», *The Quarterly Journal of Economics*, LXX, 1956) es el punto de partida del modelo neoclásico, completado, en la actualidad, con el de G. Mankiw, D. Romer y D. Weil («A Contribution to the Empirics of Economic Crowth», *The Quarterly Journal of Economics*, CVII, mayo 1992). Paul Romer («Increasing returns and long-run growth», *Journal of Political Economy*, 94, 1986) ha estudiado, entre otros, el influjo del aprendizaje en el trabajo; el análisis del capital humano debe mucho al trabajo de R. Lucas («On the mechanics of economic development», *Journal of Monetary Economics*, 22, 1988); el esfuerzo en I+D es el hilo conductor de la obra de G. Grossman y E. Helpman («Innovation and Growth in the Global Economy», *The MIT Press*, 1991); con respecto a la infraestructura, véase R. Barro («Government spending in a simple model of endogenous growth», *Journal of Political Economy*, 98, 1990).

no de obra especializada, la acumulación de capital y la eficacia de la inversión. Es decir, del aumento del número de horas trabajadas debido al incremento de los conocimientos y experiencia de la mano de obra, del incremento de la inversión material en sentido amplio y del rendimiento de las inversiones, un rendimiento que descansa no solamente sobre decisiones individuales, sino también sobre la configuración institucional de la economía, en especial sobre su sistema fiscal y financiero y el funcionamiento de los mercados de factores y productos [3].

Pero no nos engañemos: cuando se analizan los problemas del crecimiento se utilizan modelos que corresponden a países industrializados o, por lo menos, con suficiente base industrial. Los problemas del desarrollo son otros, porque las características de las que se parte son distintas: en un país subdesarrollado el sector predominante es el primario, lo que hace que la oferta exportable se concentre en los bienes de ese sector; una proporción muy amplia de la mano de obra es trabajo sin cualificar y con niveles educativos ínfimos, lo que hace más difícil su cualificación; los niveles de renta son bajos y, por tanto, también es reducida la tasa de ahorro; y, lo que es peor, la organización institucional y el clima social no son los más adecuados para fomentar las actividades productivas: la estructura financiera y fiscal es rudimentaria, el sistema de precios sufre distorsiones importantes, el cuadro fundamental de valores sociales entorpece, con frecuencia, la organización productiva. Por eso hay que distinguir entre «crecimiento» y «desarrollo»: en el primero de los casos se trata de singularizar los resortes que impulsan una economía desarrollada, es decir, industrializada; en el segundo, lo que importa es identificar las vías que permiten soltar los frenos del subdesarrollo y encontrar una senda de crecimiento autosostenido. El objetivo es el mismo –el crecimiento del producto total–, pero los problemas son mucho más profundos en el caso de los países en desarrollo.

Para superar el estadio de subdesarrollo, un país atrasado tiene, en la actualidad, que dar respuesta a cuatro problemas de considerable alcance: la escasez de capital, la trampa del crecimiento empobrecedor, el bajo nivel de industrialización y la falta de integración en los mercados mundiales.

La escasez de capital deriva de la baja renta de los países en desarrollo y, consecuentemente, de su reducida tasa de ahorro interno. Siempre es posible aumentar el ahorro reduciendo el consumo, pero, en sociedades en las que amplias capas de población se mueven en el nivel de subsistencia, las posibilidades son mínimas; lo normal, por tanto, es buscar ese ahorro en el exterior, unas veces a través de los organismos internacionales y otras por la vía privada (inversiones o préstamos). Un país en desarrollo es, casi siempre, un receptor de capital exterior, un capital que podrá devolver conforme su renta crezca. Gran Bretaña fue un país receptor de capital en el siglo XVIII, en los comienzos de su industrialización, y también lo fue Estados Unidos en el siglo XIX. Si el proceso de crecimiento se desencadena y mantiene, la deuda exterior no debe plantear graves problemas; si el despegue no es autoalimentado, la deuda exterior constituirá una restricción difícil de superar.

[3] Maurice F. Scott: *A New View of Economic Growth*, Clarendon Press. Oxford, 1989. Uno de los más amplios y recientes trabajos sobre crecimiento.

En las primeras etapas de desarrollo, la oferta exportable está todavía muy concentrada y apoyada en los productos primarios. Para el caso de que la exportación crezca, pero empeore la relación real de intercambio, ese crecimiento del volumen físico exportado puede contraer el producto total en lugar de expandirlo. El intercambio internacional actuaría, en este caso, como reductor de las posibilidades de desarrollo. Se trata de una de las razones que dieron lugar al nacimiento de la Conferencia de las Naciones Unidas sobre Comercio y Desarrollo, como ya vimos en el capítulo primero.

La experiencia demuestra que el eje fundamental del desarrollo es el esfuerzo de industrialización: la industria impulsa, en general, toda la actividad productiva, dispara un proceso de aprendizaje que se filtra por todos los huecos de la economía y permite diversificar la oferta exportable. Por eso todos los países desarrollados son países industrializados [4]. Ahora bien, una vez resuelto el problema que plantea la escasez de capital, hay que decidirse por la industrialización hacia dentro –con reserva del mercado interno– o hacia fuera –engastada en los mercados internacionales–: en el primer caso, el proceso queda al abrigo de la competencia exterior, pero plantea enormes problemas de eficacia productiva; en el segundo puede hacerse un más adecuado uso de las ventajas comparativas, pero deberá soportarse la competencia procedente de países más desarrollados. La referencia histórica ofrece ejemplos distintos: el desarrollo británico del siglo XIX se llevó a cabo con apertura creciente, es decir, hacia fuera; el desarrollo alemán del mismo siglo se efectuó apoyándose en el mercado interno y, por tanto, con barreras exteriores importantes. Como luego veremos, las características actuales de la economía mundial hacen muy difícil que hoy se pueda emplear el modelo autárquico.

Sin incorporarse a los grandes mercados mundiales –sin encontrar un hueco en la división internacional del trabajo–, las posibilidades de crecimiento de un país atrasado son muy débiles porque su peso específico, como oferente y demandante, será inapreciable. Salvo que cuente con un recurso básico importante, como es el caso del petróleo, su importancia como fuente productiva declinará sin remedio, porque los productos sintéticos permiten, en la actualidad, sustituir muchos de los recursos naturales; a menos que el incremento de su demanda tenga repercusión palpable en esos mercados, su mercado interno pasará inadvertido. El problema se agudiza en los países que se encuentran geográficamente alejados de los mercados OCDE y se reduce en los que se encuentran en su periferia. La inversión exterior, en tanto que mecanismo de enlace con los mercados, es una de las formas de solucionar el problema.

Nótese que los cuatro aspectos mencionados son, en buena medida, interactivos: si se logra aumentar la inversión y mantener el ritmo de crecimiento, la composición de la exportación variará y la trampa del crecimiento empobrecedor se salvará, el proceso industrializador se pondrá en marcha y la re-

[4] Los productores de petróleo –como Arabia Saudí o Emiratos Arabes Unidos– son países ricos pero no son países desarrollados, porque no son países industrializados. Si el petróleo se agotase, o dejase de ser la principal fuente energética, su nivel de vida se resentiría considerablemente.

lación con los grandes mercados mundiales se producirá; si, desde un principio, se produce la conexión con los mercados mundiales, los otros tres elementos cobrarán dinamismo.

Pero, aun contando con el éxito del proceso descrito, queda un aspecto que no puede olvidarse: el ritmo de crecimiento demográfico. Muchos de los países en desarrollo presentan todavía tasas de incremento demográfico cercanas al 3 % anual y en algunos casos, más frecuentes en África negra y países árabes, superiores. Muchos otros se mueven entre el 2-3 % y son escasos los que oscilan alrededor del 1 % [5]. Lograr que el producto real *per cápita* experimente un crecimiento continuado durante largos períodos es tarea tanto más difícil cuanto más veloz sea el crecimiento de la población. Para doblar, en términos medios, su producto real *per cápita*, un país con crecimiento demográfico del 3 % necesitaría poder crecer, durante 23 años, a una tasa media del 6 % interanual, una posibilidad muy remota sea cual sea la tasa de inversión alcanzada en las fases más dinámicas; pero, además, si el país parte de niveles muy bajos –como sucede, en la práctica, con la mayor parte de los países de demografía pujante– la transformación será muy lenta y el proceso correrá el pelibro de frenarse. Sin contar con que los beneficios del crecimiento no se distribuyen equitativamente entre los diferentes segmentos sociales, lo que explica por qué en los países en desarrollo con crecimiento rápido de población las grandes bolsas de pobreza van ampliándose cada vez más y quebrando los equilibrios sociales [6].

Las posibilidades de que un país pueda resolver los cuatro problemas enunciados y no se vea además trabado por una expansión demográfica rápida, no son muchas y así hay que reconocerlo desde el principio; y buena prueba de ello son los contados éxitos obtenidos en la lucha contra el subdesarrollo en la segunda mitad del siglo XX: los niveles de vida se han elevado, en términos de bienes y servicios disponibles, de forma generalizada, pero son pocos los países que han logrado incorporarse al grupo de los países desarrollados. No hay recetas universalmente válidas y, además, el proceso de crecimiento depende de tantos factores, internos y externos, que puede trizarse con facilidad. No sabemos a ciencia cierta cómo encontrar la senda estable de desarrollo, pero sí sabemos, por verificación empírica, cómo impedir que el desarrollo se produzca y cómo estimular el declive de una economía. Los trabajos académicos apenas han tratado el tema –porque siempre se ha analizado en la dirección contraria–, pero la realidad permite sintetizar las causas principales que conducen a frenar el proceso de desarrollo y a iniciar el declive económico.

---

[5] El problema está tratado en el Capítulo 6 y basta aquí recordar los indicadores de población que figuran en el «Estado de la población mundial 1994» del Fondo de Población de las Naciones Unidas.

[6] Una buena introducción a los modelos de desarrollo es la de Irma Adelman (*Theories of Economic Growth and Development.* Stanford University Press, 1961). Todavía la obra clásica de Ch. Kindleberger (*Economic Development.* McGraw-Hill. Tokyo, edición primera de 1958) ofrece una descripción muy amplia de los problemas de desarrollo. Para una visión panorámica de lo sucedido con los países hoy desarrollados, véase Angus Maddison, *Historia del desarrollo capitalista.* Ariel. Barcelona, 1991.

5.3. LAS RAZONES DEL DECLIVE ECONÓMICO

Una primera razón es la pérdida de la estabilidad macroeconómica, una situación por la que, en alguna época, han pasado todos los países en desarrollo, pero que hasta fechas muy recientes ha caracterizado a buena parte de los países de América latina. Como puede verse en el Cuadro 5.1, la hiperinflación ha sido la característica de Brasil, Argentina, Nicaragua y Perú desde principios de los años ochenta, si bien los demás países soportan tasas de inflación anuales de dos dígitos.

CUADRO 5.1. TASAS ANUALES DE INFLACIÓN EN AMÉRICA LATINA EN LOS OCHENTA Y NOVENTA * (Porcentajes)

	1980-1981	1982-1989	1990-1993	1993
Argentina	108,3	504,8	140,8	7,7
Bolivia	24,5	323,9	13,0	9,2
Brasil	93,3	359,9	1.197,9	2.244,0
Chile	19,9	22,2	17,6	12,2
Colombia	26,6	26,2	26,3	21,2
Costa Rica	39,5	29,7	19,5	9,2
Ecuador	16,2	42,3	47,4	32,3
El Salvador	15,0	21,7	15,6	13,5
Guatemala	8,9	14,8	22,7	12,8
Honduras	10,3	7,0	19,4	13,4
México	19,2	81,3	17,1	8,7
Nicaragua	24,0	866,6	531,1	28,3
Panamá	9,5	1,6	1,7	1,6
Paraguay	11,9	23,4	22,0	19,5
Perú	66,6	301,3	350,1	41,3
Uruguay	35,9	67,4	78,1	52,3
Venezuela	15,2	25,6	35,8	44,1

* Valores promedio de datos anuales (diciembre-diciembre).

Fuente: Patricio Meller. «Políticas de estabilización antiinflacionista». *Información Comercial Española*, núms. 732-733, agosto-septiembre 1994.

En América latina, la inflación tiene un triple componente: académico, político e inercial. El componente académico está ligado a las ideas centrales de la escuela estructuralista latinoamericana, para la que la inflación es el resultado de una serie de rigideces de las economías de la región; de la rigidez de la oferta agrícola, debido a las formas inadecuadas de propiedad de la tierra, rigidez que se traduce en aumentos continuados de los precios de los bienes agrícolas; de la escasa capacidad para importar, derivada de sus problemas continuos de balanza de pagos, lo que supone mayores precios para los bienes que compiten con los importados; de los efectos iniciales del proceso de sustitución de importaciones, cuando todavía no es posible alcanzar economías de escala, y de las necesidades de inversión pública que han de ser financiadas a través del déficit debido a la atrasada estructura impositiva de las economías de la región. Yugular por la vía monetaria la inflación sería, para los estructuralistas, eliminar los síntomas sin poner remedio a la enfermedad, una inflación que se supone sirve de acicate al crecimiento [7]

El componente político es el populismo, un movimiento que tiene sus raíces en los países del Cono Sur, pero que ha influido en casi toda la región. Un movimiento de raíces complejas [8], pero que, en el terreno económico consiste básicamente en ofrecer todo para todos, lo que supone, al mismo tiempo, incrementos sustanciales de salarios, aumento continuado del gasto público y dilatación también continua de la cantidad de dinero. Los controles de precios se aplican, de manera recurrente, para contener la marea inflacionista, pero cuando los controles se eliminan para dar solución a los problemas de abastecimiento, el ritmo de inflación se acelera bruscamente.

El componente inercial cs la indiciación de sueldos y salarios: para limitar el conflicto social que la inflación desencadena, la mayoría de las retribuciones salariales están ligadas a algún índice representativo de la inflación. El resultado inevitable es la multiplicación de las presiones inflacionistas impulsadas por la espiral precios-salarios.

En los últimos años se advierte, tanto en América latina como en otras regiones en desarrollo, una recuperada preocupación por la estabilidad macroeconómica, preocupación que deriva de la experiencia: la inflación no ha sido un estímulo para el crecimiento y mucho menos la hiperinflación; antes bien, la inflación es una rémora para el desarrollo por varias razones suficientemente conocidas y frecuentemente ignoradas: la inflación comprime la capacidad productiva porque impide el cálculo económico y, consiguientemente, emborrona las expectativas; la inflación canaliza las mejores energías sociales hacia la búsqueda de fórmulas para protegerse de la misma; la inflación siempre beneficia a los más ricos y siempre perjudica a los más pobres, lo que supone un proceso de concentración de renta y riqueza.

La segunda razón es el olvido de las funciones que cumplen los precios. El precio refleja el coste marginal y, por tanto, es un indicador de escasez relativa que debe guiar tanto a productores como a consumidores. Las variaciones de precios, en la medida en que modulan ofertas y demandas, facilitan el equilibrio de los mercados, tanto de los físicos como de los financieros. Si los precios se controlan, su capacidad de guía desaparece y el resultado no se hará esperar: desabastecimiento, de un lado, porque las empresas no pueden trasladar sus aumentos de costes al producto final, y mercados negros, del otro, porque la demanda insatisfecha creará mercados paralelos y generará beneficios extraordinarios. Si los bienes y servicios considerados básicos reci-

---

[7] Un resumen muy claro de la posición estructuralista es el de Werner Baer: «The inflation controversy in Latin America: a survey». *Latin American Research Review.* Primavera 1967. Véase también *Contra el monetarismo,* de Raúl Prebisch. El Cid Editor. Buenos Aires, 1982.

[8] Conviene, respecto de los orígenes del populismo, leer los trabajos de José Alvarez Junco («El populismo como problema») y Juan Carlos Torre («La formación del sindicalismo peronista en Argentina») en la compilación de Alvarez Junco y González Leandri: *El populismo en España y América.* Catriel. Madrid, 1994.

ben subvenciones públicas, otra de las formas de controlar los precios, los resultados serán todavía más dañinos: la demanda de tales bienes y servicios se dilatará artificialmente, las funciones de producción se alterarán para hacerse intensivas en tales bienes y servicios, el cálculo económico se emborronará por completo y el Tesoro Público tendrá que hacer frente a un gasto incontrolable. Todo gobierno tiene siempre la tentación de subvencionar la energía, especialmente la electricidad, algunos de los alimentos básicos, los transportes y la vivienda, y la tentación es mayor en los países menos desarrollados porque las condiciones de vida de amplísimas capas de población se mueven en el nivel de subsistencia. Pero hacer uso extensivo del mecanismo de subvenciones producirá, siempre, a medio plazo los efectos enumerados y condenará a la economía al estancamiento.

Un precio fundamental de una economía es el tipo de cambio, por cuanto determina el nivel de precios relativos de un país. En los países en desarrollo, la moneda no es convertible y, por tanto, la cotización de su moneda no se produce en mercados organizados, sino que depende de decisiones administrativas. En muchos casos, el tipo de cambio se mantiene sobrevaluado durante largos períodos para moderar la inflación y provocar una falsa sensación de estabilidad; las consecuencias también son conocidas: el déficit exterior se agranda a causa de la pérdida de competitividad; muchas empresas no pueden seguir compitiendo y desaparecen; la reserva de divisas se agota con rapidez, y para el caso de que se decida utilizar tipos de cambio múltiples, con objeto de estimular la exportación y penalizar la importación, la renta global quedará perjudicada por el empeoramiento de la relación real de intercambio. El mantenimiento de un tipo de cambio irreal es la tercera de las razones que explican el declive de las economías.

El desequilibrio creciente de las finanzas públicas es la cuarta de las razones. Muchos países en desarrollo padecen una hipertrofia del sector público que se debe, por una parte, a su presencia directa en los mercados productivos –a través de empresas públicas– y, por la otra, a la continua intervención tanto en los mercados de factores como en los de productos. Si las empresas públicas proliferan, porque se entiende que el esfuerzo industrializador debe ser guiado por el Estado, si nutridas huestes de funcionarios han de tomar decisiones sobre parcelas muy amplias de la actividad económica, si hay que administrar las múltiples subvenciones que se conceden para abaratar factores y productos, el resultado inevitable es el déficit público continuado que irá dilatando la deuda interna y externa. Con lo cual, además de trabar el desarrollo del país –la productividad del sector público suele ser bajísima en muchos países en desarrollo–, la estabilidad macroeconómica se perderá y los tipos de interés se mantendrán en niveles muy elevados. Razón esta última que dificultará enormemente la inversión privada, al encarecer el coste del capital, y que la dirigirá, en todo caso, hacia actividades con un alto componente especulativo que permitan, a su vez, rentabilidades muy elevadas. Puede ocurrir, asimismo, que el desequilibrio del sector público retrase las decisiones privadas de inversión porque los empresarios anticipen un cambio en la política económica. Varios de los países de América latina han debido soportar los efectos de ese desequilibrio [9], si bien la situación caracteriza también las economías de otros continentes.

La quinta razón, de esta enumeración no exhaustiva, es la confianza en el modelo cerrado de crecimiento. El librecambio total nunca se ha dado en el comercio mundial, y muchos países desarrollados mantuvieron, en las primeras fases de su desarrollo, un grado considerable de protección exterior –Alemania, Estados Unidos y Francia en el siglo XIX–, pero no hay ejemplo alguno de un país que, con una estrategia continua de desarrollo hacia dentro (de autarquía), haya logrado superar la condición de subdesarrollado. Y menos aún en los tiempos presentes, caracterizados por una extremada comunicación de las economías. No es posible alcancar las adecuadas economías de escala en mercados cerrados y limitados; sin competencia exterior, la preocupación por los costes desaparece y el ritmo de innovación tecnológica se apaga; al contrario de lo que inicialmente pudiera pensarse, la dependencia exterior se acrecienta porque la sustitución de importaciones comienza siempre por los bienes de consumo y requiere aumentar la importación de bienes de capital; con escasas posibilidades de lograr exportar bienes industriales, el sector exterior se convierte en una restricción difícilmente superable que frenará, de manera continuada, el proceso expansivo. De nuevo la experiencia de los países latinoamericanos es reveladora en este terreno, aunque no hayan sido los únicos en poner en práctica el modelo cerrado: también la economía española aplicó ese modelo en el período 1939-59 y también los resultados obligaron a desecharlo como consecuencia de la asfixia exterior que desencadenó.

5.4. LA ESCASEZ DE CAPITAL Y LOS PROBLEMAS DE LA DEUDA EXTERIOR

El ciclo de endeudamiento exterior de un país en desarrollo es suficientemente conocido: por lo general su tasa de ahorro interna es baja y elevada la productividad marginal del capital; en consecuencia, debe apelar al ahorro externo para aumentar su inversión, un ahorro externo que buscará las oportunidades de inversión que un país maduro difícilmente puede ofrecer. Lo que se genera, por tanto, es una transferencia de recursos reales desde los países más desarrollados a los países en desarrollo. Ese capital adicional debe acelerar la tasa de expansión del país deudor, elevar su renta y su tasa de ahorro y permitir, con el paso del tiempo, la operación inversa: la devolución de la deuda. En las fases de despegue, el país subdesarrollado registra un déficit de cuenta corriente, déficit que se convertirá en superávit en las fases de maduración.

La secuencia descrita requiere, sin embargo, tres condiciones: que el ahorro exterior sea invertido productivamente, que se mantenga el crecimiento

[9] Al que se hace continua referencia en el trabajo de Andrés Solimano: «Estabilización, reforma y crecimiento económico: problemas y evidencia». *ICE*, núms. 732-733, agosto-septiembre 1994.

del comercio internacional y que el ritmo de crecimiento del país en desarrollo sea superior al interés medio de los préstamos recibidos.

La primera de las condiciones es clara: si el capital recibido del exterior financia inversiones productivas, bien en infraestructura, bien en creación o ampliación de empresas, el crecimiento de la economía permitirá hacer frente al servicio de la deuda; si los préstamos se derrochan improductivamente o se pierden en los vericuetos políticos y administrativos, la capacidad de transferencia no aumentará y será muy difícil devolver los préstamos. Pero, aun contando con que se cumpla la condición primera, la devolución de los préstamos requerirá un esfuerzo de transferencia que no se podrá materializar si las corrientes de comercio internacional se reducen; generar un superávit de cuenta corriente requiere, por lo general, aumentar las exportaciones de bienes, y esas mayores exportaciones se dificultarán considerablemente si los mercados se estancan o contraen. Y, de todas formas, la tercera de las condiciones ha de cumplirse también para que el servicio de la deuda no vaya adquiriendo un coste insoportable, al crecer los intereses por encima de los ritmos de expansión de las economías endeudadas. En la crisis de la deuda de principios de los años ochenta, la más aguda de las hasta ahora conocidas, estuvieron presentes los tres elementos mencionados: muchos países en desarrollo habían despilfarrado los préstamos exteriores; la recesión del período 1981-83 redujo la demanda de exportaciones de países en desarrollo y la aplicación de políticas monetarias fuertemente contractivas en el mundo desarrollado –para doblegar la inflación– hizo insoportable el coste de unos préstamos concertados a interés variable.

El endeudamiento de los países en desarrollo ha conocido, desde el término de la Segunda Guerra Mundial, dos períodos distintos: hasta la primera crisis del petróleo y desde la primera crisis del petróleo.

En el primero de los períodos, los flujos de capital hacia países en desarrollo solían materializarse en ayudas oficiales, créditos comerciales e inversión directa exterior. Una parte importante del capital era, por tanto, capital público –lo eran las ayudas oficiales y también los créditos comerciales, puesto que estaban asegurados por compañías públicas– y el resto constituía capital riesgo en busca, generalmente, de fuentes abundantes de materias primas. Aunque el endeudamiento de los países en desarrollo fue creciendo de forma sostenida, hasta alcanzar, en 1973, la cifra de 109.240 millones de dólares [10], los problemas de fallidos y renegociación fueron pocos. Con todo, y con motivo de las dificultades experimentadas por Argentina, se creó en 1956 el Club de París. Se trata de un foro de negociación de carácter privado, en el que se reúnen, bajo la presidencia de un alto funcionario del Tesoro francés, los representantes del gobierno que incumple sus compromisos y los de los países acreedores. Por lo general, la renegociación de la deuda frente a acreedores oficiales bilaterales exige que el país deudor haya pactado, previamente, con el Fondo Monetario Internacional un préstamo y un programa de ajuste; de esa manera, los gobiernos acreedores tienen una cierta seguridad de que el país deudor procurará reducir su demanda agregada para lograr un

[10] Banco Mundial: *World Debt Tables*, 1983-84.

superávit por cuenta corriente que le permita hacer frente al servicio de la deuda.

Cuando se renegocian deudas bancarias privadas, se organiza, en cada caso, un Comité Asesor Bancario (*Bank Advisory Committee*), integrado por los principales bancos acreedores, para facilitar los acuerdos.

La primera crisis del petróleo supuso una alteración radical de la situación. Por un doble motivo: porque los países en desarrollo no exportadores de petróleo se encontraron con enormes déficit de cuenta corriente, alimentados por la factura del petróleo, y porque la gran banca occidental debió hacer frente al reciclaje de los excedentes de los países exportadores de petróleo. En el período 1973-1978, el que comprende la primera subida de los precios del petróleo, la cuenta corriente agregada de los países en desarrollo no exportadores de petróleo registró un déficit de 190.000 millones dc dólares, cantidad difícilmente obtenible por las vías tradicionales y que, además, les hubiera obligado a negociar con el FMI y a aceptar su condicionalidad. Dado que buena parte de los países exportadores de petróleo no podían absorber los excedentes de 179.000 millones de dólares que obtuvieron en el mismo período (saldo agregado de cuenta corriente), una gran parte de ese dinero fue depositada en los bancos occidentales, que se encontraron así con una enorme liquidez. Las bases para el crecimiento veloz de la deuda se habían sentado.

La apetencia de los países en desarrollo por obtener nuevo capital corrió pareja con la necesidad de muchos de los bancos occidentales de invertir los recursos procedentes de los países exportadores de petróleo. Los países evitaban así las trabas características de la ayuda oficial y los bancos podían dar salida a sus excedentes. Las garantías parecían, además, suficientes: se trataba de préstamos con respaldo público y, por otro lado, las elevadas cotizaciones de las materias primas, vigentes en ese período, facilitaban el servicio de la deuda. Una deuda que en 1980 alcanzaba ya los 427.804 millones de dólares [11] y que además presentaba una particularidad: buena parte de la misma se había concertado a interés variable, única forma de casar los depósitos a corto plazo de la banca comercial con sus préstamos a largo plazo.

La segunda crisis del petróleo de 1979, que llevó a los grandes países industrializados a adoptar políticas estabilizadoras de signo contractivo, incidió duramente sobre la carga de la deuda de los países en desarrollo al provocar, de un lado, un aumento considerable de los tipos de interés y, del otro, una caída de las cotizaciones de los productos básicos. Los países deudores se encontraron así atenazados por su servicio de deuda mucho más gravoso y por una reducción de los ingresos de exportación. Las puertas de la crisis se habían abierto y el primer estallido no tardó en producirse: en 1982, Méjico, uno de los grandes deudores, anunció su incapacidad para atender sus compromisos internacionales; un escalofrío de pánico sacudió al sistema financiero internacional porque se entendió, por entonces, que otros países seguirían su ejemplo –como así fue– y porque las suspensiones de pagos externas de

[11] P. Krugman y M. Obstfeld: *International Economics. Theory and Policy.* Harper Collins, 1994, pág. 687. Banco Mundial: *World Debt Tables*, 1989-90.

los países con fuerte deuda privada, los latinoamericanos en general, podían desencadenar una crisis bancaria de consecuencias incalculables, dado el volumen de préstamos interbancarios en juego.

Hasta el momento, el problema de la deuda ha recibido tres soluciones distintas: hasta 1985 privó el enfoque convencional, basado en la financiación y el ajuste; de 1985 a 1989 se buscó incrementar la financiación bancaria, proposición fundamental del Plan Baker; desde 1989, y a través del Plan Brady, se ha tratado de reducir la carga de la deuda [12].

La característica dominante del enfoque convencional consistió en aplazar los efectos financieros de la crisis para tratar, con ello, de corregir la situación. De una parte, el FMI facilitaba créditos con condicionalidad a los países con problemas y vigilaba el cumplimiento de los planes de ajuste. Por otro lado, los bancos comerciales alargaban los vencimientos de la deuda, pero sin que hubiera quita alguna y a tipos de interés de mercado. Los gobiernos, además, reestructuraban las obligaciones públicas a través del Club de París. Y, finalmente, los países deudores se comprometían a cumplir, en tiempo y forma, sus nuevos compromisos.

Esa primera fase de la solución de la deuda dura hasta 1985, aunque el problema se encona en lugar de resolverse. En primer lugar, porque el FMI carecía de recursos suficientes para seguir prestando a los países fuertemente endeudados y su condicionalidad estaba sometida a críticas cada vez más severas; además, los bancos comerciales, que habían tratado de postergar las consecuencias de los fallidos renovando los préstamos y facilitando financiación adicional, se encuentran en mejor situación patrimonial, por aumento de recursos propios e incremento de provisiones, y no desean elevar sus riesgos con los grandes deudores; por último, y en el clima recesivo de los años ochenta, del que sólo se salvan los países asiáticos, los gobiernos de los países en desarrollo se muestran renuentes a cumplir con un servicio de deuda que entraña un elevado coste social –deprime el nivel de vida– y político. El Plan Baker, bautizado con el nombre del entonces ministro de Hacienda de Estados Unidos, trata de recomponer la situación facilitando financiación adicional. Sus líneas maestras no difieren sustancialmente del mecanismo anterior –no hay quitas, se aplazan las amortizaciones y se mantienen los calendarios de pago de interés–, pero se abren dos vías para incrementar los préstamos a los países deudores. Una, mediante un incremento del riesgo de un 2,5 % anual, durante tres años, de carácter privado: la banca debía facilitar, a los 15 países más endeudados, unos 7.000 millones de dólares más durante un período de tres años. La otra, por financiación adicional de los organismos internacionales. El protagonismo corresponde, en este caso, mucho más al Banco Mundial y a los bancos regionales de desarrollo que el FMI, y suponía facilitar, a los mismos países, 3.000 millones de dólares más.

El Plan Baker, que entendía que el problema de la deuda sólo podía resolverse a largo plazo, pretendía lograr que se aumentase la financiación a los países con mayores problemas y, en el fondo, confiaba en el crecimiento de

---

[12] Seguimos el trabajo de Félix Varela Parache: *El problema de la deuda: evolución y perspectivas.* Instituto Juan March de Estudios e Investigaciones. Madrid, 1991.

estos países en tanto que remedio fundamental del problema. Fue un programa fracasado porque ni la financiación buscada se consiguió ni tampoco los países deudores cumplieron con sus obligaciones. Los organismos internacionales no llegaron a movilizar los recursos previstos, movilización que, además, tropezó con el rechazo de la condicionalidad, pero sobre todo falló la financiación privada, que, por otro lado, se concentró en alguno de los grandes deudores, especialmente México. A principios de 1987, Brasil anunció la suspensión del pago de los intereses, lo que constituía, en realidad, el acta de defunción del Plan Baker, un plan que sobrevivió algún tiempo porque empezó a hacerse uso de un mecanismo que no formaba parte de sus pretensiones: la reducción voluntaria de la deuda.

Toda deuda pendiente tiene un precio de mercado que resulta de restar al valor actualizado de la misma la prima de riesgo que supone su dudoso cobro. Y el cobro puede realizarse por diferentes vías: renovando la deuda, con nominal inferior pero con superiores garantías; mediante recompra, con quita, por parte del país deudor, o también transformándola en una inversión en moneda local, generalmente con algún tipo de reducción.

El fracaso del Plan Baker y las dificultades experimentadas por muchos de los países deudores en la aplicación de los programas de ajuste –recuérdese el estallido social de Venezuela, en 1989, a consecuencia de haberse suprimido las subvenciones a ciertos productos básicos, medida preconizada en el programa de ajuste del FMI– dieron lugar a que, en este año Nicholas Brady, ministro de Hacienda norteamericano, hiciese una nueva propuesta: el Plan Brady. Se trataba, en este caso, de mantener algunas líneas centrales de los programas anteriores; por ejemplo, la intervención del Fondo y del Banco y el diseño de programas de ajuste, pero buscando la reducción de la deuda. De conformidad con el Plan, las reducciones previstas en los acuerdos entre acreedores y deudores han revestido las siguientes formas: 1) canje de deuda antigua por nueva, con nominal menor, con garantías adicionales sobre el principal y a veces sobre intereses pendientes; 2) canje de deuda antigua por nueva, con principal igual pero con menores intereses, y garantías adicionales sobre el total pendiente; 3) compras, por parte del gobierno deudor, de la deuda en poder de bancos; en este caso, con un descuento y utilizando fondos procedentes de organismos internacionales o bien sus propias reservas.

Hasta finales de 1993, y a partir de la primera operación de reducción de deuda acogida al Plan Brady –la de México, en 1990– se habían concertado otras seis más –Filipinas, Costa Rica, Venezuela, Uruguay, Nigeria y Argentina– y se seguían hilvanando otras nuevas [13]. Se trata, en todo caso, de una fórmula de aplicación difícil porque tropieza con tres tipos de problemas: en primer lugar, es preciso adaptar el acuerdo a las múltiples exigencias de acreedores y deudores, lo que explica la lentitud con que se concluyen; en segundo lugar, hay que redistribuir la deuda total entre acreedores oficiales y privados; en tercer lugar, el plan no es aplicable a aquellos países cuyo endeudamiento oficial represente más del 50 % del total, ya que los acreedores oficiales, que han venido facilitando fondos adicionales a los países endeuda-

---

[13] Banco Mundial: *World Debt Tables 1993-94.* Washington, 1993, pág. 38 del Extracto.

dos, fondos que han permitido en múltiples casos aplazar los vencimientos, no parecen estar dispuestos, salvo excepciones, a condonar parte del principal [14].

¿Se han resuelto los problemas de deuda de los países en desarrollo? No parecen haberse resuelto, aunque sí parecen, en términos generales, haberse aliviado.

El Cuadro 5.2 pone de manifiesto la deuda total de los países en desarrollo, una deuda que, pese a todos los mecanismos arbitrados hasta el momento, no cesa de crecer en términos absolutos.

CUADRO 5.2. DEUDA EXTERNA DE LOS PAÍSES EN DESARROLLO (en m.m. de $) 1992-1993

	Deuda total (m.m. de $)		Crecimiento de la deuda nominal (porcentajes)	
Región	1992	1993	1992	1993
Todos los países en desarrollo	1.662,2	1.770,1	3,5	6,5
Asia oriental y el Pacífico	320,2	366,7	9,1	14,5
Europa y Asia central	329,1	351,3	6,0	6,8
América latina y el Caribe	496,2	512,9	1,6	3,4
Norte de África y Oriente Medio	189,0	194,7	-1,3	3,0
Asia meridional	127,9	139,9	5,8	9,3
África al sur del Sahara	194,3	199,0	-0,7	2,5
Países de ingreso bajo gravemente endeudados	204,1	207,9	-1,0	1,9
Países de ingreso mediano gravemente endeudados	522,2	535,6	-0,3	2,6
Países de ingreso bajo moderadamente endeudados	266,0	287,5	5,2	8,1
Países de ingreso mediano moderadamente endeudados	344,2	365,1	7,2	6,1
Otros países	325,7	374,0	7,9	14,8

Fuente: Banco Mundial. *World Debt Tables*, 1993-94. Washington, 1993 (Extracto). Cuadro A4.

Nota: El Banco Mundial incluye a las economías del antiguo Este europeo entre los países en desarrollo (Europa).

Con alguna excepción, los problemas de deuda se han aliviado en los años noventa, porque la corriente de recursos hacia buena parte de esos países ha aumentado, porque los mercados secundarios de deuda amortiguan los impactos negativos de la misma y porque, para algunos grupos, la carga relativa de la deuda ha disminuido. Como se observa en el Cuadro 5.3, la corriente agregada de recursos hacia países en desarrollo ha aumentado, en los años noventa, en parte por los programas de estabilización emprendidos por mu-

[14] Félix Varela, *art. cit.*

chos países en desarrollo, en parte por el dinamismo asiático, en parte porque la recesión sufrida por los países industriales animó la inversión en países en desarrollo.

CUADRO 5.3. CORRIENTES DE RECURSOS AGREGADAS NETAS (A LARGO PLAZO) A LOS PAÍSES EN DESARROLLO, 1986-93
(miles de millones de $)

	1986	1987	1988	1989	1990	1991	1992	1993 *
Corrientes de recursos agregadas netas (a largo plazo)	63,9	67,8	74,0	79,5	102,1	121,1	156,6	176,7
Financiamiento oficial para el desarrollo	44,0	43,9	40,8	41,1	59,1	62,9	54,6	63,5
— Donaciones oficiales	16,0	16,7	18,3	19,0	28,5	32,9	34,5	35,5
— Condonación de la deuda (CAD)	0,3	0,2	0,3	0,6	4,3	6,0	2,0	...
— Préstamos oficiales (netos)	27,9	27,2	22,5	22,1	30,7	30,0	20,1	27,9
— Bilaterales	12,8	12,2	11,4	10,4	15,9	15,2	7,9	9,6
— Multilaterales	15,2	15,0	11,1	11,7	14,8	14,9	12,2	18,3
Préstamos privados (netos)	9,2	8,6	11,0	10,2	12,9	13,8	41,7	43,7
— Bancos comerciales	1,8	1,1	7,9	3,9	-2,5	5,4	18,5	...
— Bonos	0,8	1,0	2,9	4,2	2,3	7,4	6,3	...
— Proveedores	1,2	0,7	-1,3	0,3	2,1	-2,8	-0,1	...
— Otros	5,5	5,7	1,5	1,7	11,0	3,7	16,9	...
Inversión extranjera directa	10,1	14,5	21,2	24,7	26,3	36,9	47,3	56,3
Inversiones de cartera (estimación)	0,6	0,8	1,1	3,5	3,8	7,6	13,1	13,2
Partida de memorándum								
Donaciones privadas	3,3	4,0	4,2	4,0	4,9	5,2	5,5	...
Utilización neta de crédito del FMI	-2,9	-6,3	-5,5	-2,3	0,1	3,2	1,2	4,0
Donaciones, asistencia técnica	8,7	10,5	11,8	9,4	10,3	15,7	16,3	17,0
Corrientes de recursos agregadas netas reales (deflactados según índice del valor unitario de las importaciones)	81,0	78,8	81,1	86,0	104,6	124,2	158,0	176,7
Índice del valor unitario de las importaciones	78,0	86,0	91,3	92,5	97,6	97,6	99,1	100,0

... No disponible.
* Proyección.

Nota: Las donaciones excluyen los montos asociados a cooperación técnica. Los créditos de exportación con garantía oficial se incluyen en los préstamos privados, mientras los préstamos directos de exportación se incluyen en los préstamos bilaterales.

Fuente: Banco Mundial. *World Debt Tables*, 1993-94 (Extracto). Cuadro A1.

Aunque todas las rúbricas han experimentado crecimientos, es de notar el tirón experimentado por los préstamos privados y por la inversión, especialmente la inversión directa. De todas maneras, el destino de los recursos no ha sido uniforme porque el grueso de los mismos se ha dirigido a América Latina, Asia y los antiguos países del Este europeo; los denominados países de bajos ingresos –casi toda África y algunos países de Asia y Oriente Medio–, con excepción de China, han visto estancarse o reducirse las entradas de capital por el lento crecimiento de las corrientes oficiales y porque apenas tienen acceso a los mercados de capital privados.

Los mercados secundarios de deuda se han ampliado notablemente en los años noventa: a mediados de 1993, los bonos en circulación, procedentes del Plan Brady, suponían 94.000 millones de dólares, casi el doble de la cifra de 1990, si bien el 70 % de ese volumen correspondía a bonos mexicanos, argentinos y brasileños [15]. El mercado secundario se ha visto impulsado por el aumento de las provisiones para fallidos de los grandes bancos acreedores, que han podido de esta forma vender ese tipo de crédito con notable descuento sin tener que registrar pérdidas, y, sin duda, permite que los problemas de deuda encuentren una solución de mercado: a través de ese mercado el riesgo se dispersa. Pero aún hay más: un mercado secundario que funcione con eficacia otorga liquidez al primario y, por tanto, lo potencia: los nuevos préstamos se llevan a cabo con menores dificultades porque siempre cabe la posibilidad de transferirlos.

El Gráfico 5.2 permite observar que, para algunos grupos de países, la carga del servicio de la deuda se ha aligerado; es decir, lo que significa el pago de intereses y amortización del principal de los préstamos a largo plazo con respecto a las exportaciones de bienes y servicios.

GRÁFICO 5.2. SERVICIO DE LA DEUDA (% de las exportaciones de bienes y servicios)

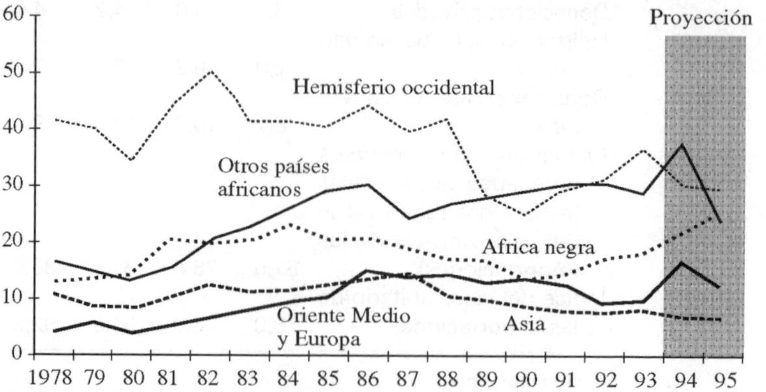

Fuente: IMF. World Economic Outlook, octubre 1994, Gráfico 11.
Nota: No están incluidos los países del Este europeo.

[15] Datos del Banco Mundial: *World Debt Tables 1993-94.* Extractos, pág. 39.

Salvo los países africanos y los de Oriente Medio y Europa, que han visto en los últimos años aumentar la carga relativa de su servicio de deuda, tanto los países latinoamericanos como los asiáticos han logrado reducir sustancialmente esa proporción y, en consecuencia, aumentar notablemente su capacidad de pago.

Pero afirmar que el problema de la deuda se ha aliviado no significa que el problema no exista y que, en algunos casos, no se vaya a enconar a corto plazo. Sobre todo, en el caso de los países de baja renta gravemente endeudados –según la terminología del Banco Mundial–, denominación que engloba a un conjunto de países varios: la mayoría de ellos está situada en África negra, pero también se incluyen, en ese grupo, Egipto, Honduras, Nicaragua, Laos y Myanmar. A finales de 1992, su deuda externa total suponía 204.000 millones de dólares, casi el triple de la existente a principios de los ochenta –pese a las condonaciones logradas– y la relación entre el valor actual de la deuda y las exportaciones oscila del 186 % en Egipto a más de 1.000 % en el caso de Somalia, Guinea-Bissau y Nicaragua [16]. Y en parecida situación se encuentran algunas de las economías en transición, con Rusia a la cabeza, no porque el volumen de deuda, situado a finales de 1993 también en 204.000 millones de dólares, sea excesivo, sino porque el estado de sus economías, con Rusia en primer plano, dificulta el cumplimiento de la misma [17]. En diciembre de 1994, Rusia ya anunció que no podría hacer frente a su servicio de deuda que recae sobre unos 100.000 millones de dólares de compromisos exteriores.

El peligro que se cernía sobre el sistema financiero internacional, a consecuencia de la crisis de la deuda, es hoy mucho menor que a principios de la década anterior, porque los bancos privados han tenido tiempo para sanear sus balances, porque los organismos financieros internacionales han podido aumentar su financiación en términos concesionales, porque las reducciones de deuda han aliviado su carga y porque varios grandes deudores han puesto en marcha planes de ajuste adecuados. Pero el problema subsiste, como lo prueban las cifras últimas, y su tratamiento exigirá, de ahora en adelante, una estrategia diferenciada que combine, en términos generales, los diferentes instrumentos de los que hasta ahora se ha hecho uso y que, en el caso de los países de baja renta gravemente endeudados, tenga en cuenta su mayor necesidad de financiación concesional, subordinada siempre al cumplimiento de planes de ajuste estructural.

5.5. EL CRECIMIENTO EMPOBRECEDOR

En una economía abierta, y todas lo son en mayor o menor medida, el valor de la producción total se expresa mediante la siguiente identidad:

$$PIB \equiv C + I + X - M$$

[16] Ibídem, pág. 40.

[17] Datos del FMI: *World Economic Outlook*, octubre 1994, Cuadro A37.

en donde,

PIB = Producto Interior Bruto
C = Consumo total, privado y público
I = Inversión total, privada y pública
X = Exportaciones de bienes y servicios
M = Importaciones de bienes y servicios

Si, por tanto, el precio de los bienes y servicios exportados se reduce frente al de los importados –si la relación real de intercambio empeora– es posible que el producto y la renta reales se contraigan en lugar de crecer, y si así ocurre estaremos ante un caso de crecimiento empobrecedor: el sector exterior recortará la renta, y esa reducción será más acentuada cuanto más empeore la relación real de intercambio a consecuencia del esfuerzo de exportación.

El crecimiento empobrecedor requiere que el empeoramiento de la relación real de intercambio sea superior a la expansión del producto derivada del aumento de la exportación y, por tanto, es un caso extremo del modelo abierto [18]. Pero se ha dado, y puede darse, en países con producción primaria muy poco diversificada porque, como puede observarse en el Gráfico 5.3, los bienes primarios distintos del petróleo experimentan una tendencia secular al declive de sus precios reales.

GRÁFICO 5.3. PRECIOS REALES DE LOS PRODUCTOS BÁSICOS DISTINTOS DEL PETRÓLEO: 1900-92

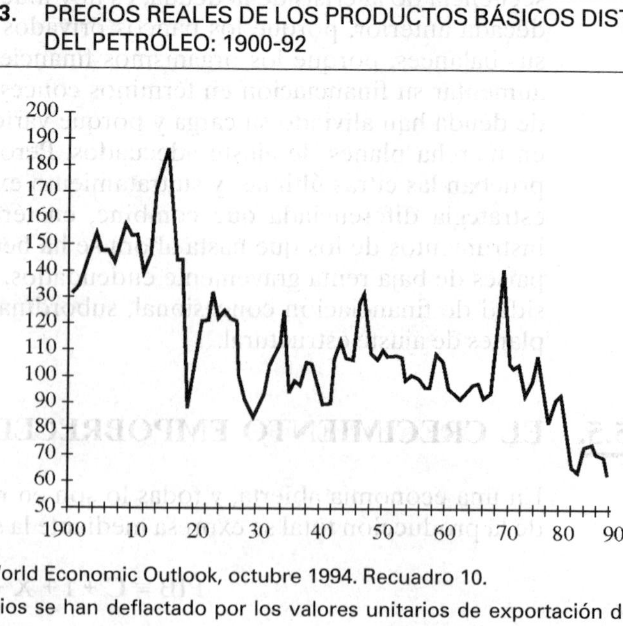

Fuente: IMF. World Economic Outlook, octubre 1994. Recuadro 10.

Nota: Los precios se han deflactado por los valores unitarios de exportación de los bienes manufacturados.

[18] Véase Jagdish Bhagwati: «Inmiserizing Growth». *Review of Economic Studies*, junio 1958.

Los precios reales, que han fluctuado notablemente de unos períodos a otros, muestran una tendencia a reducirse, en términos medios, al ritmo del 0,6 % anual desde 1900, y desde mediados de los años setenta vienen experimentando una caída ininterrumpida [19]. Las razones de ese declive son varias: algunos de los productos básicos han sido desplazados, en ciertos usos, por los productos sintéticos; la innovación técnica reduce la cantidad de factores requeridos por unidad de producto; determinados productos se comportan como bienes inferiores y su demanda crece menos que la renta mundial; la demanda fundamental procede de las industrias de los países desarrollados, con producción industrial declinante desde la mitad de los setenta; más recientemente, el colapso de las antiguas economías del Este, grandes importadoras de productos básicos, ha contribuido a la caída de sus precios reales.

El análisis empírico sobre el impacto que las condiciones externas –tipos de interés, crecimiento de los países industrializados y relación real de intercambio– producen sobre la capacidad expansiva de los países en desarrollo parece indicar que las variaciones en la relación real de intercambio son las que tienen un efecto más amplio.

El empeoramiento de la relación real de intercambio, en porcentaje igual al aumento del interés real del dólar o a la contracción de los países industrializados, es el que genera efectos más negativos, con elasticidad a largo plazo de 0,5: por cada punto de empeoramiento, el crecimiento se reduce en medio punto [20].

La caída de la relación real de intercambio no siempre desemboca en una situación de crecimiento empobrecedor –ya hemos señalado que se trata de un caso extremo–, pero siempre afecta al crecimiento de los países de producción primaria y les afectará más duramente cuanto menos diversificada sea su exportación.

De ahí que la política económica de un país en desarrollo deba evitar esa contingencia por una doble vía. A corto plazo, siempre se puede utilizar una serie de instrumentos de cobertura que protejan, a través de los mercados de futuros, las cotizaciones de los productos, y siempre se puede, mediante la adquisición de activos exteriores en las épocas de bonanza, compensar las pérdidas inherentes a los períodos de bajos precios. A largo plazo, la solución consiste en diversificar: la diversificación de la oferta exportable, aun cuando se siga componiendo de productos básicos, reducirá el riesgo que presenta la evolución de la relación real de intercambio; la diversificación amplia, con incorporación de bienes industriales, la evitará en buena medida.

La experiencia de varios de los países asiáticos parece refrendar dicha proposición [21].

---

[19] *Ibídem.*

[20] Véase el Cap. IV del *World Economic Outlook*, del FMI, de mayo 1994.

[21] Es el caso de Taiwan, por ejemplo. Véase S. C. Tsiang: «Taiwan's economic miracle: lessons in economic development», en la recopilación de A. Harberger: *World Economic Growth.* ICS Press. San Francisco, 1984.

5.6. ¿INDUSTRIALIZACIÓN HACIA DENTRO O HACIA FUERA?

Desarrollar la industria de un país, en competencia abierta con la de países más avanzados, parece, en principio, un esfuerzo condenado al fracaso porque la competencia exterior hará muy difícil la pervivencia de las industrias. Una reflexión inicial que conduce directamente al argumento protector de «industrias nacientes»: en sus primeras etapas, la industria debe ser protegida para permitir que se fortalezca; una vez desarrollada, la protección desaparecerá. Y una reflexión que cuenta, además, con avales históricos porque varios de los grandes países industriales –y especialmente Alemania, Estados Unidos y Japón– han consolidado sus industrias al amparo de múltiples expedientes protectores y han abierto sus mercados cuando la competencia exterior no les inquietaba.

Más aún, la industrialización hacia adentro, o sustitución de importaciones, parece, en principio, contar con una serie de ventajas. Primera, se reserva el mercado interior, un mercado interior que irá creciendo conforme se consolide el esfuerzo industrializador; la demanda, por tanto, se asegura. Segunda, por medio de la industrialización se puede diversificar la oferta exportable y soslayar los problemas que plantea la caída de las cotizaciones internacionales de los productos básicos; el freno exterior, que alcanza un máximo para el caso del crecimiento empobrecedor, se contiene. Tercera, se evitan los problemas planteados por el difícil acceso a los mercados industriales de los países desarrollados; su política comercial tiene, por tanto, menos impacto sobre el proceso de desarrollo del país.

La industrialización hacia adentro fue, por tanto, la estrategia expansiva adoptada, después de la Segunda Guerra Mundial, por la mayoría de los países en desarrollo, y muy especialmente por los latinoamericanos, apoyados, además, por el respaldo intelectual de la Comisión Económica para América latina (CEPAL) de Naciones Unidas. El modelo de sustitución de importaciones, que había dado sus primeros pasos durante la recesión de los años treinta y los años de la Segunda Guerra Mundial –la falta de mercados para productos primarios durante la recesión y la falta de suministros industriales, causada por la guerra, habían forzado tal política–, encuentra su lógica económica en un argumento sencillo: la justificación de la protección radica en las diferencias de productividad entre países desarrollados y subdesarrollados, diferencias debidas al mucho mayor stock de capital y conocimientos técnicos con que trabaja el obrero del país desarrollado; diferencias que no pueden compensarse con salarios mucho menores en los países en desarrollo por dos razones: porque no es posible, ni social ni políticamente, y porque la reducción de salarios significaría una reducción de precios de los bienes exportados y, consiguientemente, un empeoramiento de la relación real de intercambio que produciría efectos adversos en los ritmos de inversión y desarrollo del país [22].

[22] Resumen de la posición de la CEPAL que figura en «La cooperación internacional en la política de desarrollo latinoamericana», de Raúl Prebisch. Serie conmemorativa del XXV aniversario de la CEPAL. Santiago de Chile, 1973.

La sustitución de importaciones suele comenzar por los bienes más simples: los de consumo duradero: productos de menaje sencillos, vestido, calzado, productos de la madera y el cuero, etc. Se trata de bienes intensivos en trabajo, de tecnología simple, con umbral de rentabilidad bajo y que no requieren canales de distribución complejos. Se adaptan, por tanto, fácilmente a las condiciones imperantes en países de escaso nivel de desarrollo, con abundancia de mano de obra no cualificada, salarios reducidos y bajo nivel tecnológico. Razón por la cual esa etapa de industrialización sustitutiva, característica de muchos de los países de América latina y Asia en los años cincuenta, pareció superarse sin grandes dificultades.

Las complicaciones aparecen cuando el proceso industrializador se extiende a los bienes de consumo más complejos –entre los que destacan los coches–, a los semitransformados y a los bienes de capital. Porquc en la fabricación de tales bienes, la escala de producción, el nivel tecnológico y los servicios posventa son especialmente importantes. Sin alcanzar las economías de escala que permite un mercado amplio, los costes de producción se mantienen elevados, y resultará muy difícil exportar parte de lo producido; sin tecnología similar a la que puedan emplear las economías industrializadas sólo se obtendrán productos de baja calidad que, además de recortar el nivel de vida del país, tampoco podrán competir en los mercados internacionales; sin servicios posventa adecuados, la producción y el consumo experimentarán toda suerte de disfunciones. Si las piezas de recambio de un camión no son fáciles de obtener, el vehículo dejará de prestar servicios con frecuencia y su utilidad, en las actividades productivas y distributivas, se reducirá considerablemente. Pero, además, la dependencia exterior de los países de industrialización sustitutiva aumenta en esa fase porque el proceso mismo intensificará las necesidades de semitransformados y equipo capital de importación, necesidades que no podrán ser satisfechas porque las dificultades para exportar se traducirán en una continua carencia de divisas. La experiencia demuestra que el agotamiento del modelo se refleja precisamente en la difícil situación del sector exterior.

Lo que sucede, en esencia, es que las ventajas comparativas de que se puede hacer uso en la primera fase –los bajos costes de producción en industrias intensivas en mano de obra– se pierden en la segunda. O, dicho de otra forma, el coste interno de recursos por unidad de divisa ahorrada –el valor de los factores de producción internos con que se produce un bien, que antes se importaba, con relación al coste de ese bien, valorando el tipo de cambio a precios sombra– tiende a ser bajo en la etapa primera y a elevarse continuamente en la segunda de las etapas [23].

Varios de los países asiáticos, entre ellos Taiwán y Corea del Sur, iniciaron la industrialización haciendo uso del modelo cerrado, pero, una vez terminada la fase primera, abrieron sus economías y se apoyaron en los mercados internacionales para crecer. Muchos de los países latinoamericanos, con Argentina y Brasil a la cabeza, han mantenido el crecimiento hacia dentro

[23] J. Williamson y Ch. Milner: *The World Economy.* Harvester Wheatshof. Hertfordshire, 1991, Cap. 15.

hasta principios de los años noventa, muy adentrados ya en la segunda de las fases, y el fracaso del modelo les ha obligado a iniciar programas de liberalización progresiva y a cambiar, consecuentemente, la estrategia de desarrollo. Un cambio de estrategia que requiere medidas de estabilización previas porque, sin el termómetro que proporciona un sector exterior abierto y una moneda convertible, las economías cerradas suelen presentar desequilibrios globales de extremada importancia –el más característico es la hiperinflación– que han de ser corregidos antes de poner en práctica el proceso de apertura.

En un mundo mucho más compartimentado, el del siglo XIX, las grandes economías industriales de hoy pudieron industrializarse al amparo de la protección porque, además, tenían a su favor el ser las adelantadas del proceso. En un mundo notablemente unificado, como el actual, la industrialización hacia dentro parece impracticable, salvo en las primeras fases del proceso, porque sin la ayuda y el acicate de los mercados exteriores la racionalidad productiva se perderá y la capacidad expansiva se irá agotando progresivamente [24].

5.7. CÓMO INTEGRARSE EN LOS MERCADOS MUNDIALES

El proceso de desarrollo implica una vinculación progresiva con los grandes mercados mundiales porque, de no ser así, de no convertirse en cliente y suministrador de esos mercados, la competencia internacional o la innovación tecnológica terminarán por esterilizar los esfuerzos realizados. Una necesidad que se hace tanto más intensa cuanto más alejado se encuentra el país de los mercados OCDE: el desarrollo español de los años sesenta debe mucho a la proximidad geográfica con los países más industrializados de Europa; las dificultades de muchos países africanos tienen bastante que ver con su alejamiento de los grandes centros dinámicos.

La inversión directa extranjera en creación de empresas (*greenfields*) constituye una de las vías más rápidas para lograr esa vinculación. Durante años, muchos de los gobiernos de los países en desarrollo han estigmatizado la inversión extranjera por múltiples razones: por entender que generaban economías de enclave aisladas del resto del país; por considerar que la succión de beneficios superaba la aportación de capital; por temor a que el poder de la empresa extranjera, sobre todo de las grandes multinacionales, pudiese interferir con las decisiones políticas de los gobiernos. Tales reservas no son infundadas, especialmente en los casos de gobiernos muy débiles, pero no deben hacer olvidar los aspectos positivos de la inversión: la formación bruta de capital fijo aumenta, se facilita la difusión de tecnología, se intensifica el efecto de aprendizaje sobre el conjunto de la economía. Pero, sobre todo, se acerca la economía del país a los grandes mercados: la

[24] Sobre este punto, véase la parte primera de *New Directions in the World Economy*, de Bela Balassa (MacMillan. Londres, 1989) y también el trabajo de Rudiger Dornbusch: «The Case for Trade Liberalization in Developing Countries». *Journal of Economic Perspectives.* Invierno 1992.

empresa extranjera explora las posibilidades del país como demandante y suministrador, generalmente exporta una parte de lo producido a los demás mercados en los que opera, puede atraer nuevas inversiones y crea, en los dos sentidos, redes de distribución que ayudan a consolidar la vinculación.

Para que la inversión extranjera cumpla esas funciones es necesario que las normas que la regulan no sean excesivamente restrictivas –en términos de porcentajes permitidos, sectores excluidos y dividendos repatriados–, porque, en tal caso, las inversiones tenderán a ser de carácter temporal y especulativa. Las economías dinámicas de Asia han sido, desde los años setenta, receptoras importantes de capital extranjero, un capital extranjero que, desde mediados de los ochenta, fluye también hacia China y varios otros países de la zona, como Malasia y Tailandia. Las economías latinoamericanas se han convertido también, desde finales de los ochenta, en receptoras importantes de inversión directa; una inversión directa que, en ambas zonas, ha dejado de concentrarse en las industrias extractivas y transformadoras para abarcar toda una serie de servicios intensivos en capital, como son las telecomunicaciones, el transporte y la banca [25]. La primera de las zonas, la asiática, ya hace tiempo que forma parte integrante de los grandes mercados mundiales; la segunda, la latinoamericana, lo hace progresivamente, por círculos concéntricos. Y en ambos casos los flujos de inversión directa extranjera han constituido instrumentos de ayuda de primer orden.

5.8. APORTACIÓN DE RECURSOS FINANCIEROS A LOS PAÍSES EN DESARROLLO

El flujo de recursos financieros hacia países en desarrollo puede canalizarse de maneras muy distintas: los recursos pueden proceder de un país, de un organismo multilateral o de una empresa y las condiciones financieras incluir elementos concesionales o no. En cualquier caso, la clasificación normalmente utilizada por el Comité de Ayuda al Desarrollo de la OCDE (CAD) [26] es la siguiente:

- Financiación pública para el desarrollo: concedida por el sector público, incluye elementos concesionales importantes y, en muchos casos, se concreta en donaciones. Puede realizarse de forma bilateral –directamente– o multilateral –a través de organismos internacionales, del tipo Asociación Internacional de Fomento del Banco Mundial.
- Créditos a la exportación: incluye, en la mayor parte de los casos, elementos concesionales, puesto que el consenso OCDE, que regula buena parte de estos créditos, lo permite.

[25] Véase IMF. *World Economic Outlook*, octubre 1993. Cap. V.

[26] El CAD está integrado por Alemania, Australia, Austria, Bélgica, Canadá, Dinamarca, España, Estados Unidos, Finlandia, Francia, Holanda, Irlanda, Italia, Japón, Luxemburgo, Noruega, Nueva Zelanda, Portugal, Reino Unido, Suecia, Suiza y la Comisión de la CEE. Su cometido: aumentar el volumen y la eficacia de los recursos puestos a disposición de los países en desarrollo (CA[illegible] apport 1993. OCDE, 1994).

— Aportaciones privadas: engloba operaciones privadas, en condiciones de mercado, y donaciones de Organizaciones No Gubernamentales.

Debe señalarse que las cifras presentadas por el Banco Mundial (véase el Cuadro 5.3) y el CAD (Cuadro 5.4) difieren porque la óptica de las dos entidades es distinta: el Banco Mundial tiene en cuenta los recursos que acceden a los países en desarrollo, mientras que el CAD computa los recursos desembolsados por los países desarrollados; y el Banco incluye las ayudas a países del Este y de la antigua URSS, cómputo que no efectúa el CAD.

El total de recursos netos recibidos por los países en desarrollo de miembros del CAD y de otros países es el siguiente:

CUADRO 5.4. APORTACIÓN NETA DE RECURSOS A LOS PAÍSES EN DESARROLLO

	Precios y tipos de cambio constantes (1991) (en m.m. $)									% del total		
	1984	1985	1986	1987	1988	1989	1990	1991	1992	1984	1988	1992
I. Financiación pública para el desarrollo	74,1	76,9	71,5	69,7	70,0	69,3	71,9	69,7	67,2	52,6	62,3	42,2
1. Ayuda oficial al desarrollo	52,8	57,0	54,98	53,6	54,2	55,3	54,4	57,5	55,3	37,5	48,2	34,8
— Bilateral	39,4	43,0	41,9	41,4	41,6	41,8	40,7	42,3	38,5	28,0	37,0	24,2
— Multilateral	13,4	14,0	13,1	12,2	12,6	13,5	13,7	15,2	16,8	9,5	11,2	10,5
2. Otra financiación pública	21,3	19,9	16,6	16,0	15,9	14,0	17,5	12,2	11,9	15,1	14,1	7,5
— Bilateral	7,0	6,6	5,3	7,7	8,3	6,1	6,9	4,4	7,6	5,0	7,4	4,8
— Multilateral	14,3	13,3	11,2	8,3	7,5	7,9	10,6	7,8	4,2	10,1	6,7	2,7
II. Créditos a la exportación	11,6	6,4	-1,5	-2,7	-2,9	10,7	4,6	2,1	1,4	8,3	-2,5	0,9
III. Aportaciones privadas	55,1	52,2	32,9	38,7	45,2	52,5	58,9	59,2	90,5	39,1	40,2	56,9
1. Inversiones directas	19,7	11,3	15,2	24,0	25,0	31,2	28,1	23,4	23,7	14,0	22,2	14,9
2. Préstamos bancarios internacionales	30,3	26,3	9,8	8,6	8,9	12,1	15,5	11,0	37,7	21,5	7,9	23,7
3. Obligaciones	0,0	7,3	1,4	-0,1	1,7	1,5	4,7	13,0	13,4	0,0	1,5	8,4
4. Otras aportaciones privadas	0,5	2,3	1,8	1,3	4,8	3,1	5,3	6,6	10,5	0,4	4,3	6,6
5. Donaciones de las organizaciones no gubernamentales (ONG)	4,6	5,0	4,6	4,9	4,8	4,6	5,3	5,2	5,2	3,3	4,3	3,3
TOTAL (I+II+III)	140,8	135,5	102,9	105,7	112,4	132,5	135,3	131,0	159,1	100,0	100,0	100,0

Fuente: CAD. Rapport 1993. OCDE 1994. Cuadro IV-1.

Como puede advertirse, a través de las cifras presentadas, la financiación pública para el desarrollo disminuye, en porcentaje, en los últimos años porque sus valores absolutos tienden a disminuir y porque aumentan las aportaciones privadas. De todas formas, el destino de los flujos pone de manifiesto que la financiación privada acude a pocos países en desarrollo –a los más desarrollados de entre ellos o a los más grandes, como China, India o Indonesia– y que la gran mayoría de los países en desarrollo dependen, casi completamente, de la financiación pública.

En los países en desarrollo no están comprendidos los países de Europa central y oriental (PECO) y los Nuevos Estados Independientes (NEI), que formaban la antigua Unión Soviética. En 1992 esos países recibieron 24.236 millones de dólares de financiación total: un 42 % aproximado de financiación pública y un 58 % de aportación privada. Alemania, con casi cl 70 % del total, fue el país más destacado [27].

5.9. EL PAPEL DE LOS ORGANISMOS INTERNACIONALES EN LOS PROBLEMAS DE DESARROLLO

De la tupida fronda de organismos internacionales que participan, de una u otra manera, en los problemas de desarrollo –en general, en el otorgamiento de préstamos– cabe extraer la clasificación siguiente:

CUADRO 5.5. LOS PRINCIPALES ORGANISMOS INTERNACIONALES Y EL DESARROLLO

Organismo	Función primordial	Recursos del organismo
Fondo Monetario Internacional	Financiar desequilibrios de Balanza de Pagos	Cuotas de los países miembros
Grupo del Banco Mundial		
• Banco Mundial	Financiar proyectos y programas de desarrollo	Recursos propios y emisión de bonos en mercados internacionales
• Asociación Internacional de Fomento	Financiar proyectos y programas de desarrollo en los países más pobres	Aportaciones de los países miembros
• Corporación Financiera Internacional	Potenciar el crecimiento del sector privado en países en desarrollo	Recursos propios y emisión de bonos en mercados internacionales
• Organismo Multilateral de Garantía de Inversiones	Cubrir riesgos de la inversión extranjera en países en desarrollo	Recursos propios y primas de las pólizas de seguros

[27] CAD. Rapport 1993. OCDE 1994. Cuadro 1 (*Continúa*).

CUADRO 5.5. (Continuación)

Grupo de Bancos Regionales de Desarrollo		
• Banco Interamericano de Desarrollo	Financiar proyectos y programas de desarrollo en su zona	Recursos propios y empréstitos en mercados internacionales
• Banco Asiático de Desarrollo	Financiar proyectos y programas de desarrollo en su zona	Recursos propios y empréstitos en mercados internacionales
• Banco Africano de Desarrollo	Financiar proyectos y programas de desarrollo en su zona	Recursos propios y empréstitos en mercados internacionales
• Banco Europeo de Desarrollo	Facilitar la recomposición de las antiguas economías del Este y de la ex URSS	Recursos propios

5.9.1. El Fondo Monetario Internacional

Desde su creación, en 1944, la actividad del FMI se ha concentrado en la cooperación monetaria internacional, condición fundamental del crecimiento estable de la economía mundial basada en la expansión de los intercambios; para ello, el Fondo facilita recursos financieros a países miembros con problemas de balanza de pagos. Es decir, el Fondo trata de solucionar los problemas que se reflejan en el sector exterior para permitir, de esa forma, una corrección más pausada de los mismos [28].

En la actualidad, los servicios financieros del FMI son los siguientes [29]:

Servicios ordinarios

Política relativa a los tramos de crédito

Los países miembros disponen de crédito en varios tramos, equivalente cada uno de ellos al 25 % de su cuota. No hay condicionalidad en el primero de los tramos, pero sí en los restantes. El plazo de recompra del primer tramo oscila de $3^1/_4$ a 5 años; los demás se conceden, por lo general, a un plazo de dos años.

Servicio ampliado del FMI

Destinado a respaldar, financieramente, programas a plazo medio encaminados a solucionar problemas macroeconómicos y estructurales. Existe

[28] Ver Manuel Guitián: *The Unique Nature of the Responsibilities of the International Monetary Fund.* IMF. Washington, 1992.

[29] Resumen del recuadro núm. 9 del Informe Anual 1994 del FMI. Washington, 1994.

condicionalidad y las recompras se efectúan en un plazo de $4^1/_2$ a 10 años.

Servicios especiales

Servicio para la transformación sistémica

De carácter temporal, atiende a las necesidades de Rusia y demás economías en transición. Su objetivo es facilitar ayuda financiera a los países mencionados que sufran problemas de balanza de pagos, a consecuencia de graves perturbaciones en sus regímenes tradicionales de comercio y pagos. Debía finalizar en 1994 y se limita al 50 % de la cuota.

Servicios de financiamiento compensatorio y para contingencias

En el primero de los casos –compensación– se suministran recursos a países miembros para suplir insuficiencias de ingresos por exportaciones y servicios y para compensar el mayor coste de importación de cereales atribuible a circunstancias ajenas a su control. En el segundo caso –contingencias– se presta ayuda financiera a países miembros que han establecido acuerdos con el FMI para que las reformas puedan llevarse a cabo cuando se produzcan perturbaciones externas imprevistas: por ejemplo, caída de los precios de exportación o aumento de los tipos de interés. El plazo oscila de $3^1/_4$ a 5 años.

Servicio de financiamiento de existencias reguladoras

Cuando se ha aprobado la formación de existencias reguladoras –de algún producto básico– el Fondo concede ayudas para financiar las aportaciones de los países miembros que las mantienen. El plazo suele oscilar de $3^1/_4$ a 5 años.

Asistencia de emergencia

Prevista para los casos de catástrofes naturales repentinas e imprevisibles. La devolución debe efectuarse en un plazo de $3^1/_4$ a 5 años.

Servicios para los países de renta baja

Acuerdos en el marco del servicio de ajuste estructural (SAE)

Préstamos a países de renta baja, según la clasificación del Banco Mundial, destinados a respaldar ajustes macroeconómicos y reformas estructurales, en los casos en que el país sufra problemas persistentes de balanza de pagos.

Dependen de un plan, elaborado de acuerdo con el Fondo y el Banco, con duración normal de tres años y la ayuda se presta para programas anuales incluidos en el plan. Se trata de préstamos concesionales al 0,5 % de interés y con plazo de amortización de $5^1/_2$ a 10 años.

Acuerdos en el marco del servicio reforzado de ajuste estructural (SRAE)

Similares a los anteriores en cuanto a objetivos, condiciones y características de los programas. Incluyen también subvenciones procedentes de ayudas bilaterales.

De conformidad con el propio Convenio Constitutivo del FMI, la utilización de sus recursos requiere, por lo general, cumplir unas determinadas condiciones: los problemas de balanza de pagos reflejan, las más de las veces, desequilibrios de la economía que deben ser corregidos para superar tales problemas y para que se puedan devolver los recursos. Las políticas y procedimientos que han de seguir los prestatarios configuran, pues, lo que se denomina «condicionalidad», una condicionalidad que, en el caso de los países en desarrollo, pretende lograr que el déficit por cuenta corriente del país pueda financiarse con entradas netas de capital compatibles con su capacidad de endeudamiento [30].

Aunque la condicionalidad constituya un principio general, su formulación es flexible porque ha de tomar en consideración las circunstancias del país considerado y el entorno mundial en el que surgen los problemas. A lo largo de los años sesenta, y en un mundo relativamente estable, lo que hacía el FMI era valorar si la política seguida por el país miembro podía permitirle resolver su problema de balanza de pagos y reembolsar los préstamos en el plazo previsto; en el mundo posterior a la crisis energética, ya no se trataba de valorar solamente políticas correctoras sino de reclamar planes de ajuste estructural, a plazo medio, que atacaran la base de los problemas; en el caso de las economías en transición se requiere, además, la puesta en práctica de planes de reforma amplios y la creación de instituciones que refuercen su economía. De ahí que la condicionalidad, cuyo núcleo fundamental viene constituido por el diseño general de la política macroeconómica, abarque en muchos casos aspectos microeconómicos, que deben ser resueltos mediante ajustes estructurales.

Un programa del FMI puede, por tanto, incluir una serie de compromisos tendentes a estabilizar la economía: aplicación de una política monetaria restrictiva, a través de un crecimiento lento de los agregados monetarios, y reducción del déficit público, hasta un determinado nivel, por medio de un recorte del gasto público. Puede también abarcar una serie de medidas encaminadas a reforzar el sector exterior: devaluación de la moneda, supresión de determinadas subvenciones a la exportación, eliminación progresiva de con-

[30] Manuel Guitián: *La condicionalidad del Fondo. Evolución de sus principios y prácticas.* FMI. Washington, 1981.

tingentes arancelarios y reducción de aranceles. Y puede, también, comprender otras medidas que busquen mejorar la asignación de recursos: supresión de controles de precios en algunos sectores o desaparición de subvenciones para determinados factores de producción.

La condicionalidad del FMI es objeto de duras críticas por parte de los países en desarrollo. Críticas que suelen concentrarse en ciertos aspectos de los programas. Para algunos de los críticos, los ajustes requeridos son demasiado rápidos y contraen excesivamente la actividad económica; para otros, las recetas propugnadas son excesivamente uniformes y no tienen en cuenta la capacidad productiva del país ni las circunstancias políticas por las que atraviesa; en muchos casos se denuncia que los programas de estabilización y ajuste imponen una carga excesiva sobre las capas más débiles de la sociedad, y también se ha alegado que las decisiones del Fondo reflejan continuamente los intereses del mundo industrializado, y muy especialmente los de Estados Unidos [31]. Las críticas reflejan, sin duda, un hecho cierto –que todo programa de reforma implica un coste social y político–, pueden y deben ser atendidas en lo que atañe a la duración del período de ajuste y a la adaptación del programa a las necesidades del país –para minimizar sus costes sociales–, pero difícilmente pueden desfigurar la razón de ser de la condicionalidad: que las condiciones impuestas son necesarias tanto para reembolsar los recursos utilizados como para situar a la economía receptora en una senda de desarrollo más estable.

5.9.2. El grupo del Banco Mundial

Banco Internacional de Reconstrucción y Fomento

Es la más importante de las instituciones multilaterales de desarrollo y, en la actualidad, financia más de 5.000 proyectos en unos 140 países, con un saldo vivo de préstamos, a 30 de junio de 1994, de casi 110.000 millones de dólares [32]. Sólo pueden obtener ayuda financiera del BIRF los países en desarrollo con más de 1.200 dólares de PNB *per cápita*.

Financia proyectos de muy diferentes tipos: de infraestructura, agrícolas, energéticos, educativos, de protección de la naturaleza y, en general, todos los que, a juicio de la organización, ayudan a luchar contra la pobreza en los países miembros.

La mayor parte de los recursos del Banco proceden de los mercados de capital internacionales, mercados en los que tiene una presencia importante en tanto que emisor de activos financieros. Sus préstamos, por tanto, no son concesionales, y la única ventaja, en lo que a los tipos de interés se refiere, es la alta calificación del Banco frente a los prestamistas, lo que le hace obtener condiciones más ventajosas.

---

[31] Sobre este punto, véase el Cap. 6 de *International Financial Cooperation*, de Frances Stewart y Arjun Sengupta. Frances Pinter. Oxford, 1982. Y, más recientemente, la parte 2 de *Development in Theory and Practice*, de Jan Knippers Black. Westview Press. Boulder, 1991.

[32] Datos contenidos en el informe anual 1994. Washington, 1994, pág. 11.

Desde principios de los años ochenta hay dos líneas de préstamos que están sometidas a condicionalidad: los préstamos de ajuste estructural (SAL) y los de ajuste sectorial (SECAL). Los primeros buscan potenciar los recursos y mejorar la eficacia global de la economía; los segundos procuran reorganizar uno o varios sectores. Aproximadamente el 25% de los préstamos del Banco son préstamos de ajuste que coinciden, por lo general, con programas del FMI: éstos van destinados a corregir los desequilibrios internos y externos y aquéllos a potenciar la capacidad de crecimiento de la economía [33].

La condicionalidad sigue las líneas generales del FMI; es más, en muchos casos, los préstamos a largo plazo del Banco se suman a los préstamos a corto del Fondo, lo que hace que las dos instituciones mantengan una estrecha colaboración y que, por tanto, la condicionalidad refleje las opiniones de los equipos técnicos de los dos organismos. Y, también en este caso, la condicionalidad ha sido objeto de múltiples críticas por entender, unas veces, que los ajustes microeconómicos no deben emprenderse hasta haber logrado alcanzar la estabilidad macroeconómica; por estimar, otras, que la economía de mercado no puede ser la única guía de las medidas propuestas, o por considerar, en múltiples ocasiones, que el coste social del ajuste resulta excesivo. Al igual que sucede con las críticas de la condicionalidad del FMI, es posible acercar los programas de ajuste a las realidades de cada país, pero prescindir de las obligaciones el país prestatario equivaldría, en la mayor parte de los casos, a esterilizar los esfuerzos de transformación [34].

Asociación Internacional de Fomento

Estrechamente ligada al Banco –la denominación «Banco Mundial» comprende las dos instituciones–, aunque con personalidad jurídica propia, la Asociación otorga asistencia financiera especial a los países más pobres: aquellos cuyo Producto Nacional Bruto *per cápita* no llega a los 1.200 dólares anuales. Normalmente, la AIF concede créditos sin interés y con un componente de donación de alrededor del 85%. Por tal razón, sus recursos no puede obtenerlos de los mercados sino que proceden de los países miembros, recursos que se reponen cada tres años.

Al 30 de junio de 1994, los créditos comprometidos por la AIF suponían 87.880 millones de dólares con un saldo vivo de 62.810 millones [35].

---

[33] Para más detalles de los préstamos de ajuste, véase «The Third Report on Adjustment Lending: Private and Public Resources for Growth». The World Bank, 1992.

[34] Véase mi propio artículo: «La condicionalidad del Banco Mundial» en la recopilación de M. Varela: *El Fondo Monetario Internacional, el Banco Mundial y la economía española.* Pirámide. Madrid, 1994.

[35] Véase el apartado «La Asociación Internacional de Fomento», de Joaquín Muns y Montserrat Millet: *España y el Banco Mundial.* Banco Mundial, 1994. También el informe 1994 del Banco Mundial.

Corporación Financiera Internacional

Su objetivo fundamental es apoyar los esfuerzos de desarrollo, potenciando la expansión del sector privado. Trabaja en condiciones de mercado; buena parte de sus recursos proceden de los mercados de capital internacionales y sus relaciones son, siempre, con el sector privado de los países en desarrollo. Sus compromisos revisten múltiples formas: cofinancia proyectos privados –por ejemplo, en agroalimentación o química o turismo–; interviene en la sindicación de préstamos internacionales, sindicación que resulta más fácil al ser partícipe la Corporación en los proyectos; gestiona riesgos financieros mediante operaciones de cobertura, y, en téminos generales, presta asesoramiento técnico.

Al 30 de junio de 1994, los compromisos financieros de la Corporación, constituidos por préstamos y capital riesgo, sumaban cerca de 8.000 millones de dólares si bien el saldo vivo superaba ligeramente los 6.000 millones. De todas maneras, conviene tener en cuenta que, además de financiar, la Corporación moviliza recursos de terceros con destino al sector privado de países en desarrollo [36].

Organismo Multilateral de Garantía de Inversiones

Es un recién llegado al grupo del Banco Mundial, puesto que fue creado en 1988. Su objetivo no es financiar directamente sino estimular la inversión extranjera. Por dos vías: por una parte, el organismo cubre los riesgos no comerciales (políticos) que pueden acechar a la inversión extranjera en países en desarrollo: imposibilidad de repatriar fondos por decisión gubernamental, expropiación total o parcial, pérdidas resultantes de conflictos armados, etc.; por otro lado, la institución ayuda a los países miembros, a través de un conjunto de servicios especializados, a crear el clima adecuado para atraer la inversión directa privada.

Además de sus recursos propios, procedentes de las aportaciones de los países miembros, el organismo cuenta con las primas de las pólizas de riesgo [37].

5.9.3. Los bancos regionales de desarrollo

En el nacimiento de los bancos regionales ha latido siempre una doble pretensión: concentrar recursos para programas y proyectos de desarrollo, de un lado, y responder a las inquietudes nacionalistas, que veían demasiado lejana la acción de los organismos multilaterales, del otro.

[36] CFI: Informe anual 1994.

[37] Para más detalles, véase el trabajo de Juan José Durán: «MIGA. Instrumento del Banco Mundial para el fomento de la multinacionalización de la empresa», en la recopilación citada de Manuel Varela.

Por orden de creación, los cuatro bancos son: Banco Interamericano de Desarrollo (1959), Banco Africano de Desarrollo (1963), Banco Asiático de Desarrollo (1965) y Banco Europeo de Reconstrucción y Desarrollo (1990). Los tres primeros bancos, de los cuales el primero es el más importante por volumen de recursos y capacidad de financiación, presentan ciertas características comunes: financian programas y proyectos de desarrollo en sus respectivas zonas; los recursos proceden, no solamente de su capital sino también de los empréstitos que emiten en los mercados internacionales de capital; sus miembros pueden ser también países no regionales. De todas maneras, y dadas las múltiples necesidades de las zonas en las que actúan, las tres instituciones padecen una escasez crónica de recursos económicos.

El Banco Europeo de Reconstrucción y Desarrollo tiene un origen distinto: el derrumbamiento del comunismo en la Unión Soviética y los países de Europa Central abrió un amplio paréntesis, repleto de incógnitas, en la evolución económica de dichos países. En este caso no se trata de potenciar el desarrollo sino de llevar a cabo una reconversión profunda de esas economías, un salto nada fácil desde la planificación al mercado. El Banco, creado en 1990, tiene como objetivos canalizar inversiones hacia esa zona, facilitar la transición al mercado y acelerar, en esos países, los ajustes estructurales necesarios. Sus miembros son tanto países europeos como no europeos y, entre los fundadores, se encuentran la Comunidad Económica Europea y el Banco Europeo de Inversiones [38].

5.9.4. Otros organismos internacionales de financiación del desarrollo

Existen otros muchos organismos dedicados a prestar ayuda al desarrollo. Unos tienen carácter internacional, como el Programa de las Naciones Unidas para el Desarrollo, el Fondo Internacional para el Desarrollo Agrícola o el Fondo de la OPEP para el Desarrollo Internacional. Otros actúan sólo en el ámbito regional, como el Banco de Desarrollo Islámico, el Fondo Arabe para el Desarrollo Económico y Social, el Banco Arabe para el Desarrollo Económico en Africa o el Banco de Desarrollo del Caribe. Ninguno de ellos tiene, sin embargo, la dimensión o capacidad financiera de los organismos enumerados anteriormente y sus realizaciones son mucho más limitadas.

5.10. EL DEBATE SOBRE LA AYUDA AL DESARROLLO

La ayuda al desarrollo, como bien puede suponerse, no es un tema neutro sino un problema objeto de debate continuo.

---

[38] Sobre los bancos regionales, véase María Antonia Calvo: «Los bancos regionales de desarrollo como instituciones multilaterales de financiación del desarrollo». *Documento de trabajo*, núm. 55, 1990. Fundación FIES, Madrid; también, y por lo que se refiere al BERD, su trabajo «La Unión Monetaria Europea y la Unión Monetaria Alemana», en *Problemas actuales de la economía mundial*, coordinado por M. Varela. Pirámide. Madrid, 1991.

Se entiende por ayuda al desarrollo lo que el Comité de Ayuda al Desarrollo de la OCDE denomina «Ayuda pública al desarrollo», es decir, fondos que cumplen varias condiciones: 1) proceden del sector público de los países donantes; 2) su finalidad principal es promover el desarrollo y bienestar social de los países beneficiarios; 3) continen elementos concesionales: por lo menos un 25%, calculado al tipo de actualización del 10%; 4) sólo se computa la ayuda neta (hay que descontar las amortizaciones de créditos ya concedidos); 5) se concede a los países que el CAD considera elegibles para la ayuda [39]. Nos referimos, por tanto, al renglón I.1 del Cuadro 5.5.

Existen, en principio, tres opiniones diferenciadas respecto de la ayuda: primera, la ayuda es útil, pero hay que aumentarla y transformarla; segunda, la ayuda apenas sirve a los países en desarrollo ya que atiende, principalmente, a los intereses de los propios donantes; tercera, la ayuda no sirve para nada.

La primera de las opiniones es la mantenida, de forma general, por los organismos internacionales. La ayuda ha sido útil, a su entender, porque ha colaborado a mejorar la situación de los países en desarrollo: de 1960 a 1990 la esperanza de vida media ha aumentado seis meses por año; la mortalidad infantil ha pasado del 169 al 69‰; la producción de alimentos se ha incrementado en un 24% y ha superado al crecimiento de la población; la población crónicamente desnutrida ha pasado del 36% al 20%; la tasa de alfabetización de adultos ha aumentado del 46% (1970) al 69%; se ha doblado con creces el número de viviendas que disponen de agua potable [40]. La ayuda debe aumentarse porque la demanda se ha intensificado en los últimos años debido al retroceso experimentado por algunos países de renta mediana, a las necesidades de la Europa del Este y de los países de la antigua Unión Soviética y a las nuevas oportunidades de desarrollo abiertas por la paz alcanzada en Oriente Medio; es más, y pese a haber aumentado a un ritmo medio anual del 2,5% en términos reales durante el último decenio, la ayuda pública supone menos del 0,35% del Producto Nacional Bruto de los donantes, la mitad del objetivo fijado por las Naciones Unidas. La ayuda debe transformarse para repartirla adecuadamente entre los antiguos países europeos de la órbita soviética y los países subdesarrollados; para concentrarla, en el segundo caso, en los países más pobres; para canalizarla, en mayor medida, hacia el desarrollo humano y para que se acomode a las grandes líneas actuales de la cooperación para el desarrollo: reformar los sectores públicos hipertrofiados, crear un sector privado dinámico y reducir los gastos militares [41].

---

[39] CAD: Rapport 1993. Cap. I. Los elementos concesionales tienen en cuenta las condiciones financieras (interés, plazo, período de gracia) y, por tanto, la carga financiera resultante puede actualizarse para el plazo dado. La diferencia entre el tipo de actualización así obtenido y el 10% –que se utiliza, por el momento, como referencia– refleja la liberalidad de la ayuda. Si se multiplica esa diferencia por el nominal del préstamo, se obtendrá la parte de donación que comporta (página 103 del informe).

[40] K. Sarwar Lateef: *The First Half Century. An Overview.* Banco Mundial. Washington, 1994, pág. 2.

[41] CAD: Rapport 1993. Cap. I.

La segunda de las opiniones emana de un amplio espectro de economistas y sociólogos. La ayuda no es suficiente para las necesidades del mundo en desarrollo y, en buena medida, está ligada, es decir, constituye un instrumento de apoyo a la exportación de los países desarrollados, dado que no puede utilizarse sino para importar bienes o servicios del país donante. La ayuda pretende reproducir, en los países en desarrollo, el mismo modelo de capitalismo de los países donantes, sin tener en cuenta ninguna forma alternativa de desarrollo. La ayuda está políticamente condicionada y ha servido, ante todo, para apuntalar los intereses políticos de Estados Unidos y de los principales países desarrollados [42].

Los economistas liberales no suelen ser partidarios de la ayuda como instrumento de impulsión del desarrollo. Ni por razones de eficacia productiva, ni por razones redistributivas, ni por razones morales. A su entender no desarrolla la eficacia productiva por varias causas: porque muchos países se han desarrollado sin ayuda exterior, porque si las condiciones fundamentales del desarrollo –organizativas sobre todo– no están presentes, la experiencia demuestra que la ayuda no sirve para nada y porque cuando los recursos se generan y emplean internamente es cuando se desarrollan las cualidades y aptitudes, personales y sociales, que asentarán el proceso de desarrollo. La ayuda oficial se canaliza de gobierno a gobierno y, por tanto, son fondos que figuran en presupuesto; lo que da lugar a que, en muchos casos, se trate de impuestos que gravitan sobre las capas más desfavorecidas de las sociedades industriales y que van a parar a los menos necesitados de las sociedades en desarrollo; una distribución regresiva, porque significa que los pobres de los países ricos financian a los ricos de los países pobres. Los gobiernos, que son los que facilitan la ayuda, no deben atender a las obligaciones morales. Son las personas las que, voluntariamente, deben ayudar a los más necesitados de otros países enviando a las organizaciones de esos países su contribución personal con cargo a su renta [43].

Valorar la eficacia de la ayuda no es tarea sencilla porque los fondos de ayuda han coexistido con muchos otros elementos y no es posible singularizar su efecto. Pero sí parece posible extraer algunas conclusiones de la experiencia, a partir, sobre todo, de la evolución de determinados países asiáticos y africanos: del éxito económico alcanzado por los primeros y del fracaso experimentado por la mayoría de los segundos.

Los países de Asia oriental –de Corea hasta Singapur– apenas reciben ya Ayuda Oficial al Desarrollo; y, en los casos en que todavía la reciben, supone un porcentaje mínimo de su PNB. Los países de Africa negra reciben,

---

[42] Sirvan como ejemplo de esas opiniones los siguientes trabajos: Angelos Angelopoulos: *Por une nouvelle politique du développement international* (PUF. París, 1976); Robert Wood: *From Marshall Plan to Debt Crisis, Foreign Aid and Development Choices in the World Economy* (University of California Press. Berkeley, 1986), y también el trabajo citado de Jan Knippers Black.

[43] Resumimos aquí las ideas de uno de los exponentes principales de esa corriente, Peter Bauer. Véase el Capítulo 2.B de su *Dissent on Development.* Weidenfeld and Nicolson. Londres, 1971. También *Development Aid: End it or Mend it.* International Center for Economic Growth, 1993.

entre todos, un tercio aproximado del total de la ayuda que, además, representa un porcentaje muy elevado de su PNB [44].

Aunque una correlación no revela, necesariamente, la existencia de vínculos causales –la desaparición casi total de la ayuda, en el primer caso, no es la razón del éxito ni su aumento, en el caso segundo, la de su fracaso– la distinta evolución de las corrientes de ayuda sí pone de manifiesto, a nuestro entender, que la trayectoria de los dos grupos de países hace, en los asiáticos, innecesaria su presencia y la convierte en fundamental en el caso segundo. ¿Por qué? Porque el proceso de desarrollo autosostenido ya se ha producido en aquéllos y no se da en éstos.

La ayuda puede amparar determinadas situaciones críticas –hambrunas derivadas de catástrofes naturales, por ejemplo– y cebar la bomba del crecimiento –al facilitar la creación de capital físico y humano– pero no puede sustituir al esfuerzo interno de desarrollo. Si lo hace, el resultado final será la perpetuación de la pobreza. Los países de Asia Oriental, receptores de ayuda en los sesenta y setenta, han logrado impulsar sus economías por métodos distintos pero con una serie de políticas económicas similares: han mantenido la estabilidad macroeconómica, han concentrado la inversión pública en educación, han incentivado el ahorro y la inversión a través de sistemas financieros eficaces, han limitado la protección exterior de sus economías, han hecho un gran esfuerzo por fomentar la exportación y han transformado su sector agrícola [45]. Atraen capital privado porque las expectativas de crecimiento, y de beneficio, son amplias.

En muchos países de Africa negra, el panorama es bien distinto, especialmente en los de la zona franca (Benin, Burkina Faso, Camerún, Comoros, Cargo, Costa de Marfil, Chad, Gabón, Mali, Mauritania, Níger, República Centroafricana, Senegal y Togo). De 1986 a 1993, sus economías soportaron una continua contracción a consecuencia, de un lado, de los múltiples desequilibrios que las acosaban y, del otro, del empeoramiento de la relación real de intercambio de sus principales productos de exportación: café, cacao, algodón, fosfato, uranio y petróleo. De ahí que sus fuentes de financiación, distintas de la Ayuda Oficial al Desarrollo, se cegaran casi por completo y de ahí que intenten, desde mediados de 1994, poner en práctica programas de estabilización que les permitan recuperar la capacidad de crecimiento [46]. La ayuda puede amortiguar los impactos negativos de esos programas y evitar que las capas más desfavorecidas de sus sociedades perezcan de desnutrición y de falta de asistencia sanitaria; la ayuda puede, también, suavizar la caída de renta derivada del empeoramiento de la relación real de intercambio. Pero sólo la corrección de los desequilibrios, y la aplicación de políticas económicas que favorezcan el crecimiento, resolverán sus problemas a medio y largo plazo. Porque el signo del éxito consiste, precisamente, en atraer otro tipo de

---

[44] Las proporciones pueden verse en el Cuadro núm. 49 del «Rapport 1993» del CAD.

[45] Como puede verse en el trabajo del Banco Mundial: «The East Asian Miracle: Economic Growth and Public Policy». Oxford University Press, 1993.

[46] Véase Banco Mundial: «Informe 1994». Sección 5. También su «Adjustment in Africa: Reforms, Results an the Road Ahead». Oxford University Press, 1994.

flujos financieros: los que actúan como revulsivo del proceso (la inversión privada, por ejemplo) y permiten consolidarlo [47].

5.11. LAS SIETE PLAGAS DEL SUBDESARROLLO

El bajo nivel de desarrollo de muchos de los países que integran la economía mundial genera una serie de plagas de enorme alcance y difícil solución.

La *primera* de ellas es la pobreza generalizada. En la actualidad, unos 1.000 millones de personas que habitan en países subdesarrollados –el 18% aproximado de la población mundial– han de subsistir con menos de un dólar al día, es decir, se mueren lentamente de hambre. De ahí que la mortalidad infantil sea diez veces mayor en los países en desarrollo que en los desarrollados y que siete millones de personas mueren todos los años a causa de enfermedades de fácil prevención [48]. De ahí también que el 80% de los nueve millones de personas infectadas por el virus del SIDA vivan en los países en desarrollo y que dos tercios de ese 80% residan en países africanos, si bien se estima que, hacia el año 2000, será Asia la región que cuente con el porcentaje mayor [49].

La *segunda* es la inestabilidad política. En países acosados por la pobreza los gobiernos se mantienen, casi siempre, a duras penas y las fórmulas democráticas se transforman, con facilidad, en dictaduras encubiertas o explícitas. Pero ni siquiera las dictaduras resisten porque las tensiones originadas por la pobreza son múltiples y permanentes, de forma que, en muchos casos, la situación política descansa sobre la guerra intermitente o continuada; conflictos, por otro lado, que suelen adquirir dimensiones trágicas y dejar tras de sí un interminable reguero de muertos y refugiados. La causa inmediata de los conflictos puede ser distinta –abundan hoy en día las razones étnicas y religiosas–, pero, detrás de ellas, suele surgir la pobreza como problema fundamental y como propagador de las tensiones. El fundamentalismo islámico, que lleva camino de desestabilizar buena parte del mundo árabe, enarbola los principios religiosos como arma de lucha, pero encuentra su base social entre las amplias capas empobrecidas de una serie de países y, en el fondo, su mensaje tiene también un contenido económico: sólo cumpliendo rígidamente los preceptos islámicos volverán los países árabes a conocer el esplendor económico.

La *tercera* es el crecimiento demográfico desbordado, un crecimiento que, como ya se ha señalado, frena las posibilidades de mejorar el nivel de vida: en los años noventa, la población mundial aumentará en 850 millones más y el 90% de ese aumento se concentrará en los países en desarrollo; en concreto, en Africa negra la población se duplicará en los próximos veinte

[47] Las conclusiones a las que llega Enzo Crilli (*The European Community and the Developing Countries.* Cambridge University Press, 1993), al valorar la ayuda comunitaria a los países africanos, refuerzan estas consideraciones. Ver, en especial, el Cap. 9.

[48] Sven Sandström: «Reducción de la pobreza: lo que enseña la experiencia» (Intervención en la Asamblea conjunta FMI/BM. Madrid, septiembre 1994).

[49] CAD: Rapport 1993, pág. 23.

años [50]. Ese crecimiento rápido es, a la vez, efecto y causa del subdesarrollo. Efecto porque la natalidad sólo desciende al aumentar el nivel de vida, es decir, al elevarse los niveles educativos, especialmente el de las mujeres, al ampliarse los horizontes laborales y al dejar de ser los hijos brazos que puedan colaborar en múltiples tareas para convertirse en cargas familiares, cuya vida productiva tardará muchos años en iniciarse porque deben, precisamente, acumular una serie de conocimientos. Causa porque no es posible elevar los niveles de vida, de manera sostenida, si los aumentos del producto total son absorbidos y sobrepasados por el crecimiento de la población.

La *cuarta* de las plagas, los desplazamientos de la población, entronca directamente con las tres anteriores. La necesidad de huir de la pobreza o de las convulsiones políticas o del exceso de población, o de los tres flagelos juntos, provoca emigraciones difíciles, hacia otros países o regiones, en busca de mejores oportunidades. Los fenómenos migratorios han existido siempre y han sido positivos para los países de origen y destino en la medida en que satisfacían necesidades de los dos países: la emigración europea hacia Norteamérica, de finales del XIX y principios del XX, o la española de los años sesenta hacia los países más ricos de Europa occidental cumplían ese requisito: salvo excepciones, el emigrante ya contaba con permiso de residencia y de trabajo en el país de destino. La actual emigración de ciudadanos centroamericanos o mexicanos hacia Norteamérica y de ciudadanos de países del norte y centro de Africa hacia la Unión Europea no cumple, por lo general, tal condición: la entrada en el país es ilegal e ilegal resulta su permanencia en él. Esos movimientos poblacionales, que van adquiriendo importancia creciente, son fuente de problemas y tensiones múltiples: no es fácil que el desplazado supere la pobreza que le expulsó de su país; su condición de ilegal le cerrará muchas puertas; sólo tendrá acceso a trabajos muy mal remunerados y temporales y se verá rodeado de un entorno cada vez más hostil porque será la cabeza de turco de los movimientos racistas y xenófobos [51].

El *quinto* de los males es la fuga de cerebros. Anualmente, una proporción importante de ciudadanos de los países en desarrollo, los mejor educados y más inteligentes, abandonan su país y se instalan en un país desarrollado, atraídos por las oportunidades que en él se les ofrecen. Para ellos no habrá problemas legales o laborales, su adaptación será fácil –por lo general una parte de sus conocimientos los habrán adquirido en ese país– y las posibilidades profesionales múltiples; pero su país de origen perderá, necesariamente, un recurso escaso que no colaborará en el esfuerzo de desarrollo. Nadie tiene la culpa ni a nadie se le puede negar el ejercicio de una libertad fundamental –la de vivir y trabajar donde más le convenga– pero la fuga de cerebros no hará

[50] Sven Sandström: intervención citada.

[51] Los problemas de Francia, con los inmigrantes argelinos –legales, en su mayoría, por otra parte– y los de Norteamérica con los de México, en buena parte ilegales, son suficientemente reveladores: el fascismo francés se alimenta, políticamente, de las tensiones que tal situación genera y el proyecto de ley núm. 187, del Estado de California (1994), en virtud del cual se pretende negar toda ayuda pública a los inmigrantes ilegales, son expresiones extremas de un panorama inquietante.

sino polarizar las posibilidades de crecimiento, al concentrar el capital humano en los países desarrollados.

Los problemas medioambientales constituyen la *sexta* de las plagas, problemas que se agudizan al urbanizarse las poblaciones. El cuidado del medio ambiente no tiene carácter prioritario para sociedades acosadas por la pobreza y en las que la subsistencia constituye, para muchos, su único objetivo diario. Pero la degradación del medio ambiente no es sólo un problema global que da lugar a repetidas conferencias internacionales de dudoso resultado; es, ante todo, una pérdida continua de posibilidades productivas: las pesquerías merman por la contaminación del agua, las cosechas disminuyen a causa de la desertización, la saturación hídrica o por la salinización; la excesiva tala en las cuencas fluviales boscosas provoca inundaciones y pérdidas económicas; las enfermedades derivadas de los riesgos ambientales reducen la productividad de los seres humanos [52].

La *séptima* de las plagas tiene carácter global: la baja pulsación económica del mundo en desarrollo, en el que viven aproximadamente las cuatro quintas partes de la población mundial, no sólo condena a la pobreza a una proporción importante de esa población sino que limita las posibilidades de crecimiento del mundo en su conjunto. Sin la expansión de esos mercados, en los que existen enormes demandas potenciales, la capacidad de crecimiento del conjunto mundial será más reducida.

En un mundo capilar, en el que los fenómenos sociales se propagan con facilidad de unos a otros países, esas siete plagas, y su enorme poder de fragmentación, no son, como puede advertirse, enfermedades que afecten sólo al Tercer Mundo; son enfermedades transmisibles a las que nadie es ajeno, lo que hace que el subdesarrollo sea, más que ninguna otra enfermedad de la economía mundial, un problema de todos.

---

[52] Véase, sobre este punto, el «Informe sobre el desarrollo mundial 1992», del Banco Mundial, dedicado íntegramente a la relación entre desarrollo y medio ambiente.

ANEXO 5.1. EL MAPA DEL DESARROLLO-SUBDESARROLLO DE INNOVACIÓN

GRUPOS DE PAÍSES

En el mapa de las páginas siguientes, los países se han clasificado según el grupo de ingresos al que pertenecen. Países de ingreso bajo son los que en 1992 tenían un PNB per cápita de hasta 675 $; países de ingreso mediano son los que tenían de 675 $ a 8.355 $, y países de ingreso alto los que tenían 8.356 $ o más.

Canadá
Estados Unidos
México
Cuba
Haiti
Jamaica
Guatemala
Honduras
El Salvador
Nicaragua
Costa Rica
Panamá
Venezuela
Guyana
Suriname
Guayaba
Colombia
Ecuador
Perú
Brasil
Bolivia
Paraguay
Chile
Uruguay
Argentina
Países de ingreso bajo
Países de ingreso mediano
Países de ingreso alto
No se dispone de datos

Nota: El Banco Mundial utiliza, en ese caso, el Producto Nacional Bruto *per cápita* como indicador del nivel de desarrollo; es decir, el valor de los bienes y servicios finales producidos, durante un año, por los factores de producción nacionales (sea cual sea el lugar en el que operen) y dividido por el número de habitantes.

Aproximadamente, los países de ingreso (renta) bajo y mediano configuran el mundo en desarrollo, y los países de ingreso (renta) alto, el mundo desarrollado.

Fuente: Banco Mundial. Informe sobre el Desarrollo Mundial, 1994. Washington, 1994, págs. 168 y 169.

6

LA VOLATILIDAD CAMBIARIA

6.1. CONCEPTOS FUNDAMENTALES

6.1.1. El tipo de cambio

La diferencia entre una compraventa en la que comprador y vendedor residen en el mismo país y la que se lleva a efecto entre residentes de países distintos radica, ante todo, en la moneda utilizada: en el primero de los casos, la moneda es la misma; en el segundo, la transacción requiere la previa adquisición de la moneda del vendedor. Si una empresa sevillana desea comprar una máquina a otra catalana, la operación se realiza en pesetas; si la empresa vendedora fuese norteamericana, sería preciso adquirir primero los dólares, lo que suscita un doble problema de precio y riesgo.

Denominamos tipo de cambio al precio de una moneda en términos de otras monedas, con la siguiente distinción:

- El tipo de cambio contado (*spot*) es el precio correspondiente a la entrega a dos días.
- El tipo de cambio futuro (*forward*) es el precio correspondiente a la entrega a un plazo predeterminado, generalmente de un mes a un año.

El cuadro que sigue muestra los tipos contado y plazo del dólar/peseta.

CUADRO 6.1. CONTADO Y FUTURO DEL DÓLAR

Fecha 13 de junio de 1995. 11,56 A.M.	Pesetas por dólar
Contado	121,35
Plazo	
1 mes	121,71
2 meses	122,08
3 meses	122,49
6 meses	123,76
9 meses	125,15
12 meses	126,62

Fuente: Reuters, 13-6-1995.

Puede observarse que, hacia el futuro, el dólar se va encareciendo porque los mercados prevén un debilitamiento de la peseta. En tal caso, decimos que la peseta está «a descuento» y el dólar «a prima».

Si la entrega de la máquina norteamericana fuese inmediata, la empresa sevillana tendría, simplemente, que adquirir los dólares al contado y transferirlos y sabría, desde el principio, cuál sería el precio, en pesetas, de la máquina. Pero si, por el contrario, la entrega fuese a seis meses, el comprador sevillano se enfrentaría a la siguiente alternativa: adquirir los dólares a seis meses, con lo cual ya conocería, desde ahora, su precio cierto o, si entiende que la previsión de los mercados no es cierta y que, en realidad, el dólar se va a depreciar con el paso del tiempo, esperar a que transcurra ese plazo y adquirirlos, finalmente, al contado. En el primero de los casos habría soslayado el riesgo –mediante una operación de cobertura– y, en el segundo, estaría especulando: si acierta, el precio de la máquina en pesetas será menor de lo esperado y logrará un beneficio adicional; si se equivoca, el precio será mayor y tendrá que soportar una pérdida.

Las variaciones del tipo de cambio, y la dificultad de prever tales variaciones, son fuente de beneficios y pérdidas continuas que otorgan a los mercados donde se compran y venden las monedas, los mercados de divisas, una importancia extraordinaria, ya que su evolución determina los precios relativos de bienes, servicios y activos financieros e influye, por tanto, sobre el comercio y los movimientos de capital internacionales.

6.1.2. Los mercados de divisas

Son los mercados en los que se negocian los precios, contado y futuro, de las diferentes monedas, unos mercados con determinadas singularidades.

No existen mercados físicos en los que se reúnan compradores y vendedores. Son, en realidad, mercados interbancarios. La mayor parte de las transacciones consisten en intercambiar depósitos bancarios en diferentes monedas.

Los principales agentes que operan en los mercados son los bancos comerciales, los bancos centrales, las grandes empresas, especialmente las multinacionales, y los inversores institucionales. Los bancos comerciales actúan en los mercados de divisas por dos razones: para cumplir las órdenes de sus clientes y para obtener beneficios directamente. El banco tiene que responder a los requerimientos de su clientela, tanto si se trata de pequeñas cantidades como de grandes sumas, y facilitar, por tanto, cotizaciones continuas de las diferentes monedas convertibles. Pero, además de ello, tratará diariamente de lograr beneficios a través del arbitraje: la compra y venta simultánea de divisas para hacer uso de las discrepancias existentes en los distintos mercados y al mismo tiempo. Si el dólar se cotiza en Nueva York a 121,50 pesetas en un momento dado, y en Madrid a 122, los bancos tratarán de comprar dólares con pesetas en Nueva York y de vender dólares contra pesetas en Madrid porque de cada millón de dólares obtendrán un beneficio inmediato de 500.000 pesetas. Innecesario decirlo, las comunicaciones modernas reducen cada vez más las posibilidades de arbitraje, porque la transparencia de los mercados iguala las cotizaciones con rapidez. En sus operaciones en divisas, los bancos pueden adoptar posiciones largas –exceso de activos sobre pasivos– o cortas –exceso de pasivos sobre activos–, lo que implica, en el primero de los casos, el riesgo de depreciación del tipo al contado (se perdería más con la depreciación del activo de lo que se ganaría con el abaratamiento del pasivo) y, en el segundo, el riesgo de apreciación (se ganaría menos en la operación de activo de lo que se perdería en la de pasivo). Cubrir tales riesgos significa, para la banca, actuar, de forma continua, tanto en contado como en futuros. Pero, además, los bancos especulan: si advierten que una divisa puede depreciarse con respecto a otras, venderán la débil y adquirirán la fuerte para obtener beneficios una vez consumada la devaluación.

Salvo en circunstancias críticas, como los vendavales sufridos por el Sistema Monetario Europeo desde septiembre de 1992 a agosto de 1993, y la perturbación generalizada de febrero-marzo de 1995, la actuación de los bancos centrales en los mercados de divisas no es muy amplia y se limita a corregir las oscilaciones no deseadas de la cotización de su moneda; por el contrario, cuando su moneda es atacada, y especialmente si forma parte de un mecanismo de cambios semifijos, los bancos centrales se ven en la obligación de intervenir ampliamente para tratar de mantener el cambio dentro de los márgenes deseados.

Las grandes empresas, y sobre todo las grandes empresas multinacionales, necesitan, por una parte, efectuar transacciones en diversas monedas: por ejemplo, para pagar a sus proveedores situados en diferentes países; pero, además, necesitan efectuar operaciones de cobertura para proteger el valor de sus activos denominados en otras divisas y para evitar el riesgo derivado de la apreciación de las principales monedas en las que se endeudan.

Una gran parte del ahorro privado de los principales países occidentales es gestionado por instituciones. Se trata de los fondos de pensiones, los fondos de inversión, los seguros de vida y todos los patrimonios que buscan la mejor combinación posible de rentabilidad-solvencia y que son administrados por gestores profesionales. Por razones de diversificación de cartera, una proporción de esos patrimonios se mantiene en activos denominados en divisa distinta de la original: un 20 % aproximado en el caso de Europa y Japón, de un 5 % a un 7 % en el caso de Estados Unidos [1]. Esa inversión institucional actúa también, de forma continua, en los mercados de divisas para maximizar la rentabilidad de las carteras y para efectuar operaciones de cobertura. La importancia de los participantes, la libertad de movimientos de capital que hoy existe en los países OCDE, la homogeneidad de la mercancía –un dólar es siempre un dólar en Nueva York, Madrid, Zurich o Sidney–, la rapidez de las comunicaciones modernas –las mesas de cambio de los grandes operadores mundiales están enlazadas directamente por teléfono– y la peculiaridad de la contratación –en la mayoría de los casos el contrato se formaliza verbalmente– hacen que los distintos mercados de divisas –Londres,

[1] Group of Ten: *International Capital Movements and Foreign Exchange Markets*, abril 1993, pág. 4.

Nueva York, Tokio, Frankfurt, etc.– sean, en realidad, partes integrantes de un único mercado mundial en el que las transacciones han alcanzado cifras elevadísimas: unos 880.000 millones de dólares diarios a principios de 1993 [2].

Ese enorme mercado está integrado, además, por segmentos distintos, en los que los productos adquieren una enorme complejidad, en parte porque la innovación técnica es continua y, en parte, porque la globalización, y, por tanto la multiplicación de riesgos, así lo requiere. Los segmentos fundamentales, y los de más rápido crecimiento, son los de *swaps*, futuros y opciones. Mediante un *swap*, o permuta financiera, una empresa puede abaratar su pasivo en divisas a través de un emisor de más alta cotización; los futuros financieros en divisas son contratos estandarizados que permiten cubrir riesgos de tipo de cambio o especular, y que presentan una agilidad mucho mayor que las simples operaciones a futuro; las opciones, de compra o venta, permiten asimismo las actividades de cobertura y especulación a partir de un derecho especificado de compra o venta (en el Capítulo 3 figuran ejemplos de *swaps*, futuros financieros y opciones).

6.1.3. ¿A qué obedece el tipo de cambio?

Al igual que ocurre con cualquier otra mercancía o servicio, el tipo de cambio, contado o futuro, de una moneda es el precio que equilibra la oferta y demanda de la misma en cada momento (Anexo 6.1). Son, pues, los flujos internacionales de comercio y capital los que determinan ambas curvas: la oferta de una divisa dependerá de las exportaciones de bienes y servicios del país, de las transferencias recibidas de otros países y de las entradas de capital exterior en sus diversas formas; la demanda de una divisa dependerá, a su vez, de las importaciones de bienes y servicios, de las transferencias hechas a otros países y de las salidas de capital por los varios motivos posibles. Ahora bien, sobre esos movimientos inciden, a su vez, una serie de factores que conviene reseñar.

En primer lugar, inciden los diferenciales de inflación. Si la inflación española es superior a la norteamericana, la capacidad adquisitiva de la peseta disminuirá más rápidamente que la del dólar, lo que aumentará la demanda de dólares para adquirir bienes, servicios o activos financieros norteamericanos, y producirá una depreciación de la peseta con respecto al dólar. Nótese que el razonamiento es muy similar al que llevó a Gustav Cassel a enunciar, en 1918, su teoría de la paridad de poder adquisitivo, según la cual el tipo de cambio de equilibrio es el que permite la igualdad de poder adquisitivo de las monedas de forma que, cuando éste varía, varía también el tipo de cambio. Tal proposición, que tiene fundamentalmente en cuenta la balanza de mercancías, ignora, por ejemplo, que hay bienes –la vivienda es uno de ellos– que no se comercializan internacionalmente y cuyo precio no tiende tampoco a unificarse; ignora, asimismo, que el comercio de servicios es, hoy en día,

[2] Ibídem.

muy intenso y que, también en ese tráfico, hay servicios no comercializables –entre los cuales cuentan los educativos–; e ignora, finalmente, que las trasacciones por cuenta de capital son, en la actualidad, mucho más importantes que las de cuenta corriente, y que en ellas inciden, con especial intensidad, las expectativas de los agentes económicos. Con todo, la influencia de los diferenciales de inflación sobre el tipo de cambio resulta indudable y, desprovista de automatismos, la paridad de poder adquisitivo permite explicar buena parte de los movimientos del tipo de cambio [3].

En segundo lugar, cuentan los diferenciales de interés, especialmente de interés a corto plazo. Si los intereses practicados en España son superiores a los de Norteamérica, el capital norteamericano se desplazará a España, en busca de mayor rentabilidad, y la peseta se apreciará con respecto al dólar. En general, los agentes económicos van a guiarse no por el interés nominal, sino por el real, es decir, el que resulta de ajustar aquél por la tasa de inflación. En 1923, Keynes enunció la teoría de la paridad de intereses [4]: las diferencias de tipos de interés hacen que el capital acuda allí donde su remuneración es más alta, lo que producirá una apreciación inmediata de su tipo de cambio al contado (la moneda se adquiere para invertir en ese país) y una depreciación de su cambio futuro (venta de futuros por realización de beneficios); el arbitraje cesará cuando, por la acción inversa del contado y del futuro, las rentabilidades se igualen entre todas las monedas consideradas (Anexo 6.2). En su moderna formulación, la teoría de la paridad de intereses, una de las más influyentes entre los operadores internacionales, sirve para determinar el futuro, a diversos plazos, de una moneda.

En tercer lugar, el tipo de cambio responde a los ritmos de crecimiento de los distintos países. Si la renta en Norteamérica crece a mayor ritmo que en España, la demanda norteamericana de bienes, servicios y activos financieros españoles aumentará más deprisa que la demanda española de bienes, servicios y activos financieros norteamericanos. En consecuencia, la peseta se apreciará con relación al dólar puesto que la demanda de pesetas será mayor que la de dólares.

En cuarto lugar, las expectativas. Los mercados de divisas reflejan, prontamente, los cambios de expectativas debidos a una pluralidad de factores. El rebrote inflacionista en cualquier país producirá, por lo general, la venta de su moneda ante la posibilidad de que se deprecie, lo cual acelerará esa tendencia. Ante el temor de que una moneda se deprecie, los importadores del país correspondiente adelantarán sus pagos en otras monedas (*leads*) y los exportadores atrasarán los reembolsos de las diferentes divisas en los que cobran (*lags*), lo que debilitará aún más la moneda al desplazarse, a derecha e iz-

[3] La denomina así en su trabajo «Abnormal Deviations in International Exchange» (*Economic Journal*, diciembre 1918). Existen dos formulaciones de la teoría, enunciadas ya por el propio Cassel. La absoluta y la relativa. Según la primera –no avalada por el análisis empírico–, el tipo de cambio variará de acuerdo con los niveles de precios de cada país; la segunda, mucho más ajustada a la realidad, subraya que las condiciones monetarias ejercerán considerables influencias sobre el tipo de cambio siempre que, por hipótesis, consideremos invariables los niveles de empleo, los obstáculos al comercio o los movimientos de capital.

[4] «A Tract on Monetary Reform». Collected Writings. McMillan, 1971. Cap. 3. La primera edición de la obra data de 1923.

quierda, las curvas de demanda y oferta de las otras divisas. Un aumento de la inestabilidad política, que pueda llevar aparejado el estallido de un conflicto bélico de cierta importancia en cualquier zona del mundo, tendrá su reflejo en los precios internacionales de las monedas y, normalmente, elevará la cotización del dólar por tratarse de la moneda refugio por excelencia. La modificación de las expectativas desencadenará, además, operaciones de cobertura y especulación que, por lo general, acentuarán la volatilidad de los mercados de divisas.

En quinto lugar, los controles públicos. Hasta aquí hemos prescindido de las barreras al comercio y del control de cambios, lo cual refleja, hasta cierto punto, la situación actual del grupo de países OCDE: las barreras comerciales tienden, por lo general, a reducirse y el control de cambios es mínimo o inexistente. Pero no siempre ha sido así ni tenemos la clara certeza de que vaya a ser así en el futuro. Dada la influencia del tipo de cambio sobre las grandes variables, monetarias o reales, de cualquier economía, los controles públicos pueden sufrir alteraciones fundamentales e influir, notablemente, sobre las cotizaciones de las monedas. Si, por ejemplo, el Gobierno norteamericano estableciese un impuesto, de cierto nivel, sobre los intereses obtenidos en el extranjero, la salida de capital norteamericano, en busca de mayor rentabilidad, se reduciría y provocaría una apreciación del dólar. Si el Banco de España dificultase, como ya lo ha hecho, la concesión de préstamos en pesetas para la adquisición inmediata de divisas, la peseta tendería a apreciarse.

Hemos sintetizado, hasta aquí, los factores que inciden sobre los mercados de divisas, mercados de creciente volatilidad por las características que hoy los singularizan: la libertad de movimientos de capital, la rapidez de las transacciones, la existencia de una gama muy amplia de activos financieros y la importancia de la inversión institucional.

La libertad de movimientos de capital, que requiere convertibilidad plena de las monedas, está hoy instaurada en casi todo el área OCDE pese a que, a mediados de los años setenta, la convertibilidad sólo se admitía, en la mayor parte de los países industriales, para las transacciones por cuenta corriente. Como resultado de esa libertad, las decisiones de inversión, en activos denominados en otras monedas, se facilitan porque no han de ser cribadas por el control de cambios; y se facilita, asimismo, la conexión entre los distintos mercados y la especulación.

La tecnología moderna ha reducido enormemente el tiempo requerido para efectuar las transacciones. Comprar o vender monedas, o activos financieros denominados en diferentes monedas, es, en la actualidad, una operación casi instantánea, por grande que sea la distancia física entre los mercados. De ahí que el volumen de transacciones en los mercados de divisas se haya incrementado de forma muy sustancial.

Tanto en los mercados internos como en los internacionales, la gama de activos financieros es muy amplia; una situación que se debe al proceso de innovación financiera y que produce una notable dispersión de rendimientos reales, lo cual, a su vez, incrementa el volumen de operaciones.

La presencia dominante de inversores institucionales, y su continua preocupación por las combinaciones de rentabilidad –riesgo de sus carteras, acentúa, por otro lado, la movilidad del capital y la presión sobre los mercados de divisas.

Los cuatro rasgos descritos suponen una continua modificación del precio de las monedas y la aparición de turbulencias cambiarias, de intensidad y duración diversas, tan pronto como los mercados encuentran o anticipan divergencias entre las políticas económicas de los diferentes países –divergencias que afectarán a los niveles de inflación o a los tipos de interés– o dudan de la cotización de una moneda [5].

6.1.4. Tipos de cambio flexibles y fijos

En nuestro razonamiento anterior hemos supuesto que el tipo de cambio de cualquier moneda puede oscilar libremente, en respuesta a las fuerzas que operan sobre la oferta y demanda de la misma. En ese caso nos movemos dentro de un sistema de tipos de cambio flexibles. Pero puede ocurrir que un conjunto de países pacten entre sí que sus tipos de cambio, salvo circunstancias excepcionales, mantengan siempre idéntica paridad con un ligero margen de oscilación. En tal caso habremos pasado a un sistema de cambios fijos.

Los dos sistemas cuentan con defensores y detractores [6].

Para los partidarios de los cambios flexibles, las principales razones que avalan el sistema son las siguientes: independencia de la política monetaria, simetría en las obligaciones internacionales y su condición de estabilizadores automáticos.

En un sistema de cambios fijos, la política monetaria se ve condicionada por la necesidad de mantener el tipo de cambio dentro de los márgenes acordados. Por tanto, la posibilidad de reducir o aumentar los tipos de interés, para estimular la actividad económica o atajar las presiones inflacionistas, choca con la restricción cambiaria, dado que una reducción del tipo de interés provocará una salida de capital que debilitará la moneda y un aumento atraerá capital exterior y la reforzará. Por el contrario, los cambios flexibles liberan a la política monetaria de esas obligaciones y permiten a los gobiernos ocuparse, con menos trabas, de los equilibrios internos y externos. La política monetaria podrá ser mucho más laxa cuando se trate de dinamizar la economía y de recuperar competitividad exterior y más restrictiva cuando lo que se persiga sea enfriarla.

El sistema de cambios fijos de Bretton Woods, que estudiaremos en el Apartado 6.2, producía una doble asimetría. Por una parte, y dado que los países miembros debían mantener la paridad de su moneda con el dólar, convertía a la Reserva Federal norteamericana en el organismo que determi-

[5] Véase, sobre estos aspectos, el Cap. VII del 64 Informe Anual del Banco Internacional de Pagos. Basilea, junio 1994.

[6] Seguimos a P. Krugman y M. Obstfeld: «International Economics. Theory and Policy», 3.ª ed., Harper Collins. Nueva York, 1994. Cap. 20.

naba, de facto, la oferta monetaria de todos los países intervinientes; por otro lado, aceptaba que un país devaluase su moneda con respecto al dólar, en caso de desequilibrio fundamental, pero no permitía a Estados Unidos devaluar su moneda frente a las demás, con lo cual los desequilibrios fundamentales norteamericanos tendían a transmitirse a los demás países. Por ejemplo, su inflación.

La doble asimetría desaparece con un sistema de cambios flexibles y permite que los tipos de cambio respondan a la tensión de los mercados y no a las decisiones gubernamentales.

Quizá uno de los argumentos más utilizados por los proponentes de la flexibilidad del tipo de cambio sea su capacidad para corregir con rapidez el efecto de un cambio en las condiciones económicas. Piénsese, por ejemplo, en una reducción de la demanda externa que dé lugar a una caída de la renta y el empleo y a la aparición de un déficit comercial. El mecanismo de ajuste, en un sistema de cambios fijos, consistirá en imponer una penosa deflación que reduzca costes relativos y restaure los niveles de demanda externa, política que planteará no pocas dificultades en un mundo caracterizado por la rigidez a la baja de los salarios nominales; sin embargo, en un sistema de cambios flexibles, la corrección se efectuará, de forma casi automática, a través del tipo de cambio: la situación descrita depreciará la moneda del país correspondiente, lo que, al acrecentar su competitividad, producirá un tirón de la demanda externa y de los niveles de renta y empleo.

Los defensores del sistema de cambios fijos aducen, por su parte, una suma de ventajas de dicho mecanismo: la disciplina, la protección frente a movimientos especulativos, el impulso al comercio y la inversión internacionales, el apoyo a la coordinación internacional de políticas económicas y la inexistencia de mayor autonomía en el caso de los cambios flexibles.

Los cambios fijos, afirman sus proponentes, obligan a los gobiernos a aceptar una mayor disciplina de sus políticas monetarias y fiscales, dado que tendrán que defender el tipo de cambio acordado. De no existir esa obligación, muchos gobiernos, por presiones políticas o por simple incompetencia, pueden embarcarse en expansiones fiscales y monetarias incontroladas que produzcan efectos devastadores sobre sus economías.

Con cambios flotantes, las presiones especulativas en los mercados de divisas se hacen más frecuentes e intensas. Tan pronto una moneda muestre signos de debilidad, los especuladores la atacarán, con lo cual su depreciación aumentará y podrá dar lugar a una espiral depreciación-inflación difícil de corregir para el país afectado.

Los cambios fijos impulsan el comercio y la inversión internacionales porque reducen las incertidumbres asociadas a la inestabilidad cambiaria. Los agentes que intervienen en las operaciones de comercio internacional prefieren conocer los costes y beneficios de sus operaciones sin tener que cubrir los riesgos en los mercados de futuros; los inversores son siempre partidarios de los cambios fijos porque la alteración del tipo de cambio puede dar al traste con la rentabilidad de su inversión y porque, con períodos de maduración largos, no es ni siquiera posible cubrir, en los mercados de futuros, los resultados de la misma.

La falta de coordinación de las políticas globales puede producir, en las relaciones internacionales, profundas alteraciones. Así sucedió en los años treinta, cuando los principales países occidentales, acosados por tasas de desempleo muy elevadas, se lanzaron a una escalada de devaluaciones competitivas que no benefició a ninguno y terminó perjudicando a todos, al elevar la protección exterior y frenar los flujos comerciales. El sistema de tipos fijos permite, al contrario, una mayor coordinación de políticas globales y una más amplia cooperación internacional.

Aunque, en teoría, los cambios flexibles permiten una autonomía mayor de la política monetaria, en la práctica la autonomía queda siempre limitada por la necesidad de evitar desajustes amplios en las variables fundamentales. Si la política monetaria se hace más expansiva para tratar de reanimar la economía, el tipo de cambio se depreciará de forma semiautomática y los bienes y servicios importados se encarecerán; cuanto más abierta sea la economía, mayor será el impacto que la depreciación del cambio tendrá sobre la inflación y mayores serán las respuestas de los agentes económicos para intentar compensarlo. Ese reclamo de mayores salarios y beneficios, que realimentará la inflación, puede colocar de nuevo a la economía considerada en una espiral depreciación-inflación que cualquier gobierno desea soslayar. De ahí que, pese a la flexibilidad del cambio, los gobiernos se preocupen por las oscilaciones cambiarias y procuren modular su política monetaria para evitar efectos indeseados.

El debate cambios flexibles-cambios fijos permite, en el terreno académico, múltiples matizaciones, sin que sea posible extraer conclusiones definitivas puesto que los dos sistemas presentan ventajas e inconvenientes.

La flotación posibilita, en principio, una autonomía mayor de la política monetaria y un ajuste exterior más suave, en la medida en que los diferenciales de inflación y las condiciones fundamentales de la economía se van reflejando, con mayor prontitud, en el tipo de cambio. Pero no aísla a ninguna economía abierta de las perturbaciones exteriores porque, dado su impacto sobre el producto total, ningún gobierno acepta la apreciación de su moneda hasta el nivel en que neutralice la inflación exterior; ni tampoco gobierno alguno acepta corregir una caída interna de la producción sólo a través del tipo de cambio: primero, porque su depreciación acelerará el ritmo de inflación y, en segundo lugar, porque la recuperación puede ser muy lenta. De ahí que, en realidad, la flexibilidad de cambio se limite a ser la administración del tipo de cambio.

Los cambios semifijos, por su parte, facilitan los flujos de comercio e inversión porque, sin duda, permiten a los empresarios calcular, con mayor certeza, los beneficios del primero y la rentabilidad de la segunda. Pero tampoco puede afirmarse, con rotundidad, que la gran expansión del comercio del período 1950-1973 sea debida tan sólo al sistema de cambios fijos de Bretton Woods y que la menor expansión del período 1974-1992 derive de la mayor incertidumbre cambiaria: en el primero de los períodos, por ejemplo, la protección se fue reduciendo de manera continua, mientras que, en el segundo, las nuevas formas de protección han obstaculizado notablemente las corrientes comerciales. Ni tampoco es seguro que el sistema de cambios fijos implique una mayor disciplina de las políticas globales, como muestra la realidad española tras la entrada, en 1989, en el mecanismo de cambios del SME. Ni siquiera es posible afirmar que los cambios fijos frenen la especulación porque, al contrario, pueden muy bien dispararla en determinados momentos, puesto que los especuladores cambian la moneda débil por las fuertes a un precio fijo, gracias a las intervenciones de los bancos centrales, y no temen que la propia especulación –en sentido inverso– cercene los beneficios de muchos de ellos, porque todos esperarán la devaluación oficial. Los vendavales del SME desde septiembre de 1992 a agosto de 1993 son buena prueba de ello, lo mismo que la tormenta cambiaria de febrero-marzo de 1995.

Sin embargo, y pese a las consideraciones anteriores, la estabilidad de tipos de cambio –y nótese que no se habla de sistemas sino de estabilidad– es un factor que contribuye notablemente a la expansión de la renta y el comercio –al potenciar las expectativas empresariales–, mientras que la inestabilidad, al magnificar las incertidumbres, recorta las posibilidades expansivas.

6.2. LA EXPERIENCIA DE BRETTON WOODS

6.2.1. El punto de partida

Como ha señalado Viner, Norteamérica deseaba un mundo económico posbélico caracterizado por los siguientes rasgos: mercados abiertos, monedas convertibles, estabilidad de los tipos de cambio, facilidad para los movimientos de capital, cooperación internacional para lograr altos niveles de empleo, primacía de la iniciativa privada [7]. Es decir, Norteamérica, la gran potencia indiscutible surgida de la Segunda Guerra Mundial, apostaba por una visión liberal de la economía internacional, apoyada en un sistema de cambios fijos, y soslayaba las dificultades para lograr compatibilizar algunos de esos objetivos.

En 1944, antes de que la guerra terminara, se firmaron en Bretton Woods, los acuerdos que daban vida al Fondo Monetario Internacional y al Banco Mundial [8]. Sobre la primera de las organizaciones, que debía ocuparse de la cooperación monetaria internacional, descansaría un sistema de cambios fijos basado en los siguientes compromisos:

– Todas las monedas debían ser convertibles y mantener, a través del oro, una paridad fija con el dólar. El margen de fluctuación, alrededor de la paridad central, sería del ±1 %.

---

[7] «The Bretton Woods Agreements», en *International Economics*, the Free Press. Illinois, 1951.

[8] Uno de los trabajos más amplios sobre el sistema monetario nacido de Bretton Woods es el de Michael Bordo: «The Bretton Woods International Monetary System: A Historical Overview», en la compilación de M. Bordo y B. Eichengreen: *A Retrospective on the Bretton Woods System. Lessons for International Monetary Reform.* NBER. University of Chicago Press. Chicago, 1993.

– Podría haber reajustes de paridades en caso de «desequilibrio fundamental» de balanza de pagos. El Fondo no definía lo que debía entenderse por «desequilibrio fundamental».
– Para cubrir los posibles desequilibrios no fundamentales de balanza de pagos, cuya corrección debería efectuarse vía renta, el Fondo, nutrido por cuotas de los países miembros, pondría a disposición de éstos una serie de recursos. A partir de un nivel determinado de utilización de esos recursos, el FMI obligaría a los países prestatarios a cumplir ciertas condiciones, las que estimara necesarias para superar el desajuste exterior.

Adviértase que el sistema de cambios fijos diseñado en Bretton Woods descansaba sobre una condición fundamental y planteaba una doble asimetría.

La condición fundamental era la estabilidad del dólar. Sin un dólar estable, la construcción entera se vendría abajo porque los bancos centrales de los demás países lo convertirían en oro y reducirían, hasta límites intolerables, la base metálica del sistema; y un dólar estable significaba un cierto equilibrio continuado de la balanza de pagos norteamericana.

La doble asimetría suponía, de un lado, que los países superavitarios no tendrían ninguna obligación de corregir su desequilibrio exterior, expandiendo, por ejemplo, su ritmo de crecimiento y, del otro, que Norteamérica ni siquiera se vería compelida al ajuste en caso de desequilibrio de cualquier índole porque, al ser el país de moneda de reserva por excelencia, sus desequilibrios podían ser financiados con su propia moneda.

Por una parte, pues, el sistema requería la estabilidad de su moneda clave; sin esa estabilidad, el sistema se vendría abajo porque se produciría una conversión acelerada de dólares por oro que socavaría los cimientos mismos de la construcción. Por otro lado, la obligación de sostener los cambios implicaba, para los bancos centrales, mantener un nivel suficiente de reservas –oro y dólares fundamentalmente–, lo que significaba, desde el principio, alcanzar un difícil equilibrio: si la masa de dólares no crecía con rapidez, las reservas podrían resultar insuficientes para poder realizar, adecuadamente, las intervenciones; si crecía velozmente, podía plantear un problema de confianza en el dólar y acelerar su conversión en oro. En tercer lugar, la asimetría en el ajuste exterior atacaba, en su misma base, la estabilidad del dólar: Norteamérica, al contrario que el resto de los países, no se veía impelida a ajustar, vía renta, un desequilibrio exterior porque podría financiarlo con su propia moneda, si bien la abundancia de la misma terminaría por debilitarla y generar un problema de confianza.

En el fondo, el sistema de Bretton Woods reflejaba la idea de una armonía de intereses entre todos los países y de la posibilidad de maximizar la renta mundial mediante la liberalización de los flujos de comercio y pagos y la pronta convertibilidad de las monedas, con independencia de las políticas seguidas por los distintos países [9].

---

[9] Lord Balogh: *Fact and fancy in international economic relations.* Pergamon Press. Oxford, 1973. Cap. 3.

6.2.2. El papel del Fondo Monetario Internacional

Sin entrar en detalles sobre la organización y funciones del FMI, examinados en multitud de trabajos [10], su cometido en tanto que eje del sistema de cambios fijos, se realizaba de la manera siguiente.

En primer lugar, los países miembros contribuían a los recursos del Fondo mediante una cuota, desembolsado en un 25 % en oro y, en el 75 % restante, en moneda nacional. El monto de la cuota se fijaba teniendo en cuenta las principales magnitudes del país y determinaba su capacidad de voto y sus posibilidades de girar contra los recursos del organismo.

En segundo lugar, y por lo que atañe a los préstamos del Fondo, el procedimiento consistía en que el país necesitado de divisas, por razones de desequilibrio no fundamental de Balanza de Pagos, podía solicitarlas del Fondo de la forma siguiente: el 25 % de su cuota, es decir, el tramo oro, le daba un derecho automático a recabar divisas por ese montante contra su propia moneda; superado ese montante, y dentro de unos límites, podía seguir utilizando recursos del Fondo, también contra su moneda, pero debía cumplir una serie de condiciones que se hacían más estrictas a medida que aumentaba el préstamo. Es la denominada condicionalidad del Fondo, iniciada en 1952, mediante la que el organismo pretende forzar a los prestatarios a eliminar su déficit exterior, por lo general a través de políticas monetarias y fiscales de signo estabilizador.

En tercer lugar, y para el caso de desequilibrio fundamental, los países debían devaluar su moneda. Aunque, como ya se ha dicho, no se define el término «desequilibrio fundamental» podía entenderse por tal la incapacidad de un país para equilibrar sus cuentas exteriores sin recurrir a imponer una fuerte deflación interna o a endurecer su protección externa. Una devaluación de hasta el 10 % requería tan sólo informar al Fondo; por encima del 10 % se necesitaba la aprobación del mismo.

Al FMI se le había, sin duda, asignado un papel muy difícil de cumplir en un mundo trizado por la guerra. En parte porque la reconstrucción de las principales economías industriales daría lugar a fuertes desequilibrios de sus balanzas de pagos que harían muy difícil mantener un sistema de cambios fijos; en parte porque el objetivo primordial de la política económica de muchos de esos países no sería la estabilidad de su moneda sino la consecución de ritmos de crecimiento altos que elevasen sus niveles de renta y empleo; en parte porque el Fondo nacía sin poderes suficientes para imponer, con carácter general, las políticas que mejor pudieran apuntalar el sistema de cambios fijos. Como es sabido, el diseño final del FMI no respondió a los deseos británicos, defendidos por Keynes, de poner en pie un verdadero banco mundial que creara su propia moneda y obligase a compartir responsabilidades; respondió, fundamentalmente, a las intenciones norteamericanas, expresadas por White, de dar vida a un fondo de estabilización de cambios que evitase el caos de los años treinta, con su cadena de devaluaciones competitivas y bilateralismo. En buena medida, el FMI reflejaba mucho más los temores del

[10] Véase, por ejemplo, M. Varela: *El Fondo Monetario Internacional.* Guadiana. Madrid, 1969.

pasado que las necesidades del presente y, consecuentemente, daría escasa respuesta a las debilidades del sistema de cambios fijos y a las múltiples turbulencias que terminarían por abrogarlo.

6.2.3. Las debilidades del sistema

Tanto para sostener la expansión de los intercambios como para facilitar las intervenciones de los bancos centrales, en un sistema de paridades fijas, resultaba necesario un crecimiento adecuado de las reservas internacionales. Unas reservas que, en el mundo posbélico, se componían, fundamentalmente, de oro y dólares. Dado que la producción de oro aumentaba lentamente, y debía además satisfacer una creciente demanda comercial, el problema se trasladaba al dólar. Ahora bien, la cantidad de dólares en manos de terceros países dependía de la situación de la balanza de pagos norteamericana: con superávit sostenidos, el problema de las reservas tendería a agravarse, como de hecho sucedió hasta 1958; con déficit, las reservas crecerían pero plantearían un nuevo problema: el de la confianza internacional en el valor de la moneda. Es el denominado «dilema de Triffin» o incapacidad del sistema para dar solución conjunta al problema de liquidez –crecimiento adecuado de las reservas– y al de confianza –mantenimiento de la relación dólar-oro pactada. El propio Triffin anticiparía, además, el resultado final de ese dilema: cuando los pasivos exteriores norteamericanos se hubieran hecho demasiado abundantes, los bancos centrales de los demás países empezarían a convertir dólares en oro al precio fijo de 35 dólares la onza, lo que, al reducir aceleradamente las reservas de oro norteamericanas, socavaría los fundamentos del mecanismo y lo haría saltar en pedazos [11]. Una primera gran debilidad, que los hechos se encargarían de confirmar y que no podía ser resuelta a través de una devaluación del dólar, un cambio de su paridad oro, primero porque todo el edificio monetario mundial se asentaba sobre esa relación fija y, en segundo lugar, porque una devaluación podía dar lugar a que los bancos centrales, ante el temor de nuevas devaluaciones, acelerasen la conversión.

La segunda gran debilidad radicaba en el problema del ajuste que, a su vez, tenía una triple raíz: la resistencia de los países a practicar las políticas necesarias para mantener la cotización exterior de una moneda, la asimetría entre países excedentarios y deficitarios y, de nuevo, la asimetría entre el país con moneda de reserva y el resto de los países [12].

La cotización de una moneda depende de la situación de las cuentas exteriores del país, lo que significa que, para que la cotización se mantenga, la política económica debe tener, como objetivo central, el equilibrio exterior. Un objetivo que, en el mundo de la posguerra, se fue abandonando progresivamente en favor de los objetivos internos. Pero, además, la rigidez progresiva de las economías fue debilitando las respuestas externas a las políticas inter-

[11] Robert Triffin: *Gold and the dollar crisis.* Yale University Press. New Haven, 1960.

[12] Véase, sobre este punto, Andrew Crockett: *International Money. Issues and analysis.* Nelson. Middlesex, 1977. Cap. 2.

nas, lo que hizo aún más difícil el ajuste exterior. El resultado de todo ello era que muchos países mantenían, durante largos períodos, desequilibrios exteriores que hubieran debido ser calificados prontamente de fundamentales y haber dado lugar a una devaluación.

La primera de las asimetrías mencionadas deriva del propio acuerdo del FMI, que no reconocía obligación alguna de ajuste a los países excedentarios salvo la contenida en la denominada «Cláusula de moneda escasa», que permitía adoptar medidas discriminatorias contra los países excedentarios, pero que, por razones varias, nunca fue invocada. Muchos países, y en especial los menos desarrollados, debieron soportar esa falta de reciprocidad en el ajuste, una falta de reciprocidad que afectó también a Norteamérica, a principios de los años setenta, cuando la posición excedentaria de varios países europeos incrementó las tensiones sobre el dólar.

Pese a que, inicialmente, tanto el dólar como la libra eran consideradas monedas de reserva, la debilidad de la economía británica pronto dejó al dólar como única moneda de reserva, lo que, por la propia configuración del sistema de cambios fijos, permitía a Estados Unidos incurrir en déficit sin tener que gastar reservas, para sostener la paridad, ni adoptar políticas de ajuste exterior. Eso sí, el exceso de dólares minaba la confianza en la moneda y disparaba su conversión en oro.

El problema del ajuste, segunda gran debilidad del sistema, acentuado por el hecho de que el FMI no pudiera proponer directamente realineaciones de las paridades, aumentó la inestabilidad del mecanismo de cambios y desencadenó toda una serie de tensiones monetarias que, con el tiempo, provocarían su derrumbamiento.

6.2.4. Las turbulencias del sistema

El sistema de paridades fijas de Bretton Woods no dejó nunca de plantear problemas, por las razones que ya hemos examinado, pero el período más crítico se inicia en 1960, cuando los déficit de balanza de pagos americanos comienzan a resquebrajarlo [13].

El primer sobresalto importante tiene lugar en ese año de 1960, en forma de compras especulativas de oro a partir de marcos adquiridos con dólares. El precio del oro sube, hasta alcanzar los 40 dólares por onza, y fuerza a las autoridades norteamericanas a actuar, aunque con cierto retraso, para hacer descender su precio hasta los 35 dólares onza. Ante la postura norteamericana de corresponsabilizar a todos los países industriales en el mantenimiento del precio del oro, se creó el «pool» del oro para intervenir en el mercado de ese metal, un acuerdo que duraría hasta 1968, cuando las intervenciones resultaban ya muy costosas en términos de oro.

A lo largo de los años sesenta se produjeron múltiples conversiones de dólares por oro por parte de diversos gobiernos, lo que acentuó el problema

---

[13] Seguimos, en los Apartados 6.2.4 y 6.2.5, al Capítulo 1 de *El sistema monetario internacional. Presente y futuro*, de Manuel y Félix Varela Parache (Planeta. Barcelona, 1974).

de confianza, y, de 1958 a 1968, redujo a la mitad las reservas metálicas de Estados Unidos. Especialmente resentida, por parte de las autoridades norteamericanas, fue la postura francesa –impuesta por De Gaulle– de convertir en oro sus excedentes de balanza de pagos. Tales conversiones dieron lugar a que, hacia el final de esa década, el grado de cobertura oro de los pasivos exteriores norteamericanos fuese negativo.

También los años sesenta fueron testigos de las crisis sucesivas de la libra esterlina, la otra moneda de reserva, crisis debidas en gran parte a la sobrevaloración decidida por el Gobierno británico para que mantuviese su condición de moneda internacional.

A partir de 1963 se sucedieron los ataques especulativos contra la libra, lo que obligó al Gobierno británico a practicar intervenciones costosísimas, hasta que, en 1967, decidiera devaluar la moneda, un acontecimiento que produjo un efecto doble: poner de manifiesto, por un lado, que una de las monedas de reserva podía devaluarse, lo que aumentaba la desconfianza en el sistema, y concentrar sobre el dólar, por otro lado, los ataques especulativos.

A finales de 1967 se desencadenó una tormenta especulativa contra el dólar, seguida de compras masivas de oro, tormenta que tuvo que ser contenida mediante la venta de grandes cantidades del metal por parte del «pool» del oro. Meses más tarde, en marzo de 1968, una nueva fiebre del oro sacudió los mercados y, de nuevo, el «pool» tuvo que vender cantidades muy importantes de oro. Esa persistente fiebre del oro llevó a los bancos centrales de los principales países a crear un doble mercado: las transacciones entre bancos centrales seguirían realizándose a 35 dólares la onza, pero, en el mercado, la cotización del oro sería libre. Esa situación, aparentemente inestable, duraría tres años gracias, en parte, a los déficit sudafricanos, que obligaron a ese país a vender oro en los mercados; en parte, a la entrada en vigor de los Derechos Especiales de Giro y, en parte, a los altos tipos de interés del eurodólar, que encarecieron las operaciones especulativas.

En 1968 y 1969, las principales tensiones se dirigen al franco y al marco, aunque las fuerzas especulativas sean de signo contrario. El estallido francés de mayo de 1968 debilita al franco y obliga a las autoridades de ese país a practicar intervenciones costosísimas, a restablecer el control de cambios y a tomar medidas de ajuste. De forma paralela, el marco se refuerza, en buena medida al compás de los excedentes comerciales alemanes, y lleva a las autoridades del país a estimular la inversión exterior, a vender marcos contra dólares y, finalmente, a cerrar el mercado de divisas el 20 de noviembre de 1968. Las adquisiciones masivas de marcos se reanudarían en mayo de 1969 relacionadas en buena medida con la dimisión de De Gaulle, que acarrea una devaluación del franco, y no cesan hasta que, en octubre de dicho año, el Gobierno alemán acepta revaluar el marco.

Pese a que el año 1970 transcurrió sin crisis monetarias, hacia finales del mismo aparecen ya los síntomas de una nueva y profunda turbulencia, debida, del lado norteamericano, a su gran déficit de balanza de pagos y a los bajos tipos de interés que mantiene el Gobierno para impulsar la actividad económica. Esos bajos tipos de interés contrastan con los altos intereses de los principales países europeos, destinados a frenar la inflación, y van a producir una venta masiva de dólares contra monedas europeas, en especial marcos. Pese a la resistencia inicial de las autoridades alemanas a revaluar, y al fuerte aumento de sus tenencias de dólares, la especulación masiva de mayo de 1971 hacia el marco les llevó, a partir de ese momento, a dejar flotar su moneda, situación que fue seguida por el florín holandés y el yen japonés. Suiza y Austria, por su parte, revaluaron formalmente sus monedas. En agosto de ese año, la flotación se había extendido a las monedas principales y el Gobierno de Estados Unidos se veía sometido a fuertes presiones para que convirtiese en oro o divisas los saldos en dólares acumulados por los demás países. Las condiciones de ruptura del sistema estaban dadas y sólo faltaba certificar su defunción.

6.2.5. La quiebra del mecanismo de paridades fijas

En agosto de 1971, el Gobierno de Nixon adopta tres medidas que anunciaban ya la desaparición del sistema: 1) suspende, temporalmente, la convertibilidad oro o divisas del dólar; 2) impone un arancel adicional del 10 % sobre todas las mercancías importadas; 3) reduce en un 10 % su ayuda exterior. Al romperse el nexo entre el dólar y el oro, el mecanismo de paridades fijas de Bretton Woods queda, de hecho, pulverizado: primero porque se demuestra que la garantía última de estabilidad –la conversión en oro a precio fijo– ha desaparecido, y, segundo, porque la inexistencia de una paridad oro del dólar produce la flotación de todas las demás monedas, ligadas entre sí, recordémoslo, por su valor oro.

En el fondo, las autoridades norteamericanas deseaban volver al mecanismo de paridades fijas, con un valor oro constante del dólar y una revaluación, cuando fuera necesario, de las demás monedas importantes. El resto de los países estaba de acuerdo con la realineación de paridades, pero consideraba necesaria la devaluación formal del dólar. Por una razón fundamental: porque la propuesta norteamericana mantenía el valor teórico, en términos oro, del dólar y hacía recaer el peso del ajuste exterior sobre las demás monedas. Es decir, no obligaba a las autoridades norteamericanas a limitar sus déficit exteriores y sí obligaba a los demás países a impulsar sus economías para reducir su superávit.

Tras una serie de negociaciones, bilaterales y multilaterales, celebradas en los meses posteriores a la decisión norteamericana, los principales países (Grupo de los Diez) llegan a un acuerdo, los días 17 y 18 de diciembre, en el Smithsonian Institute de Washington. El acuerdo incluía: 1) la realineación general de los tipos de cambio, con una devaluación del dólar del 7,9 % (la onza de oro pasa a valer 38 dólares) y revaluaciones del marco, yen, franco belga y florín. El franco suizo siguió a la revaluación alemana; 2) la mayor flexibilidad de los tipos de cambio, puesto que los márgenes de fluctuación se amplían al +/− 2,25 %.

Los acuerdos smithsonianos tuvieron escaso efecto. No produjeron el retorno de los dólares que habían sido cambiados por otras monedas ni restablecieron el equilibrio de la balanza de pagos norteamericana. Tampoco abortaron las presiones especulativas que reaparecen, a principios de 1972, en forma de compras masivas de marcos, florines, francos belgas y yens. Más tarde, en junio de ese año, un nuevo ataque contra la libra esterlina llevó a las autoridades británicas a dejar flotar su moneda. En julio, los ataques se dirigen al dólar, lo que obliga a las autoridades norteamericanas a intervenir masivamente en los mercados y a elevar sus tipos de interés. Después de un final de año relativamente tranquilo, Norteamérica se vio obligada a devaluar el dólar, en un 10 %, en febrero de 1973 (lo que llevó el valor del oro a 42 dólares), sin que los mercados de divisas se calmaran. Finalmente, en mayo de 1973, el Grupo de los Diez decide la flotación generalizada de las monedas. Una flotación generalizada que se consagra en 1976, en Jamaica, cuando ya la primera crisis del petróleo, y los rápidos movimientos de capital de ella derivados, habían hecho imposible tanto el retorno a las paridades fijas como la reforma inmediata del sistema. A partir de ese momento, la libertad sustituyó a la disciplina.

6.3. LOS CAMBIOS FLOTANTES

Desde 1976, y después de la modificación operada en el Convenio del FMI, existe una pluralidad de regímenes cambiarios, lo que, en suma, equivale a sustituir un sistema por un no-sistema [14].

Los países miembros podrán, en efecto: 1) mantener fijo el valor de su moneda, en derechos especiales de giro o cualquier otro denominador, excepto el oro; 2) establecer un régimen cooperativo para un conjunto de monedas; 3) elegir cualquier otro tipo de régimen cambiario [15]. Todo ello bajo una teórica supervisión del Fondo encaminada a fomentar la estabilidad económica y financiera de los países y a facilitar las transacciones tanto corrientes como de capital.

De acuerdo con esas reglas, un conjunto de países del área del Caribe, América latina, Medio Oriente, Asia y Oceanía mantienen su moneda ligada al dólar al tiempo que un grupo de países africanos, ex colonias francesas, lo hacen respecto del franco francés. También existen ejemplos de monedas ligadas a una cesta de divisas y a Derecho Especial de Giro. Los cambios en la paridad se efectúan a voluntad de los respectivos gobiernos y sin seguir norma alguna.

Los países de la CEE crearon, a partir de 1979, y en sustitución del sistema de relación semifija con el dólar ideado en 1972 –la serpiente en el túnel y fuera del túnel–, una zona de estabilidad monetaria, el Sistema Monetario Europeo, que implica la relación fija de las monedas entre sí y su flotación respecto del dólar. En el Apartado 6.4 analizaremos, con cierto detalle, los rasgos básicos de un mecanismo que, de hecho, quedó desnaturalizado en agosto de 1993, al ampliarse enormemente las bandas de fluctuación.

---

[14] Según la expresión de Williamson y Milner, *The World Economy.* Harvester. Hertfordshire, 1991, pág. 387.

[15] Art. IV, sección 2, del Convenio del Fondo. Se utiliza la recopilación de Joaquín Muns: *Organismos Económicos Internacionales.* CECA. Madrid, 1977.

Otras monedas, de gran peso específico en los mercados de cambios y en las transacciones internacionales, tales como el dólar, el yen y el franco suizo, siguen el régimen de flotación, si bien la variación de sus cotizaciones no siempre se deja al arbitrio de los mercados (flotación limpia), sino que, en múltiples ocasiones, los bancos centrales intervienen para evitar excesivas crestas y valles (flotación sucia).

Como puede advertirse en el Cuadro 6.2, la volatilidad cambiaria de las principales monedas, medida por la desviación típica de las variaciones mensuales, frente al dólar, ha sido bastante elevada desde 1973 y, en algunos casos (marco, franco, libra) ha ido incrementándose.

CUADRO 6.2. VOLATILIDAD DE LAS PRINCIPALES MONEDAS (Desviación típica de las variaciones mensuales)

Tipos de cambio nominales frente al dólar	Abril 1973- Marzo 1979	Abril 1979- Septiembre 1983	Octubre 1983- Marzo 1988	Abril 1988- Diciembre 1992
Dólar canadiense	1,3	1,4	1,2	1,3
Marco	3,4	3,2	3,6	3,8
Franco	3,1	3,3	3,4	3,7
Yen	2,9	3,6	3,1	3,1
Libra esterlina	2,6	3,2	3,6	4,2

Fuente: *Group of Ten. International Capital Movements and Foreign Exchange Markets.* Abril 1993, pág. 170.

Esa volatilidad, generadora de numerosas incertidumbres y cambios de ventajas comparativas, ha tratado de ser reducida por acuerdo de los principales países, y especialmente del Grupo de los Cinco (Alemania, Estados Unidos, Francia, Gran Bretaña y Japón). De entre los numerosos acuerdos alcanzados cabe destacar los del Plaza y el Louvre.

En el otoño de 1985, la fortísima apreciación del dólar, y su consiguiente efecto sobre el déficit comercial norteamericano, hacían temer a los demás países la aparición de restricciones a la importación del lado norteamericano. El Grupo de los Cinco, reunido en el hotel Plaza de Nueva York, el 22 de septiembre de ese año, acordó intervenir conjuntamente en los mercados de divisas para provocar la depreciación del dólar. Esa intervención produjo una fuerte caída que se mantuvo posteriormente debido a la política monetaria expansiva practicada por la Reserva Federal y a la reducción de los tipos de interés del dólar. La decisión tomada en el Plaza indicaba, por otro lado, que el Gobierno norteamericano abandonaba la política de no intervención en los cambios y que los principales países del mundo comenzaban a cuestionar la validez del sistema de flotación.

Hacia finales de 1986, la situación había experimentado un cambio notable, tanto en las cotizaciones como en las actitudes: la depreciación del dólar, que planteaba problemas de competitividad en los demás países, se consideraba excesiva, y también se consideraba inadecuada la pasividad del Gobierno norteamericano, nada dispuesto a intervenir en los mercados de divisas para complementar las intervenciones alemanas y japonesas. Finalmente, el Grupo de los Cinco, más Canadá, se reunieron en París, en el Louvre, el 22 de febrero de 1987, para tratar de estabilizar las cotizaciones alrededor del nivel existente por entonces, un nivel compatible con el comportamiento de los respectivos países. De ahí nace el acuerdo sobre zonas objetivo (*target zones*) de las cotizaciones, un acuerdo nunca publicado, y la decisión de actuar para apoyarlas.

La relativa estabilidad de los cambios desapareció en octubre de 1987, al desplomarse Wall Street y trasladarse la crisis a las principales bolsas mundiales. De nuevo el dólar se depreció, más allá del objetivo del Louvre, gracias en parte a la abundante liquidez generada por la Reserva Federal, y de nuevo se volvieron a señalar zonas objetivo no publicadas. Desde entonces se han producido, aparentemente, nuevos cambios en las zonas sin que los márgenes sean conocidos y sin que los principales países se comprometan firmemente a coordinar sus políticas para estabilizar los cambios. Un compromiso tanto más difícil cuanto que la posición cíclica de las distintas economías difiere notablemente y hace enormemente complicado compatibilizar los objetivos internos y externos.

Mientras tanto, la actuación del FMI ha quedado limitada a la imprecisa tarea de supervisar. El FMI revisa las economías de los diferentes países y la evolución de sus tipos de cambio para, en teoría, impedir que los cambios se manipulen y que las ventajas comparativas respondan a esas manipulaciones, y además efectúa una serie de recomendaciones para lograr que las políticas económicas aplicadas faciliten el funcionamiento adecuado del sistema monetario internacional. Pero su capacidad de imponer políticas y de apoyar la estabilidad de los cambios resulta muy limitada, sobre todo en cuanto se refiere a las grandes economías [16].

6.4. EL SISTEMA MONETARIO EUROPEO

6.4.1. Los primeros ensayos de cooperación monetaria

Para la Comunidad Económica Europea, el sistema de paridades fijas ha constituido siempre un objetivo primordial por varias razones. Primera, porque, en mercados abiertos, los cambios de valor de las monedas producen un impacto mucho mayor sobre el comercio y la inversión, dando lugar a beneficios y pérdidas inesperados. Segunda, porque la política agrícola común es única para todo el territorio comunitario, lo que quiere decir que las devaluaciones y revaluaciones modifican, en moneda nacional, los precios de garantía percibidos por los agricultores: si el franco francés se devalúa y el marco se revalúa, los agricultores franceses percibirán más francos por los precios de garantía de los productos, fijados en ECUS, y los alemanes menos marcos, lo que obligará a realizar complicadas operaciones de compensación. Terce-

[16] Véase, sobre este punto, el Informe Anual 1977 del FMI y la parte correspondiente a la supervisión de las políticas cambiarias.

ra, porque la CEE ha aspirado siempre a la integración monetaria. Cuarto, porque un sistema de paridades fijas puede aumentar el peso, monetario o financiero, de la CEE en los mercados mundiales.

Una primera expresión de ese objetivo aparece con el Plan Werner de 1970, un año después de que las fuertes tensiones experimentadas por el franco y el marco hubieran puesto de manifiesto la inestabilidad de Bretton Woods y los problemas comunitarios derivados de la misma. El Plan, presentado por un grupo de estudios presidido por Pierre Werner, primer ministro de Luxemburgo, preveía la creación de una unión económica y monetaria para el año 1980, decía poco sobre la organización institucional de la política monetaria y, sin embargo, era mucho más preciso en todo lo relativo a la armonización de las políticas fiscales, regionales y estructurales. Fue aprobado en 1972, pero nunca se puso en práctica, en buena medida porque el derrumbamiento de Bretton Woods aumentó las dificultades para llevarlo a cabo.

En su lugar, el acuerdo de Basilea de abril de 1972, firmado pocos meses después de los acuerdos smithsonianos, obliga a los países miembros de la CEE –ya ampliada a diez países, puesto que Noruega todavía no la había abandonado, si bien lo haría antes de la entrada definitiva, que debía producirse en enero de 1973– a reducir sus márgenes de fluctuación bilateral a +/–2,25 %. Recuérdese que, por aplicación de las normas smithsonianas, la separación bilateral podía llegar al 4,50 %: bastaba con que una moneda se apreciase, frente al dólar, un 2,25 % (el máximo tolerado) y otra se depreciase en el mismo porcentaje. Por tanto, el acuerdo de Basilea debía suponer: 1) mantener la paridad frente al dólar; 2) evitar que la separación entre dos monedas comunitarias superase el margen del 2,25 %, es decir, la mitad que el previsto en los acuerdos de Washington. Para ello, los bancos centrales de la CEE se comprometían a intervenir en los mercados de divisas y se creaba, en abril de 1973, el Fondo Europeo de Cooperación Monetaria, destinado a reforzar la solidaridad financiera entre los países participantes.

Los movimientos de los cambios, a ambos lados de su paridad dólar, y dentro de unos límites que semejaban a las paredes de un túnel, hizo que ese primer ensayo de cambios semifijos fuese denominado «la serpiente en el túnel». Un ensayo poco fructífero porque, de 1972 a 1979– y, pese a haberse abandonado el túnel en 1973, lo que suponía una flotación concertada de las monedas europeas, frente al dólar, al tiempo que se procuraba mantener, entre ellas, los márgenes de fluctuación acordados– se sucedieron siete salidas del acuerdo, la no participación de la libra esterlina, la irlandesa y la lira italiana y nueve reajustes monetarios. En un clima internacional marcado por la inflación, y con economías comunitarias claramente divergentes, era muy difícil que el mecanismo pudiera tener éxito.

Pero la búsqueda de una zona de estabilidad monetaria continuaba siendo una necesidad, razón por la cual los países miembros, reunidos en la cumbre de Bremen de 1978, deciden poner en pié un nuevo mecanismo que lo lograse y que permitiese impulsar la integración europea. Ese mecanismo, defendido por Helmut Schmidt y Giscard d'Estaing, por razones eminentemente políticas –Francia deseaba estabilizar su economía, Alemania prefería no verse obligada a revaluar continuamente su moneda y ambos países coincidían en marcar distancias frente a Estados Unidos– es el Sistema Monetario Europeo que comenzó su andadura en mayo de 1979.

6.4.2. Las piezas del Sistema Monetario Europeo

Son la moneda común, el mecanismo de cambios y las facilidades crediticias [17].

La moneda común (European Currency Unit o ECU) surge de la aspiración comunitaria de contar con una moneda propia que, al igual que cualquier otro numerario, cumpla las funciones de ser unidad de cuenta, medio de pago y depósito de valor. Por eso el ECU, que no podía nacer como moneda independiente, es una cesta de monedas que está formado por proporciones de las monedas comunitarias, unas proporciones o cuantías que toman en cuenta el peso de las economías correspondientes y que, desde Maastricht, se mantienen invariables (art. 109 C, del Tratado de la Unión Europea). El cuadro que sigue muestra la ponderación del ECU en el momento actual.

CUADRO 6.3. CESTA DEL ECU, DECIDIDA EL 21/9/1989

Moneda	Ponderación
Marco	0,6242
Franco francés	1,332
Florín	0,2198
Franco belga	3,301
Franco luxemburgués	0,13
Lira	151,8
Corona	0,1976
Libra irlandesa	0,008552
Libra inglesa	0,08784
Dracma	1,44
Peseta	6,885
Escudo	1,393

Fuente: Banco de España.

Todos los países de la Comunidad participan en el ECU, acepten o no participar en el mecanismo de tipos de cambio, que tiene carácter voluntario. Naturalmente, el valor del ECU, expresado en cualquier moneda comunitaria, se obtiene sumando todas las cuantías del ECU expresadas en esa moneda. Ahora bien, y puesto que las cotizaciones de las monedas fluctúan en los mercados de cambios el valor del ECU, en términos de una moneda, varía diariamente.

Además de cumplir las funciones antes mencionadas, características de cualquier numerario, el ECU permite establecer la parrilla de paridades y actuar como indicador de divergencia.

[17] Una buena descripción de las piezas del SME figura en el Cap. X del libro de María Josefa Molina: *España y la economía del Mercado Común.* Ceura. Madrid, 1987.

Cada vez que se produce una realineación del valor de las monedas, hay que recalcular los tipos-pivote, o tipo central de cada moneda con relación al ECU. Cruzando esos tipos centrales o pivote aparece la parrilla de cambios bilaterales que nos muestra la relación de las distintas monedas entre sí y, de conformidad con las bandas de fluctuación aceptadas, los límites de separación tolerables. El cuadro siguiente muestra la parrilla bilateral anterior a la tormenta monetaria de marzo de 1995.

CUADRO 6.4. TIPOS CENTRALES BILATERALES Y TIPOS DE INTERVENCIÓN OBLIGATORIA PARA LAS MONEDAS PARTICIPANTES EN EL MECANISMO DE CAMBIOS DEL SISTEMA MONETARIO EUROPEO (FIJADOS EL 8-10-90)

		ECU	BFR 100 =	DKR 100 =	DM 100 =	FF 100 =	IRL 1 =	LIT 1000 =	HLF 100 =	PTA 100 =	UKL 1 =	DRA 100 =	ESC 100 =
Bélgica-Luxemburgo	+ 2,25 %		–	553,000	2109,50	628,970	56,5115	28,1930	1872,15	33,6930	64,6050		
(en francos)	Tipo central	42,4032	–	540,723	2062,55	614,977	55,2545	27,5661	1830,54	31,7316	60,8451	20,6532	23,7241
	- 2,25 %		–	528,700	2016,55	601,295	54,0250	26,9530	1789,85	29,8850	57,3035		
Dinamarca	+ 2,25 %		18,9143	–	390,160	116,320	10,4511	5,2140	346,240	6,23100	11,9479		
(en coronas)	Tipo central	7,84195	18,4938	–	381,444	113,732	10,2186	5,09802	338,537	5,86837	11,2526	3,81955	4,38747
	- 2,25 %		18,0831	–	373,000	111,200	9,99130	4,98500	331,020	5,52600	10,5976		
Alemania	+ 2,25 %		4,95900	26,8100	–	30,4950	2,74000	1,36700	90,7700	1,63300	3,132		
(en marcos)	Tipo central	2,05586	4,84837	26,2162	–	29,8163	2,67893	1,33650	88,7526	1,53846	2,95000	1,00134	1,15023
	- 2,25 %		4,74000	25,6300	–	29,1500	2,61900	1,30650	86,7800	1,44900	2,778		
Francia	+ 2,25 %		16,6310	89,9250	343,050	–	9,18900	4,58450	304,440	5,47850	10,5055		
(en francos)	Tipo central	6,89509	16,2608	87,9257	335,387	–	8,98480	4,48246	297,661	5,15981	9,89389	3,35836	3,85772
	- 2,25 %		15,8990	85,9700	327,920	–	8,78500	4,38300	291,040	4,85950	9,3180		
Irlanda	+ 2,25 %		1,85100	10,0087	38,1825	11,3830	–	0,510246	33,8868	0,609772	1,1692		
(en libras)	Tipo central	0,767417	1,80981	9,78604	37,3282	11,1299	–	0,498895	33,1293	0,574281	1,10118	0,373783	0,429360
	- 2,25 %		1,76950	9,56830	36,4964	10,8825	–	0,487799	32,3939	0,540858	1,0371		
Italia	+ 2,25 %		3710,20	20062,0	76540,0	22817,0	2050,03	–	67912,0	1222,30	2343,62		
(en liras)	Tipo central	1538,24	3627,65	19615,4	74822,0	22309,1	2004,43	–	66405,3	1151,11	2207,25	749,224	860,626
	- 2,25 %		3546,90	19179,0	73157,0	21813,0	1959,84	–	64298,0	1084,10	2078,79		
Holanda	+ 2,25 %		5,58700	30,2100	115,235	34,3600	3,08700	1,54000	–	1,84050	3,5295		
(en florines)	Tipo central	2,31643	5,46286	29,5389	112,673	33,5953	3,01848	1,50590	–	1,73345	3,32389	1,12825	1,29601
	- 2,25 %		5,34150	28,8825	110,1675	32,8475	2,95100	1,47250	–	1,63250	3,1305		
España	+ 6,00 %		334,619	1809,40	6901,70	2057,80	184,892	92,2400	6125,30	–	203,600		
(en pesetas)	Tipo central	133,631	315,145	1704,05	6500,00	1938,06	174,131	86,8729	5768,83	–	191,750	65,0871	74,7649
	- 6,00 %		296,802	1604,90	6121,70	1825,30	163,997	81,8200	5433,10	–	180,590		
Reino Unido	+ 6,00 %		1,7451	9,4361	35,997	10,732	0,96424	0,48105	31,945	0,55374	–		
(en libras)	Tipo central	0,696904	1,64352	8,88687	33,8984	10,1073	0,908116	0,453053	30,0853	0,521514	–	0,339438	0,389910
	- 6,00 %		1,5479	8,3697	31,928	9,519	0,85526	0,42669	28,334	0,49116	–		
Grecia (en dracmas)		205,311	484,187	2618,11	9986,62	2977,64	267,535	133,471	8863,25	153,640	294,605	–	114,869
Portugal (en escudos)		178,735	421,512	2279,22	8693,93	2592,21	232,905	116,194	7715,99	133,753	256,470	87,0557	–

Fuente: Banco de España.

Como puede verse, se trata de una tabla de doble entrada, que refleja los tipos centrales y la variación permitida de las monedas. Por ejemplo el tipo central peseta/marco es de 65 pesetas por marco (6.500 por cien marcos) y al debilitarse, la peseta no debe superar las 6.901,70 pesetas por cien marcos, ni, caso de fortalecerse, situarse por debajo de las 6.121,70 pesetas por cien marcos.

Diariamente, la Comisión de las Comunidades Europeas calcula el valor de mercado del ECU en cada una de las monedas, de acuerdo con la cotización de las 14,30 horas, y lo publica en el *Diario de las Comunidades Europeas.* A la diferencia, en porcentaje, entre el tipo-pivote del ECU, expresado en una moneda cualquiera, y su valor de mercado se la denomina «indicador de divergencia», y su función, como luego veremos, consiste en identificar la moneda que está causando en cada momento la turbulencia.

El mecanismo de cambios consiste en impedir que las monedas traspasen los límites autorizados de fluctuación, tal y como quedan señalados en el Cuadro 6.4. Con una precisión adicional: que la separación máxima entre dos monedas no puede superar la oscilación autorizada. Es decir, y suponiendo que esa oscilación sea del +/−2,25 %, si una de ellas alcanza su apreciación máxima (+2,25 %), la otra no podrá separarse de su tipo central hacia abajo porque la separación máxima (2,25 %) ya se habrá alcanzado.

Para mantener la cotización de las monedas dentro de las bandas pactadas existen unas reglas de intervención que los gobiernos deben aplicar. Las intervenciones pueden efectuarse en el límite de la fluctuación autorizada (intervención marginal) o antes de llegar a ese límite (intervención intramarginal). Y aquí debemos, nuevamente, referirnos al «indicador de divergencia». Como ya sabemos, el indicador permite identificar la moneda que, en cada momento, está causando la turbulencia, simplemente observando qué moneda es la que más se separa de su tipo pivote en ECUS. Ahora bien, y puesto que en el ECU están contenidas todas las monedas, lo que interesa es saber en cuánto se está separando una moneda de las demás incluidas en el ECU o, mejor dicho, cuál es el límite máximo de separación autorizado respecto de las otras monedas. Por lo cual hay que eliminar del ECU la cuantía de la moneda en cuestión, llegando así al concepto de divergencia máxima.

Divergencia máxima (DM) = límite fluctuación de la demanda (1 – cuantía en ECU). Al 75 % de la divergencia máxima se le denomina «umbral de divergencia», y, sea cual sea la posición de la moneda –en el límite de separación o sin llegar al límite–, se supone que, al alcanzarse el umbral, la autoridad monetaria del país en cuestión debe intervenir.

Las intervenciones pueden revestir formas distintas, y concretamente desde los acuerdos de Nyborg (1987) se busca la cooperación entre bancos centrales para utilizar, coordinadamente, determinados instrumentos, por ejemplo las diferenciales de intereses. Si una moneda tiende a devaluarse con respecto a otra, un aumento del tipo de interés de la moneda débil y una disminución del interés de la fuerte pueden lograr la estabilización de los cambios. De todas maneras, la fórmula más generalizada es la intervención en los mercados de cambios siguiendo una regla fundamental: el banco central de la moneda fuerte compra, en su mercado, la débil; el banco central de la moneda débil vende, en un mercado, la fuerte.

Con respecto a las facilidades crediticias, existentes en buena medida antes de que se creara el SME, quedan organizadas de la forma siguiente.

El Fondo Europeo de Cooperación Monetaria (FECOM) es el depositario del 20 % de las reservas de oro y dólares de los países miembros que, en contrapartida, reciben ECUS. Las aportaciones se realizan mediante *swaps* renovables cada tres meses, lo que quiere decir que los bancos centrales siguen siendo dueños de las reservas depositadas en el FECOM. Cada tres meses ese 20 % se vuelve a valorar para determinar los ECUS correspondientes.

Por modalidades, la financiación necesaria puede ser a muy corto plazo, a corto plazo y a plazo medio.

Si llega el caso, cada banco central de los que participan en el mecanismo de cambios, los únicos obligados, debe conceder crédito al que se lo solicite por un montante ilimitado y un plazo de 45 días contados una vez finalizado el mes de la intervención. Puede darse una renovación automática por tres meses más, pero entonces el límite al préstamo será el de la cuota deudora del país en el apoyo a corto plazo. Los créditos se denominan en ECUS, se contabilizan en el FECOM y se remuneran a un tipo de interés igual a la media ponderada (por las cuantías en el ECU) de los tipos oficiales de descuento de los países comunitarios.

La financiación a corto plazo debe emplearse para hacer frente a un déficit temporal de balanza de pagos. Todo banco central dispone de una cuota deudora y otra acreedora, cuotas que han experimentado ampliación con el tiempo. Los créditos tienen una duración máxima de nueve meses: tres meses iniciales y renovables dos veces. Son también los bancos centrales los que operan entre sí.

La ayuda financiera a plazo medio, con duración de dos a cinco años, puede concederse a países que tengan graves dificultades de balanza de pagos. Las condiciones de los créditos se fijan para cada caso y el Consejo de Ministros, después de consultar a la Comisión Europea, determina una serie de condiciones de política económica que el país prestatario deberá aceptar.

La capacidad de endeudamiento de los países comunitarios, a través de estas facilidades crediticias, es claramente superior a la que podrían obtener del FMI y permite intervenir con mayor contundencia y rapidez en apoyo de sus monedas.

6.4.3. La experiencia del SME

Al valorar el SME deben distinguirse dos períodos: desde 1979 hasta mediados de 1992, con un lapso de gran estabilidad a partir de 1987, y desde mediados de 1992 hasta el momento presente.

En el primero de los períodos se produjeron 12 realineaciones, aunque sólo una de ellas tuvo lugar en el subperíodo mencionado al pasar la lira de la banda ancha (+/−6) a la estrecha (+/−2,25) y experimentar una ligera devaluación de su paridad central. El sistema, por tanto, cumplió los grandes objetivos para los que había sido diseñado, es decir:

- Facilitar los flujos de comercio y pagos.
- Hacer creíbles las políticas antiinflacionistas de los países miembros.

Una de las razones fundamentales por las que el mecanismo de cambios funcionó sin excesivos sobresaltos fue la convergencia de tasas de inflación de los países miembros. Esa convergencia, y la voluntad mostrada por los gobiernos de avanzar en el proceso de integración, evitó la aparición de turbulencias importantes; tuvo, eso sí, un coste manifestado en más de una ocasión por diferentes miembros: que la condición de moneda clave del marco alemán obligaba, en realidad, a los demás países a practicar una política económica de lento crecimiento.

El 16 de septiembre de 1992 se produjo una fuerte convulsión del sistema, en forma de ataque contra una serie de monedas –franco, libra, lira y peseta–, lo que, además de obligar a cuantiosas intervenciones, dio lugar al abandono del mecanismo por parte de la libra y la lira y la devaluación de la peseta y el escudo. Las convulsiones se sucedieron, a lo largo de los meses siguientes, provocando de nuevo masivas intervenciones y otra devaluación de la peseta hasta que la tormenta de agosto de 1993, con el franco como objetivo central del ataque especulativo, produjera, además de una nueva devaluación de la peseta y el escudo, la decisión comunitaria de ampliar las bandas de fluctuación hasta ± 15 %. La decisión, que incrementa enormemente el riesgo de la actividad especulativa, suponía, de hecho, el paso a un sistema de flotación que no ha sido modificado hasta el momento.

La ruptura del SME se debió a la confluencia de una serie de causas, entre las que cabe destacar las siguientes [18]:

1) La libertad total de movimientos de capital, dentro y fuera del espacio comunitario, que permite no solamente las rápidas operaciones de cobertura, sino también los ataques especulativos masivos contra las monedas. La acción concertada de los bancos centrales, y los grandes recursos derivados de esa acción, fueron insuficientes para atajar las presiones especulativas. Hay que añadir, por otro lado, que, a determinados niveles de intervención, la política monetaria de los países se desnaturaliza: si el Bundesbank tiene que crear marcos para intervenir, la base monetaria alemana se dilata y, por tanto, la cantidad de dinero puede crecer por encima de los límites tolerables.
2) La insuficiente convergencia nominal de algunas economías, acentuada en los casos de España e Italia. En realidad, instaurar la libertad total de movimientos de capital sin poder garantizar la convergencia sostenida de todos los países miembros equivalía a poner el carro delante de los bueyes, puesto que la segunda debería ser el requisito previo de la primera. El resultado de esa contradicción no podía ser otro que el de intensificar las turbulencias monetarias.
3) La situación de la economía alemana. Desde la puesta en pie del SME, el marco ha actuado como moneda ancla, lo que significa que, para que el mecanismo de cambios resista, el marco ha de ser estable.

---

[18] Véase «La crisis del Sistema Monetario Europeo» en el *Boletín Económico del Banco de España*, enero 1993. También el Anexo V del *International Capital Movements and Foreign Exchange Markets*, del Grupo de los Diez (abril 1993).

La reunificación alemana, llevada a cabo en 1989, ha significado un enorme esfuerzo económico –en forma de transferencias presupuestarias a la antigua zona del Este– que no se ha financiado con mayores impuestos, sino por medio de considerables déficit fiscales. De ese impulso fiscal, que hizo crecer fuertemente la economía alemana en 1990 y 1991, se beneficiaron los demás socios comunitarios por la vía de las exportaciones, pero en 1992, y ante el repunte de la inflación, el Gobierno alemán practicó una política monetaria restrictiva que elevó los tipos de interés y llevó a los demás países a aumentar los suyos pese a que tanto Francia como Gran Bretaña, sumidas en una recesión, deseaban bajar sus intereses para animar sus economías. La volatilidad de intereses resultante de ese escenario dio lugar a tensiones continuas sobre los tipos de cambio y precipitó los acontecimientos.

4) Las incertidumbres relacionadas con Maastricht. El Tratado de la Unión Europea, acordado a finales de 1991, se firmó en febrero de 1992 y debía refrendarse, por todos los países miembros, durante ese mismo año. Refrendar el Tratado, sin excesivas fricciones, hubiera significado, para los mercados de cambios, la señal clara de que el esfuerzo de convergencia nominal iba a intensificarse con miras a estabilizar los tipos de cambio. Pero no ocurrió así, como es sabido. En junio de 1992, el rechazo danés a Maastricht puso de manifiesto que el camino hacia la Unión Europea no iba a ser tranquilo y que el riesgo de que se produjeran realineaciones de las monedas era mucho mayor del inicialmente calculado. El referéndum francés, previsto para el 20 de septiembre, tuvo un efecto mucho más demoledor. En principio se había supuesto que el apoyo francés sería masivo, pero los sondeos de opinión comenzaron a poner de manifiesto, en agosto, que no sólo no iba a darse el apoyo máximo, sino que el resultado final podría también ser negativo. El riesgo de cambio, y la conciencia generalizada de que la convergencia quedaba todavía muy lejos, hizo que tanto los gestores preocupados por la cobertura de un riesgo como los especuladores adoptasen posiciones cortas en las monedas débiles; el resultado fue la venta masiva de esas monedas, entre las que se encontraba el franco, y la aparición de las innumerables presiones monetarias que estallarían el 16 de septiembre y que, con períodos de relativa calma, continuarían hasta agosto de 1993.

5) La insuficiencia de los mecanismos de cooperación. Es cierto que el SME debía ser defendido por la acción concertada de los bancos centrales, pero en la práctica la defensa de los cambios es bilateral y, en ocasiones, unilateral. La intervención es bilateral cuando es marginal, es decir, cuando se ha llegado al límite tolerable; es unilateral cuando se efectúa antes del límite –es intramarginal– porque entonces sólo actúa el país cuya moneda se está separando claramente de su tipo central. Para evitar esa actuación en solitario muchos gobiernos no utilizan la intervención intramarginal y dejan que su moneda

se aprecie o deprecie hasta alcanzar el máximo permitido; de esa forma se aseguran la cooperación de otros gobiernos afectados, pero de esa manera las intervenciones se producen cuando las tensiones son muy fuertes y la corrección más difícil.

6) La situación del dólar en 1992. Si bien las principales tensiones monetarias tuvieron su origen en los propios países miembros de la CEE, la evolución de la economía norteamericana magnificó dichas tensiones, puesto que la política de intereses muy bajos practicada por Estados Unidos, con ánimo de impulsar su economía, acentuó la salida de capital norteamericano en búsqueda de mayores rentabilidades –en este caso las ofrecidas por el marco– y contribuyó a desarticular el mecanismo de cambios del SME.

En la crisis de febrero-marzo de 1995 estuvieron presentes algunas de las causas reseñadas –insuficiente convergencia de algunas economías y avatares del dólar–, si bien el contexto fue más amplio y puso de relieve, una vez más, que los mercados de divisas están totalmente entrelazados y que la suerte de una moneda fundamental, no ligada al sistema, afecta a su estabilidad.

El detonante de la perturbación fue, en este caso, el dólar: una moneda aquejada, en los últimos diez años, por los amplios déficit públicos y por cuenta corriente de la economía norteamericana; una moneda que ha ido perdiendo valor respecto del yen y el marco, y, finalmente, una moneda atacada en los meses citados por varias incertidumbres. Por una parte, los operadores tenían la sensación, refrendada por la postura de la Reserva Federal, de que los intereses del dólar no iban a subir; por otra parte, entendían que una moneda débil beneficiaba al Gobierno en su sempiterna confrontación con Japón; finalmente, consideraban que la difícil situación de la economía mexicana repercutía sobre la propia economía norteamericana, muy implicada –industrial, comercial y financieramente– en la evolución del país vecino. Resultado: una huida del dólar hacia otras monedas.

Pero la huida del dólar supone la búsqueda de monedas consideradas más fiables y con amplios mercados. Del marco alemán, en este caso, que experimentó por esta vía una apreciación continua. Naturalmente, al apreciarse con relación al dólar, el marco se aprecia también frente a las monedas del SME y tensa el mecanismo de cambios, pese a que las bandas de oscilación sean más amplias. Lo tensa, sobre todo, respecto de las monedas débiles o menos fiables, en este caso la peseta. La peseta, que ya había sufrido tres devaluaciones en el período 1992-1993, y que había visto aumentada su inestabilidad por la persistencia de los desequilibrios fundamentales de la economía española y por los escándalos políticos, se encontró en seguida en su límite mínimo frente al marco; la situación preferida por los especuladores, que entienden que la devaluación no tardará en producirse y que al vender pesetas y comprar marcos la fuerzan. El 6 de marzo de 1995 la peseta se devaluó junto con el escudo portugués y dio lugar a una realineación de los tipos centrales del mecanismo de cambios del SME. El Cuadro 6.5 refleja la realineación.

CUADRO 6.5. TIPOS CENTRALES BILATERALES Y TIPOS DE INTERVENCIÓN OBLIGATORIA PARA LAS MONEDAS PARTICIPANTES EN EL MECANISMO DE CAMBIOS DEL SISTEMA MONETARIO EUROPEO (6 de marzo de 1995)

	ECU		ATS 100 =	BEC 100 =	DKR 100 =	DM 100 =	PTA 100 =	Fr. fr. 100 =	IEP 1 =	FL 100 =	ESC 100 =
Austria		Ven	—	39,6089	214,174	816,927	9,60338	243,586	19,6971	725,065	7,97000
(ATS)	13,4383	C	—	34,1107	184,444	703,550	8,27008	209,773	16,9629	624,417	6,86356
		Com	—	29,3757	158,841	605,877	7,12200	180,654	14,6082	537,740	5,91086
Bélgica-		Ven	340,420	—	627,880	2395,20	28,1525	714,030	57,7445	2125,60	23,36450
Luxemb.	39,3960	C	293,163	—	540,723	2062,55	24,2447	614,977	49,7289	1830,54	20,1214
(BEC)		Com	252,470	—	465,665	1776,20	20,8795	529,660	42,8260	1576,45	17,32850
Dinamarca		Ven	62,9561	21,4747	—	442,968	5,20640	132,066	10,6792	393,105	4,32100
(DKR)	7,28580	C	54,2170	18,4938	—	381,443	4,48376	113,732	9,19676	338,537	3,72119
		Com	46,6910	15,9266	—	328,461	3,86140	97,943	7,9204	291,544	3,20460
Alemania		Ven	16,5050	5,63000	30,4450	—	1,36500	34,6250	2,80000	90,7700	1,13280
(DM)	1,91007	C	14,2136	4,84837	26,2162	—	1,17548	29,8164	2,41105	88,7526	0,97556
		Com	12,2410	4,17500	22,5750	—	1,01230	25,6750	2,07600	86,7800	0,84010
España		Ven	1404,10	478,944	2589,80	9878,50	—	2945,40	238,175	8767,30	96,3670
(PTA)	162,493	C	1209,18	412,461	2230,27	8507,18	—	2536,54	205,113	7550,30	82,9927
		Com	1041,30	355,206	1920,70	7326,00	—	2184,40	176,641	6502,20	71,4690
Francia		Ven	55,3545	18,8800	102,100	389,480	4,57780	—	9,38950	345,650	3,79920
(Fr. fr.)	6,40608	C	47,6706	16,2608	87,926	335,386	3,94237	—	8,08631	297,661	3,27188
		Com	41,0533	14,0050	75,720	288,810	3,39510	—	6,96400	256,350	2,81770
Irlanda		Ven	6,84544	2,33503	12,6261	48,1696	0,566120	14,3599	—	42,7439	0,469841
(IEP)	0,792214	C	5,89521	2,01090	10,8734	41,4757	0,487537	12,3666	—	36,8105	0,404620
		Com	5,07688	1,73176	9,3640	35,7143	0,419859	10,6500	—	31,7007	0,348453
Holanda		Ven	18,5963	6,34340	34,3002	115,235	1,53793	39,0091	3,15450	—	1,27637
(Fl)	2,15214	C	16,0149	5,46286	29,5389	112,673	1,32445	33,5953	2,71662	—	1,09920
		Com	13,7918	4,70454	25,4385	110,168	1,14060	28,9381	2,33952	—	0,94661
Portugal		Ven	1691,80	577,090	3120,50	11903,30	139,920	3549,00	286,983	10564,00	—
(ESC)	195,792	C	1456,97	496,984	2687,31	10250,50	120,493	3056,35	247,145	9097,55	—
		Com	1254,70	428,000	2314,30	8827,70	103,770	2632,10	212,838	7834,70	—
Italia											
(LIT)	2106,15										
R. Unido											
(UKL)	0,786652										
Grecia											
(DRA)	292,867										

Fuente: Banco de España.

Por el momento (mediados de 1995), el SME sigue en estado letárgico, puesto que se mantienen los márgenes del +/−15 %, la libra y la lira no han vuelto al mecanismo de cambios –el dracma griego nunca se incorporó– y no ha habido intento alguno por parte de la Comisión y de los gobiernos de los países miembros de fijar fechas para su posible recomposición. En buena medida porque la difícil situación por la que atraviesan las economías de los países miembros, con bajas tasas de crecimiento, ha cambiado el orden de prioridades comunitarias: el crecimiento y el empleo son objetivos más urgentes, y, en buena medida, porque no existe un diseño claro para el futuro sistema.

Y, sin embargo, la larga crisis sufrida por el SME, y que ha llevado a su desnaturalización desde agosto de 1993, permite extraer tres conclusiones importantes:

La primera: que los mercados no pierden de vista las variables fundamentales de las distintas economías, aunque puedan no reaccionar durante largos períodos, sobre todo los mercados dominados por inversores institucionales. Durante el lapso 1987-1991 los altos intereses de varias de las monedas comunitarias, la peseta entre ellas, atrajeron sumas enormes de capital por dos razones. Por un lado, porque los diferenciales de interés resultaban muy atractivos: 5-6 puntos sobre lo ofrecido por el marco o el dólar; por el otro lado, porque la declarada voluntad de convergencia nominal de los gobiernos oscurecía el riesgo de cambio. Es lo que se ha dado en llamar el «juego de la convergencia», en virtud del cual unos 300.000 millones de dólares permanecieron, durante el período mencionado, en activos denominados en las monedas potencialmente más débiles [19]. Ese «juego de convergencia», que pasaba por alto las divergencias que iban produciéndose en las distintas economías, acumulaba un enorme potencial explosivo en los mercados de cambios.

La segunda: que la credibilidad de la parrilla de paridades, que depende de la adecuación entre tipos de cambio y marcha de las economías, de un lado, y de la decisión de las autoridades monetarias de mantenerlo, del otro, constituye un soporte muy tenue, ligado a las expectativas de los operadores, que puede desmoronarse con rapidez, sobre todo cuando los tipos de cambio se han alejado excesivamente de sus teóricos niveles de equilibrio. Aunque ya hemos puesto de manifiesto que la ruptura del mecanismo de cambios del SME se produjo por múltiples causas, la pérdida de credibilidad, asociada al rechazo inesperado de Maastricht, fue el disparador de todo el proceso.

La tercera: que existen límites a la intervención de los gobiernos en defensa de la parrilla de paridades, especialmente en mercados sin control de cambios y en los que la innovación financiera y la tecnología informática amplifican enormemente los movimientos. En primer lugar, porque las intervenciones son masivas: se estima que en agosto y septiembre de 1992, el Bundesbank tuvo que gastar unos 92.000 millones de marcos para salir en defensa de otras monedas del sistema [20]. En segundo lugar, porque la política monetaria puede quedar afectada por la intervención: para evitar crecimientos no deseados de la masa monetaria, aceleradores de tensiones inflacionistas, los gobiernos esterilizan, en todo o en parte, su intervención, pero para esterilizar tienen que contraer otros activos del balance del banco central (por ejemplo, el crédito al sector bancario), lo que puede distorsionar toda su política monetaria y elevar fuertemente los tipos de interés. En tercer lugar porque la actuación directa sobre los tipos de interés, cuyo objetivo primordial es encarecer la especulación contra la moneda, produce también una serie de efectos nocivos en el conjunto de una economía: puede asfixiar los mercados mone-

[19] Véase «International Capital Market». Part I. Exchange Rate Managements and International Capital Flows, de Morris Goldstein *et al.* FMI, abril 1993. Cap. III. También la parte VIII del Informe Anual del BIS, junio 1993.

[20] «International Capital Markets...». Cap. V.

tarios, por cuanto muchos de sus operadores dependen de los tipos a corto del banco central, y puede acentuar la recesión al transmitirse al conjunto de la economía.

El mecanismo de cambio del SME tendrá que ser recompuesto en un futuro no muy lejano, puesto que los tipos semifijos constituyen la fase previa, y necesaria, de la unión monetaria. Pero las lecciones de la pasada crisis no podrán olvidarse y, consecuentemente, la convergencia, y la consolidación de políticas económicas necesarias para conseguirlo tendrán que constituir la base del nuevo sistema.

6.5. LA CAPACIDAD DISGREGADORA DE LA INESTABILIDAD CAMBIARIA

Aun admitiendo, desde el principio, que la polémica cambios fijos-cambios flexibles se mueve en un terreno muy resbaladizo –por la dificultad de atribuir cualquier distorsión interna o externa de la economía sólo al tipo de cambio– nos parece que los tres grandes inconvenientes de los cambios flexibles constituyen una rémora que debería ser evitada [21].

Un primer gran inconveniente es su volatilidad a corto plazo, entendiendo por tal las modificaciones que experimentan los precios de las monedas en períodos cortos, sea cual sea la medida que se utilice: tipos bilaterales o efectivos, nominales o reales. Pese a la confianza, depositada por los proponentes de los cambios flexibles, en la capacidad estabilizadora de los movimientos especulativos, la realidad ha puesto de manifiesto que el sistema de flotación aumenta la volatilidad. En concreto, la volatilidad (mensual o trimestral) de las siete monedas principales fue unas seis veces mayor en la década posterior a la flotación de lo que había sido en la década anterior [22].

Esa volatilidad tiende a frenar los flujos de comercio e inversión porque, como ya hemos señalado, emborrona las expectativas de los agentes económicos. La actividad económica, dentro de un mismo país, entraña una serie de riesgos que no se pueden cubrir en su totalidad –siempre es posible que la demanda de un determinado bien o servicio sufra una contracción inesperada o que la modificación de los tipos de interés convierta en ruinosa una inversión considerada inicialmente rentable–, pero esa incertidumbre está aceptada por los propios agentes económicos. En el comercio y la inversión internacionales, efectuados en régimen de cambios flotantes, las incertidumbres aumentan exponencialmente porque el precio básico sobre el que se apoya toda predicción, el de la moneda, fluctúa libremente. La depreciación experimentada por el dólar de 1977 a 1980 intensificó en Norteamérica la inversión en una serie de sectores –minería y manufacturas, entre otros– que se derrumbaron al apreciarse el dólar en el período 1981-1985. La aprecia-

[21] Véase Andrew Crockett y Morris Goldstein: «Strengthening the International Monetary System: Exchange Rates, Surveillance and Objective Indicators». *Occasional Paper*, núm. 50, IMF. Washington, 1987.

[22] *Ibidem*, pág. 3.

ción del yen en el bienio 1985-1986 hizo que muchas de sus empresas manufactureras dejasen de ser rentables [23]. A consecuencia de la notable apreciación peseta/dólar del período 1986-1992, la cuota de exportación española a Norteamérica, sobre exportación total, pasó del 9,14 % al 4,77 % [24]. Esas oscilaciones a corto plazo de la cotización de las monedas, que producen a largo plazo diferencias sustanciales en los precios relativos, pueden cubrirse, en parte, haciendo uso de toda una serie de instrumentos financieros, aunque, en todo caso, aumentan notablemente los costes de transacción; pero no todas las contingencias pueden ser objeto de cobertura ni la cobertura puede modificar el efecto fundamental de la volatilidad: la modificación de las pautas de demanda internacionales.

Un segundo gran inconveniente es la desalineación del tipo de cambio (*misalignment*) durante largos períodos. Se entiende por desalineación la desviación del tipo de cambio real de su nivel de equilibrio. Ese nivel de equilibrio puede, a su vez, ser objeto de una doble referencia: la paridad de poder adquisitivo o el equilibrio de la balanza de pagos. En el primero de los casos, el cómputo se efectúa atendiendo a los diferenciales de inflación o a cualquier otro índice de precios relevante [25]. En el segundo caso, el preferido por Williamson, es el que iguala a cero el saldo neto de la cuenta corriente y el de la cuenta de capital, sin hacer uso de políticas deflacionistas, restricciones al comercio o movimientos de capital acomodantes; es decir, la definición inversa del «desequilibrio fundamental» de Bretton Woods, según la interpretación sugerida en 6.2.2 [26].

Al instaurar el sistema de cambios flotantes se creía que el tipo de cambio real reflejaría el comportamiento básico de las economías y que sus variaciones permitirían reajustar la competitividad de un país y equilibrar su cuenta corriente exterior. La experiencia ha demostrado que son los movimientos de capital a corto plazo los que más influyen sobre su nivel, movimientos a corto que dependen, ante todo, de los diferenciales de interés y de las expectativas de los agentes sobre la evolución de esos diferenciales. Todo lo cual termina por generar, durante largos períodos de tiempo, desalineaciones que afectarán al comportamiento de las economías por lo menos en dos aspectos: la producción y el empleo, de un lado, y las presiones proteccionistas del otro [27].

---

[23] Ronald Mckinnon: «Monetary and Exchange Rate Policies for International Financial Stability: a Proposal». Comisión de las Comunidades Europeas. *Economic Papers*, núm. 53, 1986.

[24] Ministerio de Comercio y Turismo, Secretaría de Estado de Comercio: *Sector exterior 1992*, págs. 150 y 151.

[25] A partir de los costes laborales unitarios del sector industrial, y con base en 1980, se ha calculado que, en el segundo trimestre de 1985, el tipo de cambio efectivo real del dólar se encontraba un 50 % por encima de su nivel de equilibrio (*Strengthening the International Monetary System*, pág. 4).

[26] John Williamson: *The exchange rate system*. Institute for International Economics. Washington, 1983. Es el trabajo pionero sobre desalineación. El propio Williamson calcula, en la segunda edición de su trabajo, que, a finales de 1984, la desalineación del dólar y el yen suponían el 30 % y el 19 %, respectivamente.

[27] *Ibídem*. Véase también «Exchange Rate Variability and the Slowdown in Growth of International Trade», de Paul de Grauwe. FMI, *Staff Paper*, núm. 35, 1988.

Con una moneda sobrevaluada, muchas empresas reducirán su capacidad productiva y otras, en especial las multinacionales, se trasladarán a otros países o procurarán fabricar fuera del país o importar buena parte de los bienes y servicios que requieran sus procesos productivos. Ese efecto de «desindustrialización», que engloba empresas de los tres sectores, significará un menor crecimiento y, consecuentemente, una reducción del nivel de empleo; un efecto, además, de larga duración porque muchas de las decisiones empresariales no podrán corregirse debido a los altos costes que entraña, aunque se corrija en un momento dado la desalineación. En sentido contrario, la infravaloración de una moneda puede transmitir a los agentes económicos señales erróneas sobre la rentabilidad de una serie de inversiones y dar lugar a un conjunto de proyectos que carecerán de futuro al eliminarse la desalineación y que, por tanto, desaparecerán con el consiguiente impacto sobre la producción y el empleo.

Un efecto derivado, e importante, de la sobrevaloración es la aparición de notables presiones proteccionistas, al erosionarse la competitividad de toda una serie de empresas, que verán reducida su demanda externa y aumentada la competencia interna. Ante lo que considerarán una situación injusta, que nada tiene que ver con sus propias decisiones, las empresas intentarán, por todos los medios posibles, presionar a los gobiernos correspondientes para que se tomen decisiones administrativas que les permitan seguir compitiendo. Por ejemplo, los períodos de mayores tensiones entre Estados Unidos y Japón parecen coincidir con los de sobrevaloración del dólar con respecto al yen, especialmente el período 1981-1985 [28].

El tercer gran inconveniente es la indisciplina y falta de coordinación de las políticas macroeconómicas, un inconveniente de largo alcance porque, en buena medida, la volatilidad y desalineación de los tipos de cambio resultan ser sus consecuencias. Sin la restricción del sistema de cambios fijos, los desequilibrios de los principales países del mundo se han acentuado: si se compara el período 1973-1985 con el de 1963-1972 se podrá observar que, durante el primero de ellos, la inflación media de los países industrializados se llegó casi a duplicar, con respecto a la media del segundo período, y que los déficit públicos medios se triplicaron [29]. Tales desequilibrios dan lugar a combinaciones de políticas monetarias y fiscales distintas que, al incidir sobre los tipos reales de interés, producirán alteraciones frecuentes de los tipos de cambio.

La inestabilidad cambiaria se convierte así en un factor de desintegración de la economía mundial por toda una serie de razones que ya hemos enumerado: porque tiende a contraer los flujos de comercio e inversión; porque modifica, inesperadamente, las ventajas comparativas, dando lugar a fuertes presiones proteccionistas y a la resurrección de las políticas de «empobrecer al vecino»; porque desliga a los gobiernos, y especialmente a los de los grandes países industriales, de cualquier obligación de acompasar sus políticas econó-

[28] John Williamson, *op. cit.* Véase también «Exchange Rate Volatility and World Trade». FMI, 1984.

[29] Andrew Crockett y Morris Goldstein, *op. cit.*

micas para preservar la paridad de sus monedas. En realidad, lo que ha sucedido es que la flotación ha producido resultados inesperados: al desaparecer el sistema de Bretton Woods, cuyos últimos años, como ya se ha visto, estuvieron presididos por las crisis monetarias, se pensó que las cotizaciones de las monedas reflejarían la evolución básica de las economías y que, por tanto, el sistema tendería a ser estable; no lo ha sido, y los inconvenientes mencionados no han hecho sino crear un no-sistema que ha incrementado la inestabilidad global [30].

Poner de manifiesto los inconvenientes que plantea el actual sistema de cambios flotantes, y los efectos negativos que de él se desprenden, no significa, en modo alguno, ignorar las razones que llevaron a su implantación ni las dificultades para volver a las paridades fijas. El sistema de Bretton Woods, creado para un mundo económico dominado por Estados Unidos, no resistió el cambio de panorama económico mundial ni la falta de estabilidad del dólar, ni tampoco hubiera podido resistir las oleadas de capital generadas por las dos crisis energéticas. Las convulsiones experimentadas por el SME en el período 1992-1993 son prueba palpable de que, aun dentro de una zona mucho más integrada, el mecanismo de cambios puede saltar por los aires si la convergencia no se mantiene y se intensifica. Pero, sin duda, las grandes economías mundiales tendrán que hacer un esfuerzo, que puede basarse inicialmente en las zonas-objetivo, para estabilizar el sistema de cambios, lo que inevitablemente exige una mayor coordinación de sus políticas económicas.

ANEXO 6.1. MERCADO DE DIVISAS: DÓLAR/PESETA

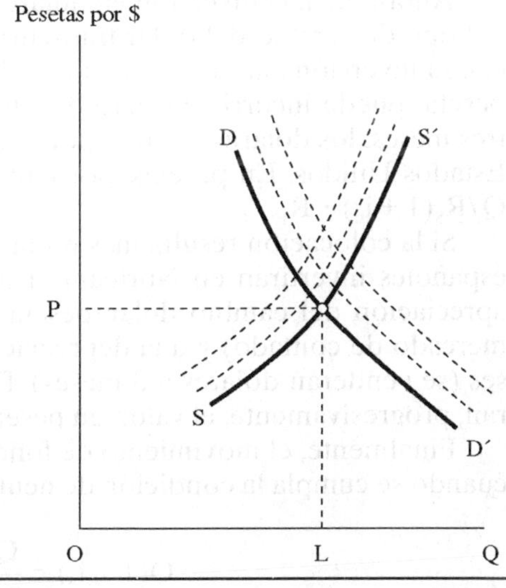

[30] Sobre todos estos aspectos, véase *The International Monetary System. An Essay in Interpretation*, de Erik Hoffmeyer. North-Holland. Amsterdam, 1992.

La oferta de dólares contra pesetas (SS') depende de toda una serie de razones: de las ventas de dólares producidas por ventas españolas a zona del dólar, del turismo que paga sus compras con dólares, de las compras de activos financieros españoles a partir de dólares, etc... La demanda de dólares contra pesetas (DD') nace, básicamente de las compras de bienes y servicios que hayan de ser abonadas en dólares y de la adquisición de activos financieros denominados en dólares.

Las múltiples transacciones que se producen en cualquier mercado de divisas hacen que el precio de equilibrio (OP) se modifique continuamente, al variar, con notable rapidez, las curvas de oferta y demanda.

ANEXO 6.2. TEORÍA DE LA PARIDAD DE INTERESES O ARBITRAJE DE INTERÉS CUBIERTO

Supongamos que:

i_e = interés a tres meses en España.
i_u = interés a tres meses en EE. UU.
R_S = cambio contado peseta/dólar.
R_F = futuro a tres meses dólar/peseta.

El inversor español sabe que, a tres meses, su dinero (Q) se convertirá: en España en $Q(1 + i_e)$ y, en Estados Unidos, en $Q/R_S(1 + i_u)$, dado que, para invertir en Norteamérica, tendrá, en primer lugar, que comprar dólares.

Ahora bien, la inversión en dólares, aunque $i_u > i_e$, dependerá, finalmente, del tipo de cambio del dólar transcurridos los tres meses. Si el dólar se aprecia, su inversión habrá sido muy rentable pero si se deprecia, con relación a la peseta, puede incurrir en pérdidas. Por soslayar ese riesgo puede vender, a tres meses, los dólares y saber, por tanto, si le merece la pena invertir o no en Estados Unidos. En pesetas, por tanto, su inversión en Estados Unidos será $Q/R_S(1 + i_u) \cdot R_F$.

Si la colocación resulta más rentable en Norteamérica que en España, los españoles invertirán en Norteamérica y esa salida de capital producirá una apreciación del cambio dólar/peseta al contado (se compran dólares en el mercado de contado) y una depreciación del cambio dólar/peseta a tres meses (se venderán dólares a 3 meses). Dos variaciones del cambio que reducirán, progresivamente, el valor, en pesetas, de la inversión en dólares.

Finalmente, el movimiento de fondos de España a Estados Unidos cesará cuando se cumpla la condición de neutralidad, es decir:

$$Q(1 + i_e) = \frac{Q}{R_S}(1 + i_u) \cdot R_F$$

7

LAS TENDENCIAS DEMOGRÁFICAS

7.1. LOS HECHOS

Como muestran las estimaciones del Cuadro 7.1, la evolución demográfica del mundo no ha sido uniforme y ha conocido, en ciertas épocas, movimientos contractivos: en el año 600, la población total es menor que en el 200, y lo mismo ocurre si comparamos el 1400 con el 1340. Desde el siglo XVIII, sin embargo, la población crece de forma ininterrumpida y el incremento se tor-

CUADRO 7.1. POBLACIÓN MUNDIAL POR REGIONES (400 a. C.-1994, en millones)

Año	Asia	Europa	Ex URSS	Africa	América	Oceanía	Mundo
400 a.C.	95	19	13	17	8	1	153
0	170	31	12	26	12	1	252
200	158	44	13	30	11	1	257
600	134	22	11	24	16	1	208
1000	152	30	13	39	18	1	253
1200	258	49	17	48	26	2	400
1340	238	74	16	80	32	2	442
1400	201	52	13	68	39	2	375
1500	245	67	17	87	42	3	461
1600	338	89	22	113	13	3	578
1700	433	95	30	107	12	3	680
1750	500	111	35	104	18	3	771
1800	631	146	49	102	24	2	954
1850	790	209	79	102	59	2	1.241
1900	903	295	127	138	165	6	1.634
1950	1.393	395	180	219	330	13	2.530
1985	2.836	492	279	555	669	25	4.836
1994	3.233	512	284,5	681,7	740,4	27,5	5.449,1

Fuente: Tabla 1.3 de *Historia mínima de la población mundial*, de Massimo Livi-Bacci (Ariel, Barcelona, 1190) hasta el año 1985. Las cifras de 1994 han sido extraídas del Estado de la Población Mundial 1994, del Fondo de Población de las Naciones Unidas.

na explosivo a partir de 1950: obsérvese que de 1950 a 1994 el total se duplica con creces, lo cual significa que la humanidad tardó 100 años en doblar la población entre el siglo XIX y el XX (1850-1950) y sólo 44 años en volverla a doblar con exceso (1950-1994).

Hacia el futuro, como puede observarse en el Cuadro 7.2, el crecimiento es también muy sustancial.

CUADRO 7.2

Región	Población 1994 (mill.)	Población 2025 (mill.)	Tasa media de crecimiento 1990-95
Africa	681,7	1.582,5	2,9
(Países árabes africanos)	(147,7)	(280,4)	2,5
Asia	3.233	4.900,3	1,8
(China)	(1.205,2)	(1.539,8)	1,4
(India)	(896,6)	(1.393,9)	1,9
(Japón)	(125)	(127)	0,4
(Países árabes asiáticos)	(139,3)	(286,6)	2,7
Europa	512	541,8	0,3
América del Norte (EE. UU. y Canadá)	282,7	360,5	1,1
América latina	457,7	701,6	1,8
Oceanía	27,5	41,3	1,5
Ex URSS	284,5	344,5	0,5
Total	5.449,1	8.472,4	1,7
Regiones más desarrolladas	1.225,3	1.403,3	0,5
Regiones menos desarrolladas	4.223,8	7.069,1	2

Fuente: Fondo de Población de las Naciones Unidas: Estado de la Población Mundial 1994.
Nota: Regiones más desarrolladas: América del Norte, Japón, Europa, Australia/Nueva Zelanda y ex URSS. Regiones menos desarrolladas: resto del mundo.

Las previsiones del cuadro anterior, derivadas de las proyecciones de las Naciones Unidas (variante mediana), permiten extraer las conclusiones siguientes:

1) El crecimiento previsto de la población mundial en el período 1994-2025 sigue siendo muy elevado –tasa media del 1,43 % anual para el total–, aunque el ritmo haya descendido con respecto al prevaleciente en el período 1950-1994 –tasa media del 1,7 % anual.
2) Los ritmos de crecimiento demográfico de las regiones más desarrolladas y de las menos desarrolladas son muy dispares, tanto en realidades como en previsiones: en el lapso 1990-1995, la tasa de crecimiento de las primeras fue la cuarta parte que la de las segundas; de 1940 al 2025 las tasas serán, respectivamente, del 0,44 % y 1,68 %.

3) Dentro de las regiones menos desarrolladas, los incrementos más fuertes se dan en Africa. Los países árabes, africanos y asiáticos, presentan, en especial, tasas muy elevadas de crecimiento demográfico.
4) Como resultado del muy diferente crecimiento demográfico entre páises desarrollados y subdesarrollados, la población del primero de los grupos, que suponía en 1994 el 22,4 % del total significará, en el 2025, tan sólo el 16,5 %; el segundo grupo, el de los países hoy menos desarrollados, pasará, a su vez, del 77,6 % de 1994 al 83,5 % en el 2025.

Como muestra el Gráfico 7.1, esa tendencia se mantendrá hasta mediados del siglo XXII, puesto que la población del grupo primero permanecerá estancada mientras que la del grupo segundo, con Africa y parte de Asia (países árabes) a la cabeza, seguirá aumentando.

GRÁFICO 7.1. PROYECCIONES DE POBLACIÓN POR REGIÓN, VARIANTE MEDIANA

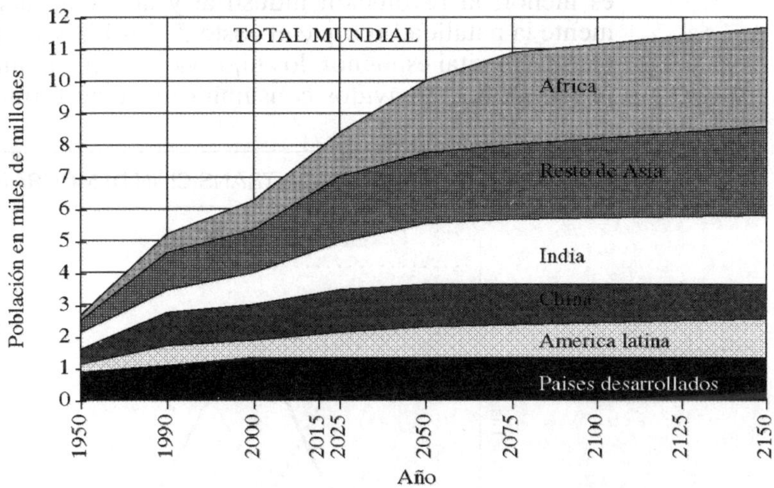

Fuente: Fondo de Población de las Naciones Unidas: Estado de la población mundial 1994.

7.2. ¿CÓMO HA SUCEDIDO?

Puesto que el crecimiento de la población, en un año o período, es igual a la tasa de natalidad menos la de mortalidad, la explicación de lo sucedido –el lento crecimiento demográfico de los países desarrollados y el muy rápido de los países en desarrollo– tiene que basarse, ante todo, en la evolución de esas dos tasas.

A lo largo de 200 años, desde mediados del siglo XVIII a mediados del siglo XX, los países hoy desarrollados llevaron a cabo una transición demográfica [1]: la mortalidad empezó a reducirse, al tiempo que se mantenía elevada la natalidad; el tamaño de las poblaciones creció durante un cierto tiempo; se redujo posteriormente la natalidad y, finalmente, las dos tasas se equilibraron, a valores muy reducidos, lo que da lugar a un muy lento crecimiento de la población.

Esa transición demográfica, reflejada en el Gráfico 7.2, no tuvo lugar de igual manera en todos los países ni la duración del ciclo fue la misma. El distinto grado de desarrollo de los países y sus condicionantes sociales actuaron, de forma singular, sobre el proceso; un proceso que en Francia abarca casi dos siglos, en Suecia siglo y medio y en Alemania e Italia menos de un siglo [2]. Pero un proceso sobre cuyas causas fundamentales parece existir un alto grado de acuerdo. En los países europeos, la mortalidad desciende considerablemente a partir de la segunda mitad del siglo XVIII porque la incidencia de las enfermedades epidémicas es mucho menor, porque mejora la alimentación y porque se desarrollan los cuidados sanitarios. El consiguiente aumento de las poblaciones y la disparidad recursos-población pone en marcha el proceso de reducción de la natalidad. Finalmente, y aunque aquí el grado de acuerdo es menor, la revolución industrial y la urbanización desestimulan notablemente la natalidad porque el coste de los hijos se eleva de manera sustancial: el espacio vital es menor, los hijos ya no son, en muchos casos, brazos para la producción, sino ávidos consumidores, y de forma gradual la mujer deja de

GRÁFICO 7.2. ESQUEMA DE TRANSICIÓN DEMOGRÁFICA

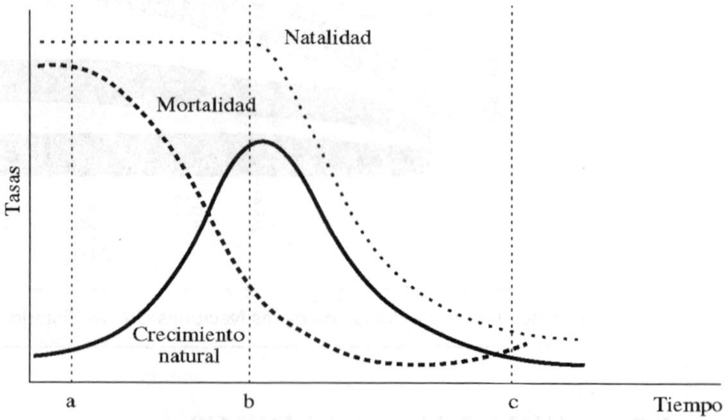

Fuente: Massimo Livi-Bacci: *Historia mínima de la población mundial.* Ariel. Barcelona, 1990, pág. 110.

[1] Sobre este término y su significado, véase John Weeks: *Sociología de la población.* Alianza Universidad. Madrid, 1984. Cap. 2.

[2] Véase J. C. Chesnais: *La transition démographique.* PUF. París, 1986.

ocuparse en exclusiva de su casa para incorporarse a los mercados de trabajo. Una reducción de la natalidad que, desde mediados de los años setenta, ha dado lugar a que, en la mayoría de países OCDE, la población tienda a reducirse [3].

Esa transición demográfica no ha tenido lugar en la mayoría de los países en desarrollo. Se han reducido, eso sí, las tasas de mortalidad hasta alcanzar valores similares a los de las zonas desarrolladas: países como India, Filipinas, Egipto o Kenia tienen, en la actualidad, tasas parecidas a las de Norteamérica, Alemania o Francia. Por una razón simple: porque en los últimos 50 años la lucha contra las enfermedades epidémicas, los adelantos de la medicina moderna, la mejora de los transportes y la elevación del nivel de vida han roto los límites que la pobreza y su entorno hostil fijaban a la vida humana. Una rotura debida, en buena parte, al uso de las técnicas sanitarias procedentes del mundo desarrollado y que ha dado lugar a una caída veloz de la tasa de mortalidad; en términos medios, el mundo en desarrollo ha reducido esas tasas en un lapso de dos a tres veces menor que el que del mundo desarrollado de hoy necesitara para lograrlo.

Pero no ha sucedido lo mismo con las tasas de natalidad. Existen reducciones apreciables en muchos países asiáticos y latinoamericanos, pero también, en términos medios, las tasas del mundo en desarrollo duplican todavía a las de los países desarrollados. En parte porque los métodos modernos de control de natalidad son poco conocidos o están prohibidos, pero en muy buena medida porque la necesidad de limitar el tamaño de la familia es apenas sentida. En las zonas rurales, los hijos ayudan a los padres, desde muy pequeños, en las tareas agrícolas y son, por tanto, apoyos de cierta importancia en actividades económicas de muy baja productividad; en muchas sociedades los padres esperan que los hijos se ocupen de ellos en su vejez y entienden que esa protección será tanto más amplia cuanto mayor sea el número de hijos; en determinadas culturas muy tradicionales, el número de hijos es un signo de importancia y de afirmación familiar; el acatamiento, en muchos países, de principios religiosos considerados fundamentales refuerza las consideraciones anteriores y facilita el mantenimiento de tasas de fecundidad muy elevadas. Contraer la natalidad no es una política que pueda imponerse, sino un objetivo que ha de ser comprendido y buscado por segmentos muy amplios de la población, un estado de opinión que parece no existir en buena parte del mundo en desarrollo.

Pese a que las proyecciones demográficas no son cálculos precisos, porque las hipótesis de partida pueden modificarse a lo largo del tiempo, las tendencias que muestra el Cuadro 7.2 difícilmente se modificarán por la inercia que encierra toda pauta demográfica: cuando la tasa de natalidad es baja, el número de mujeres en edad fértil es reducido, lo que hace que dicha tasa se mantenga en valores limitados; cuando, al contrario, la natalidad es pujante, el número de mujeres en edad fértil es elevado, lo que potencia la tasa de natalidad (Anexo 7.1). Cambiar las tendencias es, por tanto, tarea de muchos años

[3] OCDE: *Le vieillisement démographique. Conséquences pour la politique social.* París, 1988. Cap. 1.

y consecuentemente, hay que aceptar, en términos generales, lo que las proyecciones revelan: que la población de las regiones más desarrolladas apenas crecerá desde ahora al 2025 y que el fuerte crecimiento demográfico tendrá lugar en las regiones menos desarrolladas. Una evolución que plantea problemas tanto en unas como en otras regiones, problemas que, además, cobran su mayor dimensión en las relaciones entre las dos regiones.

7.3. LOS PROBLEMAS DEMOGRÁFICOS DE LOS PAÍSES DESARROLLADOS: LA IMPLOSIÓN

Aunque los datos del Fondo de Población de las Naciones Unidas incluyen, entre las regiones más desarrolladas, a la ex URSS, los del Cuadro 7.3 comprenden tan sólo los países OCDE, el grupo de países desarrollados que permite un análisis más profundo porque ofrece cifras actuales. Ese grupo de países, en el que ya figura México, contaba con 957,6 millones de habitantes en 1994 y en la proyección mencionada debía alcanzar los 1.141,7 millones en el 2025: un crecimiento anual, por tanto, del 0,57 %. El cuadro, sin embargo, calculado en 1988, no incluye los datos de México, lo que da lugar a que el crecimiento demográfico del bloque sea más lento y más rápido el envejecimiento de la población.

CUADRO 7.3. ENVEJECIMIENTO DE LA POBLACIÓN EN EL ÁREA OCDE

	1990	2000	2010	2020	2030
Proporción de personas de 65 años o más en el total de la población (media no ponderada OCDE)	13	13,9	15,3	17,9	20,5
Estructura por edades de la población de 65 años o más (%, sin Finlandia, Portugal y Turquía):					
65-69	32,7	30,8	32,1	30,7	30,8
70-79	45,6	47,5	44,5	46,5	45,6
80 y más	21,7	21,8	23,5	21,9	23,6
Tasa de dependencia: población de 65 años o más/población de 15-64 años	19,4	20,8	22,9	27,6	33,3

Fuente: Datos de OCDE: «Le vieillissement démographique. Conséquences pour les politiques sociales». Cuadros 6, 8 y 14.

Lo que el cuadro refleja es que en los próximos años, y para el área OCDE, el número de personas de 65 o más años de edad aumentará su peso en la población total: casi ocho puntos de 1990 a 2030; que dentro de ese grupo de edad se producirá también un cierto envejecimiento al aumentar el número de personas de 70 años o más, y que la base de población activa sobre la que descansa el grupo, de 65 años o más, será cada vez menor o, lo que es igual, que la tasa de dependencia se elevará considerablemente de 1990 a 2030. Datos, por tanto, que anuncian tres tipos de problemas: los derivados de los obstáculos al crecimiento, los que planteará el mayor gasto social y los relativos a la contracción de la base de población activa.

El envejecimiento de la población incide, por varias vías, sobre la capacidad de crecimiento de la economía. Aunque la experiencia de los trabajadores aumente con la edad, la mejora de productividad que podría esperarse por la mayor experiencia de una población cada vez más envejecida puede quedar anulada por la rapidez del cambio tecnológico; a partir de cierta edad resulta mucho más difícil asimilar nuevas técnicas y, en consecuencia, la edad deja de ser un caudal de conocimientos para convertirse en una rémora. Por lo general, la movilidad laboral disminuye con los años porque los trabajadores ya no están tan dispuestos a cambiar de empleo, de actividad o de lugar de residencia, lo que hace que el envejecimiento previsto de la población pueda dar lugar a una peor asignación de recursos humanos, sobre todo en mercados tan cambiantes como los actuales. Es posible que, con mayor proporción de personas en los grupos de edad madura, la tasa de ahorro global de las economías se incremente porque la propensión a ahorrar aumenta en esos grupos, pero, a principios del próximo siglo, la situación se invertirá al elevarse la proporción de jubilados que, generalmente, o no pueden ahorrar o han de desahorrar para subsistir. Todos esos problemas aparecerán, en uno u otro momento, en las economías OCDE y deberán ser objeto de una atención especial por parte de los poderes públicos para evitar que adormezcan la marcha de las economías; pero no son los problemas más importantes; los que de verdad importan son mucho menos definibles y cuantificables. ¿Puede esperarse que, con poblaciones cada vez más viejas, los estímulos que impulsan la actividad económica funcionen de la misma manera? Probablemente no. Poblaciones estancadas significan mercados de crecimiento lento en muchos campos de actividad y, por tanto, expectativas empresariales borrosas y menor inversión; sobre todo en los mercados de bienes, porque es en ellos donde la demanda flaqueará más: el envejecimiento de la población puede no reducir sustancialmente la demanda de transportes o de servicios financieros, pero inevitablemente contraerá la demanda de vehículos automóviles. Poblaciones envejecidas significan menor capacidad para asumir riesgos y, por tanto, menor actividad empresarial: en las etapas primeras de la vida activa muchas personas se enfrentan a la incertidumbre que encierra la empresa porque desean prosperar y porque piensan que las equivocaciones podrán ser corregidas en fases sucesivas; en las etapas centrales o finales de esa vida activa el riesgo se soslaya, por lo general, porque no se confía en la segunda oportunidad. Poblaciones con segmentos juveniles cortos significan menor capacidad de sacrificio de las familias y, por tanto, menores incentivos para el trabajo, porque son los hijos y su cuidado lo que induce a los padres a enfrentarse a las dificultades y a tratar de mejorar su suerte. En términos muy generales, la mentalidad expansiva que caracteriza a las sociedades con amplias franjas juveniles se irá perdiendo, al envejecer las poblaciones, y con ella se perderán estímulos muy varios para la producción y el consumo [4].

El alargamiento de la vida y, dentro de la franja de 65 años o más, el aumento de la proporción que corresponde a las personas de 70 o más años, producirá en los países OCDE un aumento del gasto social que ampara las necesidades e intereses de esos segmentos de población, como puede advertirse en el Cuadro 7.4.

CUADRO 7.4. CRECIMIENTO DEL GASTO PÚBLICO SOCIAL POR RAZONES DEMOGRÁFICAS, 1980-2040 (1980=100)

País	Población total	Población de 65 años o más
Australia	168	346
Bélgica	92	139
Canadá	146	345
Dinamarca	77	131
Francia	104	170
Alemania	74	131
Italia	85	152
Japón	102	255
Holanda	98	210
Suecia	95	126
Reino Unido	103	141
Estados Unidos	136	238

Fuente: OCDE: «Le vieillissement démographique. Conséquences pour les politiques sociales». París, 1988. Cuadro 19.
Nota: El gasto real por habitante, en cada grupo de edad, se considera constante. El gasto incluye enseñanza, salud, pensiones, subsidios familiares, seguros de paro y, en Australia y Holanda, otras prestaciones en especie y determinados servicios sociales.

Nótese que los índices correspondientes al conjunto de la población son siempre menores que los relativos a las personas de 65 años o más. El envejecimiento de la población da lugar a que los gastos correspondientes a las franjas de población joven disminuyan –enseñanza y subsidio familiar, por ejemplo– y que aumenten los que corresponden a las capas de más edad –salud y pensiones. El gasto público social tenderá, por tanto, a acumularse en los segmentos de mayor edad, un gasto que no potenciará la capacidad de crecimiento de la economía porque no irá destinado a perfeccionar el capital humano.

Ese incremento del gasto público social, que afluye a las capas de mayor edad, debe ser financiado por una población activa que se irá reduciendo progresivamente. Lo que importa, en última instancia, no es la población activa,

[4] Keynes sostenía que las poblaciones crecientes generan optimismo económico frente al pesimismo que emana de poblaciones menguantes. «Some economic consequences of a declining population», 1937, vol. XIV de los Collected Writings. MacMillan, 1972.

sino la población empleada, porque sobre esta última recaerá el coste financiero de los programas sociales. De ahí que, en los países OCDE, los problemas tengan, por el momento, difícil solución, puesto que la tasa de paro de los países miembros es, por lo general, alta y creciente: la tasa media de paro no ponderada era en 1993 del 8,9 %, pero con desviación típica de 4,716, lo que revela dispersiones muy acusadas, desde el 2,5 % del Japón hasta el 22,4 % de España (Cap. 10, Cuadro 10.1). En general, los países europeos son, al tiempo, los que sufren un mayor paro y los que deben hacer frente a mayores cargas sociales. Se trata, sin duda, del problema más acuciante que la demografía declinante plantea a la mayor parte de los países desarrollados, dado que si las tendencias actuales se mantienen, la red de seguridad social no se sostendrá: el paro creciente cegará la fuente de financiación, al tiempo que aumentarán los reclamos sociales de una población envejecida, reclamos que se verán, además, dilatados por el incremento de la cobertura del desempleo, y tanto más cuanto que, salvo en Estados Unidos y Japón, en los que se sigue, en el caso de las pensiones, el sistema de capitalización, en todos los demás países impera el sistema de reparto: son los impuestos y cotizaciones que recaen sobre los que trabajan los que financian las pensiones de los jubilados.

La situación descrita obligará, en los próximos años, a adoptar en el área OCDE toda una serie de medidas para evitar lo que sería la quiebra del estado de bienestar, medidas que seguirán probablemente un triple camino: 1) procurar, por una parte, reducir la tasa de desempleo; 2) aumentar, por otro lado, la tasa de actividad, lo que supone casi necesariamente alargar la edad de jubilación; 3) recortar, en parte, los programas sociales públicos para hacerlos financieramente viables.

7.4. LOS PROBLEMAS DEMOGRÁFICOS DE LOS PAÍSES EN DESARROLLO: LA EXPLOSIÓN

El primer problema que plantea la demografía desbordada de muchos de los países en desarrollo es el problema alimenticio, sobre todo en las edades más tempranas: en muchos países africanos y asiáticos la alimentación inadecuada, la malnutrición, aqueja a proporciones muy altas de niños menores de cinco años: del 25 al 60 % de esa población [5]. Un problema que tiene una doble causa: la merma de la capacidad agrícola y el rápido incremento demográfico. A consecuencias del bajo nivel de desarrollo, muchas de las tierras aptas para el cultivo en Africa negra han sido descuidadas y no son aptas, en los momentos actuales, para la producción alimenticia: el aumento de población en esa misma zona ha hecho que la superficie *per cápita* apta para el cultivo haya pasado de 0,5 Has. en 1965 a 0,3 en 1987 [6]. No se trata de resucitar, con tales consideraciones, el fantasma malthusiano, abordado en los últimos años

[5] Banco Mundial: Informe sobre el desarrollo mundial 1994, Cuadro 27.
[6] *Idem*, Recuadro 1.1.

en múltiples trabajos [7]. No resulta fácil determinar si, a escala global, hay una desproporción entre recursos alimenticios y población o si la hay en un determinado país porque ese temor, que ha planeado sobre la humanidad en múltiples ocasiones y que diera lugar al célebre ensayo de Thomas Malthus [8], nunca se ha visto confirmado por los hechos: la producción alimenticia no depende sólo de los recursos existentes en tierra y mares, depende muy en especial del estado de la técnica, y las innovaciones técnicas han mostrado, hasta el momento, que siempre es posible romper el maleficio. Pero se trata, eso sí, de poner de manifiesto que en determinadas regiones subdesarrolladas las posibilidades alimenticias actuales derivadas de la aplicación de técnicas rudimentarias a entornos poco fértiles no son suficientes para hacer frente a incrementos demográficos cercanos al 3 % anual; no olvidemos que, en el conjunto de las regiones subdesarrolladas, los menores de 15 años suponen en la actualidad el 36 % de la población y que, en el 2015, todavía supondrán el 30 % [9].

La desnutrición a la que se ha hecho referencia no solamente plantea problemas inmediatos de diversos órdenes, desde el político al moral; plantea un problema constante de desarrollo que encierra a esas sociedades en la trampa de pobreza, porque las capacidades futuras de esas franjas de población joven quedan mermadas por la alimentación inadecuada.

Un segundo problema derivado de la demografía pujante es el desempleo, un problema de difícil valoración porque las cifras de paro de la mayoría de países en desarrollo son inconsistentes.

Como ejemplos de inconsistencia basten los de India y Nigeria. India contaba en 1992 con 884 millones de habitantes y con una población activa teórica –franja de 15 a 64 años– de 527 millones (Banco Mundial: Informe sobre el Desarrollo Mundial 1994, Cuadro 25). Según la Oficina Internacional del Trabajo (Anuario de Estadísticas del Trabajo 1994), el número de desempleados era, en 1992, de 36 millones de personas. El Economist Intelligence Unit (Country Profile, 1993-1994, India y Nepal) considera que, a mediados de 1992, había *sólo* en las ciudades 37 millones de personas que buscaban trabajo. El paro y subempleo rurales no se contabilizan en las cifras OIT, con lo que la realidad queda notablemente desfigurada.

También en 1992 la población de Nigeria alcanzaba los 102 millones de habitantes, con población activa teórica de 52 millones (Banco Mundial, informe citado, cuadro citado). En cifras de la OIT, los desempleados suponían 180.420 personas en 1992 (informe citado), lo que contrasta con la afirmación de Naciones Unidas (Estudio Económico y Social Mundial, 1994): en 1986 sólo el 19 % de la fuerza laboral de Nigeria gozaba de empleo salarial. De nuevo las diferencias, pese a no referirse a los mismos años, son insuperables.

---

[7] De entre los que cabe destacar los de Paul y Anne Ehrlich: *Population, Resources, Environment.* Freeman and Company. San Francisco, 1970; *La explosión demográfica.* Salvat. Barcelona, 1993.

[8] En realidad, Malthus repitió su teoría de los límites del crecimiento –progresión geométrica de la población frente a progresión aritmética de los alimentos– en varios de sus escritos. El más conocido de todos es su *Essay on Population,* publicado en 1798. Una de las modernas ediciones es la de Kelley. Nueva York, 1965.

[9] Naciones Unidas: Conferencia de El Cairo, 1994: Programme of Action.

Las razones son varias: los registros estadísticos no son fiables; el desempleo encubierto es muy elevado, sobre todo en países de producción primaria; la familia actúa como refugio de amplias capas de desanimados; la inexistencia o paucidad de la red asistencial emborrona la situación porque impide un cálculo adecuado de los que realmente buscan trabajo. Pero, salvo en determinadas economías asiáticas –de rápido crecimiento– hay que suponer que el paro es mucho más elevado que el que figura en las publicaciones internacionales, porque, de no ser así, las corrientes migratorias, de las que trataremos más adelante, se invertirían: los norteamericanos se irían a México en busca de trabajo y los ciudadanos de algunos de los países de la Unión Europea se marcharían a varios de los países africanos por la misma razón.

Esos niveles de paro, que son difíciles de calcular pero que el viajero occidental nota de forma directa tan pronto como llega a una ciudad de país en desarrollo –llámese El Cairo, Calcuta o Río de Janeiro– y observa las tupidas masas de gentes que deambulan, sin rumbo fijo y sin prisa, a la búsqueda de una oportunidad que les permita llevar a cabo cualquier tipo de tarea remunerada, desde buscar un taxi hasta llevar maletas, constituyen un gravísimo problema económico que difícilmente puede solucionarse con crecimientos demográficos del 2-3 %. Son, además, el caldo de cultivo para que aumente la delincuencia y la inestabilidad política. Aunque la tradición y los mecanismos de seguridad dan lugar a diferencias notables de unos a otros países en el grado de delincuencia, el paro masivo conduce necesariamente a su elevación: el parado, que es normalmente un parado de larga duración, en terminología OCDE, no tiene nada que conservar y muy poco que perder si infringe la ley, tanto si se trata de delitos menores como de homicidios. Y lo mismo sucede con el sistema político, sea cual sea su origen y configuración: ni las democracias ni los regímenes autoritarios resisten durante mucho tiempo los embates de unas sociedades asoladas por tasas de paro elevadísimas.

Un tercer problema, que deriva en buena medida de los dos anteriores, es el crecimiento incesante de las ciudades. Las escasas posibilidades que ofrecen las zonas rurales, y el paro masivo que caracteriza a muchas de las sociedades subdesarrolladas, empuja a las gentes hacia las ciudades, en las que esperan encontrar mejores condiciones de vida y trabajo. En 1975 sólo el 26 % de la población de los países en desarrollo habitaba en entornos urbanos; en el 2015, la proporción será, según las estimaciones actuales, del 50 %. En 1992 se contaban en el mundo 13 ciudades de más de 10 millones de habitantes; en el año 2010 la cifra se habrá doblado y casi todas ellas se situarán en países en desarrollo [10].

Aunque la urbanización es un fenómeno universal, como lo son los problemas de las grandes ciudades –que han pasado de ser reductos de convivencia y capacidad innovadora a convertirse en focos de tensiones, en donde se concentran y encuentran todas las desigualdades– el rasgo diferenciador, en el caso de la mayor parte de los países en desarrollo, es la velocidad del proceso y, en consecuencia, la amplitud de sus efectos: las infraestructuras urbanas no pueden acoger las oleadas de gentes procedentes de las zonas rurales:

[10] Naciones Unidas: Conferencia de El Cairo, 1994: Programme of Action.

los anillos de desplazados tienen, por tanto, que vivir en condiciones muy precarias –sin red de alcantarillado ni conducciones de agua potable, entre otras carencias–; la falta de oportunidades de empleo acentúa la precariedad de sus condiciones de vida; las actividades delictivas, desde el robo a la venta de droga, se convierten en el trabajo habitual de muchas gentes; de forma acelerada, la ciudad y su entorno pierden los rasgos más positivos de la convivencia urbana y se transforman en una suma de *ghetos* propensos al estallido social.

El freno que supone el crecimiento demográfico veloz sobre la capacidad de desarrollo de un país subdesarrollado es el cuarto de los problemas que conviene recordar aquí. Ya se señaló en el Capítulo 5 que, con ritmos de incremento demográfico del 2-3 % el aumento del producto real *per cápita* requiere tasas de expansión fortísimas, tasas de expansión que, además, se verán obstaculizadas por la insuficiencia del ahorro: un país con demografía desbordada es un país con propensión creciente al consumo y, por tanto, con escasísimo ahorro. De ahí que la inversión necesite continuamente del ahorro externo. Pero, además, la solución de ese problema requerirá de períodos largos porque el rápido crecimiento de la población mantendrá elevada la propensión marginal al consumo y, consecuentemente, la propensión media. La relación demografía-desarrollo se convierte así en un argumento circular: el crecimiento demográfico hace muy difícil alcanzar ritmos de desarrollo adecuados, y sin ritmos de desarrollo altos resulta difícil rebajar la tasa de expansión demográfica porque no hay estímulos suficientes para reducir el tamaño de las familias.

7.5. LOS PROBLEMAS DEMOGRÁFICOS ENTRE LOS DOS MUNDOS: LA CONFRONTACIÓN

En un mundo altamente comunicado y con dos grupos de países –desarrollados y subdesarrollados– de demografía radicalmente distinta, los movimientos migratorios tienden a cobrar notable importancia, como muestran, en parte, las cifras del Cuadro 7.5.

CUADRO 7.5. PRINCIPALES CORRIENTES MIGRATORIAS

Emigración legal a Estados Unidos (1981-90)	7.338.100 p.
(% procedente de países en desarrollo)	(86,3)
Población extranjera de la Unión Europea (1987)	12.965.500 p.
(% procedente de países no miembros)	(60)
Emigración de trabajadores de Indonesia, Filipinas y Tailandia (1980-89)	4.913.628 p.
(% con destino a Oriente Medio)	(68)

Fuente: Las cifras EE. UU. proceden del «US Department of Justice. Inmigration and Naturalization Service», 1993. Las cifras europeas, del artículo de B. Eichengreen: «Thinking about Migration: Notes on European Migration Pressures at the Dawn of the Next Millennium», en *Migration: A Challenge for Europe,* coordinado por H. Siebert, Mohr, Tubingen, 1994. Las de la emigración asiática de Anne Richards: «The Effects of International Trade on Cooperation», en *Migration and Development. New Partnerships for Cooperation.* OCDE. París, 1994.

Las cifras anteriores no reflejan, por supuesto, la amplitud del fenómeno. En primer lugar, porque no están recogidos todos los países de destino, sino algunas zonas de la OCDE. Los datos correspondientes a Japón, Canadá, Australia o Suiza no se han incluido en el cuadro por no haberse encontrado estadísticas adecuadas; en segundo lugar, porque tampoco se computan todos los países de origen; en tercer lugar, porque muchos inmigrantes proceden de las economías en transición (Unión Europea) y muchos emigrantes (asiáticos) van a buscar trabajo no a países desarrollados, sino a los países de Oriente Medio, y fundamentalmente porque una parte de la emigración es clandestina y esquiva cualquier cómputo: sólo en 1992 la policía de fronteras norteamericana detuvo a 1.258.700 inmigrantes ilegales, lo que da idea de la importancia de los movimientos [11]. Se estima que, a Estados Unidos, llega un millón de inmigrantes clandestinos por año.

Esos movimientos se mantendrán, y probablemente se acelerarán, en los años venideros porque el potencial emigratorio puede rondar los 80-100 millones de personas, cifra en la que hay que incluir 15 millones de refugiados y peticionarios de asilo y 30 millones de inmigrantes ilegales [12]. Unos movimientos que plantean al menos tres preguntas básicas: ¿por qué se producen?, ¿cuáles son sus efectos económicos?, ¿qué impacto político y social generan?

7.5.1. Las razones de los movimientos migratorios

Los desplazamientos humanos en busca de mejores condiciones de vida y de horizontes personales más amplios han existido siempre. América, en su conjunto, se pobló de emigrantes europeos a lo largo de un período de tiempo que se inicia en el siglo XVIII y dura hasta la mitad del siglo XX; Oceanía es, asimismo, un continente de emigrantes; durante el ciclo expansivo que comienza en los años cincuenta y termina con la primera crisis del petróleo, los principales países de Europa occidental –con Alemania a la cabeza– recibieron un considerable flujo de emigrantes de otros países europeos y de la cuenca mediterránea. Esas corrientes migratorias se completaron, además, con los procesos de reunificación familiar: con frecuencia el emigrante, necesitado de la red de protección familiar, consigue que, además de su mujer y sus hijos, se reúnan con él parientes más distantes atraídos por el mismo sueño de una vida mejor.

Pero hay una diferencia apreciable entre ese tipo de movimiento migratorio tradicional y el que caracteriza los años ochenta y noventa: en la situación anterior, el emigrante solía abandonar un país de empleo escaso para desplazarse a un país de empleo abundante; en el momento actual, el emigrante deja

---

[11] John Fraser: «Illegal Inmigration in the United States and the Limits of Sanctions Against Employers», en *Migration and Development. New Partnerships for Cooperation.* OCDE. París, 1994.

[12] K. Zimmermann: «Algunas lecciones generales sobre el problema europeo de las migraciones», en «La inmigración en Europa. Expectativas y recelos». *Revista del Instituto de Estudios Económicos,* núm. 4, 1994.

un país de empleo escaso para situarse en otro país donde también son escasas las oportunidades de empleo. Las ventajas generalizadas del primer tipo de emigración –no había desplazamiento de los trabajadores nacionales, cuya movilidad social se acrecentaba, y se daba un nuevo impulso a la capacidad de crecimiento de la economía– han desaparecido con el segundo tipo; lo cual significa que el rechazo de la sociedad a la que se emigra aumenta sustancialmente y que su asimilación se hace mucho más complicada. ¿Por qué entonces no cesan los movimientos? ¿Cuáles son las razones adicionales que los explican?

Una primera razón radica en las diferencias de nivel de vida entre las zonas de emigración: nunca esas diferencias habían sido tan acusadas como en los años ochenta y noventa. Y no porque las economías industrializadas hayan recuperado el dinamismo de los años cincuenta y sesenta, sino porque una parte del mundo en desarrollo –sobre todo Africa, América latina y Oriente Medio– ha experimentado o bien un estacionamiento o bien una larga fase recesiva desde finales de los años sesenta. El Gráfico 5.1 (Cap. 5), que indica la evolución, por zonas, del producto real *per cápita*, muestra claramente esa mayor distancia. Y a esas regiones en desarrollo hay que sumar, tras el derrumbamiento del comunismo europeo, los ciudadanos de esos países –ahora denominados «economías en transición»– que han visto cómo, a caballo del difícil tránsito de la planificación al mercado, sus niveles de vida descendían aceleradamente. Para los nacionales de gran parte de los países de esas regiones, la atracción del mundo industrializado es, en los momentos actuales, inmensa, porque no sólo ofrece oportunidades reales o soñadas de encontrar trabajo, sino porque todos los países desarrollados cuentan con unos servicios asistenciales muy superiores a los de sus países de origen, lo que merma sus temores ante la enfermedad o el desamparo.

A esa diferencia de nivel de vida debe añadirse, y aquí radica la segunda de las razones, la cercanía del mundo industrializado. La televisión ha acercado todos los mundos y los ha acercado en las dos direcciones: al mundo desarrollado le muestra la existencia de unas regiones donde imperan la pobreza y el hambre y donde las más elementales mejoras del entorno requieren un enorme esfuerzo; al mundo en desarrollo le muestra cómo se puede vivir en ciudades donde parece no existir el hambre o las enfermedades y en donde los servicios fundamentales se obtienen sin dificultad alguna. Pero, además de esa cercanía de imagen, la proximidad física también es mayor porque el transporte, especialmente el transporte aéreo, se ha abaratado a consecuencia de la desregulación y de la mayor competencia: en términos económicos, los que verdaderamente importan, Nueva York está hoy más cerca de ciudad de México o de Tegucigalpa de lo que estaba en los años sesenta, y lo mismo sucede con Argel y París o con Estambul y Berlín.

Los distintos ritmos demográficos constituyen la tercera de las razones. Aun sin apreciar, de forma adecuada, la aparición de un vacío demográfico en la mayor parte del mundo desarrollado, el habitante de zonas de demografía desbordada percibe que es posible emigrar a países donde la presión humana es mucho menor y donde, por tanto, las oportunidades de empleo han de ser mayores; entre otras causas porque, según su información –recogida a través de familiares o de medios de comunicación– el ciudadano de país rico rechaza ciertos trabajos. Y, en todo caso, el posible emigrante pensará que, en países de población declinante, la suerte de sus hijos mejorará porque ya se habrán integrado en el entorno social correspondiente y en un mundo de familias de reducido tamaño.

Pero no todos los estímulos juegan en la dirección de salida, también los hay en la de entrada. El trabajador inmigrante es menos costoso que el nativo y, además, carece de protección sindical; si, por añadidura, se trata de un inmigrante ilegal, su coste es aún menor. En un mundo de competencia global, y por tanto de competencia a partir de niveles salariales muy dispares, la tentación que para el empresario supone una mano de obra mucho más barata es enorme. De ahí que busque, en muchos casos, al inmigrante, legal o ilegal. Tanto es así que en muchos países existen normas específicas que prohíben la contratación de inmigrantes ilegales, en un vano intento de cegar la atracción que, desde el ángulo empresarial, presentan [13]. Es ésta la cuarta, y última, de las razones fundamentales que explican, a nuestro entender, por qué las corrientes migratorias no cesan, antes bien se dilatan, en un mundo en el que las oportunidades de empleo son escasas.

7.5.2. Los efectos económicos de la emigración

Los efectos económicos de la emigración difieren de unos a otros países y de una zona a otra: las características, personales y profesionales, del emigrante, la situación de los mercados de trabajo y las singularidades de los sistemas de seguridad social harán que los efectos varíen sustancialmente. De ahí que los trabajos referidos a Estados Unidos y la Unión Europea lleguen a conclusiones distintas [14]. Hay, sin embargo, algunos aspectos comunes que conviene reseñar.

La emigración produce efectos positivos sobre las economías receptoras. Parte de los emigrantes llevará consigo unos conocimientos –capital humano– cuyo coste habrá sido nulo para el país de acogida. La movilidad geográfica y funcional de los mercados de trabajo se acrecentará porque el emigrante está más dispuesto que el nativo a cambiar de lugar de trabajo y de tipo de actividad, no sólo porque participa menos de la cultura laboral del país sino porque está menos ligado a su entorno geográfico y familiar. En consecuencia, la asignación de recursos laborales mejorará. También el emigrante esta dispuesto a aceptar salarios menores que los vigentes en las distintas ramas productivas, lo que reducirá los costes de producción y mejorará la capacidad de competencia de las empresas. En algunos mercados laborales, donde se aprecian estrangula-

---

[13] Véase el artículo citado de John Fraser, referido al caso norteamericano.

[14] Sobre Estados Unidos, véase George Borjas: «The Economics of Inmigration». *Journal of Economic Literature,* diciembre 1994. Respecto de la Unión Europea conviene leer los trabajos contenidos en *Migration: A Challenge for Europe,* coordinados por Horst Siebert, Mohr, Tubingen, 1994 (en especial el de Börsch-Supan), y en «La inmigración en Europa. Expectativas y recelos». *Revista del Instituto de Estudios Económicos,* núm. 4, 1994.

mientos por falta de mano de obra experimentada, el emigrante puede eliminar los cuellos de botella y facilitar la expansión de las empresas correspondientes.

Pero la emigración también afecta negativamente a las economías a las que llega, por dos vías principales: por su incidencia sobre el nivel de empleo y por sus repercusiones sobre los sistemas de seguridad social.

En economías con tasas elevadas de desempleo, casi todas las OCDE, el inmigrante termina por desplazar al nativo porque su coste es menor. Ese desplazamiento no se efectuará de la misma forma en todos los mercados porque su regulación difiere de unos a otros países, pero terminará por hacerse sentir, sobre todo en aquellos trabajos que requieren escasas o nulas cualificaciones: determinadas tareas agrícolas, las actividades de construcción y ciertos servicios. Y ese desplazamiento ocurrirá también en las zonas sumergidas de la economía, refugio tradicional del trabajo no cualificado.

En sistemas de seguridad social deficitarios, también casi todos los OCDE, la inmigración puede agravar el problema de financiación. Si el inmigrante se queda sin empleo se convertirá en un receptor más del seguro de desempleo; si ha logrado desplazarse con un familiar, las prestaciones familiares aumentarán; la demanda de servicios médicos se intensificará también por esa vía. Claro que los resultados últimos pueden llegar a ser positivos: el que cuenta con trabajo estable es un cotizante más a la seguridad social y actúa, en sentido positivo, sobre la relación cotizantes-perceptores; es posible que el inmigrante reduzca el bienestar del nativo al recortar el nivel de salario, pero, sin su aportación a la seguridad social, ese bienestar terminaría por quedar recortado al aumentar las cotizaciones o los impuestos que financian las prestaciones sociales.

Entre dos mundos de tensión demográfica muy distinta, la emigración, desde los países menos desarrollados a los más desarrollados debe, con el tiempo, producir más impactos positivos que negativos. Debe mejorar la pirámide de población, debe flexibilizar el mecanismo económico y debe estimular el crecimiento global. Pero, como suele ocurrir en muchos otros casos, los efectos positivos tomarán cuerpo a largo plazo, mientras que los negativos lo harán de inmediato. Amén de que los movimientos migratorios no pueden ser analizados exclusivamente desde la vertiente económica, porque los mayores conflictos tienen lugar en el terreno político, aunque su origen económico no ofrezca lugar a dudas.

7.5.3. Los efectos políticos de la emigración

Al considerar el impacto político de la emigración es necesario efectuar una salvedad: los efectos que se analizan derivan de corrientes masivas de emigración, compuestas por elevadas proporciones de inmigrantes ilegales y de personas sin cualificación ni recursos económicos. Ningún país pone reparos a la inmigración de profesionales de alta cualificación o de personas con amplios recursos financieros; antes bien, estimulan esas corrientes que, por otra parte, suelen ser movimientos de goteo [15].

La emigración a la que hacemos referencia produce un choque cultural, entendiendo por cultura el caudal de conocimientos compartidos que proporciona, a individuos o grupos, orientación y comunicación, que transmite la idea de pertenencia e identidad, que permite la convivencia y transfiere el sentimiento de protección y seguridad [16]. Ese choque será menor cuanto más próximas se encuentren las culturas y mayor cuanto más alejadas: un emigrante de un país del Este europeo se adaptará con mayor facilidad a un país de la Unión Europea o de América del Norte que uno asiático o un árabe. El choque cultural producirá en el emigrante dos posibles reacciones: un deseo de asimilarse cuanto antes a la cultura receptora o bien un sentimiento de segregación. La primera reacción hará que, con el tiempo, las fricciones desaparezcan, pero la segunda –que cobra importancia en casi todas las zonas de emigración– multiplicará los problemas políticos porque los emigrantes reclamarán servicios públicos diferenciados –por ejemplo escuelas para emigrantes de determinadas nacionalidades– y, con el tiempo, tratarán de crear uno o varios partidos políticos que recojan sus aspiraciones. El efecto ideal, de riqueza trasvasada, que se espera de la mezcla de culturas, se produce sólo en muy contadas ocasiones, y prueba de ello es que, en Estados Unidos, el crisol cultural por definición, se puede observar la permanencia de culturas que no se integran y que apenas se influyen. Todo lo cual producirá, en las poblaciones autóctonas, una sensación de pérdida de identidad que será fuente inacabable de tensiones políticas.

En un mundo de escasas oportunidades de empleo es muy probable que el inmigrante se encuentre sin trabajo, y más aún si se trata de un inmigrante ilegal sujeto a toda suerte de precariedades. Esa persona se convertirá, fácilmente, en un integrante más de las zonas de marginación social y terminará por moverse en el mundo de la prostitución o la droga. Un paseo por muchas de las zonas céntricas de las ciudades europeas, llámense Viena, Amsterdam o Madrid, permitirá comprobar directamente la magnitud del problema. Un problema que, al aumentar la inseguridad de los ciudadanos, aumenta también las múltiples tensiones sociales que la emigración desencadena.

Muchos de los inmigrantes son trabajadores sin cualificar, y muchos de ellos de lengua y raza distintas de la del país receptor. La necesidad de protegerse, dentro de su propio grupo étnico, les llevará a vivir en barrios determinados, y sus ínfimas condiciones económicas harán que esos barrios sean islotes de pobreza, habitados por gentes con costumbres muy distintas a las de los naturales del país y con idioma diferente. El resultado de la aparición de tales *ghetos*, que compartimentarán las sociedades correspondientes, será una ma-

[15] Como explica Elizabeth Ruddick en «Selection and Programming of Flows and the Capacities of Integrating Inmigrants» (en *Migration and Development. New Partnerships for Cooperation.* OCDE, 1994). Canadá no pone reparos a los inmigrantes que se proponen invertir en el país.

[16] Definición tomada del trabajo de Hoffman-Nowotny: «Oportunidades y riesgos de las sociedades multiculturales de inmigración», en la revista citada del Instituto de Estudios Económicos.

yor sensación de inseguridad y pérdida de identidad por parte de la población autóctona y un rechazo social, ribeteado de componentes racistas, que será tanto más visible cuanto más cercanos, física y laboralmente, se encuentren los componentes de uno y otro grupo. No olvidemos que el racismo, y las múltiples reacciones fascistas, encuentran su más amplia base social en los grupos en los que se produce esa cercanía: parte importante del voto del partido de Le Pen, en Francia, un partido que propone la expulsión, pura y simple, de los emigrantes procede de zonas obreras que, históricamente, votaron a partidos de izquierdas –de ideología asimiladora en el terreno de la inmigración– pero que, enfrentados a esa realidad compartimentada y a la proximidad del fenómeno, desvían su voto hacia un partido de extrema derecha que les promete una solución rápida del problema.

Avanzamos, probablemente, hacia sociedades multiculturales, porque la diferencia de niveles de vida y de ritmos demográficos las irán configurando, pero, por el momento, las sociedades occidentales no las aceptan –su capacidad de explosión política es enorme–, y lo que se procura es limitar la inmigración por diferentes medios: por el sistema de cuotas, por la criba de los flujos para seleccionar a los que se acomoden mejor a las necesidades del país, por el mecanismo de visados, con límite de estancia en el país o por una suma de restricciones de ámbito plurinacional (Acuerdo de Schengen de la Unión Europea) [17]. Unos medios que dificultan la emigración pero que no lo frenan y que, en Estados Unidos y la Unión Europea, hacen aumentar la proporción de inmigrantes ilegales.

7.5.4. La emigración como factor de desintegración

Por el momento, y durante los años venideros, la emigración intensificará las tensiones de la economía mundial y producirá enfrentamientos entre las dos regiones, la subdesarrollada y la desarrollada, porque la valoración de esas corrientes difiere sustancialmente de una región a otra.

Para los gobernantes de los países en desarrollo, la emigración es una válvula de escape que atenúa sus problemas internos, dado que reduce la tasa de paro y genera ingresos por transferencias que refuerzan sus cuentas exteriores. Es posible que la emigración de cerebros preocupe a algunos gobernantes, por cuanto tiene de freno a su despegue económico, pero, en general, la emigración resulta beneficiosa y es plenamente aceptada.

Para el emigrante, el desplazamiento a un país de alto nivel de vida es, en ocasiones, un deseo tan fuerte que olvida los peligros y penurias que encierra su aventura. Y tanto más cuanto que, a su entender, los trabajos que está dispuesto a realizar no atraen a los nativos. Es más, la emigración y la residencia en país rico se entiende como éxito personal que el emigrante presentará ante sus familiares y amigos: cualquiera que haya contemplado los interminables viajes de los naturales de Argelia y Marruecos, que desde toda Europa occi-

[17] En las partes II y III del informe mencionado de la OCDE (Migration and Development) aparecen los trabajos que explican los actuales mecanismos de control de inmigración.

dental van a pasar sus vacaciones en sus países de origen, recorriendo miles de kilómetros y a veces soportando largas colas en Algeciras para viajar en los transbordadores, sabe que sólo ese impulso puede justificar un viaje en esas condiciones.

Para los gobernantes de los países receptores, la emigración constituye una fuente permanente de problemas, tanto externos como internos; externos porque las barreras que impondrá no serán bien recibidas en los países de emigración –y mucho menos en un mundo en el que se propugna la libre circulación de bienes, servicios y capital– y porque deberá hacer frente a la corriente inacabable de inmigración ilegal; internos porque desencadenarán, en las actuales condiciones, todo tipo de problemas y tensiones, algunas de ellas conducentes a actos de violencia extrema.

Para las sociedades de los países de acogida, por lo menos para segmentos amplios de las mismas, la inmigración supone varias amenazas: al trabajo de los naturales del país, a la identidad étnica y cultural y a la seguridad. Amenazas que, además, se verán potenciadas porque, por lo general, el inmigrante trae consigo su código demográfico de origen –código que sólo variará con la asimilación definitiva a la sociedad receptora–, y el mayor tamaño de su familia conferirá a su presencia los rasgos de la invasión.

ANEXO 7.1. LA PIRÁMIDE DE EDAD

Se trata de un gráfico que permite advertir, de inmediato, cómo está distribuida la población de un país en un año dado. La edad figura en ordenadas, la población masculina viene determinada por la parte izquierda de la pirámide y la femenina por la derecha.

Las pirámides que apenas se estrechan, al aumentar la edad, corresponden a países de baja fecundidad y reducida mortalidad: a países desarrollados, en general. Las pirámides de base ancha, que sufren un veloz estrechamiento al acercarse al ápice, reflejan situaciones demográficas caracterizadas por elevadas tasas de natalidad y mortalidad, situaciones típicas de país subdesarrollado.

Las pirámides que figuran a continuación corresponden a los dos tipos descritos: en la parte izquierda aparecen dos pirámides del primer grupo y, en la derecha, dos del segundo.

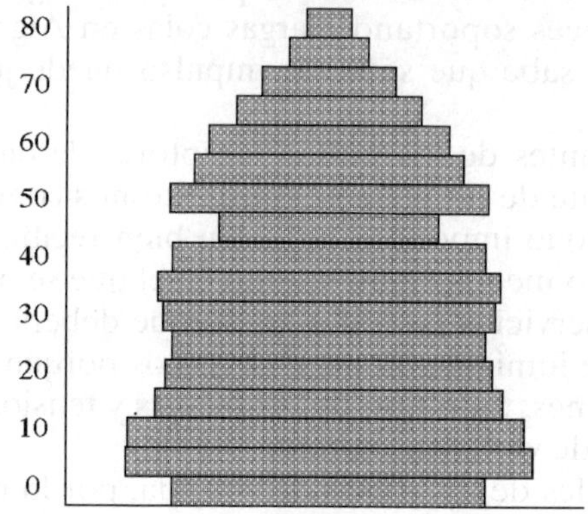

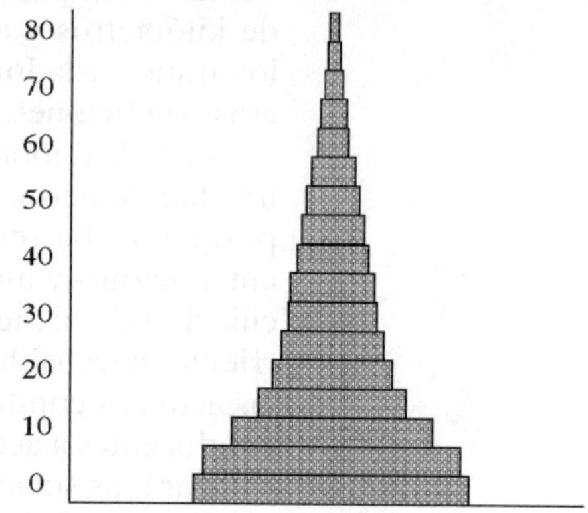

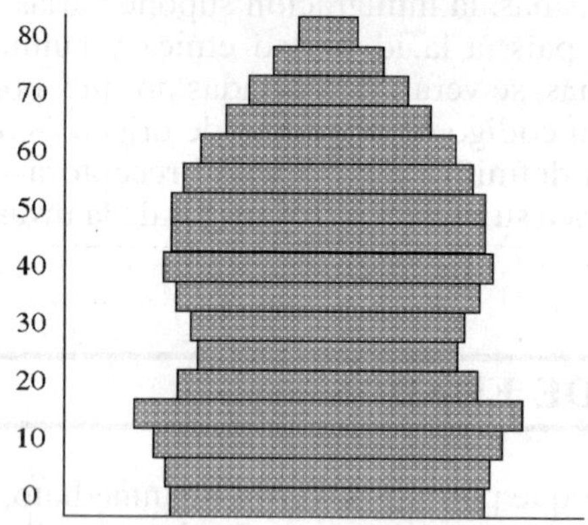

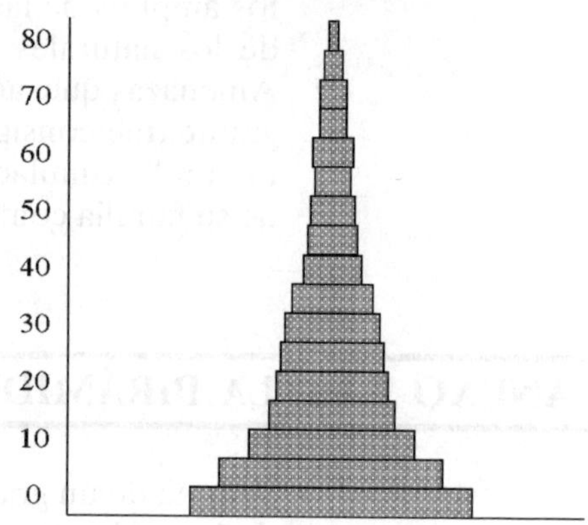

Fuente: E. A. Wrigley: «Historia y población». Grijalbo-Mondadori. Barcelona, 4.ª edición, 1994, pág. 28.

8

LOS RECURSOS ENERGÉTICOS

8.1. IMPORTANCIA DE LA ENERGÍA

El hilo conductor del progreso económico es la energía: la denominada Revolución Industrial, el salto tecnológico y productivo que se inicia a partir del siglo XVIII en Gran Bretaña, y que, a lo largo del siglo XIX, se extendería al resto de Europa y a América del Norte, se apoya en la invención de la máquina de vapor y, consecuentemente, en la capacidad de transformar el calor en tracción mecánica. De esta manera, el combustible básico, el carbón, podía utilizarse de manera distinta a como se venía haciendo hasta entonces, con lo que la capacidad productiva de las primeras sociedades industriales se elevó considerablemente. Esa gran transformación energética fue seguida, unos 100 años más tarde, por el uso generalizado de la energía eléctrica, que permitió transportar fácilmente la energía entre puntos muy distantes, y que no sólo aumentó la versatilidad de las fuentes energéticas, sino que dio un gran impulso a los niveles de vida de las sociedades occidentales. Hacia finales del siglo pasado comienza también a utilizarse un nuevo combustible fósil, el petróleo, que modificaría radicalmente la estructura productiva de buena parte de las economías del mundo: el perfeccionamiento de los motores y, en general, de los medios de transporte; la aparición del automóvil y el desarrollo de la industria química están directamente relacionados con el uso del petróleo y de sus derivados [1]. En la primera mitad del siglo actual comienza a desarrollarse la fisión nuclear, inicialmente por razones bélicas, lo que, de nuevo, supondría un salto en la capacidad productiva y en los niveles de bienestar de las sociedades occidentales.

Energía y desarrollo mantienen, pues, una estrecha relación, y prueba de ello es que, de 1875 a 1991, el consumo energético mundial casi se ha quintuplicado. Sin energía abundante, en términos económicos –es decir, sin energía barata– la base productiva y el tejido social de nuestro mundo se desmoronarían; con energía abundante, cualquier avance es posible porque, en

[1] Ver J. M. García Alonso y J. Iranzo: *La energía en la economía mundial y en España.* Editorial AC. Segunda edición. Madrid, 1989. Cap. 2.

suma, la producción y el consumo son, en buena medida, funciones energéticas.

Pero la energía presenta, en la actualidad, cinco problemas de considerable alcance que no pueden ser ignorados en ningún análisis de la economía mundial.

El *primero* de los problemas es la desigual distribución de la producción y el consumo en el mundo: las grandes zonas de producción de energía primaria son distintas a las grandes zonas de consumo.

El *segundo* problema tiene que ver con la limitación de las fuentes de energía que hoy se utilizan. Todavía, más del 80% de la producción mundial de energía primaria procede de combustibles fósiles (carbón, petróleo y gas natural), es decir de fuentes no renovables y con reservas limitadas.

El *tercer* problema, del que la economía mundial tiene ya amplia experiencia, es el papel dominante que desempeña el petróleo en el abastecimiento de energía, un petróleo en el que se hace máxima la separación entre la producción y el consumo.

El *cuarto* problema deriva de la relación entre energía y desarrollo: el consumo energético *per cápita* actual es muy dispar, porque los niveles de desarrollo también lo son. Si parte del mundo en desarrollo se acercase, en los próximos años, a los consumos energéticos occidentales, el mundo se enfrentaría a una prolongada crisis energética.

La producción y el consumo de energía plantean graves problemas de conservación del medio ambiente, problemas que afectan a otros recursos productivos del planeta y que pueden dar lugar a un cambio climático generalizado de consecuencias irreparables. Es el *quinto* de los grandes problemas ligados a la energía.

RECORDATORIO

Energía primaria: la que no ha sido sometida a ningún proceso de conversión: carbón y crudos de petróleo, por ejemplo.

Energía secundaria: la que procede de una fuente de energía primaria o secundaria: gasolinas y electricidad, por ejemplo.

Tonelada Equivalente Carbón (TEC): la liberada por una tonelada teórica de hulla pura.

Tonelada Equivalente Petróleo (TEP): la liberada por una tonelada de crudo de petróleo. Corresponde a 1,428 TEC o 10.000 termias.

GTEP: miles de millones de TEP:

Gulf-plus: cláusula de los Acuerdos de Achnacarry, en virtud de la cual el precio del petróleo, en cualquier parte del mundo, debería ser igual al precio del crudo en el Golfo de México más los costes de transporte desde el Golfo al lugar de destino. De esa forma se rentabilizaban las explotaciones de Estados Unidos, las de mayor coste técnico de producción.

Termia: unidad térmica empleada para medir el calor. Equivale a un millón de calorías.

8.2. PRODUCCIÓN Y CONSUMO MUNDIALES DE ENERGÍA PRIMARIA

En el Cuadro 8.1 figuran, por fuentes de energía y áreas económicas, la producción y el consumo mundiales de energía primaria en el período 1973-91.

CUADRO 8.1. PRODUCCIÓN Y CONSUMO MUNDIALES DE ENERGÍA PRIMARIA (en millones de TEP)

PRODUCCIÓN MUNDIAL DE ENERGÍA PRIMARIA

Fuente	1973	1979	1980	1981	1982	1983	1984	1985	1986	1987	1988	1989	1990	1991
Petróleo	2.909	3.274	3.150	2.969	2.839	2.824	2.907	2.866	2.998	3.007	3.128	3.177	3.238	3.232
Gas	991	1.221	1.235	1.261	1.256	1.265	1.372	1.423	1.475	1.534	1.597	1.652	1.697	1.735
Carbón	2.049	2.503	2.572	2.578	2.659	2.629	2.805	2.894	2.957	3.035	3.097	3.159	3.180	3.153
Nuclear	79	255	275	315	338	379	449	532	572	623	678	672	713	749
Hidráulica	601	708	719	740	759	785	801	807	829	832	842	874	898	916
Total	6.628	7.961	7.951	7.864	7.852	7.881	8.335	8.524	8.812	9.051	9.342	9.534	9.727	9.785
Áreas														
OCDE	2.264	2.558	2.603	2.629	2.639	2.627	2.780	2.852	2.867	2.933	2.969	2.972	3.037	3.137
Econ. planif.	1.598	2.154	2.187	2.196	2.272	2.333	2.427	2.523	2.611	2.685	2.573	2.764	2.697	2.590
Resto	2.766	3.250	3.160	3.039	2.942	2.922	3.128	3.149	3.334	3.434	3.621	3.798	3.992	4.057

CONSUMO MUNDIAL DE ENERGÍA PRIMARIA

Fuente	1973	1979	1980	1981	1982	1983	1984	1985	1986	1987	1988	1989	1990	1991
Petróleo	2.693	3.104	2.978	2.851	2.776	2.757	2.802	2.794	2.866	2.936	3.018	3.077	3.101	3.108
Gas	977	1.207	1.233	1.243	1.242	1.267	1.363	1.420	1.439	1.523	1.588	1.651	1.689	1.744
Carbón	2.092	2.482	2.558	2.558	2.567	2.643	2.766	2.875	2.873	2.997	3.087	3.106	3.079	3.060
Nuclear	79	257	277	318	341	381	452	536	572	623	678	673	714	750
Hidráulica	568	665	673	693	710	735	750	753	770	771	777	811	836	859
Total	6.408	7.714	7.719	7.693	7.635	7.784	8.143	8.377	8.519	8.849	9.148	9.318	9.419	9.520
Áreas														
OCDE	3.551	3.884	3.789	3.686	3.539	3.556	3.697	3.739	3.763	3.874	4.012	4.068	4.069	4.157
Econ. planif.	1.548	2.049	2.073	2.073	2.119	2.165	2.255	2.347	2.410	2.507	2.566	2.590	2.532	2.493
Resto	1.309	1.782	1.858	1.933	1.977	2.063	2.191	2.291	2.346	2.468	2.570	2.660	2.818	2.870

Fuente: INH: Informe estadístico 1991. Cuadros I-2 y I-1.

Por lo que atañe a las fuentes productivas, el cuadro permite extraer las conclusiones siguientes:

- Las cinco grandes fuentes energéticas son el petróleo, el gas natural, el carbón, la fisión nuclear y la producción hidroeléctrica.
- Los combustibles fósiles, y, por tanto, no renovables, suponen todavía más del 80% de la producción total. De ese porcentaje, el 33% corresponde al petróleo, el combustible más concentrado geográficamente.
- En el período analizado, la producción mundial aumentó casi un 50%. Cabe, además, señalar que los mayores incrementos se dieron en el gas natural y la energía nuclear.
- Por lo que respecta al consumo, las cifras presentan ligeras diferencias –hay pérdidas energéticas al transformar la energía primaria en secundaria–, pero los rasgos básicos son los mismos.
- Más del 80% del consumo se apoya en los combustibles fósiles, dentro de los cuales el petróleo significa, en la actualidad, también un 33% aproximado.
- Entre los extremos del período, el consumo aumenta un 40% aproximadamente, advirtiéndose los crecimientos más rápidos en gas natural y energía nuclear.

Lo que importa destacar, sin embargo, no son las fuentes productivas, sino las diferencias que se observan en las áreas económicas: la OCDE es una zona deficitaria en energía, los denominados «países de economía planificada» –la antigua URSS, los países del Este europeo y los países comunistas del resto del mundo, con China a la cabeza– mantienen un cierto equilibrio energético y el resto del mundo goza de un superávit. La agregación por zonas oculta, sin embargo, las realidades más inmediatas: las tres grandes áreas desarrolladas del mundo –Estados Unidos, Japón y la CEE– son deficitarias en energía y deben importar una proporción sustancial de su consumo; el conjunto de países de la OPEP (Organización de Países Exportadores de Petróleo) es la gran zona excedentaria de energía. El Gráfico 8.1 muestra, para el mismo período, los déficit de las tres áreas mencionadas y el superávit de la OPEP.

GRÁFICO 8.1. DÉFICIT Y SUPERÁVIT DE ENERGÍA PRIMARIA POR ZONAS (1973-1991)

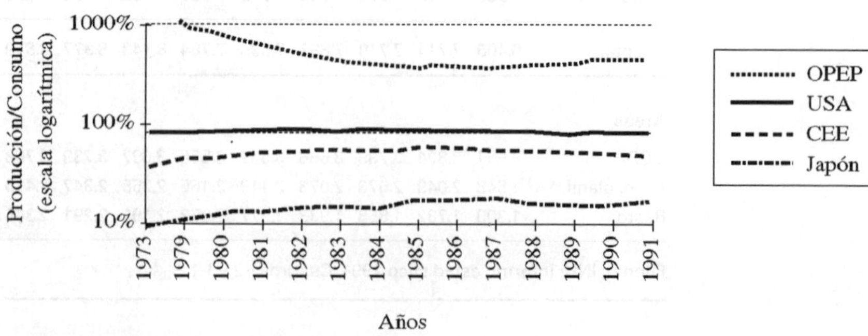

Fuente: INH: Informe estadístico 1991. Datos de los Cuadros I-1 y I-2.

La situación descrita, la brecha entre producción y consumo de las zonas mencionadas, no se debe sólo a las diferencias de grado de desarrollo –el mundo industrializado es, como veremos más adelante, un gran consumidor de energía–, sino que es resultado de una distribución irregular de las reservas de hidrocarburos –petróleo y gas natural– dos fuentes energéticas que, en la actualidad, significan todavía el 50% de la producción primaria. Ahora bien, un mercado, el energético, con ese grado de concentración en oferta y demanda es, por definición, un mercado inestable y con inestabilidad creciente debido a la limitación de los recursos energéticos hoy empleados.

8.3. LA LIMITACIÓN DE LOS RECURSOS ENERGÉTICOS

De los combustibles fósiles, que suponen todavía más del 80% de la producción de energía primaria, sólo el carbón, en sus diferentes variedades, ofrece reservas amplias y dispersas: suficientes para permitir más de 100 años de consumo a los niveles actuales. El petróleo y el gas natural muestran, sin embargo, reservas limitadas y concentradas, como puede advertirse en el Cuadro 8.2.

CUADRO 8.2. RESERVAS DE PETRÓLEO Y GAS NATURAL

	Petróleo 1991 (millones de Tm.)			Gas 1991 (miles de millones de m^3)		
	Reservas	Producción	Años R/P	Reservas	Producción	Años R/P
América Norte	4.343	520	8	7.533	689	11
CEE	1.526	119	13	3.363	167	20
Resto de Europa	1.586	102	16	1.737	42	41
Resto de OCDE	289	29	8	2.426	28	85
OPEP	107.229	1.305	82	50.394	412	122
Resto merc.	12.294	482	26	7.202	196	37
Econ. planif.	11.240	675	17	51.335	783	66
Mundo	138.457	3.231	43	123.990	2.318	53

Fuente: INH. Informe Estadístico 1991. Cuadros I-55 y I-57.

Conviene, antes de extraer conclusiones sobre los datos anteriores, puntualizar lo que se entiende por reservas. En el mundo existen múltiples materias primas energéticas que, por el momento, no pueden utilizarse para la obtención de energía útil puesto que, para que eso suceda, es preciso que se cumplan dos condiciones: 1) que su extracción sea posible, porque se cuente con los medios técnicos necesarios, y que sea rentable porque los costes de extracción sean inferiores a los precios de mercado; 2) que la energía útil que se obtenga de esa materia prima sea muy superior a la empleada en extraerla y transformarla. Las *reservas* son, pues, las cantidades de materias primas energéticas que, en cada momento, cumplen esas condiciones; al resto de las materias primas conocidas, pero que no satisfacen tales condiciones, se las denomina *recursos.* Consecuentemente, tanto la evolución de los costes de extracción como de los precios de mercado, influyen sobre las reservas: al reducirse los costes de extracción, muchos de los recursos pasan a ser reservas, e igual sucede con el aumento del precio de la energía: el gran aumento de los precios del petróleo en 1973 hizo que los yacimientos petrolíferos del Mar del Norte, propiedad de ingleses y noruegos, dejasen de ser recursos para convertirse en reservas [2].

El concepto de reserva es, por tanto, un concepto cambiante que depende del estado de la técnica y de la tensión de los mercados.

Las consideraciones anteriores no pueden, sin embargo, desfigurar la realidad energética actual: las reservas estimadas de hidrocarburos son finitas y están concentradas en los países OPEP: 77% del total en el caso del petróleo y 40% del total de gas. Esa situación, por sí sola, limitará la oferta de energía futura que quedará inevitablemente condicionada a las necesidades financieras de los países miembros de la organización en el mejor de los casos, pero que, además, puede quedar restringida por toda suerte de avatares políticos, como ya ha ocurrido en el pasado. Una oferta futura de energía que tropieza, además, con obstáculos adicionales ligados al bajo precio actual de la energía y a razones de carácter financiero, institucional, técnico y de conservación del medio ambiente [3].

Desde finales de 1985, cuando los precios del barril de petróleo pasaron de 26 a 15 dólares, el mundo ha vuelto a una era de energía barata: en términos reales, los precios del petróleo, que definen los costes de la energía, son ahora similares a lo que eran antes de la primera crisis energética (Gráfico 8.2). Pero, además, por razones sociales, productivas y comerciales, los precios finales de la energía están subsidiados de un 30 a un 50% en muchas economías intermedias y en la mayor parte de los países subdesarrollados. Los gobiernos no quieren reducir, aunque sea temporalmente, el nivel de vida de amplias capas de población; no desean tampoco encarecer los costes de producción para no enfrentarse a la protesta de los empresarios; aplicar precios reales a la energía les supondría perder la ventaja comparativa de parte de su oferta exportable. Pero, desde el punto de vista de la oferta de energía, los bajos precios la limitan al frenar el desarrollo de energías alternativas.

La capacidad para aumentar la oferta de energía depende también del capital que se asigne a tal objetivo, un capital restringido, en muchos de los países en desarrollo, por los bajos precios de la energía, a los que ya se ha hecho referencia, y por la existencia de proyectos a los que se otorga clara preferencia.

Tanto en países desarrollados como en subdesarrollados, buena parte de la producción de energía está en manos de empresas públicas, protegidas por el Estado y, en muchas ocasiones, con mercados monopolizados. En esas

[2] Fórum Atómico Español: *222 cuestiones sobre la energía,* de Barrachina et al. Madrid, 1993. Cap. 3.

[3] Véase sobre la oferta energética futura, el Cap. 3, de *Energy for tomorrow's world.* World Energy Council. St. Martin's Press. Londres, 1993.

condiciones, la capacidad para responder a las variaciones de la demanda y mejorar la eficacia productiva es reducida, con lo que la oferta de energía se resiente; tales son las razones por las cuales la producción de energía se privatiza en muchos países.

La generación de energía exige, en muchos casos, unos niveles técnicos que no están al alcance de todos los países y que muchos gobiernos no pueden financiar. La caída de la producción de petróleo de la antigua URSS se produce, en buena parte, porque los yacimientos fáciles se han ido agotando y porque la extracción, en yacimientos peor situados, exige unos medios técnicos que las repúblicas que hoy forman la Confederación de Estados Independientes no poseen y que difícilmente pueden ser importados de Estados Unidos y otros países occidentales por razones financieras.

Aunque la parte última de este capítulo tratará, con más detalle, los problemas de medio ambiente que se derivan de la producción de energía, la restricción medioambiental dificultará, hacia el futuro, la oferta energética porque afectará, en el ámbito nacional, al desarrollo de otros recursos productivos y porque las normas internacionales serán más difíciles de sortear que en la actualidad.

La limitación de recursos energéticos planteará, por tanto, problemas de oferta en el futuro como ya los ha planteado en el pasado.

8.4. EL PETRÓLEO COMO PROBLEMA

El petróleo es el combustible fósil sobre el que gira la vida moderna, especialmente en las sociedades más desarrolladas. Y no sólo porque es la fuente energética más fácil de extraer y transportar, sino porque gran parte del tejido industrial y del nivel de vida de esas sociedades depende de los derivados del petróleo. Tanto es así que, antes de la primera crisis energética de 1973, la existencia de un petróleo abundante era un dato del que siempre se partía y que a nadie parecía inquietar, salvo a algunos conocedores profundos del potencial crítico que los mercados del petróleo encerraban.

Y, sin embargo, el petróleo es un combustible que empezó a utilizarse de forma generalizada alrededor de los años veinte de este siglo y que, en el futuro próximo, un futuro de perfiles borrosos, desaparecerá como combustible y se usará exclusivamente como materia prima. Pero ese futuro todavía tiene que resolver una incógnita importante: la sustitución no traumática del que, sin duda, constituye el combustible del siglo XX por excelencia y al que se deben dos crisis de enorme alcance. Los apartados que siguen pretenden aclarar las causas y el alcance de esas crisis y, por lo menos, enumerar algunas de las grandes dudas que el petróleo suscita.

8.4.1. Del cártel de las siete hermanas al cártel de la OPEP

El uso generalizado del petróleo en los años veinte, y las abultadas cifras que alcanzaban las transacciones, desataron una seria lucha entre las principales compañías, lucha que hubiera amenazado sus cuentas de resultados de no haberse alcazado un acuerdo entre ellas en 1928. En ese año, Henry Deterding, presidente del Consejo de Administración de la Royal Dutch Shell, invitó a los presidentes de la Standard Oil de New Jersey y de la Anglo-Iranian a una cacería de urogallos en su pabellón de caza de Achnacarry, en las tierras altas de Escocia. Como resultado de esa reunión cinegética surgieron unos acuerdos de cartelización del mercado, a los que posteriormente se sumaron las otras grandes compañías, es decir, Gulf, Texaco, Standard de California y Mobil Oil [4]. El acuerdo suponía, en sus líneas esenciales, el reparto de los mercados entre las siete compañías y la aplicación de un único precio, el correspondiente al Golfo de Méjico.

La cartelización, que había comenzado a quebrarse durante la Segunda Guerra Mundial por la decisión de los gobiernos de Estados Unidos y Gran Bretaña –muy poco dispuestos a aceptar que su esfuerzo bélico se viera, además, encarecido artificialmente por el oligopolio de sus grandes empresas petroleras–, se vio amenazada, después de la guerra, por la aparición de empresas independientes de los países occidentales –por ejemplo, la Occidental norteamericana o el ENI italiano– y por la creación, entre notables tensiones, de empresas públicas de los países productores: la National Iranian Oil Company (NIOC), entre otras.

De todas formas, el dominio de las grandes compañías se mantuvo durante mucho tiempo y los precios de referencia siguieron en sus manos, unos precios de referencia sobre los que giraban los beneficios de los países productores y que en 1959 y 1960, fueron reducidos un 10 y un 15 % a consecuencia de un exceso de oferta. La reducción de los precios, especialmente resentida por los países productores, daría lugar al nacimiento de la Organización de Países Exportadores de Petrólco, más conocida por sus siglas: la OPEP.

Inicialmente, la organización la integran Arabia Saudí, Irak, Irán, Kuwait y Venezuela, países a los que se unirían posteriormente, y en orden sucesivo, Quatar, Libia, Indonesia, Abu Dhabi, Argelia, Nigeria, Ecuador y Gabón hasta 1973. Después de la primera crisis, y en 1974, se sumarían Trinidad y Tobago [5].

La OPEP nace con dos objetivos fundamentales: regular el mercado del petróleo, de forma que sirva a los intereses de los países productores y no al de los países consumidores, y obtener precios rentables para los productores, dado que en muchos de ellos el petróleo constituye la única fuente de riqueza. Tiene a su favor, desde el principio, su posición dominante en la producción y reservas de petróleo: en 1960 produce el 42 % del total mundial y

---

[4] Las siete compañías reciben el nombre de las «siete hermanas» en la jerga petrolífera. Sobre el apasionante mundo del petróleo puede consultarse: *Petróleo: el mayor negocio del mundo,* de C. Tugendhat (Alianza Editorial. Madrid, 1969), y también *Oil and World Power,* de P. Odell (Penguin, Middlesex, 1975. Edición primera de 1970).

[5] Los principales datos de la OPEP y de su evolución proceden del trabajo de Juan Iranzo: «La OPEP: del esplendor a la decadencia», en *Temas de organización económica internacional,* coordinado por Sara González. McGraw-Hill. Madrid, 1993.

posee el 73 % de las reservas totales [6]. Pero, además, su posición se va a ver favorecida por el continuo incremento del consumo mundial de petróleo, que casi se triplica de 1960 a 1973: de 1.079 millones de toneladas a 2.784 [7]. Más aún, la base energética mundial descansa progresivamente sobre ese hidrocarburo, que en 1973 supone el 44 % de la energía primaria del mundo (Cuadro 8.1).

8.4.2. Los escalones de la crisis

Los datos del Cuadro 8.3, referidos a la producción mundial de petróleo en determinados años, permiten comprender la gestación de la crisis, su evolución y su posterior desenlace.

CUADRO 8.3. PRODUCCIÓN MUNDIAL DE PETRÓLEO (millones de toneladas)

	1973	1979	1985	1989	1991
Prod. total (mill. Tm.)	2.908	3.274	2.866	3.177	3.231
Porcentajes					
OPEP	54	48,4	30,49	37,2	40,38
(Arabia Saudí)	(12,8)	(14,5)	(6,17)	(8,30)	(13,2)
OCDE	22,7	21,8	28,5	23,89	23,80
(USA)	(21,3)	(17,5)	(20,7)	(16,7)	(16,09)
Ec. planif.	17,5	21,8	26	24,2	20,89
(URSS)	(14,8)	(17,8)	(20,8)	(19,2)	(16)
Resto	5,8	8	15,01	14,71	14,93

Fuente: INH. Informe Estadístico 1991. Cuadro I-54.

Los primeros síntomas de la galerna que se avecinaba no se producen, sin embargo, hasta 1970. En ese año el Gobierno libio, ya en manos de Gadafi, presiona a las empresas concesionarias para que reduzcan su producción, con objeto de elevar los precios del petróleo. La rotura del oleoducto Tapline [8], que transportaba el crudo saudí hasta la terminal de Sidón, enerva, también en ese mismo año, los mercados de crudos. Pero el acontecimiento más importante ocurre a finales de año en la reunión de la OPEP, en Caracas, cuando la organización decide participar activamente en la fijación de los precios. Como resultado de una serie de complicadas negociaciones, la OPEP firma, en febrero de 1971, el Acuerdo de Teherán con las empresas productoras, en virtud del cual se establece un sistema conjunto de fijación

[6] *Ibidem.* Sobre la organización y objetivos de la OPEP conviene consultar el libro de Abdul Amir Kubbah. *OPEC. Past and Present.* Petro-Economic Research. Viena, 1974.

[7] Memoria 1975. Delegación del Gobierno en CAMPSA.

[8] Trans Arabian Pipe Line.

de precios que debía durar cinco años y una fórmula de protección del precio del crudo para compensar las posibles depreciaciones del dólar. A consecuencia de todo ello, el precio del petróleo se duplica de 1970 a 1973, pasando el barril de árabe ligero a valer 3,75 dólares, con lo que los mercados de petróleo advierten por vez primera la importancia que había cobrado la OPEP.

El factor desencadenante de la primera gran crisis es, sin embargo, la cuarta guerra árabe-israelí de septiembre de 1973, la denominada guerra del Yom Kippur. En ese momento, la OPEP, con mayoría dominante de países árabes, decide elevar los precios en un 70 % e imponer un embargo a todos los países que habían defendido la causa israelí, empezando por Estados Unidos. El nerviosismo de los mercados y las decisiones siguientes adoptadas por la Organización, hacen que el precio del árabe ligero se sitúe, en diciembre de 1973, en 11,65 dólares barril.

De 1973 a 1978, los precios, en dólares corrientes, experimentan todavía alguna elevación no muy pronunciada, pero, en diciembre de 1978, la OPEP decide elevar escalonadamente el precio del crudo durante 1979 para conseguir un aumento total del 14 % aproximado. Esa decisión perturbó enormemente los mercados, porque los consumidores intentaron adelantar sus compras para evitar las subidas, y los productores procuraron retrasar sus ventas, por la razón inversa. En ese contexto lábil, la llegada de Jomeini a Irán y la retirada del petróleo persa, generador de una escasez marginal, enturbió por completo los mercados e hizo que buena parte del petróleo contratado a plazo –la fórmula usual de abastecimiento del petróleo– se desviase al mercado «spot» para obtener precios mucho más elevados. En enero de 1981, el precio del petróleo de referencia había alcanzado los 36 dólares barril. La OPEP parecía haber alcanzado todos sus objetivos.

8.4.3. Las razones económicas de la crisis

Como señalan Rybczynski y Ray, hay un doble trasfondo en el desencadenamiento de la crisis: en primer lugar, el deseo de los países productores de tener en sus manos la extracción y distribución de una materia prima fundamental; en segundo lugar, el cambio experimentado, a lo largo de los años sesenta, en los mercados de petróleo, a consecuencia de las importaciones cada vez mayores efectuadas por Estados Unidos y Japón [9]. Ese deseo de los países OPEP se veía, además, fortalecido por el hecho de contar, en 1973, con el 54 % de la producción mundial y por la concentración del consumo total en la OCDE –el 70 %–, concentración debida a los aumentos de consumo de Estados Unidos y Japón [10]. Pero, a pesar de esos datos de partida, la crisis no hubiera podido alcanzar, en sus dos etapas, la dimensión que la caracterizó de no haber sido por la rigidez de la demanda de petróleo, una rigidez que

[9] Historical Background to the World Energy Crisis, en *The Economics of the Oil Crisis.* T. Rybczynski, ed. MacMillan. Bristol, 1976.

[10] Datos de Informe Estadístico 1991 del INH. Cuadros I-54 y I-66.

venía dada por la alta elasticidad-renta de su demanda y las bajas elasticidades-precio y sustitución (Anexo 8.1).

Por elasticidad entendemos la respuesta de una variable ante los cambios de otra con la que está relacionada. Una elevada elasticidad-renta de la demanda de petróleo supone que los aumentos o disminuciones de la producción provocan aumentos o disminuciones similares de la demanda de petróleo. Una baja elasticidad-precio de la demanda implica que las elevaciones del precio del petróleo contraen muy poco su demanda. Y una baja elasticidad de sustitución significa que, en las funciones de producción, resulta difícil reemplazar energía por otro factor productivo. A corto plazo, la demanda de derivados del petróleo –de los combustibles que del petróleo se obtienen– es muy rígida: es escaso el ahorro energético que puede lograrse en la producción porque no puede variarse de la noche a la mañana la estructura productiva; no es posible reemplazar derivados del petróleo por otros combustibles porque hay rigideces técnicas que lo impiden –las máquinas trabajan con fuel-oil, por ejemplo, y no con carbón– y porque la oferta de otros combustibles es limitada; las funciones de producción apenas permiten sustituciones de energía por capital. A largo plazo, la demanda de derivados de petróleo se hace mucho más elástica porque la estructura productiva varía, y se torna menos dependiente de la energía, porque los usos energéticos se alteran para dar paso a energías alternativas y porque las matrices de producción se adaptan al cambio de precios relativos e incorporan mayores dosis de capital y menos de energía. Es, con todo, la elasticidad-precio la que alcanza, a largo plazo, valores elevados, que pueden situarse alrededor de -1,5, es decir, inducen una contracción del 15 % de la demanda ante un 10 % de aumento en el precio [11].

La rigidez a corto plazo de la demanda de petróleo permitió a la OPEP imponer una política de precios altos y crecientes a partir de 1973 y facilitó el segundo estallido de la crisis de 1979. El juego de las elasticidades, a partir de los primeros años ochenta, debilitaría progresivamente el poder de la organización y facilitaría el vuelco del mercado del petróleo a finales de 1985.

8.4.4. Efectos de la crisis

Un doble choque de la magnitud del descrito –los precios del petróleo casi se cuadruplican de 1973 a 1974 y se vuelven a triplicar de 1979 a 1981– provoca efectos múltiples y encadenados, de incidencia distinta en los diferentes países, y no es posible efectuar de los mismos una enumeración completa. Sí cabe, sin embargo, hacer referencia a los cuatro impactos globales que más afectarían a la economía mundial: el crecimiento lento de las principales economías, la magnitud del esfuerzo de transferencia, el cambio de ma-

[11] Para un análisis conceptual de las elasticidades, véase G. Heal y Chichilnisky: *Oil and the international economy.* Clarendon Press. Nueva York, 1991. Cap. 3. Detalles más precisos se encuentran en W. Nordhaus, ed.: *International Studies of the Demand of Energy.* North-Holland, 1977.

trices productivas y de pautas de consumo y, finalmente, el aumento de la deuda externa de los países menos desarrollados.

Por definición, el aumento en flecha del precio de una materia prima básica significa, para los países importadores, un empeoramiento de su relación real de intercambio y, consecuentemente, una pérdida de renta real que limita su capacidad de crecimiento. Los países OCDE, que en términos reales habían logrado un crecimiento medio anual de casi el 5 % en el trienio 1971-73, apenas superaron el 1,5 % de crecimiento en el trienio siguiente. Y, además, en un contexto inflacionario provocado por la elevación de los precios de la energía y, en términos generales, de todas las materias primas. Prueba de ello es que, a mediados de 1977, los precios al consumo de los países OCDE eran un 75 % superiores a los de 1970, al tiempo que los del grupo europeo de la misma organización se habían doblado [12]. La segunda elevación de los precios del petróleo, y el consiguiente aumento de costes, dio lugar a la aplicación generalizada de políticas contractivas, iniciada por Norteamérica, que sumiría a los países industrializados en la recesión del período 1980-83: el crecimiento medio real no llegó al 1 % anual [13].

De 1972 a 1980, los ingresos de la OPEP por exportaciones de crudo pasaron de unos 24.000 millones de dólares a 413.000 millones de dólares, lo que da clara idea de lo que supuso la factura del petróleo para los países importadores y del enorme esfuerzo de transferencia a que se vieron sometidos [14]. Pero, además, para que la transferencia de recursos reales hubiera hecho posible la de recursos financieros se precisaba que los países OPEP hubieran aumentado las importaciones de bienes y servicios procedentes de los países consumidores, una condición que no se cumplió porque la capacidad de absorción de los países OPEP era limitada. En muy buena medida, los fondos adicionales se depositaron en los grandes bancos internacionales –recordemos que la crisis energética dio un gran impulso a los euromercados– y fueron esos intermediarios los encargados de facilitar financiación a muchos de los países importadores: es la operación denominada *reciclaje de petrodólares,* que si bien permitió el funcionamiento fluido de los mercados internacionales de bienes, inició también la escalada de la deuda.

La elevación de los precios de la energía puso en marcha, a escala global, toda una serie de modificaciones de largo alcance, tanto en las matrices productivas como en las pautas de consumo. No fue un efecto inmediato, pero sí un poderoso estímulo de transformación de la economía mundial: del lado de la producción, buena parte de los países industrializados modificaron tanto la composición de su oferta como las funciones de producción para ajustarse a los mayores precios de la energía; del lado del consumo, los efectos renta y sustitución generaron cambios sustanciales en las demandas relativas. La se-

[12] Los ritmos de crecimiento pueden verse en el *OECD Economic Outlook,* julio 1991, y los datos sobre inflación proceden del Cap. 12 de *The International Economy since 1945,* de W. Scammell. MacMillan. Hong Kong, 1980.

[13] *OECD Economic Outlook,* julio 1991.

[14] Fadhil J. Al-Chalabi: «The World Oil Price Collapse of 1986: Causes and Implications for the Future of OPEC», en *After the Oil Price Collapse.* Wilfrid Kohl ed. The John Hopkins University. Baltimore, 1991.

gunda revolución industrial, espoleada por los bajos precios de la energía y apoyada en la industria pesada y el transporte, había llegado a su fin; la tercera revolución industrial, asentada en la informática, había tomado cuerpo.

La deuda viva de los países en desarrollo, que en 1973 apenas superaba los 100.000 millones de dólares, se situó, en 1977, en 330.000 millones y en 1982 había alcanzado los 725.000 millones [15]. La primera crisis energética había obligado a los países en desarrollo importadores de petróleo a apelar continuamente a la financiación exterior para hacer frente a los nuevos precios, necesidad que pudo ser satisfecha fácilmente a través del reciclaje efectuado por la banca internacional; más aún, en un primer momento el monto de la deuda no resultaba inquietante porque sus exportaciones se mantenían en niveles adecuados y los precios de sus productos de exportación eran elevados. La segunda elevación de los precios del crudo trastocó completamente ese panorama porque les obligó a recurrir más ampliamente a los mercados financieros internacionales y redujo notablemente sus posibilidades de hacer frente al servicio de la deuda. Por dos razones principales: porque sus precios de exportación cayeron y porque el coste de la deuda se elevó. Los precios cayeron porque la recesión subsiguiente a la segunda elevación de los precios del petróleo, causada por la necesidad de ajuste de los países industriales, redujo la demanda de productos básicos e hizo que sus cotizaciones descendieran. Buena parte de la deuda había sido contraída con entidades privadas, para sortear así la condicionalidad de los organismos internacionales, y a tipos de interés variables. La aplicación de políticas monetarias restrictivas por parte de los países industriales elevó los intereses e hizo mucho más penoso el coste de la deuda. En 1982, y con la suspensión de pagos externa de México, comienza el problema de la deuda, tratado más extensamente en el Capítulo 5.

8.4.5. El debilitamiento de la OPEP

Todo cártel desencadena las fuerzas que, antes o después, lo cuartearán. En el caso de la OPEP, esas fuerzas han operado desde la demanda, desde la oferta y desde la propia política de la Organización.

El aumento de las elasticidades, al que se ha hecho mención, terminó por reducir, con el tiempo, la demanda de petróleo. Por un lado, el aumento de la eficiencia energética hizo que, en los países industriales, disminuyese el consumo de energía por unidad producida: en Estados Unidos, la cantidad de energía requerida para la producción de 1.000 dólares de PNB, a precios constantes, se redujo un 38,9 %, de 1973 a 1983 [16]. Por otro lado, la demanda energética se diversificó para hacer un uso mucho mayor del carbón y de la energía nuclear. Ello dio lugar, por ejemplo, a que el consumo de fuel-oil en la OCDE disminuyera un 57 % de 1973 a 1985 [17].

[15] FMI: *World Economic Outlook.* Varios números.
[16] G. Heal y G. Chichilnisky, *op. cit.,* pág. 63.
[17] Fadhil J. Al-Chalabi, *art. cit.,* pág. 6.

El ímpetu fundamental se dio, de todas formas, desde la oferta porque los precios alcanzados por el petróleo rentabilizaron, de un lado, yacimientos de costosa extracción y, del otro, impulsaron la exploración y, consiguientemente, la aparición de nuevas bolsas de petróleo y de nuevos competidores, entre los que hoy se cuentan Reino Unido, Noruega, México y China. Como resultado de ese aumento de la oferta, la OPEP, que representaba el 48,4 % de la producción mundial de petróleo en 1979, se situó sólo en el 30,49 en 1985 (Cuadro 8.3).

Durante el período 1979-85, la estrategia de la OPEP se basó en defender la política de altos precios del petróleo, dando así satisfacción a una parte de sus miembros, los que contaban con menos reservas y abogaban por maximizar su valor. Para ello necesitaba reducir progresivamente las cuotas de producción, de forma que la oferta no anegase los mercados; una política que fue posible mientras el principal productor, Arabia Saudí, aceptó desempeñar el papel de productor acomodante (*swing producer*): su producción completaría la de los demás miembros, dentro de una cuota global prefijada por la OPEP, para evitar así el exceso de oferta, de conformidad con lo acordado en la reunión de Londres de marzo de 1983. Por tanto, si la cuota global se reducía porque el mercado era incapaz de absorberla, sería Arabia Saudí la que recortaría su producción. Una situación de por sí inestable no sólo porque permitía a los productores no ligados a la OPEP aumentar su cuota de mercado, sino porque chocaba frontalmente con los intereses fundamentales de Arabia Saudí: sus enormes reservas la permitían aceptar reducciones en el precio para mantener la cuota, un objetivo mucho más acorde con sus intereses a largo plazo. De 1979 a 1985, como se advierte en el Cuadro 8.3, la cuota de producción de Arabia Saudí pasó del 14,5 % del total al 6,17 %. El papel asumido por Arabia Saudí se basaba, además, en su condición de principal exportador de crudos de petróleo –no de derivados– y, por tanto, en el defensor del precio de referencia. Más del 60 % del petróleo que exporta es del tipo denominado «Árabe ligero», precisamente el que, hasta 1985, servía de crudo de referencia y que, para mantener la política de precios de la OPEP, había que vender al precio oficial.

Sometida a múltiples tensiones, las derivadas de una demanda decreciente y de la obsesión por mantener los precios, la política se mantuvo hasta mediados de 1985, cuando el Gobierno de Arabia Saudí decidió no seguir desempeñando el papel de productor marginal y atenerse a una cuota [18]. Detrás de esa decisión podía adivinarse no sólo la desilusión del Gobierno saudí respecto de un sistema de cuotas que hacía recaer sobre él todo el peso del ajuste de oferta, mientras otros miembros de la OPEP incumplían claramente sus compromisos, sino, además, la caída de los ingresos de exportación que hacía insostenible la posición del Gobierno. A partir de ese momento se supo que los precios del petróleo experimentarían una caída, forzada por la reducción de la demanda de la OPEP y la nueva posición adoptada por Arabia Saudí. Posición que, además, se completaría, en ese mismo año, con la adopción de una política de precios completamente distinta: el Gobierno saudí

[18] Fadhil J. Al-Chalabi, *art. cit.*

empezó a negociar una serie de contratos del tipo «netback», según los cuales el precio de su crudo sería el resultante de deducir del precio de los productos refinados un margen por costes de refino y transporte. A partir de ese momento, finales del año 1985, los precios de los crudos se derrumbaron hasta los 15 dólares barril y nunca han vuelto a superar los 20 dólares, salvo durante un breve período de nerviosismo desencadenado por la guerra del Golfo.

Los acontecimientos posteriores –la guerra Irán-Irak y la invasión de Kuwait por Irak– han servido para debilitar aún más la difícil cohesión de la OPEP, en la que se albergan las dos posturas mencionadas de maximizar precios o mantener cuotas y en la que se advierten, continuamente, las divergencias de sus miembros respecto de su estrategia global. Buena prueba de ello es que Ecuador abandonó la Organización en 1992, por su deseo de superar el cupo que se le asignaba y, evidentemente, porque ya no confiaba en el poder de la Organización para regular los mercados de petróleo.

8.4.6. ¿Ha desaparecido el peligro de otra crisis petrolífera?

Desde principios de 1986, el precio corriente de los productos petrolíferos ha permanecido relativamente estable, como puede advertirse en el Gráfico 8.2. Su precio en dólares constantes ha caído por definición. El único período en que la estabilidad se rompió fue el de la tensión originada por la guerra del Golfo: de agosto a diciembre de 1990 los precios oscilaron alrededor de 40 dólares barril por la conjunción de una serie de temores: temor a que la producción de Arabia Saudí pudiera quedar afectada ante una posible invasión de Irak; temor a que la producción de los demás países no pudiera compensar la desaparición de la oferta kuwaití; temor a que, al quedar inutilizadas las refinerías de ese país, no hubiese capacidad suficiente de refino en el mundo

GRÁFICO 8.2. EVOLUCIÓN DEL PRECIO DEL CRUDO ARABIA LIGERO

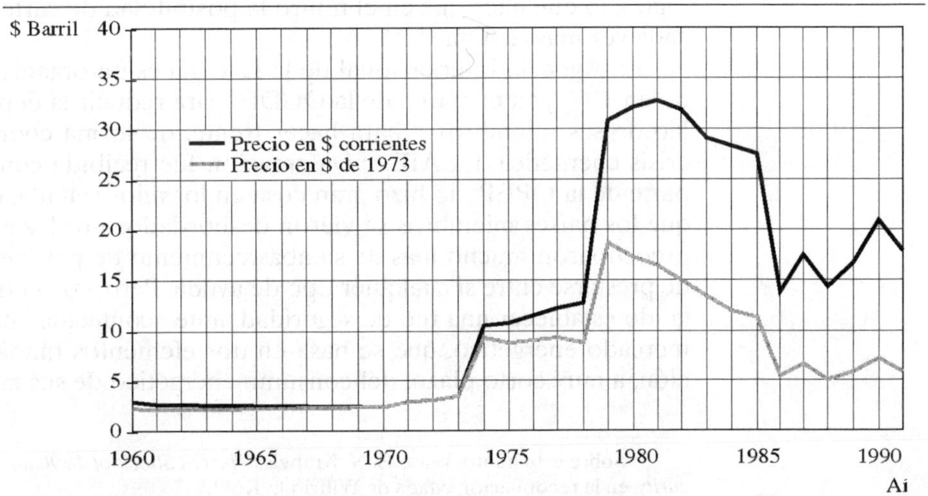

Fuente: INH. Informe estadístico 1991. Gráfico I-96.

para hacer frente a la demanda de derivados del crudo [19]. Temores que desaparecieron al estallar la guerra, en enero de 1991, y comprobarse no solamente que la oferta era suficiente para satisfacer la demanda, sino que los factores de compensación funcionaban adecuadamente. A partir de ese momento, el precio del crudo volvió a sus niveles normales.

La evolución de los precios es el síntoma de una normalización de los mercados que se apoya en una triple circunstancia: la incapacidad de la OPEP para volver a imponer los precios del crudo, las condiciones de la oferta y las posibles actuaciones de la Agencia Internacional de la Energía.

En un mercado de compradores como el actual, la OPEP, víctima de sus propios excesos, trata simplemente de conservar una cuota razonable de mercado y de acoplarse a su evolución. Y prueba de ello es que, en la actualidad, los precios se negocian entre comprador y vendedor de acuerdo con las condiciones de mercado, con la calidad del crudo, los costes de transporte y los factores estacionales. Para establecer esos precios se hace uso de los «crudos de referencia» y, puesto que se trata de contratos para entregas futuras, ni vendedor ni comprador saben cuál será el precio definitivo en el momento de formalizar el contrato. Casi todo el crudo objeto de contrato se negocia en esas condiciones [20].

La ruptura del oligopolio de oferta, ocurrida en el período 1979-85, hace muy difícil que cualquier decisión de la OPEP no pueda ser contrarrestada por el resto de los países, países que hoy suponen el 60 % aproximado de la producción total de petróleo. Es más, la superación de la guerra fría, a consecuancia del derrumbamiento del comunismo europeo, ha dado lugar a un considerable esfuerzo de prospección petrolífera que tiene una doble raíz: las necesidades financieras de una serie de repúblicas independientes, que cuentan con grandes bolsas de petróleo, y sus debilidades técnicas para hacer frente a procedimientos de extracción complicados. Como resultado de todo ello, la exploración se lleva a cabo de la mano de las grandes compañías mundiales, lo que hace que en el futuro la posibilidad de cartelizar el mercado sea cada vez más remota [21].

La Agencia Internacional de la Energía es un organismo autónomo creado en 1974, en el marco de la OCDE, para reducir la dependencia del petróleo de sus miembros y para hacer frente, de forma coordinada, a cualquier crisis energética. La AIE, cuya creación fue recibida con uñas y dientes por parte de la OPEP, no hizo gran cosa en los años setenta, en buena parte porque los países miembros se vieron desbordados por los acontecimientos y se preocuparon mucho más de su abastecimiento de petróleo a corto plazo que de prestarse entre sí cualquier tipo de ayuda. Pero, con el tiempo, la AIE ha logrado establecer una red de seguridad, ante acontecimientos imprevistos en el mercado energético, que se basa en dos elementos fundamentales: la reducción, a muy corto plazo, del consumo energético de sus miembros y las reser-

---

[19] Sobre este punto, véase E. N. Krapels: *The Oil Shock of 1990 and the Return to Energy Security,* en la recopilación citada de Wilfrid L. Kohl.

[20] Shell Briefing Service: *Perfil energético,* núm. 3, 1993.

[21] *Time,* 20 de junio de 1994.

vas estratégicas. La reducción a corto plazo se operaría mediante la aplicación de una serie de medidas de ahorro energético que incluirían la menor iluminación de las ciudades o la reducción de la velocidad autorizada de los vehículos. El aspecto más importante es, naturalmente, la existencia de reservas estratégicas que se estiman en unos 1.250 millones de barriles, en 1992, y que pueden alcanzar los 1.560 millones en el año 2000 [22]. Llegado el caso, las reservas se lanzarían al mercado para impedir una elevación súbita de los precios y se satisfarían las necesidades más urgentes de los miembros, de acuerdo con un plan preestablecido.

Cierto es que las tres razones alegadas hacen prever una mayor estabilidad del mercado del petróleo, pero no hay que dar por sentada tal condición porque también existen factores que pueden operar en el sentido contrario. Un primer factor es el impacto que el fundamentalismo islámico puede tener sobre la producción y exportación de petróleo. Todavía buena parte de la oferta se concentra en Oriente Medio y en el Norte de África, una zona atravesada por turbulencias políticas, muy ligadas al fundamentalismo, que pueden un día derivar en un corte importante de suministros, con el objeto de estrangular la propia economía del país productor para impulsar la caída de sus actuales gobiernos, tal y como sucedió en Irán. Pieza clave de todo el escenario es, naturalmente, Arabia Saudí, el gozne sobre el que gira todo el mercado del petróleo: con su cooperación es impensable que se produzca una contracción de la oferta que pueda disparar violentamente los precios; sin su cooperación, el mercado se alteraría irremediablemente. La guerra del Golfo es un ejemplo que hay que tener bien presente: los precios se aquietaron tan pronto como se advirtió que la producción y exportación del petróleo saudí estaban garantizadas.

Un segundo factor, también de índole política, es la situación de los países que formaban la antigua Unión Soviética y que producen, en la actualidad, un 16 % aproximado del petróleo mundial. A pesar de su difícil situación financiera, que les obliga a exportar petróleo, y de las prospecciones a las que antes nos hemos referido, su condición política es inestable y una confrontación civil prolongada reduciría, sin duda, su presencia en los mercados petrolíferos e incidiría sobre los precios.

Finalmente, y pese a la existencia de la AIE y de las reservas estratégicas, la experiencia revela que esos mecanismos de acción conjunta, que presuponen la actuación solidaria de los miembros, no suelen funcionar demasiado bien, ni en tiempo ni en forma. La AIE no impidió la segunda crisis del petróleo y tampoco actuó con decisión en los prolegómenos de la guerra del Golfo, cuando los precios de los crudos se elevaron notablemente. Y ante una crisis importante, tampoco se puede tener la certeza de que sirva para administrar, adecuadamente, la escasez de crudo.

[22] Las cifras proceden del trabajo de E. Fried y Ph. Trezise: *Oil Security: Retrospect and Prospect.* The Brookings Institution. Washington, 1993, Cap. 6. Las reservas de 1992, de acuerdo con esa estimación, supondrían casi dos meses de importación de petróleo, según las cifras de importación que figuran en *Energy balances of OECD countries 1991-1992,* de la propia AIE. París, 1994.

8.5. LA DEMANDA FUTURA DE ENERGÍA

El consumo mundial de energía, estimado en 8,7 GTEP (miles de millones de Tm. equivalente petróleo) en 1990 por el Consejo Mundial de la Energía (WEC)[23], presenta una marcada dispersión por zonas, debido a las diferencias de grado de desarrollo.

El Gráfico 8.3 muestra el consumo de energía *per cápita* y región, en el que se pueden apreciar las diferencias mencionadas: en términos medios, un chino o un indio consumen veinte veces menos energía que un norteamericano o un canadiense y casi nueve veces menos que un ciudadano de Europa occidental.

GRÁFICO 8.3. CONSUMO INDIVIDUAL DE ENERGÍA EN 1990 POR REGIONES

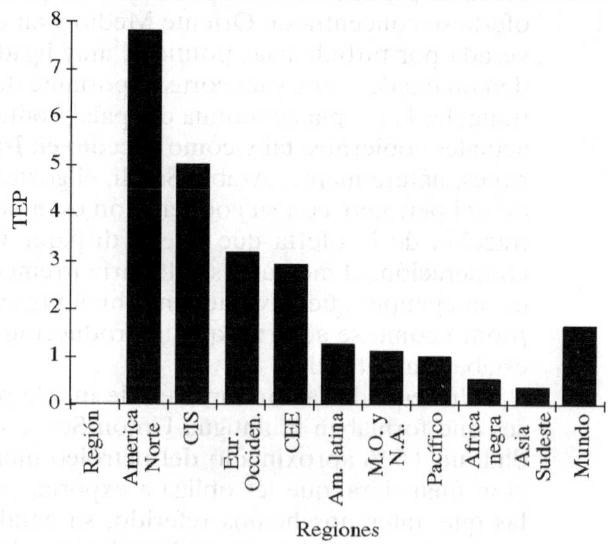

Notas: CIS=Confederación de Estados Independientes.
MO y NA=Oriente Medio y Norte de África.
Fuente: WEC, *op. cit.,* pág. 41.

Es decir, el mundo consume una cantidad determinada de energía –los 8,7 GTEP de 1990– porque existen amplias zonas subdesarrolladas de muy bajo consumo: para ese mismo año, el 50 % de la población mundial no disponía de energía comercial alguna y tan sólo empleaba la proporcionada por animales domésticos y la de algunas fuentes energéticas, la madera por ejemplo, cada vez más escasas. Si, por hipótesis, igualásemos todos los consumos de energía a los existentes en Europa occidental, la demanda mundial se duplicaría y haría imposible su satisfacción actual.

[23] Todos los datos de este apartado proceden del trabajo ya citado: *Energy for tomorrow's world.*

En el consumo de energía incide toda una serie de variables fundamentales: el ritmo de crecimiento de las zonas, su evolución demográfica, el ahorro y la eficiencia energética, la mejora de la tecnología y de los mecanismos institucionales, por ejemplo el mejor funcionamiento de los mercados. Tomando en consideración las diferentes posibilidades, el Consejo Mundial de la Energía ha elaborado unas proyecciones de demanda que calculan los posibles consumos energéticos en el año 2020.

CUADRO 8.4. LA DEMANDA DE ENERGÍA EN EL AÑO 2020

Supuesto	A	B	C	D
Crecimiento (% anual)				
OCDE	2,4	2,4	2,4	2,4
CEE/CIS	2,4	2,4	2,4	2,4
Países en desarrollo	5,6	4,6	4,6	4,6
Mundo	3,8	3,3	3,3	3,3
Reducción intensidad energética (% anual)				
OCDE	−1,8	−1,9	−1,9	−2,8
CEE/CIS	−1,7	−1,2	−2,1	−2,7
Países en desarrollo	−1,3	−0,8	−1,7	−2,1
Mundo	−1,6	−1,3	−1,9	−2,4
Transferencia de tecnología	Elevada	Moderada	Elevada	Muy elevada
Mejoras institucionales en mundo	Elevadas	Moderadas	Elevadas	Muy elevadas
Posible demanda (GTEP)	17,2	16	13,4	11,3

Notas: CEE/CIS = Europa del Este y Confederación de Estados Independientes.
Fuente: WEC, *op. cit.*, pág. 27.

Las cuatro hipótesis de partida son, a nuestro entender, optimistas. En primer lugar, porque parten de unas tasas de crecimiento económico que tal vez puedan alcanzarse en algunos períodos, pero que difícilmente se sostendrán hasta el año 2020. Por ejemplo, el ritmo de crecimiento del área OCDE ha sido menos del 2,4 % interanual, de 1990 a 1993, y el de los países de Europa del Este y de la Confederación de Estados Independientes viene registrando, también desde ese año, valores negativos [24]. Desde ese punto de vista, la demanda de energía puede ser algo menor de la prevista, en cada caso, en el informe.

La reducción de la intensidad energética –es decir, la reducción del consumo de energía primaria por unidad de producto– corre pareja con el grado

[24] FMI: *Annual Report, 1993*, pág. 5.

de desarrollo, y en los últimos 100 años ha disminuido un 1 % anual en países como Estados Unidos y Gran Bretaña. Pero, como el mismo informe reconoce [25], las cuatro proyecciones parten de una reducción más amplia que las que históricamente se han registrado, por entender que los países menos desarrollados pueden aprovechar la experiencia en ese terreno de los más desarrollados. Probablemente no sucederá así, o no sucederá en todos los casos, y la intensidad se reducirá más lentamente, con lo que la demanda no experimentará, por ese concepto, la evolución prevista y crecerá por encima de las previsiones.

También se ha considerado que la transferencia de tecnología –de los medios necesarios para producir eficientemente la energía y para resolver los problemas que su generación plantea– se efectuará con facilidad y que la innovación se mantendrá a buen ritmo. Hipótesis marcadamente optimistas, porque tanto la innovación como la difusión de lo innovado dependen de múltiples factores que pueden desdibujar la hipótesis: por ejemplo, la innovación ha estado muy ligada a las industrias bélicas, y acabada la guerra fría puede no evolucionar de la forma deseada; la asimilación de tecnología energéticamente eficiente requiere, por lo general, que los precios de la energía reflejen su coste marginal, situación que, en el mundo subdesarrollado, no es usual. También por estas causas la demanda global tenderá probablemente a ser mayor que la prevista.

Y, finalmente, las hipótesis últimas, las que se refieren a la mejora institucional, es decir, al mejor funcionamiento de los mercados energéticos. Tampoco es fácil que esa condición mejore sustancialmente, y, por tanto, cabe suponer que el freno al consumo de energía por esa causa será menor del esperado.

El estudio del WEC supone que la previsión más acertada puede situar el consumo energético del 2020 entre 13 GTEP y 16 GTEP, es decir, entre vez y media y casi dos veces el consumo de 1990. Ello significaría que, en el período 1990-2020, el crecimiento de la demanda de energía sería menor que el registrado en el período 1960-1990, puesto que en dicho período la demanda aumentó más de dos veces y media, pasando de 3,3 a 8,8 GTEP.

Pero, aun admitiendo ese menor crecimiento de la demanda –condición nada fácil de cumplir–, la oferta prevista en el Cuadro 8.5 plantea una serie de incógnitas.

En todos los casos, los combustibles fósiles siguen desempeñando un papel muy importante: del 76 al 72 % del total se extrae del carbón, petróleo y gas natural. Y aún hay más: el petróleo, el más conflictivo de los combustibles –por la concentración de la producción y el consumo– representa, como mínimo, el 25 % de la oferta de energía (caso C).

De acuerdo con esas provisiones, el gas natural pasa a ser un elemento clave de la producción energética, casi a la par del petróleo en porcentaje sobre el total. Pero el gas natural, aunque esté mejor distribuido que el petróleo, requiere de grandes inversiones para su explotación y transporte, siendo su

---

25 WEC, pág. 78.

CUADRO 8.5. OFERTA DE ENERGÍA EN EL 2020 (GTEP)

	1960	1990	A	B	C	D
Carbón	1,4	2,3	4,9	3,8	3,0	2,1
Petróleo	1,0	2,8	4,6	4,5	3,8	2,9
Gas natural	0,4	1,7	3,6	3,6	3,0	2,5
Nuclear	—	0,4	1,0	1,0	0,8	0,7
Hidráulica	0,15	0,5	1,0	1,0	0,9	0,7
Tradicional	0,5	0,9	1,3	1,3	1,3	1,1
Renovables	—	0,2	0,8	0,8	0,6	1,3
Total	3,3	8,8	17,2	16,0	13,4	11,3

Notas: Hidráulicas: procedentes de grandes obras hidráulicas.
Renovables: nuevas energías renovables.

Fuente: WEC, *op. cit.,* pág. 106.

empleo más adecuado el consumo final de energía y no la generación de electricidad.

Aunque la energía nuclear no ocupe una posición dominante, los cálculos utilizados suponen, en el mejor de los casos, doblar la producción de 1990, hipótesis que queda sujeta a múltiples restricciones, sobre todo por los recelos que ese tipo de energía todavía despiertan en muchos segmentos sociales. Bien es cierto que, en ese período, puede comenzar la explotación industrial de la energía de fusión.

Equilibrar consecuentemente demanda y oferta de energía no será tarea fácil en el período examinado por el informe, y el propio estudio considera probable que surjan fuertes tensiones en los mercados energéticos, tensiones que se reflejarán rápidamente en los precios. Tanto más cuanto que, aunque se superen las restricciones físicas y técnicas, no será fácil contar con los recursos financieros necesarios si no se produce una elevación generalizada de los precios.

8.6. ENERGÍA Y MEDIO AMBIENTE

La generación y uso de energía deterioran el entorno físico, por diferentes vías, y plantean problemas de considerable magnitud a las sociedades actuales. Sin ánimo exhaustivo, conviene enumerar los más importantes de entre ellos [26]:

1) Efecto invernadero

Se trata del cambio climático que provoca el recalentamiento de la Tierra: la radiación solar que la Tierra recibe no puede volver al espacio porque lo im-

[26] Se sintetiza aquí el Cap. 10 del libro *222 cuestiones sobre la energía,* del Fórum Atómico Español. Madrid, 1993.

pide la capa de gases que producen las sociedades modernas, y especialmente el dióxido de carbono (CO_2) procedente del uso masivo de combustibles fósiles. En los últimos 30 años, la concentración de CO_2 en la atmósfera ha aumentado un 12 %, y aunque los científicos no se ponen de acuerdo sobre los tiempos y efectos del cambio del clima, la opinión más generalizada sostiene que las consecuencias sobre el entorno físico pueden ser muy graves: menor pluviometría en determinadas zonas del planeta, desertización acelerada de algunas de ellas, aumento del nivel de los océanos y, por tanto, desaparición de muchas tierras bajas, etc. [27].

2) Lluvia ácida

Al quemar combustibles fósiles se producen óxidos de azufre y de nitrógeno que transforman la lluvia en lluvia ácida capaz de destruir bosques, acabar con lagos y desertizar grandes superficies.

3) Contaminación del aire

Ocurre, sobre todo, en las grandes ciudades, a causa del uso de la energía, de las emisiones de los vehículos y también de los cinturones industriales. Afecta gravemente a la salud y se prevé que, de no adoptarse medidas especiales, las emisiones de agentes contaminantes procedentes de vehículos y generación de electricidad habrán aumentado, alrededor del 2030, cinco y once veces, respectivamente.

4) Radiactividad y gestión de recursos radiactivos

Las centrales nucleares se construyen con enorme cuidado para evitar que desprendan radiactividad. Hasta el momento, el número de accidentes ha sido muy pequeño, aunque el de Chernobyl (1986) mostrase, crudamente, los peligros de las centrales construidas sin las adecuadas garantías. Sin embargo, los residuos radiactivos, dimanantes de la fisión nuclear y de la descontaminación de las centrales, plantean problemas serios de almacenamiento.

5) Extracción y transporte de recursos energéticos

La minería del carbón y del uranio requiere un tratamiento especial de las escombreras para evitar que se conviertan en agentes contaminantes. La extracción de petróleo también produce contaminación y su transporte ha causado varios de los grandes desastres ecológicos de los últimos tiempos, puesto que los accidentes de los petroleros han dado lugar, en muchos casos, a mareas negras de gran extensión y efectos devastadores sobre el hábitat marino.

---

[27] Véase el Cap. 2 del Informe sobre el Desarrollo Mundial 1992: *Desarrollo y medio ambiente,* del Banco Mundial.

Los problemas de contaminación del medio ambiente, por generación y uso de energía, son, en buena medida, transfronterizos: no se ciñen a los límites geográficos de un país, sino que abarcan zonas muy amplias, por lo general, o el planeta entero en última instancia. Si los bosques de determinado país centroeuropeo se mueren por el efecto de la lluvia ácida, sus consecuencias se advertirán en amplias zonas vecinas; si ocurre un cambio climático, por aumento de la temperatura de la Tierra, todos los países quedarán afectados de uno u otro modo.

Y, sin embargo, y a pesar de su trascendencia, las medidas hasta ahora adoptadas, para evitar los efectos más dañinos, son escasas. Por varias razones: porque las prioridades son otras; porque son costosas; porque, por lo general, requieren actuaciones conjuntas de varios países, lo que normalmente les resta eficacia.

Ya se ha indicado que más del 50 % de la actual población mundial, situada en países en desarrollo, carece de energía comercial. Los demógrafos calculan que, en los próximos 30 años (el año base se sitúa en 1990), la población del planeta aumentará en 2.800 millones de personas y que un 90 % de ese incremento corresponderá a países en desarrollo [28]. Para lograr que los niveles de vida de esos países mejoren es preciso disponer de energía, y los gobiernos correspondientes prestarán, con toda lógica, atención preferente a la generación de la misma son que sus efectos contaminantes les preocupen demasiado; amén de que, a juicio del mundo en desarrollo, la contaminación energética tiene como causa primera el enorme consumo de energía de los países ricos. Un juicio avalado por los datos porque el área OCDE, con un 16 % aproximado de la actual población mundial, consume casi el 45 % de toda la energía primaria; si a la OCDE le sumáramos los países de Europa Central y de la antigua URSS, el porcentaje de población se elevaría hasta el 24 % y el de consumo energético al 70 % (Cuadro 8.1).

Las medidas anticontaminantes son costosas porque requieren inversiones elevadas. Se estima, por ejemplo, que reducir la emisión de dióxido de carbono a niveles tolerables puede suponer del 2 al 5 % del PNB, según los países [29]. Su aplicación supondrá, por tanto, utilizar unos recursos escasos, con elevado coste de oportunidad en los países en desarrollo, e incrementar los costes de las diferentes formas de energía. Dos medidas que resultan, para muchos gobiernos, difíciles de aceptar.

Por su naturaleza universal, muchos de los programas anticontaminación han de ser emprendidos por grupos de países. Tal es el caso del efecto invernadero y de los posibles cambios climáticos. Pero la acción concertada es, en este campo, difícil de concretar porque el reparto de los costes es, de por sí, un problema casi insoluble y porque todos los países prefieren ocuparse de los problemas de contaminación local, mucho más inmediatos, que embarcarse en acciones de carácter general y de efectos difusos. De ahí que la Declaración de Río sobre el Medio Ambiente y el Desarrollo, de 1992, que trata

[28] WEC, *op. cit.,* Cap. 1. Las cifras concuerdan con las del FNUAP: Estado de la población mundial, 1994.

[29] *Ibidem,* Cap. 5.

de poner de manifiesto la importancia de estos problemas, no sea más que un conjunto de buenos propósitos y escasísimos contenidos.

Y, sin embargo, los problemas generados por la contaminación no podrán ser ignorados durante mucho tiempo porque tendrán cada vez mayor entidad. A partir de las previsiones de oferta energética del Cuadro 8.5, se estima que las cantidades de dióxido de carbono pueden incrementarse de la siguiente forma:

CUADRO 8.6. EMISIONES PREVISTAS DE DIÓXIDO DE CARBONO (GtC)

Años	1990	2020		2020		2020		2020	
Supuesto	Base	A		B		C		D	
	GtC	GtC	Δ (%)	GtC	Δ (%)	GtC	Δ (%)	GtC	Δ (%)
Fósiles	5,5	10,9	+ 97	9,6	+ 73	7,8	+ 44	5,8	+ 5
Tradicionales	0,4	0,6		0,6		0,6		0,5	
Total	5,9	11,5		10,2		8,4		6,3	

Notas: GtC = Mil millones de Tm. de carbón.
Fósiles: combustibles fósiles.
Tradicionales: combustibles tradicionales.

Fuente: WEC, *op. cit.,* pág. 144.

Es decir, sólo la combustión de los elementos fósiles daría lugar, en los dos casos más razonables –el B y el C–, a incrementos del 73 o el 44 % en las emisiones de dióxido de carbono. Más aún, y dados los actuales esfuerzos de anticontaminación, el área OCDE no experimentaría aumento alguno sobre los niveles de 1990 e incluso podría lograr una reducción [30]. De esta forma, los problemas se darían en el resto del mundo, y sobre todo en los países que hoy calificamos de subdesarrollados. Pero, como ya se ha señalado, la contaminación es transfronteriza y sus efectos terminan por hacerse sentir, y de forma encadenada, a escala mundial.

8.7. UN PORVENIR BORROSO

Las características apuntadas de los mercados energéticos –separación entre productores y consumidores, reservas limitadas de petróleo y gas natural, considerable peso del petróleo en la oferta energética, consumos muy dispares de unos a otros grupos de países y graves problemas medioambientales– configuran, a nuestro entender, un futuro lleno de incógnitas y tensiones.

La demanda de energía del año 2020 será probablemente el doble de la de 1990: alrededor de 16 GTEP, es decir, 16.000 millones de TEP. Un crecimiento que se deberá, sobre todo, a la transformación de un mundo en desa-

[30] *Ibidem,* Cap. 5.

rrollo poblado por unos 2.600 millones más de habitantes. Esa transformación, que se acentuará en Asia y América latina, dilatará la demanda energética por tres vías principales: el aumento de renta supondrá el abandono de formas de energía tradicionales (la tracción animal, por ejemplo) y el uso de energías comerciales; la urbanización actuará en el mismo sentido, dado que, tanto la ampliación de las ciudades como el tipo de vida a que obligan, suponen consumos adicionales de energía –si para el año 2010 la población urbana de China e India se hubiera doblado, la demanda de energía, bajo la hipótesis de constancia de los demás supuestos, aumentaría un 45 % [31]; en una primera fase, y con energía subvencionada en muchos países en desarrollo, la intensidad energética aumentará fuertemente, al compás del ritmo de industrialización.

Salvo que se operen modificaciones poco previsibles, la oferta energética seguirá descansando, en un 75 % aproximado, en los combustibles fósiles: carbón, petróleo y gas natural, en proporciones bastante similares, según las estimaciones del WEC (Cuadro 8.5). Y, por lo menos en el caso del petróleo y del gas natural, el aumento de la producción significará hacer uso de yacimientos de más difícil acceso. China y Rusia cuentan con reservas estimables de los dos combustibles, pero en uno y otro casos los mejores yacimientos ya están siendo explotados. Las necesidades de capital, tanto para la extracción como para el transporte de los combustibles serán, por tanto, considerables en los próximos 25 años, y más aún si se tienen en cuenta las restricciones derivadas de la conservación del medio ambiente.

El escenario descrito anticipa el aumento de precios de la energía, sin que, a estas alturas, sea fácil determinar cuándo se iniciará la subida ni cuál será la evolución. No olvidemos que los acontecimientos políticos tienen sustancial influencia en los mercados energéticos –las dos crisis de los setenta fueron provocadas por ese tipo de acontecimientos: cuarta guerra árabe-israelí y revolución irana– y que, en este final de siglo, en el que parece haber quedado superada la confrontación Este-Oeste, la inestabilidad política de ciertas zonas se acrecienta: la Confederación de Estados Independientes es, por ahora, una fuente continua de conflictos y los países árabes siguen amenazados por el fundamentalismo. El momento en que se iniciará la subida, y los porcentajes de aumento son, por tanto, las grandes incógnitas.

Las tensiones no son difíciles de adivinar. Se producirán, de un lado, entre productores y consumidores de energía porque los primeros, entre los que se cuentan muchos países en desarrollo, procurarán aprovechar la rigidez a corto plazo de la demanda de energía para mejorar sustancialmente su relación real de intercambio, y los segundos, entre los que figuran la mayor parte de países desarrollados, tratarán de minimizar el impacto de las subidas. Pero se producirán también en los mercados de capital, al aumentar la demanda de recursos financieros para potenciar la oferta de energía, y en los mercados de tecnología, a la búsqueda de los equipos de mejor rendimiento energético. Los mercados energéticos serán, por tanto, en un futuro nada lejano, elementos centrifugadores de la economía mundial.

---

[31] Donald Jones: *How Urbanisation Affects Energy-Use in Developing Countries.* Energy Policy, septiembre 1991.

ANEXO 8.1. ELASTICIDADES DE DEMANDA DEL PETRÓLEO

La elasticidad mide la variación relativa de la variable dependiente ante la variación relativa de la independiente, bajo la hipótesis de constancia de las otras variables.

Supongamos una función de demanda

$$X = f(P_x, P_y, R)$$

en donde

X = demanda de petróleo,
P_x = precio del petróleo,
P_y = precio de otros factores productivos, entre ellos el capital,
R = renta del país.

La elasticidad de X, respecto de cualquiera de las variables –por ejemplo, con respecto a P_x– será:

$$E = -\frac{\frac{\Delta x}{x}}{\frac{\Delta Px}{Px}}$$

$$\Delta Px \to 0$$

y, en el límite,

$$E = -\frac{Px}{x} \cdot \frac{dx}{dPx}.$$

El signo (–) anticipa que, normalmente, la variación del precio inducirá una variación de la demanda de signo contrario.

El razonamiento anterior nos permite determinar las siguientes elasticidades:

Elasticidad-precio de la demanda: $\varepsilon = -\frac{Px}{x} \cdot \frac{dx}{dPx}$

Elasticidad-renta de la demanda: $E = \frac{R}{x} \cdot \frac{dx}{dR}$

Elasticidad cruzada: $\eta = \frac{Py}{x} \cdot \frac{dx}{dPy}.$

Una elasticidad cruzada positiva y elevada significa que los bienes son sustitutivos; es decir, que es elevada la elasticidad de sustitución.

Fuente: J. M. García Alonso y Juan Iranzo Martín, *op. cit.*, Cap. 1.

GLOSARIO

A

Acción
Parte alícuota del capital social de una sociedad anónima.

Acuerdo multifibras
Sistema negociado, hasta ahora al margen del GATT, que regula las importaciones de productos y manufacturas textiles.

Acuerdo preferencial
Fórmula laxa de integración, en virtud de la cual dos o más países se conceden determinadas ventajas, arancelarias o no arancelarias, al comercio mutuo. Por lo general, en productos manufacturados.

Ahorro
Parte no consumida de la renta disponible (renta después de haber satisfecho los impuestos directos) de un agente económico.

Amplitud (mercado de valores)
Los mercados de valores son amplios cuando abarcan una gran variedad de títulos.

Análisis técnico (chartismo)
Técnica de análisis de Bolsa que supone que la evolución de las cotizaciones tiende a repetirse y que, por tanto, la secuencia histórica permite adelantar la evolución futura.

Análisis fundamental
Técnica de análisis de Bolsa según la cual la cotización de las acciones tiende a reflejar las características básicas de la empresa, en especial su gestión y los rendimientos obtenidos, y el entorno en que se mueve.

Arancel
Impuesto que grava la importación de bienes o servicios. Generalmente se trata de impuestos *ad valorem;* es decir, un porcentaje del valor del bien o servicio. Pueden ser también *específicos*: cantidad fija por unidad.

Arancel Smoot-Hawley
Arancel norteamericano de 1930 que elevó considerablemente los derechos arancelarios.

Asociación Europea de Librecambio (EFTA)
Zona de librecambio formada, en 1960, por Gran Bretaña, Austria, Dinamarca, Noruega, Portugal, Suecia y Suiza.

Ayuda pública al desarrollo
Ayuda prestada por el sector público de los países donantes que contiene elementos concesionales: su coste, por tanto, es menor que el vigente en los mercados de capital.

B

Balanza de pagos
Registro sistemático de las transacciones económicas realizadas entre los residentes de un país y los del resto del mundo. Se confecciona, generalmente, por períodos anuales.

Banco Mundial de Reconstrucción y Desarrollo (BIRD)
Organismo internacional, creado en 1944, y cuyo objetivo fundamental es facilitar recursos a los países miembros para financiar proyectos de desarrollo.

Beta
Sensibilidad de un valor o conjunto de valores a la variación del mercado correspondiente. Es la covarianza de la rentabilidad de la acción, o de la cartera, respecto de la rentabilidad del mercado.

Bienes públicos
Bienes y servicios a disposición de todos los ciudadanos, sin que el consumo de unos reduzca las posibilidades de consumo de otros.

Bretton Woods
Lugar de New Hampshire (USA) en el que se celebró, en 1944, una conferencia destinada a diseñar el orden monetario, financiero y comercial de la posguerra. De ella nacieron el Fondo Monetario Internacional y el Banco Internacional de Reconstrucción y Fomento.

C

Cambio tecnológico
Modificación de procesos productivos que permite aumentar la cantidad de un bien obtenido a partir de la misma cantidad de factores. Supone un desplazamiento hacia arriba de la frontera de posibilidades productivas.

Capital
Conjunto de bienes de producción.

Capital humano
Acervo de conocimientos, innatos y adquiridos, del factor trabajo, conocimientos que permiten aumentar la producción.

Comercio interindustrial
Intercambio internacional de bienes distintos: por ejemplo, trigo por maquinaria eléctrica.

Comercio intraindustrial
Intercambio internacional de bienes similares: por ejemplo, trigo por trigo o maquinaria eléctrica por maquinaria eléctrica.

Comercio intrafirma
El que tiene lugar dentro de una misma empresa situada en diferentes países. Es característico de las empresas multinacionales.

Comité de Ayuda al Desarrollo (CAD)
Comité de la OCDE que procura aumentar los recursos puestos a disposición de los países en desarrollo y lograr que se asignen de forma eficaz.

Competitividad
Capacidad para ampliar y defender mercados. Puede aplicarse a una empresa o a una economía en su conjunto.

Condicionalidad (FMI y BIRD)
Obligaciones que deben cumplir, en determinados casos, los receptores de fondos de los dos organismos y que tienen como objetivo sanear la economía del prestatario.

Convergencia nominal
Aproximación de los niveles de inflación, tipos de interés y déficit públicos entre distintas economías.

Convergencia real
Aproximación de los niveles de vida entre distintas economías.

Costes no salariales
Los que, además del salario, debe soportar la empresa por obrero empleado: cotizaciones a los sistemas asistenciales u otros beneficios pactados con el trabajador.

Creación de comercio
En una Unión Aduanera supone el paso de un productor de mayor coste a otro de menor coste. Aumenta el bienestar de la sociedad considerada.

Crecimiento
Aumento continuado del Producto Interior Bruto o del Producto Nacional Bruto de un país.

Crecimiento empobrecedor
Empeoramiento continuado de la relación real de intercambio que contrae la renta del país. De ahí que la economía se empobrezca más cuanto más exporte.

Cuota
Instrumento de protección a la importación que consiste en fijar un límite, físico o de valor, a la importación de un bien.

Curva de Phillips
Curva que relaciona los niveles de empleo e inflación. En la actualidad, se entiende que sólo a corto plazo (*a*) es válida porque, a largo plazo (*b*), se hace vertical con la tasa natural de desempleo.

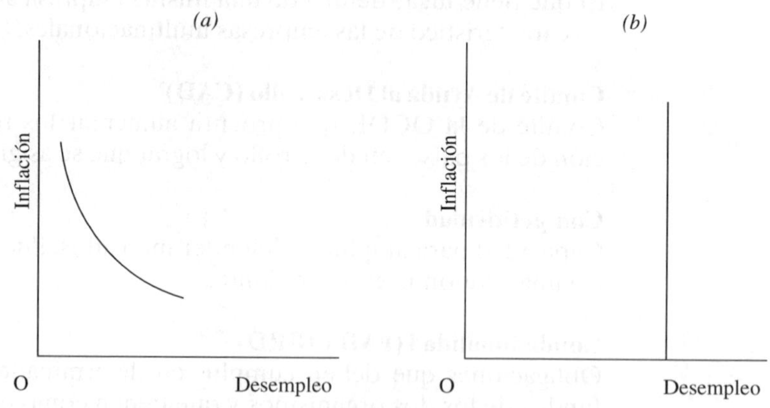

D

Déficit público
Gasto público superior a los ingresos públicos. Da lugar, por tanto, a la creación adicional de dinero o a la emisión de deuda pública.

Demanda efectiva
En el pensamiento keynesiano, el punto en el que la curva de demanda agregada se cruza con la curva de oferta agregada.

Depreciación
Disminución del valor internacional de una moneda que se produce en los mercados de divisas.

Derivados
Instrumentos ligados a títulos ya existentes (activos subyacentes) y que sirven para cubrir riesgos y efectuar operaciones especulativas.

Desarrollo
Aumento continuado del PIB o del PNB de un país, acompañado de modificaciones sustanciales de su estructura productiva; por ejemplo, de crecimientos notables de la producción industrial.

Desempleo cíclico
El que deriva del bajo ritmo de crecimiento de una economía y que, por tanto, puede desaparecer cuando se alcancen tasas de crecimiento superiores.

Desempleo estructural
El que deriva de las condiciones organizativas e institucionales de una economía y que, por tanto, no se reducirá con un mayor ritmo de crecimiento global.

Desviación de comercio
En una Unión Aduanera supone el paso de un productor de menor coste a otro de mayor coste. Reduce el bienestar de la sociedad considerada.

Deuda exterior
Pasivos exteriores de un país en un momento dado. Es decir, lo que los residentes de un país deben al resto del mundo.

Deuda pública
Pasivos de las administraciones públicas (centrales, regionales y locales) derivados de la aparición de déficit públicos. Esos pasivos, instrumentados en obligaciones a diferentes plazos, estarán en manos de los ahorradores nacionales o extranjeros.

Devaluación
Disminución del valor internacional de una moneda decidida por el Gobierno del país.

Dow Jones
Uno de los índices de la Bolsa de Nueva York. Sigue la evolución de los 30 valores industriales más importantes.

Dumping
Se produce cuando una empresa vende, en otro país, a precios anormalmente bajos y distorsiona el mercado correspondiente.

Dumping social
Argumento empleado, en muchos países industrializados, para señalar que la competencia desatada por las exportaciones de manufacturas de algunos paí-

ses del tercer mundo es ilícita dado que los bajos precios responden a costes salariales muy reducidos, y éstos, a su vez, a la inexistencia de mecanismos de protección social.

E

Economías de escala
Reducción de costes derivada del incremento de la escala de producción.

Economías de alcance
Las derivadas de producir varios bienes o servicios a la vez. Aparecen, por tanto, si la producción conjunta de dos bienes, por ejemplo, es menos costosa que su producción por separado.

Economías en transición
Son, para los organismos internacionales, y especialmente para el Fondo Monetario Internacional, los antiguos países del Este europeo regidas entonces por gobiernos comunistas: la URSS y países satélites. Su paso de la planificación al mercado los convierte en economías de transición.

ECU (European Currency Unit)
Unidad de cuenta del Sistema Monetario Europeo que se basa en una cesta de monedas.

EDA
Término empleado por la OCDE para designar a las economías dinámicas de Asia: Corea, Hong-Kong, Malasia, Singapur, Taiwan y Tailandia.

Eficiencia
Grado de información con que cuentan los inversores en un mercado de valores. Si los inversores sólo disponen de la información histórica, la eficiencia es débil; si toda la información sobre las empresas está disponible al público, la eficiencia es semifuerte; si toda la información existente, incluso aquélla de la que disponen los gestores de las empresas, puede llegar al público, la eficiencia es fuerte.

Elasticidad-precio de la demanda
Porcentaje de variación de la demanda que se produce al variar un 1% el precio del bien.

Elasticidad-renta de la demanda
Porcentaje de variación de la demanda que se produce al variar un 1% la renta.

Empresas multinacionales
Empresas que producen y distribuyen en varios países, si bien su sede suele estar en un solo país. IBM y Phillips son ejemplos de multinacionales.

Equidad horizontal
De un sistema tributario. Supone dar el mismo trato impositivo a quienes se encuentran en la misma situación.

Equidad vertical
De un sistema tributario. Supone dar un trato distinto a quienes se encuentran en situaciones diferentes: se trata de reclamar más del que más tiene.

Equilibrio externo
Equilibrio de Balanza de Pagos, por lo general de su saldo corriente.

Equilibrio interno
Estabilidad de precios. El equilibrio interno óptimo es el que auna la estabilidad de precios con altos niveles de empleo.

Estabilidad
Crecimiento sin inflación o con inflación muy baja.

Estabilizadores automáticos
Elementos de la política fiscal que reducen las variaciones de renta del sector privado. El impuesto sobre la renta personal de carácter progresivo o el seguro de desempleo sirven de ejemplo: cuando las rentas del sector privado aumentan o disminuyen, la progresividad del impuesto frena su elevación o caída; protegidas por el seguro de desempleo, las rentas de los trabajadores no desaparecen, aunque pierdan su puesto de trabajo.

Estanflación
Período inflacionario y recesivo, a la vez.

Estructuralismo
Escuela de pensamiento –nacida en América latina– que entiende que, para desarrollarse, es preciso llevar a cabo una profunda modificación estructural de la economía: por ejemplo, introduciendo una amplia reforma agraria o impulsando, desde el sector público, la industria. Para los adeptos a esta escuela, la inflación resulta de defectos estructurales y no puede frenarse sin corregir previamente esos defectos.

Eurobono
Título característico de los Euromercados. Su vencimiento supera el año, se colocan simultáneamente en al menos dos mercados distintos, se denominan en moneda que puede ser diferente a la de cualquiera de esos dos mercados y, por lo general, se distribuyen a través de un sindicato de instituciones financieras de varios países.

Euromercados
Mercados financieros internacionales, no sujetos a reglamentaciones nacionales, y en los que la intermediación se efectúa en moneda distinta a la del país de origen del intermediario.

Europapel comercial
Pagarés a corto plazo denominados en moneda distinta a la del país donde se emiten. Suelen ser al portador y los emisores son, por lo general, empresas no financieras.

Expectativas racionales
Escuela de pensamiento que sostiene que las políticas económicas previsibles no tienen efecto alguno sobre la producción, la renta y el empleo.

Explosividad de la deuda pública
Se entiende que la deuda pública de un país presenta un carácter explosivo cuando los tipos de interés con que se retribuye la deuda son superiores al ritmo de crecimiento de la economía. Cuando así ocurre, la relación $\frac{\text{deuda}}{\text{PIB}}$ tiende a aumentar y a hacer cada vez más gravosa la carga de esa deuda.

F

Fondo Monetario Internacional (FMI)
Organismo internacional, creado en 1944, y cuyos objetivos principales son impulsar la cooperación monetaria internacional y facilitar recursos a los países miembros para resolver problemas temporales de balanza de pagos.

Futuro
Contrato que garantiza la entrega, por precio cierto, de un determinado bien o activo financiero en fecha posterior. Los futuros financieros son contratos estandarizados que se negocian en Bolsas.

G

Gasto público
Gastos de las administraciones públicas centrales, regionales y locales. Se dividen, usualmente, en gastos de consumo, inversión y transferencia. Los primeros son los destinados a la producción de bienes públicos (sanidad o educación, por ejemplo), los segundos generan capital social fijo (carreteras, por ejemplo) y los terceros son redistribuciones de renta (pensiones o seguros de desempleo, por ejemplo).

GATS
Acuerdo General sobre el Comercio de Servicios, destinado a liberalizar este tipo de intercambio.

GATT
Acuerdo General sobre Aranceles Aduaneros y Comercio. Acuerdo gubernamental firmado en 1947 con el objeto de reducir, gradualmente, la protección exterior de los mercados.

H

Hiperinflación
Por lo general, inflación superior al 1.000% anual.

I

Impuesto progresivo
Se caracteriza porque la recaudación a que da lugar crece con mayor rapidez que la base imponible. Muchos de los impuestos sobre la renta personal presentan esa característica.

Inflación
Aumento continuado del nivel general de precios.

Innovación de proceso
Puesta a punto de una nueva forma de producir un bien o servicio, por lo general a menor coste que el proceso al que sustituye.

Innovación de producto
Creación de un nuevo producto.

Insider-Outsider
Enfoques del mercado de trabajo que parten de la distinción entre los que gozan de empleo fijo (*insiders*) y los que lo buscan (*outsider*). Se presume que los primeros están interesados en mantener su puesto de trabajo y en elevar sus retribuciones sin que les preocupe el nivel de desempleo existente.

Integración económica
Proceso de supresión de barreras económicas entre distintas economías.

Inversión
Empleo de una parte del producto para aumentar la dotación de capital.

Inversión de cartera (extranjera)
La que se realiza para obtener rendimientos del capital invertido, pero sin pretender controlar la empresa.

Inversión directa (extranjera)
La que se realiza para controlar la empresa. La creación de una empresa o la toma de una participación sustancial en una empresa ya existente son ejemplos de inversión directa.

J

Juego limpio
Argumento proteccionista basado en que muchos países no respetan, en sus intercambios, las reglas de la sana competencia: sus mercados están protegidos, por ejemplo, o muchas de sus empresas gozan de subvenciones estatales.

L

Laspeyres
Número índice que utiliza las ponderaciones del año base.

Ley de Okun
Relación empírica, señalada por Arthur Okun, entre las fluctuaciones cíclicas de la economía y la tasa de desempleo.

Ley de Say
Para Jean-Baptiste Say (1767-1832) el intercambio supone una compra y una venta, lo que significa, en suma, que toda oferta crea su propia demanda: si queremos fabricar y vender un bien, necesitaremos retribuir a los factores de producción y, por esa vía, inyectaremos, en la economía, las rentas necesarias para que siempre se produzca el equilibrio entre producción y consumo.

Las ideas de Say, basadas en una economía de trueque, fueron desarrolladas por Ricardo y Mill, y constituyeron una de las ideas centrales del pensamiento clásico y neoclásico: la economía de mercado tiende al equilibrio global por esa razón.

Keynes, como sabemos, atacó esa proposición, conducente, en esencia, al pleno empleo automático.

LIBOR (London Interbank Offered Rate)
Tipo medio al que se ofrecen los depósitos interbancarios en el mercado de Londres. Es el tipo de referencia más utilizado en los préstamos a interés variable.

Librecambio
Política que propone la libertad de comercio internacional, por entender que la competencia beneficia a todos los países.

Liquidez
Capacidad de un activo para ser cambiado por dinero con rapidez y sin pérdida de valor. De ahí que, por ejemplo, una Letra del Tesoro sea, en España, un activo muy líquido.

M

Maastricht
Ciudad holandesa donde se firmó, en 1991, el Tratado de la Unión Europea.

Mercado común
Fórmula de integración que supone la desaparición de barreras al comercio, la existencia de un arancel único frente a terceros y la libre movilidad de factores productivos.

Mercado continuo
Sistema de negociación bursátil por ordenador que permite realizar transacciones durante varias horas al día.

Mercado interbancario
El mercado en el que se negocian los préstamos entre intermediarios financieros; por ejemplo, entre dos bancos o entre un banco y una caja de ahorros.

Mercados de divisas
Mercados en los que se cambian unas monedas por otras.

Mercados no organizados (OTC)
Operaciones a medida –no estandarizadas– que se formalizan fuera de las Bolsas y en las que, consecuentemente, existe riesgo de contrapartida.

Mercados primarios
Son los mercados de emisión, mercados en los que se crean los títulos valores.

Mercados secundarios
Son los mercados en los que se negocian los títulos valores ya existentes.

Mismatch
Desempleo que se origina por el desajuste entre los conocimientos requeridos por las empresas y los ofrecidos por los que buscan trabajo.

Modelo de arbitraje (ATP)
Teoría de selección de carteras según la que, con una cartera adecuadamente diversificada, es posible eliminar el riesgo no sistemático, siempre que se hayan identificado, correctamente, los factores que inciden sobre la cotización de cada acción.

Modelo de Valoración de Activos (CAPM)
Una de las teorías de selección de carteras. Según el CAPM, en mercados de competencia perfecta, la prima de riesgo de una acción –la diferencia entre su rendimiento esperado y el rendimiento de los activos sin riesgo– guarda relación directa con su beta.

Monopolio
Mercado en el que sólo existe un oferente.

Monopolio natural
Se da un monopolio natural cuando una única empresa puede actuar, dentro de un mercado, con mayor eficacia productiva que un conjunto de empresas.

Monopsonio
Mercado en el que sólo existe un demandante.

Multiplicador del crédito bancario
Relación entre la base monetaria o dinero primario y la cantidad de dinero existente en la economía. Es aproximadamente igual a la inversa del coeficiente de caja de los intermediarios financieros o relación entre reservas obligatorias y depósitos.

N

NAIRU
(Non accelerating inflation rate of unemployement). Sinónimo de tasa natural de desempleo.

Nocional
Valor hipotético en que se basan algunas operaciones de derivados, especialmente los swaps.

O

Obligación
Título valor emitido por las empresas y otros prestatarios para recabar fondos de los mercados de capital. Por lo general, se emiten a largo plazo y a interés fijo.

Off-shore
Territorios en los que se realizan, con gran facilidad, transacciones bancarias gracias a la existencia de normas fiscales, cambiarias y bancarias muy favorables. Nassau es, por ejemplo, un off-shore.

OMC
Organización Mundial de Comercio internacional. Organización internacional que englobará al GATT y que mantiene objetivos similares: liberalizar el comercio.

Opción
Derecho a comprar o vender determinados activos (activos subyacentes) por precio fijo y durante un período determinado de tiempo.

Óptimo paretiano
Situación que se alcanza cuando los recursos y el producto de una economía están utilizados de tal forma que no es posible reasignación alguna, que suponga mejoría para determinados agentes, sin que empeore la condición de otros. Buena parte de la economía del bienestar gira alrededor de las medidas que pueden adoptarse para lograr tales óptimos.

P

Paasche
Número índice que utiliza las ponderaciones del año en curso.

PAC
Política Agrícola Común de la CEE (hoy Unión Europea). Nacida en 1962 se ha basado, hasta 1993, en los precios de garantía para el agricultor y en proteger, mediante aranceles, el mercado interior. La nueva PAC trata de subvencionar cultivos para aproximar los precios internos a los internacionales.

Paridad de poder adquisitivo
Teoría expuesta por Gustav Cassel según la cual los tipos de cambio de las diferentes divisas deben igualar el poder de compra en los mercados correspondientes. Por tanto, la evolución de esos tipos dependerá de los niveles de inflación: la moneda del país con mayor inflación tenderá a depreciarse con relación a las demás; la del país con menor inflación se apreciará.

PER (*Price Earnings Ratio*)
Relación entre el precio de una acción y el beneficio de la empresa correspondiente. Se calcula dividiendo la cotización en un momento dado por el beneficio, después de impuestos, de los doce últimos meses. Es una medida del valor que el mercado atribuye a la empresa.

Población activa
Conjunto de personas, de dieciséis años o más (en algunos casos de dieciséis a sesenta y cinco años) que cuentan con un empleo o que lo buscan.

Política fiscal
Decisiones relativas a los niveles de gasto público y de ingresos fiscales. Corresponden a los gobiernos y quedan reflejadas en los presupuestos.

Política monetaria
Decisiones relativas a la cantidad de dinero existente en una economía, al tipo de interés y a las condiciones crediticias. Los bancos centrales instrumentan la política monetaria y, en algunos casos, cuando gozan de independencia, la diseñan.

Política industrial activa
La seguida por algunos gobiernos apoyando, financieramente, a sectores que, a su entender, gozan de gran potencial de crecimiento.

Precio de ejercicio (opción)
Precio al que el tenedor de una opción puede comprar el activo subyacente (opción de compra) o venderlo (opción de venta).

Presión fiscal
Proporción que significan los ingresos fiscales respecto del PIB.

Préstamo sindicado
El que se divide entre varios prestamistas. Se trata, por lo general, de sumas elevadas, los prestatarios suelen ser entes públicos o grandes empresas, y, aunque las modalidades sean múltiples, la mayor parte de tales préstamos se formalizan a interés variable: en cada período se aplica un tipo de referencia.

Prima (opción)
Precio de una opción.

Productividad
Aumento del producto debido a la cantidad empleada de un factor, manteniendo constante la cantidad utilizada de los demás factores. Dada una función de producción $q = f(x_1, x_2)$, la productividad total de x_1 es la cantidad de q que se obtiene con x_1, manteniendo constante la cantidad empleada de x_2. Es decir, $q = f(x_1, x_2^0)$. La productividad media de x_1 sería $= q/x_1$ y la productividad marginal sería $\frac{\delta q}{\delta x_1}$.

Productividad total de los factores
Relación entre los factores empleados en la función agregada de producción y el producto obtenido. En ocasiones, se considera que su incremento mide el progreso tecnológico.

Producto Interior Bruto
Valor de la corriente de bienes y servicios finales producidos en el interior de un país. Se calcula, por lo general, por períodos anuales.

Producto Nacional Bruto
Valor de la corriente de bienes y servicios finales producidos por factores de producción nacionales, se encuentren dentro o fuera del país. Se calcula, por lo general, por períodos anuales.

Profundidad (mercado de valores)
Un mercado de valores es profundo cuando en él se negocian gran número de títulos de cada tipo.

Proteccionismo
Política que defiende la protección del mercado interno como fórmula para facilitar el crecimiento de la producción, el empleo y la renta.

R

Relación marginal de sustitución
Supone, en la teoría del consumo, la cantidad adicional de un bien (X) que compensa la cantidad de otro bien (Y), manteniendo constante la satisfacción del consumidor. Si, en el análisis, se utilizan curvas de indiferencia, la relación marginal de sustitución vendrá dada por la pendiente de la curva en cada punto o, lo que es igual, por el cociente de las utilidades marginales de los dos bienes.

Relación marginal de transformación
Supone, en la teoría de la producción (en la que también se denomina relación marginal de sustitución), la relación entre el incremento de un factor y el decremento de otro que permite mantener constante la cantidad de producto. Es igual a la pendiente de la isocuanta, o, dicho de otro modo, al cociente de productividades marginales de los factores considerados.

Relación real de intercambio
Por lo general, el cociente entre precios de exportación e importación. Si la relación mejora, la renta del país aumenta; si empeora, se reduce.

Rendimientos constantes a escala
Se producen cuando a determinado incremento de los factores de producción corresponde el mismo incremento de la cantidad producida.

Rendimientos crecientes a escala
Ocurre cuando a determinado incremento de los factores de producción corresponde un incremento mayor de la cantidad producida.

Renta
Retribución de los factores productivos. A escala de un país obtenemos la «renta nacional».

Reparto del trabajo
Fórmula consistente en reducir los horarios de trabajo para intentar mantener los niveles de empleo.

Restricciones voluntarias a la exportación (VER)
Cuota que impone el país exportador, generalmente a requerimiento del país importador.

Riesgo sistémico (derivados)
Posibilidad de que el desmoronamiento de una empresa, de un segmento del mercado o de cualquiera de los circuitos financieros ligados a instrumentos derivados, se extienda, de forma general, a otras empresas, segmentos de mercado o circuitos financieros.

Ronda Uruguay
Negociaciones del GATT que se iniciaron en 1986, en Uruguay y que concluyeron en 1993, en Ginebra. Son las negociaciones más omnicomprensivas de las realizadas en el seno del GATT.

S

Salario real
Poder adquisitivo del salario. Su evolución dependerá, por tanto, de los aumentos del salario nominal y del nivel de precios.

Salarios de eficiencia
Enfoque del mercado de trabajo que pretende aclarar por qué pueden coexistir el paro y los salarios superiores al de equilibrio.

Señoriaje
Beneficios de que disfruta la autoridad monetaria de un país y que derivan de su potestad de emitir dinero y, en general, de las decisiones de política monetaria. Los coeficientes de caja, sin retribución, son expresiones de señoriaje.

Servicio de la deuda exterior
Intereses y amortizaciones derivados de la deuda exterior.

Sistema Monetario Europeo (SME)
Acuerdo firmado en 1979 por los países miembros de la CEE para crear, entre ellos, una zona de estabilidad monetaria.

Sistema nacional de innovación
Instituciones nacionales que determinan la producción, difusión y empleo de nuevas técnicas.

Sustitución de importaciones
Política económica que pretende producir, dentro de un país, todo lo que el país necesita. Significa un aislamiento de los mercados internacionales.

Swap
Acuerdo privado en virtud del cual las partes se comprometen a intercambiar flujos financieros futuros conforme a una fórmula preestablecida.

T

Tasa de desempleo
Porcentaje de población activa sin empleo.

Tasa natural de desempleo
Lo que no puede reducirse con un aumento de la demanda agregada porque dimana de las características institucionales de la economía.

Tecnoglobalismo
Internacionalización de la creación, transmisión y difusión de la tecnología.

Tecnología incorporada
La que se encuentra en los nuevos productos, especialmente en los bienes de capital.

Tecnología sin incorporar
Conocimientos que no se han incorporado a los bienes, pero que figuran en planos, instrucciones, etc.

Teorema de equivalencia ricardiano
A partir de las ideas de David Ricardo (1772-1823), el teorema sostiene, en su formulación moderna, que los impuestos y la deuda –necesarios para financiar el gasto público– tienen efectos similares sobre la economía, porque la deuda de hoy son los impuestos de mañana.

Teoría de la elección pública (*Public Choice*)
Análisis económico de las decisiones políticas que pretende revelar sus verdaderas raíces y los costes que entrañan.

Transferencia
Supone siempre una redistribución de renta y, por tanto, un pago sin contrapartida.

TRIMS
Son condiciones que, a veces, los Gobiernos imponen para autorizar una inversión directa extranjera. Por ejemplo, autorizar la instalación de una fábrica de vehículos siempre que se exporte una proporción determinada de la producción.

U

Unión aduanera
Fórmula de integración económica que supone la desaparición total de las barreras al comercio entre países miembros y la aparición de un único arancel frente a terceros países.

Unión económica
Fórmula de integración que supone combinar el mercado común con una serie de políticas globales armonizadas. Es la fase en que se encuentra, en 1995, y desde el punto de vista económico, la Unión Europea.

Unión monetaria
Fase superior de la integración que se caracteriza por la existencia de tipos de cambio irrevocablemente fijos o por la existencia de una única moneda.

V

Valor teórico de una acción
Relación entre el patrimonio neto de la empresa (activo + plusvalías tácitas − activo ficticio − pasivo exigible) y el número de acciones. Se trata de una de las fórmulas empleadas usualmente para valorar empresas.

Valor en Aduana
Valor que las autoridades aduaneras asignan a las mercancías y que, en ocasiones, difiere notablemente del que consta en las facturas de compra.

Ventaja comparativa
Según la teoría de la ventaja comparativa, los países exportan las mercancías que producen a menor coste relativo.

Volatilidad
En términos generales, la volatilidad implica oscilación rápida de una variable, sea ésta el tipo de interés, el tipo de cambio o la cotización de una acción.

Z

Zona de librecambio
Fórmula de integración que se caracteriza porque los países miembros eliminan, entre sí, las barreras al comercio, pero mantienen, frente a países terceros, sus propias barreras protectoras: cada país las suyas.

ÍNDICE ANALÍTICO *

* Cuando aparezca la letra «n» a continuación de un número de página significa que esa palabra se encuentra situada en una nota a pie de página.